国家出版基金项目

"十二五"国家重点图书出版规划项目

中国共产党先驱领袖文库

国家出版基金项目

"十二五"国家重点图书出版规划项目

中国共产党先驱领袖文库

陈独秀文集

第二卷

人民出版社

目　录

新文化运动是什么？ ……………………………………………… 1
　　（一九二〇年四月一日）

五四运动的精神是什么？——在中国公学第二次演讲会上的
讲演……………………………………………………………… 8
　　（一九二〇年四月二十二日）

劳动者底觉悟——在上海船务栈房工界联合会的演说 ……… 10
　　（一九二〇年五月一日）

上海厚生纱厂湖南女工问题 …………………………………… 13
　　（一九二〇年五月一日）

答知耻（工人底时间、工资问题） …………………………… 20
　　（一九二〇年五月一日）

我的解决中国政治方针 ………………………………………… 22
　　（一九二〇年五月二十四日）

在电工联合会上的演说词——工人与国家之关系 …………… 26
　　（一九二〇年七月十二日）

两个工人的疑问 ……………………………………… 27

　　（一九二〇年八月十五日）

谈政治 ……………………………………………… 29

　　（一九二〇年九月一日）

对于时局的我见 …………………………………… 41

　　（一九二〇年九月一日）

随感录 ……………………………………………… 43

　　（一九二〇年九月一日）

答费哲民（妇女、青年、劳动三个问题） ………… 47

　　（一九二〇年九月一日）

再答知耻（劳动问题） …………………………… 48

　　（一九二〇年九月一日）

此时中国劳动运动底意思 ………………………… 50

　　（一九二〇年九月五日）

随感录 ……………………………………………… 52

　　（一九二〇年十月一日）

国庆纪念底价值 …………………………………… 56

　　（一九二〇年十一月十一日）

《伙友》发刊词 …………………………………… 61

　　（一九二〇年十月十日）

敬告广州青年 ……………………………………… 63

　　（一九二〇年十月二十日）

中国劳动者可怜的要求 …………………………… 65

　　（一九二〇年十月二十三日）

随感录 ·· 67
　　（一九二〇年十一月一日）

答郑贤宗（国家、政治、法律） ·········· 70
　　（一九二〇年十一月一日）

答柯庆施（劳动专政） ·················· 75
　　（一九二〇年十一月一日）

《共产党》月刊短言 ·················· 76
　　（一九二〇年十一月七日）

此时劳动运动的宗旨 ·················· 78
　　（一九二〇年十一月二十一日）

在欢迎（送）蔡子民出国宴会上致词 ·········· 80
　　（一九二〇年十一月二十四日）

关于社会主义的讨论 ·················· 82
　　（一九二〇年十二月一日）

随感录 ·· 92
　　（一九二〇年十二月一日）

欢迎新军人 ·································· 101
　　（一九二一年一月一日）

陈独秀君之教育计划——先办广东大学 ·········· 103
　　（一九二一年一月一日）

新教育是什么？ ·························· 105
　　（一九二一年一月三日）

答冯菊坡先生的信 ·················· 116
　　（一九二一年一月十一日）

社会主义批评——在广州公立法政学校演讲 ················· 118
　　（一九二一年一月十五日）

教育与社会——在广东省教育会的演讲 ················· 134
　　（一九二一年一月二十日）

在工业学校演说词——工学生与劳动运动 ················· 138
　　（一九二一年一月二十二日）

如何才是正当的人生——在广东省立女子师范学校讲演会
　　演讲 ················· 142
　　（一九二一年一月二十三日）

妇女问题与社会主义——在广东女界联合会演说 ················· 144
　　（一九二一年一月二十九日）

理发工会成立会演说辞 ················· 148
　　（一九二一年二月十日）

讨论社会实际问题底引言 ················· 151
　　（一九二一年二月十二日）

我们为什么要提倡劳动运动与妇女运动 ················· 153
　　（一九二一年二月二十日）

我的妇女解放观 ················· 155
　　（一九二一年三月八日）

随感录 ················· 158
　　（一九二一年五月一日）

随感录 ················· 163
　　（一九二一年六月一日）

答皆平（广东——科学思想） ················· 167
　　（一九二一年六月一日）

告劳动 …………………………………………………… 169
　　（一九二一年六月七日）

随感录 …………………………………………………… 172
　　（一九二一年七月一日）

答张崧年（英法共产党——中国改造）………………… 177
　　（一九二一年七月一日）

讨论无政府主义 ………………………………………… 179
　　（一九二一年八月一日）

答蔡和森（马克思学说与中国无产阶级）…………… 201
　　（一九二一年八月一日）

太平洋会议与太平洋弱小民族 ………………………… 203
　　（一九二一年九月一日）

欢迎上海各业工会代表团 ……………………………… 208
　　（一九二一年十一月七日）

再欢迎上海各业工会代表团 …………………………… 210
　　（一九二一年十一月五日）

工人与军人 ……………………………………………… 212
　　（一九二一年十一月八日）

名　实 …………………………………………………… 214
　　（一九二一年十一月十九日）

中国共产党中央局通告——关于建立与发展党团工会组织
　　及宣传工作等 …………………………………… 215
　　（一九二一年十一月）

工人们勿忘了马克思底教训 …………………………… 217
　　（一九二二年二月九日）

"宁波水手" ……………………………………………… 218
　（一九二二年二月十日）

平民教育 ………………………………………………… 220
　（一九二二年三月五日）

基督教与基督教会 ……………………………………… 221
　（一九二二年三月十五日）

致周作人、钱玄同诸君信 ……………………………… 224
　（一九二二年四月二日）

陈独秀致吴廷康的信——反对共产党及青年团加入
　国民党 ………………………………………………… 225
　（一九二二年四月六日）

社会主义对于教育和妇女二方面的关系——在上海专科
　师范学校演讲 ………………………………………… 227
　（一九二二年四月十二日）

再致周作人先生信 ……………………………………… 231
　（一九二二年四月二十一日）

马克思学说 ……………………………………………… 233
　（一九二二年四月二十三日）

告做劳动运动的人 ……………………………………… 245
　（一九二二年五月一日）

马克思的两大精神 ……………………………………… 249
　（一九二二年五月五日）

共产党在目前劳动运动中应取的态度 ………………… 251
　（一九二二年五月二十三日）

对于非宗教同盟的怀疑及非基督教学生同盟的警告 ············ 253
　　（一九二二年六月二十日）

中共中央执行委员会书记陈独秀给共产国际的报告 ············ 256
　　（一九二二年六月三十日）

答黄凌霜（无产阶级专政）·································· 264
　　（一九二二年七月一日）

对于现在中国政治问题的我见 ···························· 266
　　（一九二二年八月十日）

联省自治与中国政象 ·································· 272
　　（一九二二年九月十三日）

本报宣言——《向导》发刊词 ···························· 278
　　（一九二二年九月十三日）

答张东荪（联省自治与国家社会主义）···················· 281
　　（一九二二年九月十七日）

造国论 ·· 283
　　（一九二二年九月二十日）

国民党是什么 ·· 286
　　（一九二二年九月二十日）

英国帝国主义者所谓退回威海卫！ ························ 288
　　（一九二二年十月四日）

请看国际帝国主义怎样宰制中东路 ························ 290
　　（一九二二年十月四日）

中国共产党对于目前实际问题之计划 ···················· 291
　　（一九二二年十一月）

离间中俄感情之宣传 …………………………………………… 298
　　（一九二二年十二月二十三日）

丧尽利权之鲁案协定 …………………………………………… 300
　　（一九二二年十二月三十日）

革命与反革命 …………………………………………………… 306
　　（一九二三年一月十八日）

反动政局与各党派 ……………………………………………… 310
　　（一九二三年一月十八日）

反动政局下两个要案 …………………………………………… 314
　　（一九二三年一月二十四日）

最低问题 ………………………………………………………… 318
　　（一九二三年一月二十四日）

评蔡校长宣言 …………………………………………………… 320
　　（一九二三年一月二十四日）

教育界能不问政治吗？ ………………………………………… 322
　　（一九二三年一月三十一日）

论暗杀暴动及不合作 …………………………………………… 324
　　（一九二三年一月三十一日）

中国之大患——职业兵与职业议员 …………………………… 328
　　（一九二三年二月七日）

再论不合作主义答北京《晨报》记者 ………………………… 330
　　（一九二三年二月七日）

统一的国民运动 ………………………………………………… 335
　　（一九二三年二月二十七日）

怎么打倒军阀 …………………………………………………… 337

　　（一九二三年四月十八日）

沈鸿英叛乱与政学会 …………………………………………… 343

　　（一九二三年四月二十五日）

对等会议与孙曹携手 …………………………………………… 345

　　（一九二三年四月二十五日）

资产阶级的革命与革命的资产阶级 …………………………… 347

　　（一九二三年四月二十五日）

海军态度 ………………………………………………………… 354

　　（一九二三年四月二十五日）

外交问题与学生运动 …………………………………………… 356

　　（一九二三年五月二日）

陈家军及北洋派支配下之粤军团结 …………………………… 358

　　（一九二三年五月九日）

杨森果为统一而战吗？ ………………………………………… 360

　　（一九二三年五月九日）

华洋人血肉价值的贵贱 ………………………………………… 362

　　（一九二三年五月十六日）

国民党与交通安福 ……………………………………………… 364

　　（一九二三年五月十六日）

吴佩孚爪牙阎锡山第二——杨森 ……………………………… 366

　　（一九二三年五月十六日）

闽赣局势之新发展 ……………………………………………… 368

　　（一九二三年五月十六日）

段派之活动 ……………………………………………………… 369
　（一九二三年五月十六日）

临城掳案中之中国现象 …………………………………………… 371
　（一九二三年五月二十三日）

国会议员宣布张阁罪状与曹吴态度 …………………………… 373
　（一九二三年五月二十三日）

帝国主义的列强与军阀 …………………………………………… 376
　（一九二三年五月三十日）

黎元洪与曹张 ……………………………………………………… 378
　（一九二三年五月三十日）

社会之历史的进化——在广东高师的讲演 …………………… 379
　（一九二三年五月）

在京汉路被难工友追悼会上演说 ……………………………… 385
　（一九二三年六月二日）

呜呼！外国政府下之商埠同盟！ ……………………………… 387
　（一九二三年六月六日）

中国土匪也来了！ ………………………………………………… 389
　（一九二三年六月六日）

美国不是外国？冯玉祥不是军阀？ …………………………… 391
　（一九二三年六月六日）

在中国共产党第三次全国代表大会上的报告 ………………… 392
　（一九二三年六月十二日至二十日）

儿戏之北京政府 …………………………………………………… 397
　（一九二三年六月二十日）

告上海纳税华人会 …………………………………………… 399
　（一九二三年六月二十日）

关于社会主义问题——在广东高师的讲演 …………………… 401
　（一九二三年六月二十日）

中国农民问题 ………………………………………………… 422
　（一九二三年七月一日）

寸　铁 ………………………………………………………… 431
　（一九二三年七月一日）

给萨法罗夫的信 ……………………………………………… 435
　（一九二三年七月一日）

北京政变与国民党 …………………………………………… 438
　（一九二三年七月十一日）

北京政变与学生 ……………………………………………… 441
　（一九二三年七月十一日）

北京政变与军人 ……………………………………………… 443
　（一九二三年七月十一日）

北京政变与孙曹携手说 ……………………………………… 445
　（一九二三年七月十一日）

我们要何种势力管理中国？ ………………………………… 447
　（一九二三年七月十八日）

欢迎《民治》周刊 …………………………………………… 449
　（一九二三年八月一日）

答李子芬（“乡村共产主义运动”） ……………………… 451
　（一九二三年八月一日）

粤局与革命运动 …………………………………… 452

　　（一九二三年八月二十九日）

护路提案与美日 …………………………………… 453

　　（一九二三年八月二十九日）

章炳麟与民国 ……………………………………… 454

　　（一九二三年九月八日）

日本大灾与中国 …………………………………… 456

　　（一九二三年九月八日）

张作霖令驻京东省议员离京 ……………………… 457

　　（一九二三年九月八日）

黎元洪南来 ………………………………………… 459

　　（一九二三年九月十六日）

东铁地亩问题 ……………………………………… 461

　　（一九二三年九月二十三日）

曹锟贿选与中国前途 ……………………………… 463

　　（一九二三年九月三十日）

贿选后国民所能取的态度 ………………………… 465

　　（一九二三年十月十七日）

研究系与中国政治 ………………………………… 467

　　（一九二三年十月十七日）

临城案与侨日华工被杀案 ………………………… 469

　　（一九二三年十月十七日）

青年们应该怎样做！ ……………………………… 471

　　（一九二三年十月二十日）

苏俄六周 ·· 473

　　（一九二三年十月三十一日）

《科学与人生观》序 ······························ 476

　　（一九二三年十一月十三日）

陈炯明与政局 ···································· 484

　　（一九二三年十一月二十七日）

外币与主权 ······································ 486

　　（一九二三年十一月二十七日）

恢复华人领港权 ·································· 489

　　（一九二三年十一月二十七日）

中国国民革命与社会各阶级 ······················ 491

　　（一九二三年十二月一日）

寸　铁 ·· 503

　　（一九二三年十二月一日）

答适之 ·· 507

　　（一九二三年十二月九日）

赵恒惕陈炯明与联省自治派 ······················ 513

　　（一九二三年十二月十二日）

广东农民与湖南农民 ······························ 515

　　（一九二三年十二月十二日）

联省自治与新西南主义 ·························· 516

　　（一九二三年十二月十九日）

宪法与自治学院 ·································· 518

　　（一九二三年十二月十九日）

关税主权与资产阶级 …………………………………… 520
　（一九二三年十二月二十九日）

广东战争之意义 ………………………………………… 522
　（一九二四年一月九日）

内债与军阀 ……………………………………………… 524
　（一九二四年一月九日）

日本政友会之分裂 ……………………………………… 525
　（一九二四年一月二十日）

国民党与共产主义者 …………………………………… 527
　（一九二四年）

一九二三年列强对华之回顾 …………………………… 530
　（一九二四年二月一日）

寸　铁 …………………………………………………… 541
　（一九二四年二月一日）

列宁之死 ………………………………………………… 546
　（一九二四年二月二日）

日本之政局 ……………………………………………… 548
　（一九二四年二月二十日）

北洋军阀三种新借款 …………………………………… 550
　（一九二四年二月二十日）

电报电话借款之秘密 …………………………………… 552
　（一九二四年二月二十日）

卷烟特税问题 …………………………………………… 554
　（一九二四年二月二十日）

寸　铁 ……………………………………………………… 556

　　（一九二四年二月二十日）

商界反对外人干涉中国内政第二声 ……………………… 560

　　（一九二四年二月二十七日）

意械事件 …………………………………………………… 563

　　（一九二四年二月二十七日）

国民党之模范的改造 ……………………………………… 565

　　（一九二四年二月二十七日）

告合作社同志们 …………………………………………… 567

　　（一九二四年二月二十七日）

土耳其放逐教主 …………………………………………… 573

　　（一九二四年二月二十七日）

寸　铁 ……………………………………………………… 575

　　（一九二四年三月十九日）

中国工人运动之转机 ……………………………………… 578

　　（一九二四年三月二十六日）

中俄会议之成败 …………………………………………… 579

　　（一九二四年三月二十六日）

寸　铁 ……………………………………………………… 581

　　（一九二四年三月二十六日）

工界最近之惨剧 …………………………………………… 584

　　（一九二四年三月二十六日）

评中俄协定 ………………………………………………… 586

　　（一九二四年三月二十六日）

寸 铁 ·· 589

　　（一九二四年三月二十六日）

湖南废省宪运动 ·································· 591

　　（一九二四年四月二日）

寸 铁 ·· 593

　　（一九二四年四月二日）

评中俄协定草案 ·································· 595

　　（一九二四年四月十二日）

上海租界三大问题 ······························ 598

　　（一九二四年四月十六日）

寸 铁 ·· 601

　　（一九二四年四月十六日）

太戈尔与东方文化 ······························ 603

　　（一九二四年四月十八日）

新文化运动是什么?

（一九二〇年四月一日）

"新文化运动"这个名词，现在我们社会里很流行；究竟新文化底内容是些什么，倘然不明白他的内容，会不会有因误解及缺点而发生流弊的危险，这都是我们赞成新文化运动的人应该注意的事呵！

要问"新文化运动"是什么，先要问"新文化"是什么；要问"新文化"是什么，先要问"文化"是什么。

文化是对军事、政治（是指实际政治而言，至于政治哲学仍应该归到文化）、产业而言，新文化是对旧文化而言。文化底内容，是包含着科学、宗教、道德、美术、文学、音乐这几样；新文化运动，是觉得旧的文化还有不足的地方，更加上新的科学、宗教、道德、文学、美术、音乐等运动。

科学有广狭二义：狭义的是指自然科学而言，广义是指社会科学而言。社会科学是拿研究自然科学的方法，用在一切社会人事的学问上，像社会学、伦理学、历史学、法律学、经济学等，凡用自然科学方法来研究、说明的都算是科学；这乃是科学最大的效用。我们中国人向来不认识自然科学以外的学问，也有科学的威权；向来不认识自然科学以外的学问，也要受科学的洗礼；

向来不认识西洋除自然科学外没有别种应该输入我们东洋的文化；向来不认识中国底学问有应受科学洗礼的必要。我们要改去从前的错误，不但应该提倡自然科学，并且研究、说明一切学问（国故也包含在内），都应该严守科学方法，才免得昏天黑地乌烟瘴气的妄想、胡说。现在新文化运动声中，有两种不祥的声音：一是科学无用了，我们应该注重哲学；一是西洋人现在也倾向东方文化了。各国政治家、资本家固然利用科学做了许多罪恶，但这不是科学本身底罪恶；科学无用，这句话不知从何说起？我们的物质生活上需要科学，自不待言；就是精神生活离开科学也很危险。哲学虽不是抄集各种科学结果所能成的东西，但是不用科学的方法下手研究、说明的哲学，不知道是什么一种怪物！杜威博士在北京现在演讲底《现代的三个哲学家》：一个是美国詹姆士，一个是法国柏格森，一个是英国罗素，都是代表现代思想的哲学家，前两个是把哲学建设在心理学上面，后一个是把哲学建设在数学上面，没有一个不采用科学方法的。用思想的时候，守科学方法才是思想，不守科学方法便是诗人底想像或愚人底妄想，想像、妄想和思想大不相同。哲学是关于思想的学问，离开科学谈哲学，所以现在有一班青年，把周、秦诸子，儒、佛、耶、回，康德、黑格尔横拉在一起说一阵昏话，便自命为哲学大家，这不是怪物是什么？西洋文化我们固然不能满意，但是东方文化我们更是领教了，他的效果人人都是知道的，我们但有一毫一忽羞恶心，也不至以此自夸。西洋人也许有几位别致的古董先生怀着好奇心要倾向他；也许有些圆通的人拿这话来应酬东方的土政客，以为他们只听得懂这些话；也许有些人故意这样说来迎合一般朽人底心理；但是主张新文化运动底青年，万万不可为此呓语所误。"科学无用了"，"西洋人倾向东方文化了"，这两个妄想倘然合在一处，是新文化运动一个很大的危机。

宗教在旧文化中占很大的一部分，在新文化中也自然不能没有他。人类底行为动作，完全是因为外部的刺激，内部发生反应。有时外部虽有刺激，内部究竟反应不反应，反应取什么方法，知识固然可以居间指导，真正反应进行底司令，最大的部分还是本能上的感情冲动。利导本能上的感情冲动，叫他浓厚、挚真、高尚，知识上的理性，德义都不及美术、音乐、宗教底力量大。知识和本能倘不相并发达，不能算人间性完全发达。所以詹姆士不反对宗教，凡是在社会上有实际需要的实际主义者都不应反对。因为社会上若还需要宗教，我们反对是无益的，只有提倡较好的宗教来供给这需要，来代替那较不好的宗教，才真是一件有益的事。罗素也不反对宗教，他预言将来须有一新宗教。我以为新宗教没有坚固的起信基础，除去旧宗教底传说的附会的非科学的迷信，就算是新宗教。有人嫌宗教是他力；请问扩充我们知识底学说，利导我们情感底美术、音乐，那一样免了他力？又有人以为宗教只有相对价值，没有绝对的价值，请问世界上什么东西有绝对价值？现在主张新文化运动的人，既不注意美术、音乐，又要反对宗教，不知道要把人类生活弄成一种什么机械的状况，这是完全不曾了解我们生活活动的本源，这是一桩大错，我就是首先认错的一个人。

我们不满意于旧道德，是因为孝弟底范围太狭了。说什么爱有等差，施及亲始，未免太猾头了。就是达到他们人人亲其亲长其长的理想世界，那时社会的纷争恐怕更加利害；所以现代道德底理想，是要把家庭的孝弟〔悌〕扩充到全社会的友爱。现在有一班青年却误解了这个意思，他并没有将爱情扩充到社会上，他却打着新思想新家庭的旗帜，抛弃了他的慈爱的、可怜的老母；这种人岂不是误解了新文化运动的意思？因为新文化运动是主张教人把爱情扩充，不主张教人把爱情缩小。

通俗易解是新文学底一种要素，不是全体要素。现在欢迎白话文的人，大半只因为他通俗易解；主张白话文的人，也有许多只注意通俗易解。文学、美术、音乐，都是人类最高心情底表现，白话文若是只以通俗易解为止境，不注意文学的价值，那便只能算是通俗文，不配说是新文学，这也是新文化运动中一件容易误解的事。

欧美各国学校里、社会里、家庭里，充满了美术和音乐底趣味自不待言；就是日本社会及个人的音乐、美术及各种运动、娱乐，也不像我们中国人底生活这样干燥无味。有人反对妇女进庙烧香，青年人逛新世界，我却不以为然；因为他们去烧香去逛新世界，总比打麻雀好。吴稚晖先生说："中国有三大势力，一是孔夫子，一是关老爷，一是麻先生。"我以为麻先生底势力比孔、关两位还大，不但信仰他的人比信仰孔、关的人多，而且是真心信仰，不像信仰孔、关还多半是装饰门面。平时长、幼、尊、卑、男、女底界限很严，只有麻先生底力量可以叫他们鬼混做一团。他们如此信仰这位麻先生虽然是邪气，我也不反对；因为他们去打麻雀，还比吸鸦片烟好一点。鸦片烟、麻雀牌何以有这般力量叫我们堕落到现时的地步？这不是偶然的事，不是一个简单的容易解决的问题，不是空言劝止人不要吸烟、打牌可以有效的。那吸烟、打牌的人，也有他们的一面理由：因为我们中国人社会及家庭的音乐、美术及各种运动娱乐一样没有，若不去吸烟打牌，资本家岂不要闲死，劳动者岂不要闷死？所以有人反对郑曼陀底时女画，我以为可以不必；有人反对新年里店家打十番锣鼓，我以为可以不必；有人反对大舞台、天蟾舞台底皮簧戏曲，我以为也可以不必。表现人类最高心情底美术、音乐，到了郑曼陀底时女画、十番锣鼓、皮簧戏曲这步田地，我们固然应该为西洋人也要来倾向的东方文化一哭；但是倘若并这几样也没有，我们民族的文化里连美术、音乐底种子都绝了，岂不更加可悲！所以蔡孑民先生曾说道："新文化运动莫忘了美育"。前几天我的朋友张申甫给我的一封信里也说道："宗教本是发宣人类的不可说的最高的情感（罗素谓之'精神'Spirit）的，将来恐怕非有一种新宗教不可。但美术也是发宣人类最高的情感的（罗丹说：'美是人所有的最好的东西之表示，美术就是寻求这个美的。'就是这个意思）。而且宗教是偏于本能的，美术是偏于知识的，所以美术可以代宗教，而合于近代的心理。现在中国没有美术真不得了，这才真是最致命的伤。社会没有美术，所以社会是干枯的；种种东西都没有美术的趣味所以种种东西都是干枯的；又何从引起人的最高情感？中国这个地方若缺知识，还可以向西方去借；但若缺美术，那便非由这个地方的人自己创造不可。"

关于各种新文化运动中底误解及缺点，上面已略略说过；另外还有应该注意的三件事：

一、新文化运动要注重团体的活动。美公使说中国人没有组织力，我以为缺乏公共心才没有组织力。忌妒独占的私欲心，人类都差不多，西洋人不比中国人特别好些；但是因为他们有维持团体的公共心牵制，所以才有点组织能力，不像中国人这样涣散。中国人最缺乏公共心，纯然是私欲心用事，所以遍政界、商界、工界、学界，没有十人以上不冲突、三五年不涣散的团体。最近学生运动里也发生了无数的内讧，和南北各派政争遥遥相映。新文化运动倘然不能发挥公共心，不能组织团体的活动，不能造成新集合力，终久是一场失败，或是效力极小。中国人所以缺乏公共心，全是因为家族主义太发达的缘故。有人说是个人主义妨碍了公共心，这却不对。半聋半瞎的八十衰翁，还要拼着老命做官发财，买田置地，简直是替儿孙做牛马，个人主义决不是这样。那卖国贪赃的民贼，也不尽为自己的享乐，有许多竟是省吃俭用的守财奴。所以我以为戕贼中国人公共心的不是个人主义，中国人底个人权利和社会公益，都做了家庭底牺牲品。"各人自扫门前雪，不管他人瓦上霜。"这两句话描写中国人家庭主义独盛没有丝毫公共心，真算十足了。

二、新文化运动要注重创造的精神。创造就是进化，世界上不断的进化只是不断的创造，离开创造便没有进化了。我们不但对于旧文化不满足，对于新文化也要不满足才好；不但对于东方文化不满足，对于西洋文化也要不满足才好；不满足才有创造的余地。我们尽可前无古人，却不可后无来者；我们固然希望我们胜过我们的父亲，我们更希望我们不如我们的儿子。

三、新文化运动要影响到别的运动上面。新文化运动影响到军事上，最好能令战争止住，其次也要叫他做新文化运动底朋友不是敌人。新文化运动影响到产业上，应该令劳动者觉悟他们自己的地位，令资本家要把劳动者当做同类的"人"看待，不要当做机器、牛马、奴隶看待。新文化运动影响到政治上，是要创造新的政治理想，不要受现实政治底羁绊。譬如中国底现实政治，什么护法，什么统一，都是一班没有饭吃的无聊政客在那里造谣生事，和人民生活、政治理想都无关系，不过是各派的政客拥着各派的军人争权夺利，好像狗争骨头一般罢了。他们的争夺是狗的运动。新文化运动是人的运动；我们只应该拿人的运动来轰散那狗的运动，不应该抛弃我们人的运动去加入他们狗的运动！

署名：陈独秀

《新青年》第七卷第五号

1920 年 4 月 1 日

五四运动的精神是什么？*

——在中国公学第二次演讲会上的讲演

（一九二〇年四月二十二日）

如若有人问五四运动的精神是什么？大概的答词必然是爱国救国。我以为五四运动的发生，是受了日本和本国政府的两种压逼而成的，自然不能说不是爱国运动。但是我们的爱国运动，远史不必说，即以近代而论，前清末年，也曾发生过爱国运动，而且上海有爱国学社和爱国女学校。十年前就有标榜爱国主义的根据运动。何以社会上对于五四运动无论是赞美、反对或不满足，都有一种新的和前者爱国运动不同的感想呢？他们所以感想不同的缘故，是五四运动的精神，的确比前此爱国运动有不同的地方。这不同的地方，就是五四运动特有的精神。这种精神就是：（一）直接行动；（二）牺牲精神。直接行动。就是人民对于社会国家的黑暗，由人民直接行动，加以制裁，不诉诸法律，不利用特殊势力，不依赖代表。因为法律是强权的护持，特殊势力是民权的仇敌，代议员是欺骗者，决不能代表公众的意见。清末革

---

* 标题参照上海人民出版社二〇一〇年九月版《陈独秀著作选编》第二卷第 222 页。

命的时候，人人都以为从此安宁了，不料袁世凯秉政结果，反而不好。袁世凯死的时候，人人又以为从此可以安宁了，不料现在的段祺瑞、徐世昌执政，国事更加不好。这个时候，中国人因为对于各方面的失望，大有坐以待毙的现象。自从德国大败俄国革命以后，世界上的人思想多一变。于是，中国人也受了两个教训：一是无论南北，凡军阀都不应当存在；一是人民有直接行动的希望。五四运动遂应运而生。一般工商界所以信仰学生，所以对于五四运动有新的和前次爱国运动不同的感想，就是因为学生运动是直接行动，不是依赖特殊势力和代议员的卑劣运动呵！中国人最大的病根，是人人都想用很小的努力牺牲，得很大的效果。这病不改，中国永远没有希望。社会上对于五四运动，与以前的爱国运动的感想不同，也是因为有无牺牲的精神的缘故。然而我以为五四运动的结果，还不甚好。为什么呢？因为牺牲小而结果大，不是一种好现象。在青年的精神上说起来，必定要牺牲大而结果小，才是好现象。此时学生牺牲的精神，若不如去年，而希望的效果，却还要比去年的大，那更不是好的现象了。以上这两种精神，就是五四运动重要的精神。我希望诸君努力发挥这两种精神，不但特殊势力和代议员不是好东西，就是工商界也不可依赖。不但工商界不可依赖，就是学界的份子好朋友，都不可依赖。最后只有自己可靠，只好依赖自己！

署名：陈独秀

《时报》

1920 年 4 月 22 日

劳动者底觉悟

——在上海船务栈房工界联合会的演说

（一九二〇年五月一日）

世界上是些什么人最有用最贵重呢？必有一班糊涂人说皇帝最有用最贵重，或是说做官的读书的最有用最贵重。我以为他们说错了，我以为只有做工的人最有用最贵重。

这是因为什么呢？

我们吃的粮食，是那种田的人做的，不是皇帝、总统、做官的、读书的人做的；我们穿的衣服，是裁缝做的，不是皇帝、总统、做官的、读书的人做的；我们住的房屋，是木匠、瓦匠、小工做的，不是皇帝、总统、做官的、读书的人做的；我们坐的各种车船，都是木匠、铁匠、漆匠做的；还有许多机器匠、驾船工人、掌车工人、水手、搬运工人等，才能把我们的货物和我们自己送到远方，这都不是皇帝、总统、做官的、读书的人底功劳。这世界上若是没有种田的、裁缝、木匠、瓦匠、小工、铁匠、漆匠、机器匠、驾船工人、掌车工人、水手、搬运工人等，我们便没有饭吃，没有衣穿，没有房屋住，没有车坐，没有船坐。可见社会上各项人，只有做工的是台柱子，因为有他们的力量才把社会撑住；若是没做工的人，我们便没有衣、食、住和交通，我们便不能生存；如此，人类社会，岂不是要倒塌吗？我所以说只有做工的人最有用最贵重。

但是现在人的思想，都不是这样，他们总觉得做工的人最无用，最下贱；反是那不做工的人最有用最贵重。我们现在一方面盼望不做工的人，快快觉悟自己无用的下贱；一方面盼望做工的人快快觉悟自己有用、贵重。

世界劳动者的觉悟，计分二步：第一步觉悟是要求待遇，第二步觉悟是要求管理权。现在欧美各国劳动者底觉悟，已经是第二步；东方各国像日本和中国劳动者底觉悟，还不过第一步。

在表面上看起来，欧、美、日本的劳动者，都在那里大吹大擂的运动，其实日本劳动者底觉悟和欧美大不相同。因为他们觉悟后所要求的，有第一步第二步的分别。第一步觉悟后所要求的，是劳动者对于国家资本家，要求待遇改良（像减少时间，增加工价，改良卫生，保险教育等事）；第二步觉悟后所要求的，是要求做工的人自身站在国家资本家地位，是要求做工的人自己起来管理政治、军事、产业，和第一步觉悟时仅仅要求不做工的人对于做工的人待遇改良大不相同。第一步要求还是讨饭吃，必须到了自己做饭吃的时候，油、盐、柴、米、菜蔬、锅、灶、碗、碟等，都拿在自己手里，做工的人底权利，才算稳固。否则无论如何待遇改良，终是仰仗别人底恩惠，赏饭。

中国古人说："劳心者治人，劳力者治于人。"现在我们要将这句话倒转过来说："劳力者治人，劳心者治于人。"

各国劳动者第二步觉悟，第二步要求，并没有别的奢望，不过是要求做工的劳力者管理政治、军事、产业，居于治人的地位；要求那不做工的劳心者居于治于人的地位。

　　我们中国的劳动运动，还没有萌芽，第一步觉悟还没有，怎说得到第二步呢？不过我望我们国里底做工的人，一方面要晓得做工的人觉悟确有第二步境界，就是眼前办不到，也不妨作此想；一方面要晓得劳动运动才萌芽的时候，不要以为第一步不满意，便不去运动。

署名：陈独秀

《新青年》第七卷第六号

1920 年 5 月 1 日

上海厚生纱厂湖南女工问题

（一九二〇年五月一日）

我 的 意 见

长沙新闻界诸君因为代湖南女工向厚生纱厂要求待遇改良，受了穆藕初先生一场奚落，实在是自寻侮辱呵！大家要晓得二十世纪的劳动运动，已经是要求管理权时代，不是要求待遇时代了。无论待遇如何改良，终不是自由的主人地位；劳动者要求资本家待遇改良，和人民要求君主施行仁政是同样的劳而无功，徒然失了身份。温情主义，无论在政治上、经济上都是主人待奴隶一种没有保障的恩惠，我们羞于去要求的；况且要求不着，白受奚落，真是侮辱上又加侮辱；前清末年要求立宪就是一个榜样，长沙新闻界现在又戳了一个同样的霉头！

有人说中国机械工业还不发达，劳动运动还没有萌芽，去劳动者要求管理权时代还远，眼前的待遇问题，还是不能放松的；况且穆藕初先生是一个很有学问见识的人，和一般专门牟利的商人不同，和他讨论讨论劳动问题也未尝不可。这话我却不反对。因为代劳动者向资本家要求固然是我们所不屑，但穆先生虽然站在资本家地位，实质上恐怕还不算是资本家；况且他若不拿资本家资格，来和我们平心静气的讨论劳动问题，我们也放不着拒绝他。

中国人向来相互不承认他人的人格，所以全体没有人格；这件事若责备穆先生独为其难，未免太看重他了。

每月八元的工资，在长沙或者不算很少，在上海的生活程度，仅够做工的个人不至冻饿而死罢了。在穆先生底意思，中国人绝对没有衣食的人很多，现在只要有工做得免饿冻而死就算福气了，你们还要得寸思尺吗？但是我们要知道得寸思尺是人类底天性，譬如穆先生办纱厂去年得利六十万，难道今年不想得利百二十万吗？假定穆先生底工厂用一千工人，每人每月以八元计算，一年工资是九万六千元；倘若一年得净利二十万元，内中提出二万四千元分配给工人，每人每月就可以增加工资二元；资本家除官利外又得那十七万六千元，总不算太吃亏罢。从前放债的利息过了二分，打官司还要受罚；开典当的，照法律只准按月二分息；安徽安福部的省议会通过了典当利息二分五厘的议案，社会上就说这是倪嗣冲祸害安徽的一种罪案；我们现在要请问上海纺纱厂底股东，去年得了几分息？中国人说的什么红利，工人照例得不着分毫（马克思说这是剩余价值，都应该分配给工人的）。照穆先生说，十年前每日工资只一角七八分，五年前只二角四五分，现在有三角左右，表面上已经是递加的现象；照马克思底学说，工人每日劳力结果所生——即生产物——底价值，就算是五年前比十年前只加一倍，现在又比五年前只加一倍，而两次工资增加都不及一倍，实际上岂不是递减的现象吗？这种递减去的不是都归到剩余价值里面，被资本家——股东——掠夺去了吗？这且不谈，就以工人生活费而论，各项物价合计起来，比十年前增加不止一倍；而工资增加不及一倍，这也是减少不算是增加。穆先生要晓得这都是事实、常识，并不是"泰西之糟粕"！

工作时间，不单是工人个人问题，也还是社会问题。假定上海日作十二时工的有二十万人，若改为八时制，日夜三班，机器并不停歇，而社会上可以减少十万个失业的人；资本家所损失的工资增加半倍，若照前例计算，一千人的工厂增加五百人，每年工资增加不过四万八千元，在净利中提出这点，还不及全额四分之一。穆先生如果不专为资本家——股东——牟利，如果明白"纺织业与民生之关系"，如果可怜"平民生计不宽裕"，如果要"使地方进于治安之轨道中"，如果提倡"纺织界拯救时艰之主义"，如果忧虑"社会国家亦间接蒙其害"，如果懂得"救国爱群之要道"，就应该主张减少工作时间，好叫做工的人多失业的人少才是！况且十二时制倘不改少，工人教育问题便绝对没有办法；照这样下去，工业越发达，人民底知识精力越退步，将造成人种衰微的现象；这种社会的损失，前几天我曾和聂云台先生谈过，他也觉得有这样的危险；聂先生也说要谋工人教育，非减少工作时间不可，他并且主张八时制。聂先生到底是基督徒，是有点慈悲心肠，是比别的"想入天国较骆驼穿过针孔还难"的富人不同呀！我希望信仰"爱之宗教"的聂先生，要学耶稣的牺牲精神，莫学耶稣所深恶痛绝的富人，赶快实行八时制，为穷苦的工人谋点教育，救救他们的苦恼。我并且希望别的资本家莫让聂先生独得贤者之名！

工人教育问题，固然非工作时间减少无办法；工人卫生问题，也非减少时间无办法。至于工人储蓄问题，诚然要紧得很；

但照现时的工资仅仅足以餬个人的口，养家还差得远，拿什么来储蓄？

穆先生说："英国有纺纱锭子五千七百万枚，美国有四千二百万枚，……日本人口仅及我国人口八分之一，有纺纱锭子四百万枚……而我国今日仅有锭子一百五十万枚；此一百五十万枚中，尚被日商、英商占去七十万枚，完全为我华人所有者不及百万枚。……研究全国人口及纺纱锭数，不识诸君子有动于中否？"又说："若徒唱道多给工值，而不问其工作能力之大小，与责任心之有无，此唱彼和，认其为新思想，而相率提倡之，实业界中固直接蒙其害；因此而投资人多所顾虑，工业振兴将无望，国货空虚，外货愈得安然占据我腹地之市场，制我全国之死命，然则社会国家亦间接蒙其害焉。"执信先生对穆先生这两段批评道："振兴工业，还是做生意；几个人做生产攒钱，中国就不穷了么？"又道："于是乎实业提倡起来，外货不进，生货不出；做生货的人少一千万，做熟货的人加六百七十万，两下对销，就逼出三百三十万个失业的人；平心想想，这个时候，社会上是有益还是有损呢？"执信先生这两段批评，可算是对于借口什么振兴工业，什么抵制外货，什么谋社会国家底利益来牟个人私利的人一个顶门针。

另外我还有几层意思也要请教于穆先生：我们只主张把"工值"给工人，并不主张在"工资"以外要多给一点。"工值"是什么？是工人每日劳力结果的生产额在市面上的价值，不是资本家任意定的三角两角。三角两角以外的剩余工值，都被资本家——股东——用红利底名义抢夺去了，工人丝毫分不着；工值抢了去，反过脸来还要审问被抢者底工作能力之大小与责任心之有无，这实在是清平世界里不可赦的罪恶！工人若没有能力和责任心，股东底官利红利是从那里来的？每日三角两角的工资还要减少几何，每日工作十二时以外还要增加几时，才算有能力有责任心呢？利息是社会上不劳而获的人底救星，利息制度一天不扫除，社会上不劳而获的人一天不能绝迹；不但放债，开典当是利息制度，凡是自己不劳动，用资本去生息象靠田租、房租、股票生活的一班人，都是利息制度之下底寄生废物。现时卑之无甚高论，我们暂且不去反对利息制度，不去把他根本取消，但是也得有点限制才好。穆先生恐怕"投资人多所顾虑，工业振兴将无望"，是以为必用重利引诱资本家，集合得资本雄厚起来，才可以振兴工业。近世机械工业固非资本集合不可，但是集合底方法，就是不废私有财产制，不废利息制，似乎不可而且不必拿七八分重利甚至于对本对利来引诱。田地房屋和曾〔存〕在银行底利息都只得几厘，尚且有人肯做；工业只要有信用，未见得拿一分利还招不着股。若嫌一分利不能引诱资本家，资本集合太微太缓，不能够和外资竞争，这个问题却大了，决不是现时的招股集资方法可以救济的。照现时的经济组织，听凭穆先生、聂先生等如何热心拿厚利来引诱资本家，充其量也不过招得二三千万元；不说欧美底资本家了，只要周学熙勾一个日本资本家来就压倒了。我以为要想中国产业界资本雄厚可以同外国竞争，非由公共的力量强行把全国底资本都集合到社会的工业上不可。果然是社会的工业，他的发达，社会上人人底幸福都跟着平等的发展；工资少点，工作时间多点，都还没甚稀奇。像现在个人的工业，牺牲了无数的穷苦工人，利益都集中到少数的资本家个人手里；若用这样厚利去引诱资本家，免得多所顾虑，那么，工业或者可以振兴；若说有利益于社会国家，除非是少数资本家独有的社会国家，除非是多数工人除外的社会国家。欧、美、日本底社会危机，就是这个人的工业主义造出来的，我希望想"使地方进于治安之轨道中"的穆先生及其他企业家，千万别跟欧、美、日本人走这条错路！

穆先生或者可以说，我们中国纱业底势力，漫说英、美了，就是比日本还不及四分之一；现时纱业虽有点利益，正要少数的资本家垄断这种利益，才能够把资本聚住，才能够叫他们乐于投资而且便于投资，才能够使这资本有再生产的效力；若是分配给工人，这资本不但分散了，而且都用在消费上，失了再生产的效力，因此营业不能够推广，岂不是社会的损失吗？穆先生倘若说出这个理由，恐怕有许多旧式的经济学者都要点头称是；就是我也以为这个理由含有一半真理，不能全然否认；但是我以为也有一种法子，可以免除这个人和社会间底利害冲突。这法子是什么呢？就是采用 Co-operative Society 底一部分制度，一方面承认工人都有得红利底权利；一方面规定所有股东、经理以下事务员、工人等应得的红利，一律作为股本，填给股票，以便推广营业；如此工人都可以渐渐变到资本家地位，个人方面比现在卖劳力而得不着全工值总好得多；资本都用在再生产上，社会方面工业也因此推广了；这法子似乎可以使个人社会间利益两全，不识穆先生有动于中否？

还有一层：因为近来工厂生意不差，什么周学熙，什么梁士诒，听说都红了眼睛，倘然大规模的中日棉业公司（听说日本三千万元）或是中日棉纱厂（听说日本七千万元）只要有一个实现，听凭穆先生用什么厚利去招股都不能和他们对敌。我想只有用 Co-operative Society 制度，或者可抵制。他们要在中国设厂制造，最大部分是因为中国工价低廉，我们工业界若采用这个制度，他们若不一致，招工便不容易，就是招到，和我们的厂里工人相形之下，也必然没有从前那样容易对付；若和我们一致，他们就来办一万个工厂，我们都一律欢迎。

厚生厂在湖南招募女工无论办法好歹，都不但不单是湖南的女工的问题，也不单是上海男女工人问题，乃是全中国劳动问题。有人责备厚生厂苛待湖南女工，所以穆先生不服。我现在拉杂写了许多，都不专是讨论湖南女工问题，也并不把穆先生当做一个资本家来攻击他的厚生厂；乃是把穆先生当做一位关心社会问题的人，所以研究一下劳动问题来请教。

穆先生企业的才能和他在社会事业上的功劳，我们当然要尊敬他；正因为尊敬他，所以才希望他百尺竿头更进一步，由个人的工业主义进步到社会的工业主义！

中国底资本固然还没有集中到工业上，但是现在已经起首了；倘然仍旧走欧、美、日本人的错路，前途遍地荆棘，这是不可不预防的。穆先生很有预防的力量，或者不是我过于看重了他。我希望穆先生及其他企业家，都要有预防社会前途危险的大觉大悟，使我这篇拉杂乱谈中当心的地方将来不至成了预言，那才是社会的大幸呵！

署名：陈独秀

《新青年》第七卷第六号

1920 年 5 月 1 日

答知耻（工人底时间、工资问题）

（一九二〇年五月一日）

知耻先生：

工人底教育和储蓄固然是要紧，但是另外的问题，不能做减时增资底必须条件。社会上有钱不做工的人很多，因何理由要强迫穷人非增加教育时间不能减少做工时间呢？工人劳力所生产的价值，远在他们每日所得的工资以上；这工资以上的剩余价值，都被资本家抢去，叫做"红利"分配了；所以工人所得工资就是能够衣食饱暖，就是衣服楚楚，而被抢的权利，仍然是绝大的损失，终久是要大声叫冤的；因何理由必须强迫工人贮蓄才能增加工资呢？浪费时间及金钱与否，是工人自己利害所关，不劳他人强迫；若资本家借口教育、储蓄问题来阻止减时加资，实在是笑话。尊论以为研究劳动问题，当着眼于全社会之利益，这句话真是名言。但全社会底界说，不是资本家独占的意思才好，不是工人除外的意思才好。照先生和郭某底意见，欧、美、日本底工业界，都是破坏的气象，都是出品减少而且恶劣，工人都习于游惰；那末，此时世界上只有我们中国工人勤俭、安分，只有我们中国工业界出品增多而且不恶劣；好极了，欧、美、日本也有不及中国的一日！不但先生及郭某有这样见解，欧、美、日本底资本家，诚然应该叹美中国工人能安分做牛马，比欧、美、日本喜欢破坏的工人驯良得多；但是我以为中国工人还没有好到十分，若工作时间每日加增到二十四小时，工资减到每年一个铜子，更足表示中国工人勤俭、安分的美德是世界古今第一；质之先生以为如何？

署名：独秀

《新青年》第七卷第六号

1920 年 5 月 1 日

我的解决中国政治方针

（一九二〇年五月二十四日）

在南洋公学演说

有人批评新文化运动的人太偏于社会方面，把政治忽略了，又有人批评我们何以不会讨论重大的宪法问题。我的回答是：我们不是忽略了政治问题，是因为十八世纪以来旧的政治已经破产，中国政治界所演的丑态，就是破产时代应有的现象，我们正要站在社会的基础上，造成新的政治，新的政治理想。不是不要宪法，是要合乎二十世纪的时代精神能解决社会经济问题的新式宪法，而且要先在社会上造成自然需要新宪法底实质。至于凭空讨论形式的宪法条文，简直是儿戏，和实际社会没有关系。

现代世界上政治状况是怎样？不但中国，无论那国也都是军人、官僚、政客底世界。因为他们的罪恶是太明白了，所以有许多人看出政治底罪恶太深，想根本推翻政治，主张无政治——无政府主义。现代人群底结合，有两种理想：（1）有军警、有法律、有政府的政治结合。（2）无军警、无法律、无政府的社会结合，我们中国人当然是赞成前一种的人多，赞成后一种的人少。但是我们要晓得就是退一步，主张前一种的结合——政治结合，也要主张新的政治，才可以把旧的政治罪恶洗刷一点。要研究新的政治和旧的政治主要的变化，第一要晓得各国政权转移底趋势如下表：

（a）古代——第一、第二阶级（即君主贵族僧侣大地主等）执政。

（b）现代——政治革命后第三阶级（即工商业资本家的官僚政客）执政。

（c）将来——社会革命后第四阶级（即无产劳动阶级）执政：

例如：

$$\left.\begin{array}{l}\text{德国底斯巴达司加}\\\text{俄国底劳农政府}\\\left.\begin{array}{l}\text{法国底工团}\\\text{英国底基尔德}\\\text{美国底 lww}\end{array}\right\}\text{（这三派虽反对国家及政治的程度不同，}\\\text{而主张劳动阶级统治产业却是一致）}\end{array}\right.$$

将来的趋势虽然是这样明白，我们与众不同，我们中国有特别的国情，我们再退一步，主张再和平一点，也要叫他在（b）、（c）之间，似乎不可在（a）、（b）之间罢。

我们既然迁就国情，卑之无甚高论，主张在（b）、（c）之间，这新政治的组织及实质是怎么样呢？略如下表：

（一）新政治的组织

行政委员会——中央及地方的行政委员，都由议会选出。

议会——中央及地方的议会，都由各业联合会按人数比例
　选出。

（各业联合会，由现身从事农工商业务及劳动者各自组织）

法院——由议会选择。

（二）新政治的实质

（a）个人底言论、出版、集会、婚姻，有绝对的自由权利。

（b）关于遗产、粮食、银行、土地、利息率等经济制度底
　规定。

（c）中央地方权限底规定：

（甲）属于中央者——外交、海陆军、海关、国营银行、
　工矿业及交通机关。

（乙）属于地方者——警察、司法、粮食、教育、土地、
　地方经营的银行、工矿业及交通机关。

中国现时的政象如下表：

```
                  ┌ 行政部与立法部冲突。
                  │ 中央与地方冲突。
            组织 ┤ 府院冲突。
                  │ 两院冲突。
                  └ 司法附属行政部。
                  ┌ 行政部——南北官僚军阀。
游民政治 ┤        │                ┌ 全体非法议员。
            实质 ┤        安福国会 ┤ 官僚、政客、帝制余孽。
                  │        │        └ 权要的走狗。
                  │ 国会 ┤
                  │        └ 非常国会　大部分非法议员。
                  └ 宪法上的实质——上列（a）（b）（c）三项并缺。
```

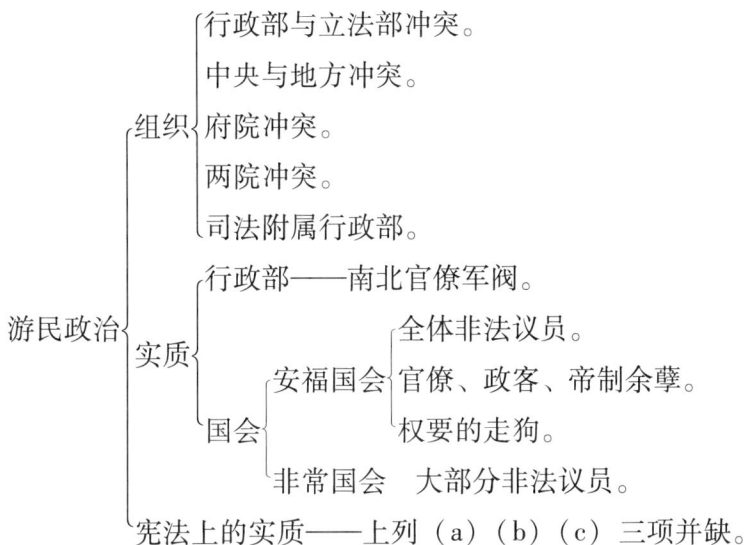

　　新的政治比起旧的政治来，最大重要的理想，就是没有职业的人不得有选举权及被选举权。就是拿现身从事农工商业务及劳动者执政——即职业政治，来代替贵族、军人、官僚、政客等无职业者执政——即游民政治。

署名：陈独秀

《时事新报·学灯》

1920 年 5 月 24 日

在电工联合会上的演说词

——工人与国家之关系

（一九二〇年七月十二日）

兄弟近因病体不适，没有多的预备，今天对诸君简便的说一下，就是工人应否爱国。这个问题，我恐怕诸君很有些不明了地方，但凡这一个爱字，是与我们个人有切身底利益的事呢，诸君要晓得现在的国家，不是工人的国家，是资本家的国家，政治法律以及种种设施，概为少数资本家而设的，与工人没有丝毫关系，我们且看近年的五四运动，就可以证明，这一件事，我们现在说消极的爱国，就是要打倒少数资本家底国家，建设劳动工人底国家，但这事也不是少数人所能做到的，所望诸君，要有自觉、有团结，将来以无数小工会，联合成一大工会，那时我们劳动的国家，就不难于实现了。诸君勿以现在电器工会人数少，就扫兴，我们要把眼光放大，也不要心满意足，凡是我们的工界分子，都有联络他们入会的责任，将来会员达至数千人，那时兄弟到贵会演说，诸君也就高兴不小了。

署名：陈独秀

《申报》

1920 年 7 月 12 日

两个工人的疑问

（一九二〇年八月十五日）

　　劳动是什么？就是做工。劳动者是什么？就是做工的人。劳动力是什么？就是人工。世界上若是没有人工，全靠天然生出来的粮食，我们早已饿死了。而且把粮食收下来和运到别的地方，也都非人工不行。地下生长的许多有用的矿产，更非用人工去开采，不会自己出来的。砖瓦不用说是人工做成的，木料生在山上，不用人工砍伐搬运，他自己也不会跑到砖瓦一块，自然替我们凑成功一个房屋。我们穿的衣服，自从种棉、养蚕以至纺纱、缫丝、织成布匹，那一样离得了人工？总而言之我们吃的粮食，住的房屋，穿的衣裳，都全是人工做出来的，单靠天然的原料是不行的。人工如此重要，所以有人说什么"劳工神圣"。但是有一个做工的人问我道，既然是劳工神圣，既然是人工如此重要，为什么大家都说做工的人是下等社会，不做工的人反来是上等社会呢？

　　我们为什么要做工？我们为什么要劳动？是因为不做工、不劳动，便没有粮食吃，没有屋住，没有衣穿。种田的人虽然自己〔不〕做屋不织布做衣，他用劳力做米的粮食，可以供给做屋的人、做衣的人吃用，因此可以说是拿自己劳力做的粮食换来别人劳力做的房屋和衣服。做房屋做衣服的人虽不种田，他能拿自己的劳力做成的房屋和衣服去换粮食，这也是分所当然。若是我们不做工不劳动，那便是自己一无所有，拿什么去换别人劳力做成的粮食房屋和衣服呢？这样的人要想有粮食吃有屋住有衣着，除了去做强盗、扒手没有别的方法。但是又有一个做工的人问我道，有许多出力做工的人做出粮食房屋或是衣服，却仍然没得吃没得住没得着，有许多人不劳一点力不做一点工，反来吃得很阔住得很阔衣服也穿得很阔，这还不算，还要把出力做工的人压在脚底下不当人看待，这又是什么缘故呢？

署名：陈独秀

《劳动界》第一册

1920 年 8 月 15 日

谈 政 治

（一九二〇年九月一日）

（一）

　　本志社员中有多数人向来主张绝口不谈政治，我偶然发点关于政治的议论，他们都不以为然。但我终不肯取消我的意见，所以常常劝慰慈、一涵两先生做关于政治的文章。在他一方面，外边对于本志的批评，有许多人说《新青年》不讨论政治问题，是一个很大的缺点。我对于这个批评也不能十分满足，曾在《我的解决中国政治方针》演说中回答道："我们不是忽略了政治问题，是因为十八世纪以来的政制已经破产，我们正要站在社会的基础上造成新的政治；我们不是不要宪法，是要在社会上造成自然需要新宪法底实质，凭空讨论形式的条文，是一件无益的事。"因此，可以表明我对于政治底态度，一方面固然不以绝口不谈政治为然，一方面也不愿意和一班拿行政或做官弄钱当作政治的先生们谈政治。换句话说，就是：你谈政治也罢，不谈政治也罢，除非逃在深山人迹绝对不到的地方，政治总会寻着你的；但我们要认真了〔解〕政治底价值是什么，决不是争权夺利的勾当可以冒牌的。

以上的说话，虽然可表明我对于政治底态度，但是过于简单，没有说出充分的理由，而且不曾包含〔我〕最近对于政治的见解。所以现在要详细谈一下。

<h2 style="text-align:center">（二）</h2>

我们中国不谈政治的人很多，主张不谈政治的只有三派人：一是学界，张东荪先生和胡适之先生可算是代表；一是商界，上海底总商会和最近的各马路商界联合会可算是代表；一是无政府党人。前两派主张不谈政治是一时的不是永久的，是相对的不是绝对的；因为他们所以不谈政治，是受了争权夺利的冒牌的政治底刺激，并不是从根本上反对政治。后一派是从根本上绝对主张人类不应该有一切政治的组织，他们不但反对君主的贵族的政治和争权夺利的政治，就是民主的政治也要反对的。

我对于这三派的批评：在消极的方面，我固然很有以他们为然的地方；在积极的方面，我就有点异议了。

前两派只有消极，没有积极的缺点，最近胡适之先生等《争自由的宣言》中已经道破了。这篇文章开口便说："我们本不愿意谈实际的政治，但是实际的政治却没有一时一刻不来妨害我们。"要除去这妨害，自然免不了要谈政治了。

后一派反对政治，从消极的方面说起来，也有一大部分真理。他们反对政治，反对法律，反对国家，反对强权，理论自成一系统，到没有普通人一面承认政治、法律、国家，一面反对强权的矛盾见解。强权是少数人的或多数人的，广狭虽然不同，但若是没有强权便没有法律，没有法律还有什么政治国家呢？因此我们应该明白强权、国家、政治、法律是一件东西底四个名目，无政府党人一律反对，理论到算是一贯。古代的社会契约（Social Contract）和中世纪的自治都市（Commune），不但不是普遍的，而且是人类政治组织没有进化到近代国家的状态。近代国家是怎样？Franz Oppenheimer 说：国家底唯一目的，就是征服者支配被征服者底主权，并且防御内部的叛乱及外部的侵袭。这主权底目的，也就是征服者对被征服者经济的掠夺（详见 Christensen's *Politics and Crowd Morality* p. 72 所引）。Christensen 说：国家是掠夺别人并防止别人来掠夺的工具；他的目的并不是制止每人和每人间底战争，乃是使这战争坚固而更有效力（见前书七三、七四页）。罗素说：国家底骨子，就是公民集合力底仓库。这力量有两个形式：一是对内部的，一是对外部的。对内部的形式是法律及警察；对外部的形式是战斗力所表现的陆海军。国家是一定区域内全住民底集合体依政府指挥用他们联合力所组织起来的。国家底权力，对内仅限于叛乱的恐怖，对外仅限于战败的恐怖；所以他阻止这两样是绝对的。在实际上他能够用租税名义夺人家底财产，决定结婚和继承底法律，惩罚他所反对的意见发表，因为要把一种人民所住的地方划归别国他能置人于死地，并且他想着要打仗，便命令一切强健男子到战场去赌生命。在许多事件上，违反了国家底目的和意见，就是犯罪（见 Rusell's *Principles of Social Reconstruction*，p. 45、46、47）。过去及现在的国家底作用实在是如此，我所以说无政府党反对国家、反对政治、反对法律、反对强权，也有一大部分真理。

从消极方面说起来，无政府党否认国家政治，我们固然赞同；从积极方面说起来，我们以为过去的现在的国家和政治，过去的现在的资本阶级的国家和政治，固然建筑在经济的掠夺上面；但是将来的国家和政治，将来的劳动阶级的国家和政治，何人能够断定他仍旧黑暗绝对没有进步的希望呢？反对国家的人，说他是掠夺机关；反对政治的人，说他是官僚底巢穴；反对法律的人，说他是资本家私有财产底护符。照他们这样说法，不过是反对过去及现在掠夺的国家，官僚的政治，保护资本家私有财产的法律，并没有指出可以使国家、政治、法律根本摇动的理由；因为他们所反对的，不曾将禁止掠夺的国家，排除官僚的政治，废止资本家财产私有的法律，包含在内。

或者有人说：就是将来的禁止掠夺的国家，排除官僚的政治，废止资本家私有财产的法律，仍然离不掉强权，所以不从根本上绝对废除国家、政治、法律这几种强权，实现自由组织的社会，不能算彻底的政〔改〕革。

我们对于这种意见，可以分开理论和事实两方面的讨论：

从理论上说起来，第一我们应该要问：世界上的事理本来没有底，我们从何处彻起？所以懂得进化论的人，不应该有彻底不彻底的观念。第二我们应该要问：强权何以可恶？我以为强权所以可恶，是因为有人拿他来拥护强者无道者，压迫弱者与正义。若是倒转过来，拿他来救护弱者与正义，排除强者与无道，就不见得可恶了。由此可以看出强权所以可恶，是他的用法，并不是他本身。我们人类文明最大的效果，是利用自然征服自然。例如水火都可以杀人，利用水便得了行船、洗濯、灌溉底效用；利用火便得了烧饭菜、照亮、温暖身体底效用；炸药和雷电伤人更是可怕，利用他们便得了开山治病及种种工业上的效用。人类底强权也算是一种自然力，利用他也可以有一种排除黑暗障碍底效用。因此我觉得不问强权底用法如何，闭起眼睛反对一切强权，像这种因噎废食的办法，实在是笼统的武断的，决不是科学的。若有人不问读书底目的如何，但只为读书而读书，不问革命底内容如何，但只为革命而革命，自然是可笑；现在若不问强权底用法如何，但只为强权而反对强权，或者只为强权而赞成强权，也未免陷于同一的谬误。

从事实上说起来，第一我们要明白世界各国里面最不平最痛苦的事，不是别的，就是少数游惰的消费的资产阶级，利用国家、政治、法律等机关，把多数勤苦的生产的劳动阶级压在资本势力底下，当做牛马机器还不如。要扫除这种不平这种痛苦，只有被压迫的生产的劳动阶级自己造成新的强力，自己站在国家地位，利用政治、法律等机关，把那压迫的资产阶级完全征服，然后才可望将财产私有、工银劳动等制度废去，将过于不平等的经济状况除去。若是不主张用强力，不主张阶级战争，天天不要国家、政治、法律，天天空想自由组织的社会出现；那班资产阶级仍旧天天站在国家地位，天天利用政治、法律。如此梦想自由，便再过一万年，那被压迫的劳动阶级也没有翻身的机会。法国底工团派，在世界劳动团体中总算是很有力量的了；但是他们不热心阶级战争，是要离开政治的，而政治却不肯离开他们，欧战中被资产阶级拿政权强迫他们牺牲了，今年"五一节"后又强迫他们屈服了，他们的自由在那里？所以资产阶级所恐怖的，不是自由社会的学说，是阶级战争的学说；资产阶级所欢迎的，不是劳动阶级要国家政权法律,是劳动阶级不要国家政权法律。劳动者自来没有国家没有政权,正因为过去及现在的国家、政权,都在资产阶级底手里,所以他们才能够施行他们的生产和分配方法来压迫劳动阶级;若劳动阶级自己宣言永远不要国家、不要政权,资产阶级自然不胜感谢之至;你看现在全世界底国家对于布尔塞维克底防御、压迫、恐怖,比他们对于无政府党利害的多,就是这个缘故。

第二我们要明白各国底资产阶级,都有了数千年或数百年底基础,站在优胜的地位,他们的知识经验都比劳动阶级高明得多;劳动阶级要想征服他们固然很难,征服后想永久制服他们,不至死灰复燃更是不易。这时候利用政治的强权,防止他们的阴谋活动;利用法律的强权,防止他们的懒惰、掠夺,矫正他们的习惯、思想,都很是必要的方法。这时候若反对强权的压迫,若主张不要政治、法律,若提倡自由组织的社会,便不啻对资产阶级下了一道大赦底恩诏;因为他们随时得着自由,随时就要恢复原有的势力地位。所以各国共和革命后,民主派若失了充分压服旧党底强力,马上便有复辟底运动。此时俄罗斯若以克鲁巴特金的自由组织代替了列宁的劳动专政,马上不但资产阶级要恢复势力,连帝政复兴也必不免。克鲁巴特金《国家论》中所称赞的中世自治都市是何以失败的,他所指责的近代资本主义的国家是何以发达起来的?这主要的原因,不用说一方面是自治都市里既不是以劳动阶级为主体,又没有强固的政治组织,因此让君主贵族们垄断了政权;一方面是新兴的资本家利用自由主义,大家自由贸易起来,自由办起实业来,自由虐待劳动者,自由把社会的资本集中到少数私人手里,于是渐渐自由造成了自由的资本阶级，渐渐自由造成了近代资本主义自由的国家。我们明明白白晓得中世自治都市是放弃政权失败的，是放任那不法的自由（Unconscionable Freedom）失败的，劳动阶级底枷锁镣铐分明是自由主义将他带上的；现在理想的将来的社会，若仍旧妄想否认政治是彻底的改造，迷信自由主义万能，岂不是睁着眼睛走错路吗？我因此深信许多人所深恶痛绝的强权主义，有时竟可以利用他为善；许多人所歌颂赞美的自由主义，有时也可以利用他为恶；万万不可一概而论，因为凡强权主义皆善，凡自由主义皆恶，像这种笼统的大前提，已经由历史底事实证明他在逻辑上的谬误了。

第三我们要明白人类本性的确有很恶的部分，决不单是改造社会制度可以根本铲除的；就是社会制度——私有财产制度，工银劳动制度——所造成的人类第二恶性，也不是制度改变了这恶性马上就跟着消灭的。工银劳动制度实在不应该保存，但同时若不强迫劳动，这时候从前不劳动的人，自然不会忽然高兴要去做工；从前受惯了经济的刺激（Economic Stimulus）才去劳动的工人，现在解除了刺激，又加上从前疲劳底反动，一定会懒惰下来；如此一时社会的工作效率必然锐减。少数人懒惰而衣食，已经酿成社会上的不平等；若由少数增至多数，这社会底生活资料如何维持呢？人类诚然有劳动的天性，有时也自然不须强迫；美术化的劳动和创造的劳动，更不是强迫所能成的，自来就不是经济的刺激能够令他进步的；所以工银制度在人类文化的劳动上只有损而无益。至于人类基本生活的劳动，至少像那不洁的劳动，很苦的劳动，既然没有经济的刺激，又没有法律的强迫，说是人们自然会情愿去做，真是自欺欺人的话；凡有真诚的态度讨论社

会问题的人，不应该说出这样没有征验的话来。制度变了，制度
所造成的人类专己自私的野心，一时断然不易消灭。倘然没有法
律裁制这种倾向，专制的帝王贵族就会发生在自由组织的社会
里；若要预防他将来发生，抵抗他已经发生，都免不了利用政治
的法律的强权了。更有一件事，就是人类底性欲本能和永续占有
冲动合起来发生的男女问题；这问题是人生问题中最神秘不可思
议的部分，不但社会制度革命不能解决他，并且因为解除了经济
的政治的压迫和诱惑，真的纯粹的男女问题更要露骨的发生。这
时候的男女问题内，并不夹杂着政治的经济的影响和罪恶；倘由
这种问题发生了侵犯个人及损害社会安宁的罪恶，也应该有点法
律的裁制才好。

据以上的理论和事实讨论起来，无政府党所诅咒的资产阶级
据以造作罪恶的国家、政治、法律，我们也应该诅咒的；但是劳
动阶级据以铲除罪恶的国家、政治、法律，我们是不应该诅咒
的；若是诅咒他，到算是资产阶级底朋友了。换句话说，就是我
们把国家、政治、法律看做一种改良社会的工具，工具不好，只
可改造他，不必将他抛弃不用。

（三）

不反对政治的人也有两派：一是旧派，他们眼中的国家，就
是"我国家数百年深仁厚泽"的国家，"学生这样嚣张还成个什
么国家"的国家；他们眼中的政治，就是"吴佩孚只是一个师
长不配参与政治"的政治；他们眼中的法律，就是"王法"、

"国法"、"大清律"的法律；这派底意见，我们犯不着批评。一是新派，他们虽不迷信政治、法律和国家有神秘的威权，他们却知道政治、法律和国家是一种工具，不必抛弃不用。在这一点上我很以他们为然；但是他们不取革命的手段改造这工具，仍旧利用旧的工具来建设新的事业，这是我大不赞成的。这派人所依据的学说，就是所谓马格斯修正派，也就是 Bebel 死后德国底社会民主党，急进派所鄙薄所攻击的社会党也就是这个。中国此时还够不上说真有这派人，不过颇有这种倾向，将来这种人必很有势力要做我们唯一的敌人。

他们不主张直接行动，不主张革那资产阶级据以造作罪恶的国家、政治、法律底命，他们仍主张议会主义，取竞争选举的手段，加入（就是投降）资产阶级据以作恶的政府、国会，想利用资产阶级据以作恶的政治、法律，来施行社会主义的政策；结果不但主义不能施行，而且和资产阶级同化了，还要施行压迫劳动阶级反对社会主义的政策。现在英、法、德底政府当局那个不是如此？像这样与虎谋皮为虎所噬还要来替虎噬人的方法，我们应该当做前车之鉴。

他们主张的国家社会主义，名为社会民主党，其实并不要求社会的民主主义，也不要求产业的民主化，只主张把生产工具集中在现存的国家——现存的资产阶级底军阀官僚盘踞为恶的国家——手里。Wilhelm Liebknecht 批评这种国家社会主义道：这种国家社会主义，实在说起来只可叫做国家资本主义（State Capitalism），取其貌似投时所好来冒牌骗人罢了。德国底国家社会主义，严格说起来就是普鲁士底国家社会主义，他的理想就是军国的、地主的、警察的国家，他所最厌恶的就是民主主义

（见 Wilhelm Liebknecht, ***No Compromise***, ***No Political Trading***,
p. 15）。这种国家社会主义的国家里面，劳动阶级底奴隶状态不
但不减轻而且更要加重；因为国家成了公的唯一的资本家，比私
的数多的资本家更要垄断得多。这种国家里面，国家的权力过大
了，过于集中了统一了，由消灭天才的创造力上论起来，恐怕比
私产制度还要坏。这种国家里面，不但无政府党所诅咒的国家、
政治、法律底罪恶不能铲除，而且更要加甚；因为资产阶级底军
阀官僚从前只有政治的权力，现在又假国家社会主义的名义，把
经济的权力集中在自己手里，这种专横而且腐败的阶级，权力加
多罪恶便自然加甚了。若是把这名义与权力送给世界上第一个贪
污不法的中国军阀官僚，那更是造孽不浅。

　　他们反对马格斯底阶级战争说很激烈，他们反对劳动专政，
拿德谟克拉西来反对劳动阶级底特权。他们忘记了马格斯曾说
过：劳动者和资产阶级战斗的时候，迫于情势，自己不能不组成
一个阶级，而且不能不用革命的手段去占领权力阶级的地位，用
那权力去破坏旧的生产方法；但是同时阶级对抗的理由和一切阶
级本身，也是应该扫除的；因此劳动阶级本身底权势也是要去掉
的（见《共产党宣言》第二章之末）。他们又忘记了马格斯曾说
过：法国社会主义及共产主义底著作，到德国就全然失了精义
了；并且阶级争斗底意义从此在德国人手中抹去，他们还自己以
为免了法国人的偏见……他们自以为不单是代表无产阶级利害
的，是代表人类本性底利害，就是代表全人类利害的；这种人类
不属于何种阶级，算不得实际的存在，只有哲学空想的云雾中是
他存在的地方（见前书第三章）。他们只有眼睛看见劳动阶级底
特权不合乎德谟克拉西，他们却没眼睛看见戴着德谟克拉西假面

的资产阶级底特权是怎样。他们天天跪在资产阶级特权专政脚下歌功颂德，一听说劳动阶级专政，马上就抬出德谟克拉西来抵制，德谟克拉西到成了资产阶级底护身符了。我敢说：若不经过阶级战争，若不经过劳动阶级占领权力阶级地位底时代，德谟克拉西必然永远是资产阶级底专有物，也就是资产阶级永远把持政权抵制劳动阶级底利器。修正派社会主义底格言，就是："从革命去到普通选举！从劳动专政去到议会政治！"他们自以为这是"进化的社会主义"，殊不知 Bebel 死后德国底社会民主党正因此堕落了！

（四）

我的结论是：我承认人类不能够脱离政治，但不承认行政及做官争地盘攘夺私的权利这等勾当可以冒充政治。

我承认国家只能做工具不能做主义，古代以奴隶为财产的市民国家，中世纪以农奴为财产的封建诸侯国家，近代以劳动者为财产的资本家国家，都是所有者的国家，这种国家底政治法律，都是掠夺底工具，但我承认这工具有改造进化的可能性，不必根本废弃他，因为所有者的国家固必然造成罪恶，而所有者以外的国家却有成立的可能性。

我虽然承认不必从根本上废弃国家政治法律这个工具，却不承认现存的资产阶级（即掠夺阶级）的国家、政治、法律，有扫除社会罪恶的可能性。

我承认用革命的手段建设劳动阶级（即生产阶级）的国家，

创造那禁止对内对外一切掠夺的政治法律，为现代社会第一需要。后事如何，就不是我们所应该所能够包办的了。

署名：陈独秀

《新青年》第八卷第一号

1920 年 9 月 1 日

对于时局的我见

（一九二〇年九月一日）

昨天有两个相信社会主义的青年，问我对于时局的意见，我说：中国政治中心虽在北京，上海是经济中心，所以时常发出对于政治上有力的舆论。现在安福倾覆后上海方面对于时局的舆论，颇不一致，我以社会主义者的见地，略述如下：

（一）总想"不劳而获"，是中国人最大的毛病。这次打倒安福派，只是吴佩孚一军的力量，别人都坐观成败。若是事后说便宜话，或是提出过大的要求，这是一定没有效果的。我们想"获"，必须要"劳"，"不劳而获"，是不可能而且很可耻。至于左祖安福和段的先生们，正应该闭门思过，若还厚起面皮，拿国民的名义来唱高调，只好请他到段国去做安福国民，中华民国实不能容这样没廉耻的人！

（二）我以为世界上只有两个国家：一是资本家的国家，一是劳动者的国家，但是现在除俄罗斯外，劳动者的国家都还压在资本家的国家底下，所有的国家都是资本家的国家，我们似乎不必妄生分别。各国内只有阶级，阶级内复有党派，我以为"国民"不过是一个空名，并没有实际的存在。有许多人欢喜拿国民的名义来号召，实在是自欺欺人，无论是国会也好，国民大会也好，俄罗斯的苏维埃也好，都只是一阶级一党派底势力集中，不是国民总意底表现；因为一国民间各阶级各党派的利害、希望各不相同，他们的总意不但没有方法表现，而且并没有实际的存在。

（三）国家、权力、法律，这三样本是异名同实。无论何时代的法律，都是一阶级一党派的权力造成国家的意志所表现，我们虽然应该承认他的威权，但未可把他看成神圣；因为他不是永远的真理，也不是全国民总意底表现，他的存废是自然跟着一阶级一党派能够造成国家的权力而变化的。换句话说，法律是强权底化身，若是没有强权，空言护法毁法，都是不懂得法律历史的见解。吾党对于法律底态度，既不像法律家那样迷信他，也不像无政府党根本排斥他；我们希望法律随着阶级党派的新陈代谢，渐次进步，终久有社会党的立法，劳动者的国家出现的一日。

（四）在社会党的立法和劳动者的国家未成立以前，资本阶级内民主派的立法和政治，在社会进化上决不是毫无意义；所以吾党遇着资本阶级内民主派和君主派战争的时候，应该帮助前者攻击后者；后者胜利时，马上就是我们的敌人，我们对于他们的要求，除出版、结社两大自由及工厂劳动保护的立法外，别无希望。因为吾党虽不像无政府党绝对否认政治的组织，也决不屑学德国的社会民主党，利用资本阶级的政治机关和权力作政治活动。

署名：陈独秀

《新青年》第八卷第一号

1920 年 9 月 1 日

随 感 录

（一九二〇年九月一日）

虚 无 主 义

中国底思想界，可以说是世界虚无主义底集中地；因为印度只有佛教的空观，没有中国老子的无为思想和俄国的虚无主义；欧洲虽有俄国的虚无主义和德国的形而上的哲学，佛教的空观和老子学说却不甚发达；在中国这四种都完全了，而且在青年思想界，有日渐发达的趋势。可怜许多思想幼稚的青年，以为非到一切否定的虚无主义，不能算最高尚最彻底。我恐怕太高尚了要倒下来，太彻底了要漏下去呵！我以为信仰虚无主义的人，不出两种结果：一是性格高尚的人出于发狂，自杀；一是性格卑劣的人出于堕落。一切都否定了，不自杀还做什么？一切都否定了，自己的实际生活却不能否定，所以他们眼里的一切堕落行为都不算什么，因为一切都是虚无。我敢说虚无思想，是中国多年的病根，是现时思想界的危机；我盼望笃行好学的青年，要觉悟到自己的实际生活既然不能否定，别的一切事物也都不能否定；对于社会上一切黑暗、罪恶，只有改造、奋斗，单单否定他是无济于事；因为单是否定他，仍不能取消他实际的存在。

上 海 社 会

上海社会，分析起来，一大部分是困苦卖力毫无知识的劳动者；一部分是直接或间接在外国资本势力底下讨生活的奸商；一部分是卖伪造的西洋药品卖发财票的诈欺取财者；一部分是淫业妇人；一部分是无恶不作的流氓、包打听、拆白党；一部分是做红男绿女小说，做种种宝鉴秘诀，做冒牌新杂志骗钱的黑幕文人和书贾；一部分是流氓政客；青年有志的学生只居一小部分，处在这种环境里，仅仅有自保的力量，还没有征服环境的力量。像上海这种龌龊社会，居然算是全中国舆论底中心，或者更有一班妄人说是文化底中心；上海社会若不用猛力来改造一下，当真拿他做舆论和文化底中心，那末，中国底舆论和文化可真糟透了；因为此时的上海社会，充满了无知识利用奸诈欺骗的分子，无论什么好事，一到了上海，便有一班冒牌骗钱的东西，出来鬼混。流氓式的政客，政客式的商会、工会底利用手段更是可厌，我因此联想到国民大会如果开得成，总以不在上海开会为宜。

比较上更实际的效果

"不劳而获"，自然是不好的观念；劳而不获，也不是正当办法；最好是用劳力去求那比较上更实际的效果。例如：与其提倡废姓，不如提倡名号统一；与其提倡女子剪发，不如提倡女子放足及解放胸部底束缚；与其邀集朋友办杂志，不如邀集朋友设读书会；与其高谈无政府主义、社会主义，不如去做劳动者教育和解放底实际运动；与其空谈女子解放，不如切切实实谋女子底教育和职业。

俄 国 精 神

黄任之①先生说：中国人现在所需要的，是将俄国精神、德国科学、美国资本这三样集中起来。我以为我们倘能将俄国精神和德国科学合而为一，就用不着美国资本了。但是中国人此时所最恐怖的是俄国精神，所最冷淡的是德国科学，所最欢迎的只有美国资本！

男女同校与议员

男女同校本来是一件很平常的事，在理论上简直用不着讨论。上海大同学院是首先实行的了，北京大学收容女生，就是腐败的教育部也居然许可了，现在南京高等师范也打算收女生（听说"苏社"底首领很反对这件事，南京底教职员因此有点迟疑，我劝南京教职员勿为谣言所惑，因为"苏社"诸君总不至

————————

① 黄炎培（1878—1965），字任之。江苏川沙人。

像安福部那样横霸），可见男女同校，在中国也已经成了事实了。但是广东、浙江、江苏什么省议会，都提出什么禁止男女同校的议案。哼！议员议员！尔等恶也做够了，人民厌恶尔等也到了极莲〔点〕，何必又闹笑话！

署名：独秀

《新青年》第八卷第一号

1920 年 9 月 1 日

答费哲民
（妇女、青年、劳动三个问题）

（一九二〇年九月一日）

哲民先生：

我以为解决先生所说的三个问题（其实不止这三个问题），非用阶级战争的手段来改革社会制度不可。因为照现在的经济制度，妇人底地位，一面脱离了家庭的奴隶，一面便得去做定东家的奴隶；即于自由恋爱一层，在财产制度压迫和诱惑之下那里会有纯粹的自由！在国内外两重资本主义压迫之下，青年向何处去寻新生活和世外桃源？即于劳动问题，更可以说除阶级战争外都是枝枝节节的问题。

先生说："劳工解放，农人解放，研究这些问题的人，也是不少了。"何以我绝对未曾听见看见？这句话先生说得太轻率了。

独秀

《新青年》第八卷第一号

1920 年 9 月 1 日

再答知耻（劳动问题）

（一九二〇年九月一日）

知耻先生：

仆未尝不深知道先生是一位很可敬爱的青年，是一位人格很高尚的人，惟其如此，看见先生和万恶的资本家接近久了，竟然和他同化，说出许多似而非的话来，所以我格外痛恨资本家的魔力，不但掠夺了无数工人底财产，而且弄坏了许多青年底思想！工人财产被掠夺的问题，和工人要求教育平等的问题，理论上本不相联属，先生硬要拿后者做前者的条件，正合一班妄人主张不识字的女子不能放足一样。我并不是看轻了工人教育，而且很希望有强迫工人教育制度出现，但不愿意拿这个做讨论别的问题的条件，失了别的问题的独立精神。

先生主张"工人教育问题为劳工问题之先决问题"，我且问你：在现在贪狠的资本家生产制度之下，工银如此之少，时间如此之多，先生有何神通可以使一般工人得着平等的教育？如此看来，又应该拿什么做工人教育问题的先决问题呢？还请赐教。若只拿教育这句空话来搪塞，好做加工资减时间底障碍，这句话只应该出在资本家走狗的口里，不是有人格有良心的人应当说的。

独秀

《新青年》第八卷第一号

1920 年 9 月 1 日

此时中国劳动运动底意思

（一九二〇年九月五日）

因为外国劳动运动都闹得利害，我们跟着凑热闹吗？我以为决不是这样，我们不能说中国没有劳动者，我们便不能说中国不应该有劳动运动。我们不能说中国底劳动者境遇不苦恼，我们便不能说中国人不应该提倡并帮助劳动运动。

因为要大大的来改革中国底政治和经济组织，才利用劳动运动吗？我以为也不是这样。日本贺川先生在日本贫民窟住了十几年，美国底贫民窟他也曾去调查过；但是他说："见了中国上海底贫民窟，那日本和美国底贫民窟都算不得苦恼。"贺川先生所见的闸北和营盘口等处贫民窟里贫苦工人底生活状况，上海有钱有势的人自然不容易看得见。但是像各处马路旁边小铁匠店里底小徒弟，无冬无夏从天明到夜半都站在火炉边旁打铁，这是容易见着的。十六铺提篮桥洋泾浜底小客栈十几个人挤在一间小房里住宿，这是容易见着的。丝厂香烟厂里小女工一天只得着几个铜子还要挨打，这也是容易见着的。这班人做了社会上重要的工，和懒惰的乞丐不同，但是他们的生活比乞丐还不如。所以我们现在不必谈什么改革政治和经济，也并不必谈什么社会主义，我们但凡有一点对于人类底同情心，我们但凡有一点对于同胞底感情，便应该出力帮助这种贫苦的劳动者。你们若是对于劳动运动袖手旁观，甚至于从中破坏，我奉劝你们以后便不必把什么仁义道德或基督教挂在嘴上骗人了。因此我要说一句可怜的话：此时中国劳动运动底意思，一不是跟着外国底新思潮凑热闹，二不是高谈什么社会主义，不过希望有一种运动好唤起我们对于人类底同情心和对于同胞底感情，大家好来帮助贫苦的劳动者，使他们不至于受我们所不能受的苦恼。

署名：独秀

《劳动界》第四册

1920 年 9 月 5 日

随　感　录

（一九二〇年十月一日）

学说与装饰品

本来没有推之万世而皆准的真理，学说之所以可贵，不过为他能够救济一社会一时代弊害昭著的思想或制度。所以详论一种学说有没有输入我们社会底价值，应该看我们的社会有没有用他来救济弊害的需要。输入学说若不以需要为标准，以旧为标准的，是把学说弄成了废物；以新为标准的，是把学说弄成了装饰品。譬如我们不懂适者生存底道理，社会向着退化的路上走，所以有输入达尔文进化论底需要；我们的文学、美术，都偏于幻想而至于无想了，所以有输入写实主义底需要；我们士大夫阶级断然是没有革新希望的，生产劳动者又受了世界上无比的压迫，所以有输入马格斯社会主义底需要。这些学说底输入都是跟着需要来的，不是跟着时新来的。这些学说在社会上有需要一日，我们便应该当作新学说鼓吹一日；比这些更新的学说若在社会上有了输入底需要，我们当然是欢迎他；比这些更旧的学说若是在社会上有存留底需要，我们不应该吐〔唾〕弃他。现在有许多人说，达尔文底学说，写实主义自然主义底文艺，马格斯底社会主义，都是几十年前百年前底旧学说，都有比他们更新的，他们此时已经不流行不时髦了。这种论调完全把学说当作装饰品，学说重在需要，装饰品重在时新，这两样大不相同呵！

再论上海社会

从前做《黑幕》一类的小说，不用说是为了金钱主义，世界上弄钱的法子很多，做这种小说来弄钱已经是有点黑心了。现在因为《黑幕》的生意不大好，摇身一变来做新思潮的杂志骗钱，外面挂着新文化的招牌，里面还是卖《黑幕》一类的货，上海骗钱的法子很多，拿这种法子来骗钱、来糟蹋新文化，更加是黑心到了极点了。

从前贪官、奸商合起来运米出洋，不用说是为了金钱主义，世界上弄钱的法子很多，运米出洋，好叫自己发财，穷人吃贵米，已经是有点黑心了。现在因为贩米出洋受人唾骂，换一个法子来办平粜局，就由这平粜局运米出洋（详见八月二十六日上海《时事新报》本埠时事栏），上海骗钱的法子很多，拿这种法子来骗钱，来造成米荒，更加是黑心到了极点了。

你们提倡新文化反对《黑幕》，我就挂起新文化招牌来卖《黑幕》；你们提倡办平粜反对运米出洋，我就挂起平粜招牌来运米出洋；这种巧计，可比《三国演义》上的诸葛先生还要利害。因此推论，打着"毋忘国耻"的招牌卖日货，打着社会主义的招牌拥护军阀、官僚，也是意中事。所以什么觉悟、爱国、

群利、共和、解放、强国、卫生、改造、自由、新思潮、新文化
等一切新流行的名词，一到上海便仅仅做了香烟公司、药房、书
贾、彩票行底利器。呜呼！上海社会！

懒惰的心理

改造社会自然应该从大处着想，自然应该在改革制度上努
力，如此我们的努力才是经济的，但是不可妄想制度改革了样样
事便立刻会自然好起来。只可说制度不改，我们的努力恐怕有许
多是白费了，却不可说制度改了，我们便不须努力。无论在何种
制度之下，人类底幸福，社会底文明，都是一点一滴地努力创造
出来的，不是像魔术师画符一般把制度改了，那文明和幸福就会
从天上落下来。怀这种妄想的人就是人类懒惰的心理底表现。

例如中国辛亥革命后，大家不去努力创造工业，不去努力创
造教育，不去努力创造地方自治，不去努力监督选举，不去努力
要求宪法上的自由权利，妄想改了共和就会自然有一步登天的幸
福。又如俄罗斯十月革命以来，大家不想想他在这短期间，除了
抵抗内外仇敌及大饥馑，他所努力创造的只应该到何程度，便无
理地责备他的成绩。这都是人类懒惰的心理底表现。

我们现在及将来的改革倘不排除这种心理，定会要失败的。
据我所知道的，北京"工读互助团"以为他们是新思想、新制
度底产物，便不须照旧式工商业那样努力那样竞争，他们便因此
失败了。某处有一消费合作社，他们以为合作社是新的理想新的
制度，不需要从前的营业技术，他们便因此失败了。有好几处学

生贩卖部，他们以为是传播新文化底机关，不必采用营业的麻烦手续，连出入账目都随随便便不去用力弄清楚，他们便因此失败了。我看照这些同样不努力的、懒惰的空想，都没有不失败的。

此外我们时常有"彻底"、"完全"、"根本改造"、"一劳永逸"一些想头，也就是这种懒惰的心理底表现。人类社会底进化决不是懒惰者所想像的那样简单而容易。

署名：陈独秀

《新青年》第八卷第二号

1920 年 10 月 1 日

国庆纪念底价值

（一九二〇年十一月十一日）

我们对于一切信仰一切趋赴底事，必须将这事体批评起来确有信仰趋赴底价值，才值得去信仰趋赴，不然便是无意识的盲从或无价值的迷信。

我们中华民国双十节是建设共和国底国庆纪念日，从元年到今年已经是第九次了；其间受反革命的帝制派底压迫几乎不成个纪念日底光景曾有好几次，最明目张胆地强行禁止开会纪念的，就是去年反革命的帝制派天津警察厅长杨以德和今年反革命的帝制派上海镇守使何丰林。在这班反革命的帝制派仇视共和禁止国庆日底纪念，本是当然的事，我们不去论他；但是信仰共和、趋赴共和底人，也要确乎明白纪念这共和国庆日有什么价值。

讨论这个问题当分两层：一是共和底价值，一是中国共和底价值。

我们对于共和价值底批评，固然不像反革命的帝制派及无政府党人把共和看得一文不值，也不像一班空想的政论家迷信共和真能够造成多数幸福。我们十分承认却只承认共和政治在人类进化史上有相当的价值，法兰西大革命以前的欧洲，俄罗斯大革命以前的亚洲，打倒封建主义不能说不是他的功劳；但是封建主义倒了，资本主义代之而兴，封建主义时代只最少数人得着幸福，资本主义时代也不过次少数人得着幸福，多数人仍然被压在少数人势力底下，得不着自由与幸福的。教育是智慧的源泉，资本主义时代底教育是专为少数富家子弟而设，多数贫民是没有分的；他们的教育方针也是极力要拥护资本主义底学说及习惯的，因此这时代底青年自幼便养成了崇拜资本主义底迷信，以为资本主义是天经地义，资本家是社会不可少的中枢。共和国里当然要尊重舆论，但舆论每每随多数的或有力的报纸为转移，试问世界各共和国底报纸那一家不受资本家支配？有几家报纸肯帮多数的贫民说话？资本家制造报馆，报馆制造舆论，试问世界上那一个共和国底舆论不是如此？共和国里表示民意底最具体的方法就是选举投票，以财产限制选举权底国里不必说了，就是施行普通选举底国里，也没有穷人可以当选底道理，花几十万元才得着议员，这是很平常的事。最穷的日本国，最近的议员运动费也必须十万元左右；相传有一位极有名望的人主张"理想的选举"，决计不出运动费，不过他的朋友亲戚代他用了酒席车马费七千元，到处传为美谈；试问这种美谈没有人帮助底穷人得的着吗？全国底教育、舆论、选举，都操在少数的资本家手里，表面上是共和政治，实际上是金力政治，所以共和底自由幸福多数人是没有分的。主张实际的多数幸福，只有社会主义的政治。

共和政治为少数资本阶级所把持，无论那国都是一样，要用他来造成多数幸福，简直是妄想。现在多数人都渐渐明白起来要求自己的自由与幸福了，社会主义要起来代替共和政治，也和当年共和政治起来代替封建制度一样，按诸新陈代谢底公例，都是不可逃的运命。

　　我们对于中国共和价值底批评，并不觉得他比别的国共和格外无价值；对于他在中国将来并无希望，也和在别的国一样或者还要更甚一点。过去的纪念像黄花冈壮烈的牺牲，接着就是十月革命，废黜君主，建设共和，在中国历史上不能说不是空前的盛举。在这一点上看起来，我以为全中国人都应该觉得双十节的确是中国历史上唯一的纪念日。只可惜这历史上空前的盛举是一时偶发的，太没有持续性（这种现象是中国民族可恐怖的最大弱点），以至于多数人得不着幸福，固属当然（上面曾说过共和政治不能造成多数幸福）；即使少数人也没有像欧美中产阶级都得着了幸福，自由权利与幸福还是为最少数人所独占，直到如今还完全是封建主义恢复了固有的势力，支配一切。尊祀孔子及武人割据，这两件事就是封建主义支配一切精神方面及物质方面底明证。中国共和政治所以如此流产底原因，一方面是革命的共和派没有专政底毅力和远见，急于和反革命的帝制派携手遂致自杀了；一方面是一般国民惑于调和底邪说，又误解共和以为应该给全国民以自由权利连反革命的帝制派也算在内，反革命的帝制派得着了自由，共和政治那有不流产底道理。由封建而共和，由共和而社会主义，这是社会进化一定的轨道，中国也难以独异的；现在虽说是共和失败了封建制度恢复了势力，但是世界潮流所趋，这封建主义得势，也不过是一时现象，我以为即在最近的将来，不但封建主义要让共和，就是共和也要让社会主义。在这一点上看起来，除追怀先烈以外，这国庆纪念日已没有可以令人狂信底价值了。但有人以为由封建而社会主义，中间还必须经过共和时代，所以眼前还是政治问题要紧；又有人以为中国封建式的武人为患，是政治造成的，不是经济造成的，所以眼前只是政治革命要紧，还不须经济革命。我看这两种话都似是而非。由封建而社会主义虽是一定的轨道，然这轨道却不能够说必须要经过若干岁月才可以改变方向。西欧共和政治经过长久的岁月底原因：一是西欧的代议制度来源甚古，共和政治比较的容易支持；一是他们社会主义的思想刚与共和同时发生，当时都还迷信共和可以造成多数幸福。现在的东方各国却和他们情形不同，所以俄罗斯共和推倒了封建半年便被社会主义代替了，封建和社会主义之间不必经过长久的岁月，这是一个很明显的例。至于说中国只须政治革命不必经济革命，我便有七个疑问：

（一）中国社会的资本已集中在最少数的武人官僚手里，用政治革命手段，是否可以免得由甲派武人官僚手里底资本转到乙派武人官僚手里，是否可以使社会的资本归社会公有？

（二）中国士大夫底人格是否已与封建式的武人同化，他们的政治道德是否可以适用代议制不须人民直接行动，除了多数人的援助他们的力量是否能够打倒封建式的武人建设共和政治？

（三）共和政治是否能够造成多数幸福？

（四）抛弃多数的幸福是否能够使人心安定共和巩固？

（五）中国此时资本家生产制还未十分发达的时候，是否应该乘机创设社会的工业，是否应该提倡私人的工业酿成经济不平等之危机？

（六）中国除了劳动界有了阶级的觉悟，组织强大的革命团体，绝对打破资本家生产制，有何方法可以抵制外国由经济的侵略进而为政治的侵略？

（七）单是政治革命，能否解决官、匪、政客、游民、兵过多底问题？

我不但不反对政治的革命，而且很盼望他早日实现；但我断然不能迷信他能够将中国从危险中救出；若有人迷信他，说中国此时只须政治革命不须经济革命，我便要请他解答上面的七个疑问。

以上所讨论的共和底价值和中国共和底价值，似乎都是我们在国庆纪念日应有的觉悟。

署名：陈独秀

《新青年》第八卷第三号

1920 年 11 月 1 日

《伙友》发刊词

（一九二〇年十月十日）

从广义说起来，凡被雇的月薪劳动者都属于劳动阶级，所以商店里的伙友可以合工厂矿山劳动者及交通劳动者成一个大团体，分开来这三种可以说是阶级战争底三大军团。此时中国这三种劳动者底境遇无不苦恼，商店底劳动者知识比别的劳动者发达得多，而又无法改良他们的境遇，所感的苦恼更甚。现在要联合起来，各人说说苦恼底状况及原因，共同商量一个改良的方法才好。

因为商业竞争上的关系，把人类有用的精力用在许多无用的地方，这是资本家生产制各种弊害之一；因此"废商论"在新的经济思潮里得了很大的势力。但是现在商业底经验及技术到了废止个人的商业竞争时代，在社会的工业自治上也有很重要的职务，不可轻忽的。所以商业伙友们要觉悟不但自己的境遇有新旧改革底必要，就是自己的经验及技术底用途也有新旧改革底必要。

简单说起来，本周刊发行底目的有二，就是：

（一）诉说伙友们现在的苦恼。

（二）研究伙友们将来的职务。

署名：陈独秀

《上海伙友》第一册

1920 年 10 月 10 日

敬告广州青年

（一九二〇年十月二十日）

在广州我有许多已经见面的和还未曾见面的好朋友，去年很有机会可以到广州，而竟没有去成，实是一件憾事！

我认识许多广东朋友，又有许多别省的朋友告诉我，广东人的性质和广东的社会状况，我归纳起来，得到两种极端不同的结论。一是好到无以复加，一是坏到无所不至。这两种结论在表面上看起来，似乎是极端矛盾，不能并存，然而我以为这两样都是事实。

在民族性质说起来，不能为大恶的必不能为大善。所以富于保守性的康有为是广东人，富于革命性的孙中山也是广东人，富于物质主义商买性质（广东人赌钱做官的乡绅是同将本求利的物质主义）的梁士诒是广东人，富于理想主义的刘师复也是广东人，在社会阶级上说起来坏到无所不至的，恐怕就是有产的绅士，好到无以复加的，一定就是无产的劳动者及学生。因此别人对于广东两种极端不同的批评，我以为都是事实。

现在压迫湖南底暴力去了，湖南青年底奋发一日千里，我料压迫广东人底暴力不久也要去，我希望广东青年万万不可错过了机会。

我希望诸君讲求社会需要的科学，勿空废光阴于无用的浮夸的古典文字。

我希望诸君多多结合读书会或科学实验所，勿多发言论。

我希望诸君切切实实研究社会实际问题底解决方法，勿藏在空空的什么主义什么理想里面当造逋逃薮安乐窝。

我希望诸君做贫苦劳动者底朋友，勿为官僚资本家佣奴。

我希望诸君努力扫除广州坏到无所不至的部分，勿空谈什么国家世界的大问题。

署名：陈独秀

《广东群报》

1920 年 10 月 20 日

中国劳动者可怜的要求

（一九二○年十月二十三日）

一、星期日休息

二、每天只做八点钟工

三、每月工钱加上三元五元

我们中国底事样样都比不上外国，劳动者境遇也是这样，说来真是可耻又可怜！

外国劳动者星期日都有休息，中国怎样？外国劳动者每天只做八点钟工，中国怎样？外国劳动者每月都有工钱百元数十元，中国怎样？外国各业工人都有工会，中国怎样？外国对于女工、童工及老年工人，大概都有特别保护的法律，中国怎样？外国工厂里对于工人卫生及教育也都有一定的工厂法，中国怎样？外国国家或厂家对于劳动者底住所及饮食店多有很洁俭的设备，中国怎样？外国对于劳动者生产的、病的、老伤的、死的都有相当的抚恤，中国怎样？外国已经没有万恶的工头了，中国怎样？

外国工人们已经得着了这们〔么〕许多好处，但他当初也和中国工人一样，后来结下了团体，经过千辛万苦一件一件向国家及厂家拼命要求才得着的，不是平平安安容易得着的。

外国工人们虽然得着了这们〔么〕许多好处，但他们还不满意，还是叫苦连天，还在那里结大大的团体，还在那里做大大的劳动运动；这大大的运动当中，最著名的就是英国矿工要求占领及管理矿山，意大利工人要求占领及管理工厂。我们少见多怪的中国人听了这些话，恐怕都要发出"人心不足"底叹声。

就是我也不敢希望我们中国底工人们马上就有外国的这样大大的运动，说句极没出息的话，中国工人但能结起团体来要求得到外国工人已经得着的各样好处，那便算是大大快意的事了；再说得可怜一点，眼前只求得着"星期日休息"、"每天只做八点钟工"、"每月工钱加上三元五元"这三样好处，也可使工人们牛马似苦恼减轻一点。

倘然今后仍旧照现在一样，工人们连这三样好处也得不着，像这样吃苦耐劳而工钱又极低贱的地方，必然要招引许多被工人驱逐的外国资本家来办实业，那时革中国资本家命的，不是可怜的中国工人，乃是可怕的外国穆藕初、虞洽卿先生们。所以中国工人这样困苦，不见得单单是工人底不幸，不知道一班资本家见到这层没有？

署名：陈独秀

《劳动界》第十一册

1920 年 10 月 23 日

随　感　录

（一九二〇年十一月一日）

社会的工业及有良心的学者

中国急需发达工业，但同时必须使重要的工业都是社会的不是私人的，如此中国底改革才得的着西洋工业主义的长处，免得他们那样由资本主义造成经济危殆的短处。中国急需学者，但同时必须学者都有良心，有良心的学者才能够造成社会上真正多数人的幸福。我们敬爱一个诚实的农夫或工人过于敬爱一个没良心的学者。这班学者脑子里充满了权门及富豪底肮脏东西，他们不以为耻辱，还要把那些肮脏东西列入学理之内，他们那曲学阿世底罪恶助成了权门富豪底罪恶都一件一件写在历史上，我们不曾忘记呵！

劳动者底知识从那里来？

日本贺川丰彦先生（贺川先生是一位有良心的学者，他住在神户底贫民窟里十几年，专门出力帮助贫民，前两个月曾来上海调查中国之贫民窟）在大阪劳动问题讲演会曾说："在今日资本家制度的社会，金钱比生命还要贵重。资本家因为致富，不惜牺牲劳动者底生命。大正六年算是最隆盛时代，然全国增加了医生五万人，看护妇六万人，而人口死亡率还是增加。"又说："据文部省研究调查，十五万小学生中，贫民子弟底平均生长，男的矮一寸，女的矮一寸五分，食物不足的人，身长及知识都不能发达。第一要叫他们食物充足呵！社会若不叫他们的食物充足，有非难劳动者无知识底权利吗？"我盼望主张工人缺乏知识不能增加工资之人，都注意贺川先生所举的事实！

三论上海社会

上海社会除了龌龊分子以外，好的部分也充满了戴季陶先生所谓曼且〔彻〕斯特的臭味。偌大的上海竟没有一个培养高等知识的学校，竟没有一个公立的图书馆，到处都是算盘声，铜钱臭。近来不但是曼且斯特的臭味充满了，拜金主义的国里纽约的臭味也加进来了，而且这种纽约的臭味在上海大时髦而特时髦。他们分明是不过为自己为资本家弄了几个铜钱，而偏偏自谓是在中国实业上贡献了许多文化。杜威、罗素来了，他们都当做福开森、朱尔典、拉门德一样欢迎，而且引为同调（硬说罗素劝中国人保存国粹）大出风头（屡次声明罗素是某人请来的）；但是杜威反对形式教育底话和罗素反对资本主义底话，他们都充耳不闻，却和杜威、罗素这班书迂子谈起什么中美、中英邦交问题来了。罗素初到上海，在大东欢迎席上就有人在演说中替商务印书馆登了一段卖书底广告。我们一方面固然赞叹商务印书馆底广告术十分神奇，一方面可是觉得曼且〔彻〕斯特、纽约两种臭味合璧的上海社会实在唐突学者！

署名：独秀

《新青年》第八卷第三号

1920 年 11 月 1 日

答郑贤宗（国家、政治、法律）

（一九二〇年十一月一日）

贤宗先生：

我前次文章发表之后，言论界未曾有赞同或反对的表示，我很为失望；现在接到先生底辩论，并且是很有价值的辨论，我非常快慰。我的意思还有一些和先生不同的地方，不得不写出来请先生指教。

在答复先生底辨论之前，我有几种信念必须明白发表出来：（一）我以为在社会底进化上，物质的自然趋向底势力很大，留心改造社会底人万万不可漠视这种客观的趋向，万万不能够妄想拿主观的理想来自由改造；因为有机体的复杂社会不是一个面粉团子能够让我们自由改造的，近代空想的社会主义和科学的社会主义之重要的区别就在此一点。（二）世间有没有万古不易的东西（说有万古不易的东西固然不对，一定说没有万古不易的东西，在逻辑上也有毛病），终极的理想是什么，我们似乎不必作此无益的推敲；我们应该努力去做的有益事业只有说明现在社会里已有的毛病，建设最近的将来比较善良的社会；倘若迷信很远的将来及终极的理想社会才算彻底，而对于现在及最近的将来之改造以为不彻底不去努力，这种人只算是"候补改造者"，可惜他来到这世界上太早了一点。我们若单单空想最远的将来及终极的理想，把现在及最近的将来努力放弃了，那么世界终极是或者要毁坏的，个人终极也都要死亡的，我们未到终极期间底一切努力岂不是无意识么？（三）我们改造社会是要在实际上把他的弊病一点一滴、一桩一件、一层一层渐渐的消灭去，不是用一个根本改造底方法，能够叫他立时消灭的；更不是单单在理论上笼统的否认他，他便会自然消灭的。譬如医治多年的疾病，纵然有药到病除底仙丹妙药，也要有这药才能够治病，断不是在理论上否认这病，这病便自然会好的。因为要治致命的病，有时必须用毒药，甚至于须用点必然发生副作用的毒药，都是不可避免的。

我这三条信念先生以为如何？

先生所举无政府党反对国家底两个最大的理由，在第一个理由，我那篇文章里面明明说："建设劳动阶级的国家……为现代社会第一需要。后事又何，就不是我们所应该所能够包办的了。"我实未曾说过国家是万古不易的东西。无政府党既然承认"国家是进化道上所经过的一种形式，是人类共同生活历史中某时期的一个制度，"而在现社会实际的共同生活底需要上，是否真实证明国家这种形式这个制度（不是国家主义）底时期已经过去？在第二个理由，像那些仇视、嫉妒，以及相侵相夺、相杀相害等事，最甚的大部分是资产阶级拿国家主义做招牌争商场弄出来的，不全是国家本身底罪恶。像这种侵略的国家主义即帝国主义，我也是绝对厌恶的；至于普通的国家制度，不过是言语相同的或是历史、宗教、利害相同的一种或数种民族共同生活底政治组织；这种组织有时不免现出狭隘的情感，但他是成立在自然的障碍（如言语、历史、宗教、利害等）底基础上面，根深底

〔蒂〕固，他成立底基础不消灭，他是不容易消灭的；若单是消灭了"国家"这个名义，在实质上人类但凡有组织，那因为自然的障碍而发生民族的冲突，就在无国家无政府时代仍然是不能免的；所以要想免除这种冲突，非先在事实上免除造成冲突底各项自然的障碍不可，各项障碍中以言语和利害关系最重要，空谈什么无国界，什么世界同胞，什么大同，都太笼统了，离问题远得很。

政治与法律也和国家一样，是有人拿他作恶（一部分无政府党所主张的暗杀、暴动、掷炸弹、放手枪，也有人用这些事作恶），他本身并不一定就有罪恶。在无政府党以为绝对不要国家政治法律是根本解决，在我以为是因噎废食。譬如国家法律政治是个人身，他到了自然死底时候，那是进化历程上当然的现象，若只是疾病便当医治，用"人死病断根"底方法来解决病底问题，未免有点笑话。在我那篇文章内，并没有说压制人民的政治束缚人民的法律是好的，只说过要有废止资本家财产私有的法律，要有强迫劳动的法律，要有禁止对内对外一切掠夺的政治法律；先生既然相信无政府主义，请你要将资本阶级和非资本阶级底人民分别一下，不要说些笼统话为不劳动的资本阶级利用！

先生一方面以为我说他们闭起眼睛反对一切强权，未免有些武断；一方面又主张人类绝对自由，根本上反对强权，我实在有点不解。我对于国家政治法律，只承认他们在现今及最近的将来这一个时代里可以做扫荡不劳动的资产阶级底工具，并不是把他们当做个主义来信仰；先生一定说他们于人类生活只是有害无利，难道先生所主张的无政府社会未实现以前之暗杀、暴动、炸弹、手枪，是于人类生活只有利而无害吗？

　　我那篇文章内是说旧党势力恢复推论到复辟，并非专门拿无产阶级的独裁政治来防备复辟。先生说："社会革命成功了以后，当然要把资产阶级所私有的财产归之于公，那么，资产阶级也变作无资产阶级了，还怎样谋复辟呢？"这种理论说说很容易，先生要晓得从革命发生起，一直到私有财产实际归公，必然要经过长久的岁月；从私有财产在制度上消灭，一直到私有财产在人心上消灭，又必然要经过长久的岁月；在这长久的岁月间，无论何时都有发生阴谋使资本制度死灰复燃甚至于恢复帝制底可能，我们不可把社会改造看得太简单，太容易了。先生既然承认过渡时代应有一种临时办法，这便和我的意见相差不远；但我要请先生注意的，乃是这过渡时代决非很短的期间！

　　孟子人性皆善底话，只看见性底一面，已为常识所不能承认的了。主张人性皆恶底人，也可以说："独占之心，人皆有之；残杀之心，人皆有之；嫉妒之心，人皆有之；填〔嗔〕忿之心，人皆有之；自利之心，人皆有之；……"或者有人说这些都是习不是性，我第一要问，何以善的现象是性，恶的现象就不是性呢？第二要问，习惯是不是第二天性，佛教所谓无始以来的薰习是不是和性有同等的力量或者更强一些？让一步说，恶是习不是性，可以改正的；但长久期间造成的恶习惯恶心理，是不是短少期间可以洗刷净尽的？在这恶习惯恶心理未曾洗刷净尽期间，自由放任主义是否行之有利无害？性善是无政府主义一个重要的基础，要请先生用科学的方法仔细研究一下。我所谓一时也决非很短的期间，大概要以疲劳回复了并且有了新的刺激普及人心为限度。我所谓强迫劳动底法律决不是永久的，这件事用不着先生死不赞成，我敢说不但现在及将来不会有永久的法律，就是过去的历史上也未曾有过永久的法律。

我以为关于人类基本生活劳动底规定，有二种方法：（一）由人类平均担负；（二）不洁的苦的危险的劳动时间可以较别的劳动时间减少。我所谓用法律强迫劳动，是不许有人不劳动，是不许大家都不肯从事不洁的苦的危险的劳动，因为若没有法律强迫，在这机器完全代做和劳动的艺术化未成功以前，我敢说无一人或只极少的人情愿去做；并不是说用法律来规定"那一个人应该做洁的劳动，那一个人应该做不洁的劳动。"我不知道先生这种疑问是从何处想起？

我看人类无论理性如何发展，本能是不会衰减的；假定日后依教育底成绩，理性充分发展能够抑制本能，只望这个来解决男女问题，又不知在何时代。先生持论底通病是注目在远的将来，而把现在及最近的将来急待解决之问题放下不管。

恶的自由是应该束缚的，请问先生什么东西可以禁止罪恶发生？

事实是道理底基础，俄事不过是一种有力的事实，不足以占据我们的全信仰。

最后我要忠告先生的，就是先生所说："这个社会决不是无政府主义下的社会，还须改革过！"这句话。先生能断定到了无政府主义的社会便不须改革了吗？我不相信世界上有一劳永逸的改革！

独秀

《新青年》第八卷第三号

1920 年 11 月 1 日

答柯庆施（劳动专政）

（一九二〇年十一月一日）

庆施先生：

现在有许多人拿"德谟克拉西"和"自由"等口头禅来反对无产的劳动阶级专政，我要问问他们的是：（一）经济制度革命以前，大多数的无产劳动者困苦不自由，是不是合于"德谟克拉西"？（二）经济制度革命以后，凡劳动的人都得着自由，有什么不合乎"德谟克拉西"？那班得不着自由底财产家，为什么不去劳动？到了没有了不劳动的财产家，社会上都是无产的劳动者，还有什么专政不专政？

独秀

《新青年》第八卷第三号

1920 年 11 月 1 日

《共产党》月刊短言

（一九二〇年十一月七日）

经济的改造自然占人类改造之主要地位。吾人生产方法除资本主义及社会主义外，别无他途。资本主义在欧美已经由发达而倾于崩坏了，在中国才开始发达，而他的性质上必然的罪恶也照例扮演出来了。代他而起的自然是社会主义的生产方法，俄罗斯正是这种方法最大的最新的试验场。意大利的社会党及英美共产党，也都想继俄而起开辟一个新的生产方法底试验场。

中国劳动者布满了全地球，一日夜二十四小时中太阳都照着我们工作。但是我们无论在本土或他国都没一个是独立生产者，都是向资本家卖力。我们在外国的劳动者固然是他们资本家底奴隶，在本土的劳动者也都是本国资本家底奴隶或是外国资本家底直接的间接的奴隶。要想把我们的同胞从奴隶境遇中完全救出，非由生产劳动者全体结合起来，用革命的手段打倒本国外国一切资本阶级，跟着俄国的共产党一同试验新的生产方法不可。什么民主政治，什么代议政治，都是些资本家为自己阶级设立的，与劳动阶级无关。什么劳动者选议员到国会里去提出保护劳动底法案，这种话本是为资本家当走狗的议会派替资本家做说客来欺骗劳动者的。因为向老虎讨肉吃，向强盗商量发还赃物，这都是不可能的事。我们要逃出奴隶的境遇，我们不可听议会派底欺骗，我们只有用阶级战争的手段，打倒一切资本阶级，从他们手抢夺来政权；并且用劳动专政的制度，拥护劳动者底政权，建设劳动者的国家以至于无国家，使资本阶级永远不至发生。无政府主义者诸君呀！你们本来也是反对资本主义反对私有财产制的，请你们不要将可宝贵的自由滥给资本阶级。一切生产工具都归生产劳动者所有，一切权都归劳动者执掌，这是我们的信条；你们若非甘心纵容那不肯从事生产劳动的资本家作恶，也应该是你们的信条。

未署名

《共产党》月刊第一号

1920 年 11 月 7 日

此时劳动运动的宗旨

（一九二〇年十一月二十一日）

现在中国底劳动运动，无论官场如何禁止，无论没良心的学者如何否认，可是他已经发生了。将来的结果，我想总不至于像民国元二年的这么工党什么劳动党一样。

要问将来的结果，先看此时的宗旨。此时劳动运动应该抱一种什么宗旨呢？戴季陶先生曾在《星期评论》上说过：

我们如果要从事于劳动运动，就上海说，当然要把上海劳动者的实际问题拿来打算。倘若真是为劳动运动尽力，就应该暂时不要用甚么"政治的罢工"来运动工人。因为那种空空洞洞无头无脑的政治运动，就今天上海劳动者本身上讲，实在不感触甚么必要。现在上海的工人最要紧的，就是"生活的改良"，离开了改良生活的问题，无论甚么事他们本身都不能享用的。政治的劳动运动至少都要劳动者本身的生活改善了多少，欲望增进了多少，他们自己感觉到"由劳动者管理工厂"、"由劳动者所有生产机关"的必要，了解了这些意思然后才能发生，着手运动也才有效果。今天呢，我们对于这些问题，研究只管研究，宣传只管宣传，实际的运动上，就不能不暂时搁开，把全副精神放到劳动者团结和改良生活条件的问题上面去。

季陶先生这一段话指示此时劳动运动的宗旨，我觉得很恰当。此时劳动运动效果带了政治的臭味，不但劳动者不能够了解，而且恐怕政客利用。上海工会由于小政客发起的居多，所以开起会来总是穿长衣的先生们多，穿短衣的工人很少很少。什么工界代表在什么国民大会策进会里笑话闹够了，劳动界诸君快快觉悟吧！诸君若真心从事劳动运动，务必要专心在工会组织和工人生活改良上做工夫，倘若夹杂着政治运动来出风头，那结果必然和民国元二年的工党劳动党一样。政客式的工会呀！我祷告你已成立的快快消灭，未成立的别要发生！

署名：陈独秀

《劳动界》第十五册

1920 年 11 月 21 日

在欢迎（送）蔡孑民
出国宴会上致词①

（一九二〇年十一月二十三日　晚）

今日同人欢迎蔡校长，而社会上亦有一般人，批评蔡先生为极坏。同人对于此事，已经批评个人意见不确当。今颇有展转之余步。而社会之不进步，大学安能平均。是故北大之缺点，曾有好处，亦复过誉。然蔡先生自任校长后，有二事为同人等所亲见者。一则学说独立，盖无论何种政治问题，北大皆不盲从，而独树大学改革之精神；二则思想自由，北大内有各种学说，随己所愿研究，是以毁誉不足计，而趋向之所宝贵者，则精神也。今后同人之所希望，即在一面弥补缺点，一面保存精神，即学术独立与思想自由二者是矣。蔡先生自任校务以来，并竭力扩充，而各方之阻力亦日大。如安福俱乐部当权时，即无日不思与北大反对。蔡先生之精力，用之于对付反对者三分之二，用之于整理校务者仅三分之一耳。此实为学务不发达之一大原因。今安福虽

---

① 标题参照上海人民出版社 2010 年版《陈独秀著作选编》第二卷第302 页。

倒，思之犹有余痛焉。极盼蔡先生凭其素日奋斗之精神，继续发展校务，以弥缺点焉。愿偕同人，举杯恭祝蔡先生一路平安。

署名：陈独秀

《时报》

1920 年 11 月 24 日

关于社会主义的讨论

（一九二〇年十二月一日）

独秀致罗素先生底信

罗素先生：

中国人底知识方面物质方面都这样不发达，所以有心改造中国之人都早已感觉着发展教育及工业是顶重要的事，这是不待讨论的；但是有一件要讨论的事，就是还仍旧用资本主义发达教育及工业，或是用社会主义？我个人的意见，以为资本主义虽然在欧洲、美洲、日本也能够发达教育及工业，同时却把欧、美、日本之社会弄成贪鄙、欺诈、刻薄、没有良心了；而且过去的大战争及将来的经济的大革命都是资本主义之产物，这是人人都知道的。幸而我们中国此时才创造教育工业在资本制度还未发达的时候，正好用社会主义来发展教育及工业，免得走欧、美、日本底错路。但是近来中国有些资本家的政党的机关报屡次称赞你主张：中国第一宜讲教育，第二宜开发实业，不必提倡"社会主义"，我们不知道这话真是你说的，还是别人弄错了呢？我想这件事关系中国改造之方针很重要，倘是别人弄错了，你最好是声明一下，免得贻误中国人，并免得进步的中国人对你失望。

署名：陈独秀

《新青年》第八卷第四号

1920 年 12 月 1 日

独秀复东荪先生底信

东荪先生：

前次质问先生底信有两个要点：（一）社会的工业有没有成立的可能性？（二）先生所谓在通商口岸与都会里得着"人的生活"的，到底有多少人，这班人属何阶级，他们是否掠夺他人之劳力而得此较好的生活？先生来信对于我质问底这两要点没有回答一字，却把论点移到地方自决、物力穷乏、外国资本主义上去，我实在有点失望。

我见了几篇驳先生底文章，我以为是多事，就是我这封信也算是画蛇添足。何以呢？因为先生新受洗礼的资本主义已被先生自己所说的三句话打得片甲无存，正不必旁人攻击了。这三句话是什么？就是：

（1）我们也可以说有一个主义，就是使中国人从来未过过人的生活的"都"得着人的生活。

（2）实业之兴办虽不限于资本主义。

（3）我深信外国的资本主义是致中国贫乏的唯一原因。故倒外国资本主义是必要的。

通观先生前后几篇文章，先生所谓人的生活，自然是专指必不可少底衣、食、住等生活费。按资本生产制一面固然增加财富，一面却增加贫乏，这是稍有常识的人都应该知道的。欧洲机器初兴资本初发达的时候，失业者众多的恐慌，这种历史的事实，无人能够否认的。就是现在有名的伦敦、神户底贫民窟，正是资本生产制的必然现象。即以此时中国而论，都会中新富豪拿资本到乡间购买田地的一天多似一天，农民失去地权受掠夺压迫的一天多似一天。富豪拿资本在通商口岸与都会办工厂，机器所到的地方手工业之破坏好像秋风扫落叶一般，且因资本生产制造成物价昂贵底结果，中产社会渐渐都沦为无产者而且是失业者。因为资本家兼并土地和资本家利用机器（由外国资本家用机器制造的输入商品包含在内）打倒手工业底缘故，社会上困苦的失业者已普遍都会与乡间了。这种现象是资本主义生产制下机器工业代替手工业时必然发生的，因此可以说资本主义生产制一面固然增加富力，一面却也增加贫乏。先生所谓中国人除通商口岸与都会的少数外，大概都未曾得着人的生活，这正是因为机器用在资本主义生产制下必然的结果；就是在通商口岸与都会，真是先生所谓除少数外都未得着人的生活，所谓少数就是掠夺阶级的资本家（合中外人而言），那被掠夺的劳动者实在未得着人的生活，先生若到闸北或营盘口贫民窟里去看看那些劳动者"非人的生活"，必定比内地旅行可以得到更好的教训。这种多数人过不着人的生活之状况，正是资本主义生产制下必然的状况，不是资本家个人的罪恶。若说中国穷困是一般的物力缺乏，非仅由资本家压榨，我便有两个质问：（一）既然是一般的物力缺乏，那通商口岸与都会少数人过的"人的生活"并且是"奢华的生活"，是从那里来的？当真他们的命运比多数得不着人的生活的好些吗？（二）中国对欧美北〔比〕较一般的贫乏是什么缘故？这一般的贫乏能否逃出资本主义制下机器工业打倒手工业时必然造成多数失业及物价昂贵底公例？即让一步说中国一般的贫乏是完全由外国资本主义制下机器工业造成的，于中国资本家丝毫无涉（其实国内资本主义底掠夺方法同外来的是一样，不过是程度上的区别）；但是我们所谓资本主义不应该分别内外，若果资本主义能使中国人都得着人的生活，大家既然不以抬轿为苦，反以不得抬轿为忧，便是外国的资本主义也应该欢迎的；若果资本主义不能使中国人都得着人的生活，就是排除了外国资本家，造成一班中国资本家，也不过使中国人中之少数人免了贫乏，多数人仍然是一般的贫乏；所以先生所主张的使中国人"都"得着人的生活，非废除资本主义生产制采用社会主义生产制不可。因资本主义生产制下，无论资本家是外国人，或是本国人，决不能够使多数人"都"得着人的生活。

如果说中国贫穷极了，非增加富力不可，我们不反对这话；如果说增加富力非开发实业不可，我们也不反对这话；如果说开发实业非资本不可，且非资本集中不可，我们不但不反对这话而且端端赞成；但如果说开发实业非资本主义不可，集中资本非资本家不可，我们便未免发笑。资本和资本家不同，季陶先生曾在《星期评论》一段短评上说的很清楚，兹录如下：

教不变的蠢才。无论怎样蠢的小孩子，教他识字，总只要三五遍都可以跟着读，惟有一班新第一阶级和旧日好男不当的东西，真是不容易教变。五日报载松沪护军使的布告上说："国家实业之发达，全赖资本与劳力的调剂；资本家与劳动家须有互助之精神，不能有对抗之态度"。到今天还是持这种态度，真可谓教不变的蠢才。等着！我再教训你们一次。"要发达实业，非有资本与劳动不可，但是并不是非有资本家不可。资本是资本，资本家是资本家。劳动力是生在劳动者身上的，是拆不开的；资本不是长在资本家身上的，是拆得开的。惟是中国的实业不振兴，所以我们要求资本：惟是中国眼前没有很多的大资本家，所以更不应该制造资本家。"（后略）

以先生底知识当然能分别资本与资本家不是一物，但资本与资本家既非一物，即不应因为开发实业需要资本便牵连到需要资本家并资本主义。先生自己也说实业之兴办虽不限于资本主义，可见别的主义也有开发实业底可能性，实业开发了，照先生底意见自然能救一般的贫乏；那么，以何因缘，先生到了一趟湖南，便看出救济中国底贫穷非欢迎资本主义不可？

杨端六先生《与罗素的谈话》中，也说资本制度会演出欧美今日的危险，已是不好了。又说资本制度总之都不好。但杨端六先生、罗素先生虽然不相信资本主义完全是好，同时又觉得政府及劳动阶级都不可靠，结果仍归到资本家，仍只有希望资本家来开发实业，好补救国民一般的贫困；而且不经过资本主义的阶级，不能实现社会主义。就是先生底意见也是如此。我对于这种意见有三个质问：（一）同是中国人，何以政府及劳动阶级都不可靠，只有资本家可靠呢？资本制度是制度不好，不是分子不好；政府和劳动阶级不可靠，是分子不好，不是制度不好；分子不好可以改造，制度不好便要废除了。诸君何以不想想法子努力改造政府或训练劳动阶级来施行新的生产制，而马上便主张仍归到资本家呢？改造事业是要经过万苦千辛的努力才有希望，不像政客、猎官利用权门不费事便可得现成的。民国以来，政客先生不思努力创作改造，专想利用权门得现成的，这种人实在可鄙，真的改造家应该不应该作此苟且的思想？（二）由资本主义渐渐发展国民的经济及改良劳动者的境遇以达到社会主义，这种方法在英、法、德、美文化已经开发政治经济独立的国家或者可以这样办，像中国这样知识幼稚没有组织的民族，外面政治的及经济的侵略又一天紧迫似一天，若不取急进的 Revolution，时间上是否容我们渐进的 Evolution 呢？（三）诸君既不赞成用革命手段集中资本来实行社会主义的生产制，而杨端六先生所谓"中国的资本家深藏不肯拿出资本来"。先生也说"向有不愿以财产充资本之习惯"。"最大原因莫甚于企业者之不道德……视投资为危途，则资本自不能集中"。如此看来，先生等所迷信的资本主义，仍是一个空中楼阁；而先生等又不欢迎外国资本主义，将以何法来开发中国底实业呢？

　　资本主义果然是好的，无论中外都应该欢迎；若是坏的，无论中外都应该反对。我们急于要排斥资本主义，本来不限于中国人，大部分还是因为外国资本主义压迫我们一天紧迫似一天，真是罗素先生所谓"束缚中国生死"了。

　　中国劳动者没有组织，没有阶级的觉悟，不能作阶级的争斗来抵抗资本家，所以生活极苦而工价极贱，造成外国资本家群来掠夺底好机会；他们始而是经济的掠夺，接着就是政治的掠夺，渐渐就快做中国底主人翁了。按诸产业竞争的原理，手工业遇着机器工业必然要失败的，小规模的机器工业遇着大规模的也是要失败的；以组织力薄弱的中国资本家遇着组织力伟大的欧美资本家，那能够不失败，将来那能够不降入劳动阶级。所以我曾说过，我们中国人别轻视劳动者，不久我们都是外国资本家底劳动者；我又说过，那时革中国资本家命的，不是可怜的中国工人，乃是可怕的外国穆藕初、虞洽卿先生们。这种状态，除了中国劳动者联合起来组织革命团体，改变生产制度，是无法挽救的。中国劳动（农工）团体为反抗资本家资本主义而战，就是为保全中国独立而战。只有劳动团体能够达到中国独立之目的。所谓中国资本家都直接或间接是外国资本家底买办，只能够帮着外国资本家来掠夺中国人，只望他们发达起来能够抵制外国资本家，能够保全中国独立，再过一两世纪也没有希望。

前文所论三项，虽然不过是就先生底立论添点蛇足，却是我们重要的争点。此外还有几句枝叶上的话也要请教于先生：

中国底贫困在先生办《解放与改造》以前就是如此，何以先生到了湖南听了罗素观察未久几句主观的说话，才知道呢？

先生很佩服舒某"中国现在没有谈论甚么主义的资格，没有采取甚么主义的余地"。这种妄言，何以先生自己仍然大谈而特谈甚么"使中国人都得着人的生活主义"、甚么协社主义、甚么基尔特社会主义和甚么资本主义呢？

先生屡说不赞成采用欧美现成的主义，但不知先生所欢迎的资本主义是不是欧美现成的？

先生说："中国无坐食利息之股东。"请先生去问问招商局、开滦矿务局，大生、恒丰、厚生、德大等纱厂，商务印书馆，他们的股票是否都归经理人所有？

先生说中国资本家可怜，请问死在开滦矿洞的几百人可怜不可怜？

马克思固预料在果上资本主义必倒，但未尝教人在因上要故意造成推车撞壁的必倒状况，先生既然觉得资本家可怜，何必更教他们推车撞壁，而不教他们曲突徙薪呢？

先生说中国地域如此之广大，交通如此之不便，不能奉行一主义，请问俄国如何？交通不便是天然不可改变的吗？

先生既主张"惟有各地自决"，又主张"不妨各据当地的情势而定"，则全国中大的工业都陷于无政府的生产状况，岂不和先生倒外国资本主义底主张相冲突吗？

先生预料十年内不能实行劳农主义，便取不赞成态度，不知先生所谓"我辈不主张社会主义则已，若主张之，则当有极长期之耐性"，作何解说？

先生一方面预断伪过激主义必然发生，一方面又主张并宣传事业亦可少做，请问既是必然发生，宣传还有何坏处呢？先生所反对我们所赞成两方所争论都是指那真的，于伪的有什么相干呢？果然如先生所料伪的必然发生，只有赶快努力宣传那真的来纠正他，岂是颟顸官僚的闭关政策所能了事的吗？

先生说："现国内以缺少真正之劳动者，故止能建立兵匪阶级的国家，而绝对不能建设劳动阶级的国家。"又说："宜吾辈居今日之中国，欲建立劳动者专政，而患无劳动者也。"我以为先生若欲在理论上拥护非劳动者的先生们专政，反对建设劳动者的国家，还可说彼此各有一是非；至于显然的事实却不可以任意颠倒，请问怎样才是真正之劳动者？请问中国若无劳动者，先生吃的米、穿的衣、住的房屋、乘的车船，是何人做出来的？先生所办的报，是何人排印出来的？

先生以为近来始有二三实业组织，资本主义方在萌芽，应该先经过 Bourgeois 的政治及资本主义的经济，然后才说得到社会主义，然这样完全听着自然的 Evotution 而不加以人力的 Revolution，马上在中国成立的 Bourgeois 阶级的是不是中国人？

在全社会底一种经济组织、生产制度未推翻以前，一个人或一团体决没有单独改造底余地，试问福利耶以来的新村运动，像北京工读互助团及恽君的《未来之梦》等类，是否真是痴人说梦？既然还没有何种主义的区别，全中国人就是一个大同盟，另外谋什么大同盟呢？

先生说："若但求吾名常在新之方面，则他日设有反社会主义出，必又为反社会主义者矣，为个人计诚得，其奈事实何！"这话说得真痛快，但请先生自省已否犯了这个毛病？

在外国得一博士还要努力用十年工夫，先生因为十年内决无建立真正劳农国之可能，便明白宣布抛弃从前"中国与俄联盟，建立劳农国家，以两民族之力推翻世界之资本主义"底主张，是不是太想得现成的，是不是日本留学生底速成思想也传染给先生了呢？

先生说："今中国之主张劳农化者，其不与旧日党派有关能有几人？"我要请问先生：今中国之主张资本主义者，其不与旧日党派有关能有几人？同是旧日党派，究竟哪一个是进步的？

我今总问先生几句话：现在的社会是不是要改造？改造社会是要跟着社会现状走，还是要打破现状？打破现状是不是要自己努力，是不是可以只望利用他人做出现成的，是不是可以存速成的思想？先生说"中国无人有 Dictator 之资格……正犹军队，不在有帅而在有兵，今既无兵而又无帅"。请问先生只望何人来做出现成的 Dictator，做出现成的兵和帅，好供给先生解决中国底问题？

通观先生底议论，是不是处处都犯了"只望利用他人做出现成的"和"速成无望便要改变方针"两大毛病？

署名：陈独秀

《新青年》第八卷第四号

1920 年 12 月 1 日

随　感　录

（一九二〇年十二月一日）

劳工神圣与罢工

常常听见人说：你们一方面提倡劳工神圣，一方面又提倡罢工或提倡减少工作时间，岂不是自相矛盾吗？像这种头脑不清的说话，一班头脑不清的人或者以为很有道理。但是要晓得我们所崇拜的劳工神圣，是说劳动者为社会做的工——即全社会所享用的衣食住及交通机关——是神圣事业，不是说劳动者拼命替资本家增加财产是神圣事业。为资本家做工是奴隶事业，为社会做工是神圣事业，头脑清楚的人应该懂得这个区别。我们提倡罢工或减少工作时间，正因为现时生产制度下的奴隶事业玷辱了"劳工神圣"这四个字。可见提倡罢工或减少工作时间和提倡劳工神圣是一致的，不是矛盾的。我盼望社会上要把这个道理弄清楚，免得思想新的资本家又来假劳工神圣的名义欺骗劳动者，替他拼命做工。

主义与努力

我们行船时，一须定方向，二须努力。不努力自然达不到方向所在，不定方向将要走到何处去？

我看见有许多青年只是把主义挂在口上不去做实际的努力，因此我曾说："我们改造社会是要在实际上把他的弊病一点一滴一桩一件一层一层渐渐的消灭去，不是用一个根本改造底方法，能够叫他立时消灭的。"又曾说："无论在何制度之下，人类底幸福，社会底文明，都是一点一滴地努力创造出来的，不是像魔术师画符一般把制度改了，那文明和幸福就会从天上落下来。"这些话本是专为空谈主义不去努力实行的人而发的，譬如船夫只定方向不努力，船如何行得，如何达到方向所在。

但现在有一班妄人误会了我的意思，主张办实事，不要谈什么主义什么制度。主义制度好比行船底方向，行船不定方向，若一味盲目的努力，向前碰在礁石上，向后退回原路去都是不可知的。

我敢说，改造社会和行船一样，定方向与努力二者缺一不可。

"教学者如扶醉人，扶得东来西又倒"，这话真是不错。

革命与作乱

我们为什么要革命？是因为现社会底制度和分子不良，用和平的方法改革不了才取革命的手段。革命不过是手段不是目的，除旧布新才是目的。若是忘了目的，或是误以手段为目的，那便大错而特错。政治革命是要出于有知识有职业的市民，社会革命是要出于有组织的生产劳动者，然后才有效果。若是用金钱煽动社会上最不良的分子（无职业不生产的流氓地痞盗贼）来革命，这种无目的之革命，不能算革命，只能算作乱。革命底目的是除旧布新，是要革去旧的换新的，是要从坏处向好处革，若用极恶劣的分子来革命，便是从好处向坏处革了；那么，我们为什么要革命？

革命是神圣事业，是不应该许社会上恶劣分子冒牌的呀！

民主党与共产党

民主主义是什么？乃是资本阶级在从前拿他来打倒封建制度底武器，在现在拿他来欺骗世人把持政权底诡计。在从前政治革命时代，他打倒封建主义底功劳，我们自然不能否认；在封建主义未倒底国里，就是现在我们也不绝对的反对他。但若是妄想民主政治才合乎全民意，才真是平等自由，那便大错而特错。资本和劳动两阶级未消灭以前，他两阶级底感情利害全然不同，从那里去找全民意？除非把全国民都化为资本家或都化为劳动者才真有全民意这件东西存在，不然，无论在何国家里，都只有阶级意党派意，绝对没有全民意。民主主义只能够代表资产阶级意，一方面不能代表封建党底意，一方面更不能代表劳动阶级底意，他们往往拿全民意来反对社会主义，说社会主义是非民主的，所以不行，这都是欺骗世人把持政权的诡计。

请看哈尔滨俄旧党《光明报》记者和上海《时事新报》记者底谈话（见十一月二十六日上海《时事新报》哈尔滨特约通信），这班民主派欺骗世人的诡计便完全暴露出来了。他说："我们非社会党的主张，就是要在远东建立一真正民主的共和国，决不赞成建立共产主义的国家。"又说："至于日本呢，我相信他能帮助我们。"又说："谢米诺夫却是真正的民主党，现在只有他一人抵御共产党。"又说："不论是美国，是日本，他们取得中东路权之后，总没有我们俄国人好。"又说："中国取消俄使领，是不应当的。现在俄国人没有一个满意中国的审判厅的。"

由他这些说话，我们看出两件事：（一）原来反对共产党底真正民主党就是谢米诺夫这样贪鄙不法的人物；（二）原来民主党对中国底外交，和共产党放弃中东路权、放弃领事裁判权恰恰相反。

提高与普及

一国底学术不提高固然没有高等文化，不普及那便是使一国底文化成了贵族的而非平民的，这两样自然是不能偏废。适之先生对于大学生主张程度提高，理论上自然是正当，别人驳他的话，我看都不十分中肯。我对于这个问题有两种感想：

（一）大学程度固然要提高，同时也要普及，提高而普及的方法，就是全国多设大学，各大学中多收绝对不限资格的自由旁听生。学术界自然不能免只有极少数人享有的部分，但这种贵族式的古董式的部分，总得使他尽量减少才好。

（二）专就北京大学学生而论，现在低的还没有，如何去提高？我觉得眼前不必急于提高，乃急于实实在在的整顿各科底基础学。历来北大底毕业生有几个能自由译读西文参考书的，有几个基础的普通科学习得完备的？蔡孑民先生到北大以后，理科方面并不比从前发展，文科方面号称发展一点，其实也是假的，因为没有基础学的缘故。没有基础学又不能读西文书，仍旧拿中国旧哲学旧文学中昏乱的思想，来高谈哲学文学，是何等危险！我劝适之先生别高谈什么提高不提高，赶快教朱谦之、易家钺一流学生多习点基础科学，多读点外国文，好进而研究有条理的哲学，好医医他们无条理的昏乱思想罢！

我这两种感想适之先生以为如何？

无意识的举动

倒军阀，我们是赞成的，但是倒一军阀成一军阀，实在是无意识的举动。战争我们虽然不绝对的反对，但是无主义的地盘战争，实在是无意识的举动。各省自治运动我们也很赞成，但是混合一班腐败官僚，安、政余孽，烂污政客，警察侦探，运动省自治，实在是无意识的举动。广州人赶去一班政客官僚，我们固然很赞成，但是他们又迎去一班政客官僚，实在是无意识的举动。各地学生排日货，我们固然不反对，但是去年天津学生今年河南学生强迫贩卖日货商人游街，实在是无意识的举动。政局统一，我们也不反对，但是赞成现政府统一中国，实际上就是日本间接的统一中国，实在是无意识的举动。

华 工

英国人自夸说，无论太阳走到何处，都照着英国国旗。我们也可以自夸说，无论太阳走到何处，都照着中国人作工。中国劳动者在国内做的工，除了瞎子都可以看得见，这是不待说的，他们并且散布到全地球了，地球上五大部洲，到处都有华工底足迹，至于开辟那新旧金山底功劳，更是历史的伟大。最近一班无耻的军人、政客各人自夸参战底功，试问除赴法的华工外什么人对于参战有丝毫功迹？我们可以自夸的只有伟大的劳动力这一项，但偏偏有一班心盲的人硬说："吾辈居今日之中国，欲建立劳动者专政而患无劳动者也。"在外国底华工姑且不论，试问中国国内若无劳动者，我们吃的饭，穿的衣，住的房屋，乘的车船，是从那里来的？我想他只有答道："这些都是资本家做给我们的。"

四论上海社会

上海社会是那一种人最有势力？从表面上看来，政治的、经济的大权不用说都在西洋人手里，但社会底里面却不尽然。大部分工厂劳动者，全部搬运夫，大部分巡捕，全部包打听，这一大批活动力很强的市民都在青帮支配之下。去年学生运动时的大罢工已经显出他们的威信。他们的组织，上海没有别的团体能比他大，他们老头子的命令之效力强过工部局。他们所做的罪恶实在不少，上海底秩序安宁可以说操在他们的手里。他们的团结是跟着物质上生活需要自然发生的，决不能够全由政治、法律底力量任意将他消灭下去。消灭他们之根本办法，惟有使各业工会在法律上都公然成立，并且使工会底权力能够容纳他们，团结他们，能够应他们物质上的生活需要，他们的秘密团结自然会消灭下去。在这一点看起来，上海工会发达不发达，不仅是劳动界利害问题，简直是上海全社会治安问题。

虚无的个人主义及任自然主义

上海《时事新报》上所载 P. R. 君那篇《世界改造原理》，简直是梦话，简直是渔猎社会以前之人所说的。人类自有二人以上之结合以来，渐渐社会的发达至于今日，试问物质上精神上那一点不是社会底产物？那一点是纯粹的个人的？我们常常有一种特别的见解和一时的嗜好，自以为是个性的，自以为是反社会的，其实都是直接、间接受了环境无数的命令才发生出来的，认贼作子我们那能够知道！即如 P. R. 君所谓"不听命于人"之理想，当真是他个人的理想，绝对未曾听命于人吗？不但个人不能够自己自由解放，就是一团体也不能够自由解放，福利耶以来之新村运动及中国工读互助团便因此失败了。不但一团体不能够自由解放，就是一国家也不能够自由解放，罗素先生所以说俄罗斯单独改革有点危险。不但物质上如此，精神上也是如此。譬如妇女殉夫他自以为个人道德是应该如此的，又如我们生在这资本制度社会里的人，有几个人免了掠夺底罪恶，这种可怕的罪恶是个人能够自由解放的吗？除了逃到深山和社会完全隔绝，决没有个人存在之余地。我所以说 P. R. 君那篇文章是梦话，是渔猎社会以前之人所说的。

至于他反对一切建立一个主义的改造，我试问他反对一切建立一个主义，是否也是一种主义？他主张个人物质的及精神的方面完全解放以后再改造，是否也是一种主义？他所希望的人人各得其所的理想世界，他所希望的干干净净的人生，是否也是一种主义？我们若是听命于他的这种无信仰、无归宿之改造，是否也要"深入一层地狱不能自由超拔的反于本来大路上去"，是否也是"人类听命于人的改造"方法，是否也要"弄得非常紊乱无限苦恼，造罪作恶总不了悟"呢？

我们中国学术文化不发达，就坏在老子以来虚无的个人主义及任自然主义。现在我们万万不可再提议这些来遗害青年了。因为虚无的个人主义及任自然主义，非把社会回转到原人时代不可实现。我们现在的至急需要，是在建立一个比较最适于救济现社会弊病的主义来努力改造社会；虚无主义及任自然主义，都是叫我们空想、颓唐、紊乱、堕落、反古。

署名：独秀

《新青年》第八卷第四号

1920 年 12 月 1 日

欢迎新军人

（一九二一年一月一日）

现在及近的将来或至于很远的将来，我们都没有理由主张绝对的废兵论，而现在的军人尤其是军官却十分为害于社会，这是毋容讳饰的。他们不但把持民政财政机关使政府行政无形搁浅，而且包庇鸦片烟与赌博使社会受无穷之害，这种现象不但使社会上一般人厌恶军人，就是明白的军人也都痛心疾首。救济的方法既不能够从根本上主张废兵，惟希望有一班新军人挺身出来团结同志，将一班为害社会的旧军人渐次淘汰干净。这可以叫做"军人自决"，也可以叫做"军人自治。"但是须有何种资格才算得是新军人，这是必须确定的，否则不但人人可以随便自称新军人，并且比较有良心而徘徊歧路的军人没有机会找出他的自新之路。新军人的资格并不在他的军事学胜过旧军人，他所以与旧军人根本上绝对不同的是在两大信条：

一是要做社会公有的军人，不做个人私有的军人。外国人只一个"财产私有"已弄到社会不得安宁了，我们中国人自辛亥革命以来又加上一个"军人私有"，所以更闹得不成世界。只听说有段军有奉军有辫子军有唐继尧的兵有陆荣廷的兵，却没听说有中华民国的兵。他们倚仗有他们的私有军队，所以才敢于横冲直撞，硬把中华民国闹到这步田地。有觉悟的新军人诸君啊！你们无论职务大小都有一个堂堂的人格，你们不是一盏灯一张椅一把刀一匹牛马，不要再做个人私有物了罢！

二是要做有生产力的军人，不做单纯消费的军人。社会上何以说劳工神圣，是因为他有生产力。社会上何以厌恶军人，是因为他是单纯的消费者。旧式军人是帝王酋豪特别蓄养一部分人替他打江山争地盘的，所以有只消费而不生产的权利。新式军人是社会上人人应有抵御外侮之义务，所以除了在战争及训练期间，不应有不生产而消费的特权。军人若有了生产力，现在所极难解决的军费问题、裁兵问题、兵匪勾结问题、军人包庇烟赌问题便自然解决了。像中国古代"寓兵于农"的制度和现在俄国的劳农兵，都是军人而有生产力的好榜样。

以前的事都随着民国九年去了。我希望我广东的新军人随着新年思想一新，实行新军人两大信条，宣传新军人两大信条，好做全中华民国新军人的模范。我心中对于广东充满了我的希望，我更希望广东军人能为中国军界开一新纪元。

署名：陈独秀

《广东群报》

1921 年 1 月 1 日

陈独秀君之教育计划

——先办广东大学

（一九二一年一月一日）

广东陈省长邀陈独秀先生赴粤主持全省教育，并保证以全省收入十分之一拨充教育经费。迭志本报。兹陈先生已抵广州。住长堤大东酒店。有人询其办理教育意见之大略。陈君答词多与本报前次所载戴季陶先生谈话中所述者相同。惟关于先办大学之意见较为详尽。据云刷新教育必先搜罗人才。大学所在即人才所在，故须先行建设大学。将来全省教育事务统由大学委员会办理。此种制度实非创举，乃仿法国定制。惟广东此时情状与教育已发达之法国不同。采用此种制度时不能不略为变通。我国向来言教育者多以小学为起点。由小学而中学而专门。如此办法，在学术上无坚固之基础。至于中学教育亦宜与高等专门人数相应，不则半途而废，于学业上固属可惜。而供过于求，亦决非青年学生之好现象。譬如高等专门需要七十人，中学供给一百人，则不为多。中学若供给至二百人，则中级学问人才有过剩之忧矣。余主张先办大学。一方则为招集人才，以谋教育之发达；一方即为容纳中级毕业生之过剩。照现在情形，能办理大学两所更佳。不能，先设一所亦可。至经费一层，全省常年须得三百万以上。广东全省收入为三千余万。以十分之一拨充教育费殊不为多。即此三百万，以三分之一开办大学。其余以之兴办省立各校及社会教育，仅足敷衍。若不及此数，则办理殊不易矣。至大学地点，当然设欲广州。经费既由广东支出，当名为广东大学。□藉关余举办之西南大学，截然两事。至建设校址，当择东郊农林试验场，或其附近地方。若节在省经费，就高等师范校址改办。随图扩张。亦未尝不可云云。广东教育界当然另辟一新纪元矣。

未署名

《民国日报》

1921 年 1 月 1 日

新教育是什么？

（一九二一年一月三日）

这篇是本年一月二日我在广州高等师范学校底演说，当时朴生、载杨二君记得很清楚，兹就二君所记略加增改，在本志上发表，因为广州底报纸别处不大见得着。

今天讨论的问题是"新教育是什么"。新教育底对面就是旧教育，新教育和旧教育有什么分别呢？

或者有人说：新教育是学校，旧教育是科举。其实这个分别不过是形式的分别；科举时代所贵的是功名，是做官；现在学校所贵的还是有文凭，也是去做官，精神差不多是一样。

或者又有人说：旧教育是习经、史、子、集；新教育是习科学。其实这个分别也不过是教材上的分别；不能够当做新旧教育绝对不同的鸿沟。况且讲哲学可以取材于经书及诸子，讲文学可以取材于《诗经》以下古代诗文，讲历史学及社会学，更是离不开古书底考证，可见即以教材而论，也没有新旧底分别。经、史、子、集和科学都是一种教材，我们若是用研究科学底方法研究经史子集，我们便不能说经、史、子、集这种教材绝对的无价值；我们若是用村学究读经、史、子、集底方法习科学，徒然死记几个数理化底公式和一些动植矿物底名称，我们不知道这种教材底价值能比经、史、子、集高得多少？

旧教育——科举 ⎫ 形式的不同 —— 经史子集 ⎫ 教材种类的不同
新教育——学校 ⎭ —— 科　　学 ⎭

照上表看起来，科举和学校只是形式的不同，经、史、子、集和科学只是教材种类的不同，不能说科举和经、史、子、集是旧教育，也不能说学校和科学便是新教育，我们必须另外找出新旧教育分别的地方是什么。在我说明之先，我请各位想想到底什么是新教育，什么是旧教育？

新旧教育不同的地方，各位一定有许多意见，但现在没有机会可以和诸君各个讨论，只好拿我的意见告诉各位。我以为：

旧教育——主观的 ⎰ 教育主义——个人的
　　　　　　　　 ⎱ 教授方法——教训的
新教育——客观的 ⎰ 教育主义——社会的
　　　　　　　　 ⎱ 教授方法——启发的

旧教育的主义是要受教育者依照教育者的理想，做成伟大的个人，为圣贤，为仙佛，为豪杰，为大学者；新教育不是这样，新教育是注重在改良社会，不专在造成个人的伟大。我们现在批评这两种教育主义的好歹，应该先讨论社会和个人的力量那样较大。我以为社会的力量大过个人远甚，社会能够支配个人，个人不能够支配社会。

各位对于这个意见，一定很怀疑，以为中国民族受孔子的影响何等伟大，印度民族受释迦牟尼的影响何等伟大，欧洲民族受耶稣的影响又何等伟大，支配世界的这三大民族完全为三个伟大的个人之精神所支配，怎么说个人不能支配社会，反说社会能够支配个人呢？

其实，诸位细想，世界各民族思想固然为这几个伟大的个人所支配，但我们要想想中国为什么有孔子？孔子的学说思想何以不发生在印度或欧洲，而发生在中国？反之，释迦、耶稣的学说思想何以发生在印度、欧洲，而不发生在中国？这是因为中国的气候土地适于农业，农业发达的结果，家族主义随之而发达；孔子的学说思想，和孔子所祖述的尧、舜思想，都定〔是〕完全根据家族主义，所谓有夫妇而后有父子，有父子而后君臣，与夫教孝祭祀，无一非家族主义的特征；由此可以看出孔子的学说思想决不是他自己个人发明的，孔子的学说思想所以发生在中国也决非偶然之事，乃是中国的土地气候造成中国的产业状况，中国的产业状况造成中国的社会组织，中国的社会组织造成孔子以前及孔子的伦理观念。这完全是有中国的社会才产生孔子的学说，决不是有孔子的学说才产生中国的社会。又如印度地在热带，人民抵抗不起天然压迫，素具悲观性质，所以释迦牟尼以前的乌婆尼沙陀各派，释迦牟尼以后的小乘大乘各派，通印度全民族的思想，对于现世界无一不是彻头彻尾的悲观；释迦牟尼佛正是这种悲观民族的产物，并不是因为有了释迦牟尼佛印度人的悲观思想才发生的。至于耶教不重宗族不尚悲观，也是地多临海便于贸易往来富于自由迁徙勇于进取的社会造成的。我相信耶稣若生在中国，也必然主张夫妇、父子、君臣的伦理道德，孔子若生在印度，也必然是一个悲观厌世的宗教家，释迦牟尼若生在欧洲，也必然是一个主张自由进取的伟人。为什么呢？因为他们所在的社会都有支配他们思想的力量。

世界各民族中个人的伟大像这三大人物尚且是社会的产物，

其他便不须讨论了。

又如非洲蛮人以斩杀仇人为道德，印度女子以自杀或自焚殉夫为道德，像这种个人的道德，他们自己必以为是他们个人的伟大，其实是社会一种恶俗造成他们个人的盲目行动。

又如一个城市里面公共卫生极不讲究，个人无论如何注意，在防疫底效果上总是力量很小。

又如现在的广州有许多很明白的人也坐轿，我敢说日后道路修好了，交通方便了，就是不明白的人也不肯坐轿。

又如现代就是教育程度极低的人也知道奴隶制度不好，但是在蓄奴社会的古代希腊，个人伟大的亚里斯多德竟主张奴隶制度不可废。

像这种个人必然受社会支配的例也不知有多少。前代的隐者，现代的新村运动及暗杀，都是个人主义教育结果底表现。前二者是想拿个人或一小部分人做改革社会底先驱或模范，后者是想除去社会上恶的一部分好达到改良社会底目的。其实都是妄想，他们都不明白社会支配个人的力量十分伟大。要想改革社会，非从社会一般制度上着想不可，增加一两个善的分子，不能够使社会变为善良；除去一两个恶的分子，也不能够使社会变为不恶。反之，在善良社会里面，天资中等的人都能勉力为善；在恶社会里面，天资很高的人也往往习于作恶。譬如我们现在生存在这资本制度之下，无论如何道德高尚的人，他的生活能够不受资本主义支配吗？社会差不多是个人底模型，个人在社会里，方圆大小都随着模型变，所以我敢说如果社会不善，而个人能够独善，乃是欺人的话。

我所以反复说明社会支配个人的力量比个人支配社会的力量

大，并不是主张个人只要跟着社会走，不须努力；不过在教育方面着想，我们既然不能否认社会的力量比个人大，我们便应当知道改革教育底注重点在社会不在个人了。因为人类的精力不可滥用，必须用得很经济；比方用十分精力去注重社会得十分效力，如注重个人不过得两三分效力，就是能得七八分效力，我们的精力也用得不经济了。精力用得不经济，减少教育的效力，这是旧教育个人主义底第一个缺点。

　　旧教育个人主义底第二个缺点，就是减少训练的效力。从实际经验上看起来：（1）可见之于家庭教师底成绩，在家庭教师之下受教育的儿童，学科上或较优于学校的儿童，然对于社会的知识及秩序与公共观念之训练完全缺乏，最好的结果不过养成一个文弱的乖僻不解事的书痴。（2）可见之于学校儿童底成绩，我们往往看见小学生在学校受训练时，颇为活泼，守秩序，能合群，一入家庭社会，即与学校环境相反，在学校所受短时间的训练遂不发生效力。（3）可见之于专门以上学生之成绩，我知道有许多学生，在学校读书时，品行很纯洁，志趣很高尚，很是一个有希望的青年，一旦出了学校，入了社会，马上就变成一个胸中无主的人，在社会里混久了，会变成一个毫无希望的恶人。这都因为个人主义的教育把教育与社会分离了，社会自社会，教育自教育，致使训练失了效力。

　　旧教育个人主义底第三个缺点，就是减少学术应用的效力。教育本是必需品不是奢侈品，个人主义的旧教育把教育与社会分为两件事，社会自社会，教育自教育，学生在社会中成了一种特殊阶级，学校在社会中成了一种特殊事业，社会上一般人眼中的学生学校，都是一种奢侈品装饰品，不是他们生活所必需的东西。此种弊病，社会固应该负责任，而教育家至少也要负一半责任。农学生只知道读讲义，未曾种一亩地给农民看；工学生只知道在讲堂上画图，未曾在机械上应用化学上供给实业界的需要；学矿物的记了许多外国名词，见了本地的动植物茫然不解；学经济学的懂得一些理论，抄下一些外国经济的统计，对于本地的经济状况毫无所知。像这等离开社会的教育，是不是减少学术应用的效力？因此社会上不感得教育之需要，不相信教育，教育家是不是应该负责任？救济这个弊病，惟有把社会与教育打成一片，一切教育都建设在社会底需要上面，不建设在造成个人的伟大底上面；无论设立农工何项学校以及农工学校何种科目，都必须适应学校所在地社会的需要以及产业交通原料各种状况。即以广东教育论，广州附近丝业颇盛，即应设立蚕桑学校；潮惠富于海物及渔业，即应设立水产学校；北江多森林，即应设立森林学校；倘然把森林学校设在惠潮沿海地方，水产学校设在北江，那便违反了社会需要的原则，减少学术应用的效力了。

　　第四个缺点就是旧的个人主义教育减少文化普及的效力。古时"纯粹的个人主义"之教育，不但是贵族的，而且是神秘的；一般著书立说的学者文人务以藏之名山传诸后世造成个人名誉为目的，专以玄秘难解为高贵，通俗易解为浅陋；现时有许多学问很好的留学生不肯著书译书恐怕坏了自己的名誉，正是承受了这种古代文人的陋习。现代"学校的个人主义"之教育，仍然不脱贵族的神秘的旧习惯，此种旧习惯底精神，完全可以由学校门首挂的"学校重地闲人免进"的虎头牌表示出来。新教育对于一切学校底观念，都是为社会设立的，不是仅仅为一部〔分〕学生设立的；自大学以至幼稚园，凡属图书馆试验场博物院都应该公开，使社会上人人都能够享用；必如此才能够将教育与社会打成一片；必如此才能够使社会就是一个大的学校，学校就是一个小的社会；必如此才能够造成社会化的学校，学校化的社会。现在各学校门首大书特书的"学校重地闲人免进"，明明白白地是要把学校与社会截为两段，明明白白地是"学校的个人主义"，明明白白地是教育界的闭关主义，这种教育减少了文化普及底效力，也是明明白白的事。

以下再就教授方法下点批评，也可以看出新旧教育底根本不同及其好歹：

现在欧、美教育界有几句很流行的话：前代的教育是先生教学生，现代的教育是学生教先生；这话初听很觉奇怪，其实大有道理，是教训式的教授法和启发式的教授法不同底界说，是新教育底精神所在。现在在座各位不是教师就是师范生及热心教育的人，关于这点很望诸君注意！

医生诊病，必须详察病人底病状病源才能开方，服药后底经过状况也是一毫都不能忽略的；若只凭主观的想像，补药多吃，不但不能治病，恐怕还要杀人哩。哺养小儿也是这样，依照大人底意思来哺养小儿是不成的，全靠检查小儿底体温、血液需要、消化机能，来做大人底指导；并且大人在此指导之下学得许多实际的知识，好过从书本上得来的。先生可以从学生得到许多经验、知识，且必须从学生学得充分的经验、知识才能够教学生，也和医生诊病大人哺养小儿一样。

旧教育是教学生应当如何如何，不应当如何如何，完全是教训的意味，不问学生理会不理会，总是这样教训下去，这正是先生教学生。新教育是要研究学生何以如何如何，何以不如何如何，怎样才能够使学生如何如何，怎样才能够使学生不如何如何，完全是启发的意味，是很要虚心去研究儿童心理，注重受教育者之反应；譬如在实验室试验理化，用什么方法，得什么反应，全靠对象底反应教我们知识；若试验者不注意反应，全凭主观的理想妄下方法，不但徒劳无功，而且在化学的试验上还要发生危险；启发式的新教育也是这样，事事须由学生之反应供给先生教授法之知识，这不是学生教先生吗？

教训式的教授法和启发式的教授法之不同及好歹，大概我们可以明白的了。

但我不是说中国的古代的教授方法一概都是教训式的，旧的；不是说欧美各国的现代的教授方法一概都是启发式的、新的。中国古代教授方法也有是启发的，例如孔子答弟子问孝问仁没有一个相同，这不是他滑头，也不是他胸无定见，正是他因材利导启发式的教授方法。现代欧美各国底教育也还是教训式的居多；就是实验心理学新教授法最发达的美国，杜威式纯粹的启发教授法也只有一部分人在那里试办。所以新旧教育底区别，只是采取的主义和方法不同，并不是空间（国界）或时间（时代）底不同。

杜威先生曾说，中国底教育比日本更有希望，因为中国底教育方才着手，可以采用最新的方法，不像日本底教育制度已凝固不易改用新法。杜威先生这话是中国主持教育的人都应该十分注意的！按照新的教授方法，我们学校里有许多学科要大加改革：

（一）伦理　伦理这科是教人应当如何如何，不应当如何如何，完全是教训式教育底代表，完全是没有效果的。人冷了才知道穿衣底必要，饿了才知道吃饭底必要，他若不觉得冷和饿，我们无论如何花言巧语劝他去穿衣吃饭，都完全是没有效果的。教训式的伦理科应该废除，在游戏体操以及对人接物时，采用实际的训练方法，使儿童感觉道德之必要，使儿童道德的本能渐渐发展，这才真是伦理教育。

（二）历史　历史教员拿着一本历史教科书，走上讲台，口中念念有词，什么蚩尤、黄帝、唐尧、虞舜、夏、商、周，小学生听了，真莫名其妙；惟有死记几个名词，备先生考问，毫无益处，毫无趣味；还不若叫他们去看戏，指着那个红花脸是黄帝那个黑花脸是蚩尤，他们倒还有点兴趣。所以历史一科在小学校应该废去；就是教历史，也只可以教最小范围的乡土史，不应该教国史。

（三）地理　天天向小学生说什么伦敦、巴黎、柏林、北京、青海，他们懂得是什么？所以小学校只能教乡土地理，而乡土地理底第一课，就应该从本校讲堂教起，一间讲堂内有几许长，几许阔，几许高，几个窗，有些什么东西，这都是最好的材料，最好的教法。因为发展小儿观物推理力底程序，只能够由已知推到未知，很难有凭空超越的机会；学生在学校得了讲堂底长短高低实际的观察方法，他们一出学校，便会自己推广到沿途所见及他们家里房屋底状况。这种实际观察的教授方法，比教学生死读教科书怎么采〔样〕？比教学生死记一些无从养成小儿实际观察力的地名怎么样？

（四）理科　理科各科目不用说更是要注重实物经验的了，但是小学的理科还要注重乡土的教材，各省的物产不同，各省小学的教材便不能一样。譬如在广州教理科，说到冰雪这两件东西，我就不知道那位先生怎样能够解释得明白？广州有二十多年没下雪，香港有活着八十几岁没见过雪的人说雪像玻璃一样，大人尚且冰雪不分，何况小儿；先生若被学生质问怎样叫做冰，怎样叫做雪，我想那位先生除了叫学生牢记着冰雪两个字不必问，或是令学生快去睡觉以外，恐怕没有第三个方法来圆满答复。

（五）图画手工　我见过许多学校陈列出好些很精致的手工和图画底成绩品，装潢学校底门面；内中有些教员代学生做成骗人的固然不值得批评，就真是学生自己做的，在外行看起来，必以为成绩很好，在懂得教育的人看起来，便不敢恭维了。因为教育品和美术品有很大的分别，我们不当把教育品看做美术品，若是教育品做成了美术品，便算是手工图画底教育大失败，还说什么成绩呢？因为教育儿童直接的目的，不是马上要教他成一个圣贤学者，所以不用教伦理道德及历史地理等知识；也不是马上要教他成一个艺术家，所以不用教他习美术品的手工图画；教育儿童直接的目的，是要寻种种机会，用种种方法，训练儿童心身各种感官，使他各种器官及观察力、创造力、想像力、道德、情感等本能，渐渐的自由生长发育。游戏、体操、手工、图画正是用做生长发育这些本能的工具，所以小学底游戏体操不专是发育体力的，兼且是发育各种器官肢体之感觉神经及运动神经反应的本能和道德情感的；所以小学底手工图画不是教成艺术家的，是用他发育儿童观察力、创造力、想像力的。因为手工图画底目的专在发育观察力、创造力、想像力，最好是听凭儿童喜欢做什么做什么，喜欢画什么画什么，使他观察创造想像的天才得以自由发展。若由先生底意思教他造成美术品，只算是先生自己的成绩，于儿童教育无关，这种教育可以叫做"填谱的"教育；一切"填谱的"教育都适以限制受教育者底智识自由活动而使其固定，且造成机械的盲从的习惯，戕贼人类最可贵的创造天才，不单是在手工图画教育如此。

（六）唱歌　唱歌是发育儿童美的感想；合唱比单唱好听，可以养成儿童共同协作的精神；按节拍比不按节拍好听，可以养成儿童遵守规律的习惯。惟选用歌词不可文雅，哥哥妹妹，小猫小狗，树着花，蝴蝶飞，这些眼前事象都是歌词底好材料。现在有许多小学底唱歌中，填满了国家、人群、社会、互助、平等、自由、博爱、牺牲，种种抽象名词，这班人对于小学教育完全是门外汉，完全是迷信教训式的教育之结果。

由以上的讨论我们可以看出新教育底两个特点：

（一）新教育底主义和方法都和旧教育完全不同；

（二）新教育底效力大过旧教育。

署名：陈独秀

《广东群报》

1921 年 1 月 3 日

答冯菊坡先生的信

（一九二一年一月十一日）

《群报》记者：

在今天的《群报》上看见冯菊坡先生给《群报》记者的信及记者的答复，知道冯先生肯对于鄙人《欢迎新军人》那篇文章，加以有理性的讨论。鄙人心中十分感谢冯先生，并且鄙人对于广州报界因此由悲观变为乐观。因为不幸我所见过广州报，不是无关重要的记载，便是发讦反对方面的阴私，或是用无条理的诡辩、谩骂来出风头，像冯先生这样有理性的讨论，我第一次见着，所以我格外欢迎。

冯先生也承认现在及近的将来我们没有理由主张废兵，冯先生所怀疑的，是鄙人所说"或至很远的将来，我们都没有理由主张绝对的废兵论"这句话。

现在我引用罗素先生一段话来答复冯先生，以备冯先生参考：

（前略）除去这些事件以外，还有一种真正的危险，就是用一种有组织的计划去扫灭无政府主义，恢复旧式的专制。假使拿破仑生于克鲁泡特金所主张实现的社会中，他的天才没有发展之余地，他能够甘心雌伏吗？如果一般野心家互相结合组成一种私有的军队，自铸军器，到后来出面压制深信自由而毫无防御的国民，我不知道有什么方法能够制止他们的行动。（见《到自由之路》第五章。）

罗素先生的意思是以为就是很远的将来，人类的竞争心、争权心和妒忌心三样根性是不容易完全消灭的，所以对内对外，小事仍需要法律，大事仍需要兵力，才能制止一切不正当的事。虽然将来的法律及军队渐渐和现在不同，而绝对的废止期，几乎是现在的人类一种空想。

以上面的说话，可以说明我不主张绝对的废兵论，并不专因为"抵御外侮"，也不单是"一时的手段"，然却不是目的。

冯先生的意思，大概希望以法律的势力代替兵的势力，冯先生要晓得在无政府党看起来，法律也不是好东西，他们也主张要绝对的废止他。我以为法律力量是强过舆论，兵队的力量强过法律，确是人类的不幸，但此种不幸是很强有力的事实，我们只有努力把他渐渐改正，空言否认他，是没有用的呵！

不但兵的问题，我以为一切问题都不应该尊重在很远将来的空想，把现在及近的将来之实际改造忽视了，不知冯先生以为如何？

陈独秀　一月十日

《广东群报》

1921 年 1 月 11 日

社会主义批评

——在广州公立法政学校演讲

（一九二一年一月十五日）

（一）为什么要讲社会主义？

古代所讲的社会主义，都是理想的；其学说都建设在伦理上面，他们眼见得穷人底苦恼是由贫富不均，因此要想把全社会底贫富弄得绝对的平均或相对的平均；至于用什么方法来平均贫富，都全是理想，不曾建设在社会底经济的事实上面，所以未能成功；因为已成的社会都有他已成的经济的事实在那种做改革进化底障碍，我们固然不应该跟随着他维持现状，然而也断乎不能够妄想把社会当做米粉团子由我们任意改造。近代所讲的社会主义，便不同了；其宗旨固然也是救济无产阶级底苦恼，但是他的方法却不是理想的简单的均富论，乃是由科学的方法证明出来现社会不安底原因，完全是社会经济制度——即生产和分配方法——发生了自然的危机，要救济他的危机，先要认明现社会底经济的事实（譬如无政府主义者往往拿从前人口稀少农业时代的理想来改造现代人口发达的工业社会，便是未曾认明现社会底经济的事实），在这个事实的基础上面，来设法改造生产和分配底方法。因此可以说马格斯以后的社会主义是科学的是客观的是建设在经济上面的，和马格斯以前建设在伦理上面的空想的主观的社会主义完全不同。

现代生产方法底缺点在那里？为什么要改造？现代生产方法有二大缺点不得不急图改造的：（一）是资本私有。现在大工业时代和从前农业时代手工业时代不同，不是简单生产工具可以生产的了；资本既然是私有，结果有资本的人才有工具做工生产，并且自己还可以不做工，只拿出资本来雇人替他做工生产；没有资本的人便无工可做，只能卖劳力给有资本的人替他做工生产。其结果生产事业越发达，雇人的游惰阶级和被雇的劳苦阶级底分离越发显著。（二）是生产过剩。自从自由派的经济学说得势以来，现代产业界完全放任资本家自由竞争，陷于无政府状态，关于生产品底种类额量，不受国家之统计调节，资本家乘时投资，争加产额，一旦供过于求，遂至生产过剩发生经济界之危机。救济这二大缺点，只有采用社会主义的生产方法：资本归公，人人都有工作生产底机会，社会上一切生产工具——土地、矿山、机器、房屋等——谁也不能据为己有，谁也不能租给他人收取利益，这样才可以救济第一个缺点；一切生产品底产额及交换都由公的机关统计调节或直接经营，务使供求相应，不许私人投机营业，这样才可以救济第二个缺点。

现代分配方法底缺点在那里？为什么要改造？缺点就是剩余价值，工人血汗所生产所应得的，被资本家用红利底名义掠夺去了。例如前年上海有一家纺纱厂，资本一百万元，一年赚了净利一百万元，用工人二千，平均每个工人每月工钱八元，一年工价全额不过十九万二千元，再加上总理以下各职员底薪水至多不过十万元，再就算上资本家底官利二分二十万元，共总只有四十九万二千元，其余的五十万零八千元，都变了资本家底财产了。这个纺纱厂底二千工人和一班职员劳力所做的生产品底全价值是一百万元，是应该归他们全收的；但他们只收得生产品之一小部分价值二十九万二千元，其余一大部分七十万零八千元，都变了资本家荷包里的剩余价值。像这种不平均的分配方法，是社会主义时代所不许的；因为社会主义的国家，纵然不能马上完全撤废工银制度，终要取消私人营业的利息制度，对于劳动者所生产的价值，不是直接使劳动者全收，也是由国家收取一部分仍间接的用在劳动者身上，决不会变为资本家底私有财产。

总之：在生产方面废除了资本私有和生产过剩，在分配方面废除了剩余价值，才可以救济现代经济的危机及社会不安的状况，这就是我们所以要讲社会主义之动机。

（二）为什么能讲社会主义？

我们无论主张什么，第一步是问要不要，第二步是问能不能。若是不能，那"要"仍然是一个空想。若问现在能不能讲社会主义，是要研究现在能不能用社会主义的生产分配方法来代替资本主义的生产分配方法。关于研究这个问题，先要明白资本主义底来历，进而考察现代资本主义底危机，然后才达到结论。

资本是什么呢？不用说就是土地、矿山、机器、房屋等一切生产底工具，无工具不能生产，犹之无本不能生利，所以叫做资本；纸币是金钱底代表，金钱是资本底代表，都不是资本底本身。资本主义又是什么呢？就是自己不一定劳动，利用自己占有的资本雇用别人劳动而生产而得利益。资本是社会的劳动力所积而成，是社会上最重要的东西，没有人能反对资本的，我们所反对的乃是个人占有这资本利用这资本增加他私有财产的资本主义。资本主义底历史很早，远在渔猎时代，倘若那时雇人渔猎，或借器具给人渔猎而分得利益，都和近代资本主义性质相同；到了农业时代，雇人耕种或买奴隶耕种，这时资本主义更是显然了；近来工商业时代的资本主义，性质虽与古代相同，而程度之差算是天渊之别了。近代资本主义发达之最大原因有二：（一）由于交换方法之进步　古代物物交换，资本不易积聚，由资本而得的利益，譬如一万担谷或十万张牛皮，便不易于转移堆积了；后来发明了以金钱代表实物，小小的一块银可以代表几担谷几十张牛皮，交换方法进了步，资本主义也跟着进步；后来又发明了以纸币代表金钱，薄薄的一小张纸可以代表一千元一万元，交换方法更进一步，资本主义也跟着更进一步；到了银行制度发达起来，交换方法充分便利，无论多大数目的资本转移，只要银行记一笔账出一张票子便得，这种便利的交换方法，比起古代拿多少担谷换多少张牛皮真是天渊之别，所以近代资本底积聚和资本主义底发达，比起古代来也有天渊之别。（二）由于机器盛行　在手工业时代，有一把斧头一个墨斗便可以做木匠，有一套网便可以打鱼，有一架纺线车便可以纺纱，有一架织布机便可以织布，有一把刀便可以刻字印书，人人都很容易得着这等简单的生产工具做一个独立生产者，所以在手工业时代，那雇人的资本阶级和被雇的劳动阶级是不大分明的；在这时代就是资本家自备工具雇人做工，那掠夺剩余价值来增加他们私有财产的速度也是很慢，例如每人用一机，每日织布一丈，价格一元，除去原料房屋等六角，人工二角，资本家所掠夺的剩余价值不过二角，一百架机用一百工人做工，资本家所掠夺的剩余价值，每日也不过二十元；若用蒸汽机，一百人做的工五个人就够了，资本家只付工价一元，其余九十五个人工价十九元都被资本家掠夺去了，这时一日的剩余价值由二十元增至三十九元，这时工人与资本家所得乃一与三十九之比，推而至于五十人做工，资本家所获剩余价值乃至三百九十元，五百人做工，剩余价值乃至三千九百元，五千人做工，资本家一日掠夺的剩余价值乃有三万九千元之多。近代资本之所以如此集中，资本主义之所以如此发达，资本家之所以如此强有力，都是机器帮忙替资本家造成剩余价值渐次积聚起来的。机器积聚剩余价值既这样的迅速，交换方法又这样的便利，所以近代资本主义之发达，迥非手工业时代所梦想得到的了。一方面资本主义随着机器工业发达，机器工业复随着资本主义扩张，互为因果，一天一天的兴旺起来；一方面因为机器工业底生产品成本轻货色又好，他所到的地方，手工业之破坏好像秋风扫落叶一般；这时候的劳动者所得工资只能糊口，那里还有钱买机器，无机器不能做工，不做工不能生活，所以世世子孙只有卖力给资本家做劳动者；资本家占有了机器土地及其他生产工具，所以世世子孙都是资本家；因此自近代资本主义发达以来，劳资两阶级日益分明，而且资本阶级底势力日见雄厚，劳动阶级日见压迫，除忍受安命以外几乎无路可走了。

资本主义既这样强盛，压迫得劳动界无路可走，何以还说能讲社会主义呢？不然不然。正因为剩余价值替资本阶级造到这样强盛的地位，而资本阶级必然崩溃不可救的危机也正含在这剩余价值里面。马格斯说："有产阶级锻炼了致自己死命的武器"，正指资本阶级是剩余价值造成的，将来破坏资本阶级的也就是剩余价值。一定有人说：资本家占了剩余价值，资本无限增加，机器无限增多，生产品无限产出，岂不是很好的现象吗？岂不深合生众食寡为急用舒的孔门经济学说吗？殊不知在共产社会里生众食寡为急用舒或者是好现象，在资本制度之下可就不然了。在资本制度之下生产品增多，剩余价值也随着增多，此种无限增加的剩余价值复变为资本，不能用为社会公共增加福利，乃为少数的资本家所私有，于是乃由剩余价值造成生产过剩，由生产过剩造成经济恐慌（Crisis），所以说生众食寡为急用舒在资本制度之下不一定是好现象。上面的话或近于抽象了，再详细说一下：在理论上看起来，社会上最怕的是贫乏，生产品多多益善，生产过剩是生产额超过了需要额许多许多，本算是好现象；但这种生产过剩的好现象，在资本制度之下反变成了社会底危机，乃是因为生产额超过了需要额，这就叫做供过于求，这便发生销路底困难，过剩的额越大，发生的困难也越大；例如社会上需要的布只一千匹，现在产出一千五百匹还不大紧要；若是产出到二千匹或至三四千匹，生产过剩额到了这步，社会上必然发生经济恐慌。因为资本制度之下的产业状况是极端自由的，是无政府的，无论何项产业资本家都可以自由联合自由投资增加生产品，不加以法律限制的；生产品卖出的大部分利益，又被资本家自由收为自己的剩余价值，劳动者所得仅足糊口，生产较需要过剩了几倍，资本家虽然可以奢侈些，也断不能把同样的消费品陡然增加几倍，例如平常需布千匹，因资本阶级底奢侈，需要至多增至一千五百匹，劳动界因购买力不增加，不能多销，那生产过剩的二三千匹布，乃至发生滞销、跌价、停工社会的经济恐慌，这是必然的现象。这种必然的现象总括说起来，乃是资本制度之经济的自然结果，因为资本制度的生产方法是无政府的，是自由增加不加以法律限制的，所以才有生产过剩的事发生；因为资本制度的分配方法是太过不均的，是承认资本家占有剩余价值的，资本家占有了剩余价值则劳动界底购买力便无从增加，劳动界购买力不增加则社会上消费量便不能和生产量同等增加，生产量和消费量不同等，所以生产过剩反要发生经济恐慌。

一定又有人说：资本制度既然是自身造成了必然崩溃的危机如马格斯所指示，而马格斯身后数十年资本阶级何以不但未曾崩溃并且日见强盛呢？我以为这不过是因为殖民政策一时的救济，并不是马格斯学说失了效验。各国资本家拼命占据了剩余价值，拼命推广制造业，拼命寻求殖民地将所有的剩余生产送去销售了，才能够弥缝一时表面上没有十分现出危机来。所以近百年来，甲国与乙国战争，或是直接征服殖民地，消费了许多生命财产，结果所求得的不过是几条通商条约。因此资本主义便不得不和军国主义结了不解之缘，因为镇压殖民地或与他资本国争夺商场都非有强大的海陆军不可。名为自卫，或是爱国，或是民族的向外发展，这都是骗人的话，其实都不外销纳剩余的生产品，好免国内的经济危机，好维持资本阶级底权利；试看前几年欧洲大战，美其名曰民治与强权底战争，其实只是英国利用各国打倒德国，为保全他的世界海运权及亚非两洲底商权罢了，这完全和日本硬用武力扩张在中国、朝鲜底商场，还美其名曰保全东亚和平是一样。

有许多人一面反对军国主义而一面却赞成资本主义，这真算糊涂极了，资本主义的生产和分配方法一天不废，侵略的军国主义如何能够废掉。美国威尔逊总统十四条大言是怎么失败的呢？正因为他不懂得资本制度是国际侵略及战争底根本原因，不变因，求变果，岂有不失败底道理。当日巴黎和会席上的英、法当局，并不是良心特别比威尔逊坏些，乃因为他们的国家组织都立在资本主义上面，若是放弃了侵略主义军国主义，他们国里的大批剩余生产如何销纳，如何救济经济危机，如何维持他们资本阶级底地位呢？威尔逊总统不过说得好听点，如果他美国当真抛弃了军国主义，他美国在国外底殖民地和商场抛弃不抛弃？如果抛弃了，国内底剩余生产怎么样？所以威尔逊总统底主张不但在巴黎和会失败了，并且此时美国底海陆军备仍然是有加无已。日本鉴于美国底情势，恐怕失了太平洋西岸商业底威权，也不能不竭力增税扩张海陆军备到现状一倍以上，日本当局非不知这税太重了，全国底工人农民小学教员下级军官底困苦和不平是可恐的危机，但是他们更知道没有充分的武力保护商业不能输出剩余生产乃是更大的危机，所以明知道扩张军备是毒药也不得不吃，明知道扩张军备是陷阱也不得不从上面走过去。资本制度一天不倒，各资本制度的国家保护商业的军备扩张也一天不能停止，相互竞争扩张军备是无限的，相互争得的殖民地或商场是有限的；我相信生产过剩的弊害资本家终是没法救济，非弄到破裂不止，我更相信军备无限的扩张是资本阶级杀人适以自杀的利器；我相信当初资本阶级是拿殖民政策或国外商场救济了国内生产过剩的危机，我更相信将来资本阶级正因为互相争夺殖民地或商场，酿成国际资本阶级大倾覆的更大危机；我相信欧战底结果，国际资本阶级底基础已经大大的动摇，我更相信将来再经过一二次美、日或英、美战争，便到了资本阶级底末日，即国际的崩溃。因此我们可以断定资本主义的生产分配方法不良，已到了自身不能救济自身底危机必然崩溃的运命，代他而起的自然是社会主义的生产分配方法，才能免剩余价值、剩余生产等弊，所以我们可以说现在能讲社会主义。

一定又有人说：资本主义在欧美是要崩溃的了，是可以讲社会主义了；我们中国资本制度并不甚发达，更没有到崩溃的地步，如何能讲社会主义呢？象这种似是而非的话，恐怕很有许多人相信；其实他最大的缺点，是忘记了现代人类底经济关系乃国际的而非国别的了。如果他断定欧美资本制度要崩溃能讲社会主义，他便不应该说中国不能讲社会主义仍要采用资本制度。因为交通便利，需要复杂底缘故，有许多事都渐渐逃不了国际化，经济制度更是显著；各国资本制度都要崩溃，中国那能够拿国民性和特别国情等理由来单独保存他；到是各国资本制度底崩溃还未现实以前，中国单独完全采用社会主义的生产分配方法，恐怕免不了资本主义各国经济上政治上的压迫，这层事实上的困难，我们到不能不承认的。但是我们确有几个理由可以说明努力打破这层困难底必要及可能：（一）是救济中国断不能不发展实业，但采用在欧美已经造成实业界危机的资本主义来发展中国实业，未免太无谋了；（二）中国全民族对于欧美各国是站在劳动的地位，只有劳动阶级胜利，才能救济中国底危急及不独立；（三）是现代国际化的力量固然很大，但是制度底改变，必先由于国别的提倡，冒着困难使新制度渐渐现实，渐渐成为国际化，那时新的制度便确立了；（四）是欧战以来，资本制度已经大大动摇了，我们正应该联络各国底同志作国际的改造运动；（五）是在不完全破坏外资相当的利益范围以内，由国家立在资本家的地位经营国内产业及对外贸易，也未必不能免绝对的干涉。

据这五个理由，此时我们中国不但有讲社会主义底可能，而且有急于讲社会主义底必要。

（三）应讲何种社会主义？

社会主义既然有讲的必要与可能，但是他的派别分歧，我们应该择定一派，若派别不分明，只是一个浑朴的趋向，这种趋向会趋向到资本主义去；若觉得各派都好，自以为兼容并包，这种胸无定见无信仰的人也不配谈什么主义。除了"废止资本私有"为各派社会主义共通之点以外，从来学说不一，至今尚留存的，有力量的，可分为五派：

一、无政府主义

二、共产主义

三、国家社会主义

四、工团主义

五、行会社会主义

上述五派之中，工团主义算不得一种特别独立的学说，乃是由马格斯和无政府两派合演出来的。工团主义最重要的精神有二：一、主张阶级战争，是出于马格斯；二、不要国家及政权，是出于无政府。他的缺点正是受了无政府主义幻想的病；劳动者本来没有国家没有政权，何待你不要，你尽管不要，资本阶级他是要的，他是要拿国家及政权来压制劳动的；工团主义者以为国家政治总会侵害工人底自由，试问呻吟于资本家政权之下的法国工团他们的自由在哪里呢？

行会社会主义，即基尔特社会主义，也非一种特别独立的学说，他一方面主张经济组织由行会管理，是受了工团主义工业自治的影响，然失了工团主义阶级战争底精神；一方面主张政治组织由国家管理，是受了国家社会主义不反对国家存在的影响，然失了国家社会主义由国家干涉生产事业底作用。行会社会主义者自以为他的理想在各派社会主义中算是最圆满最稳当的了，他以为拿行会代表生产者底权利，以国家代表消费者底权利，这样公平的调和，可以免得剧烈的革命了。这种调和的理想是英国人的特性。其实他有两个不可掩蔽的缺点：（一）把压制生产劳动者底国家政权法庭海陆军警察完全交给资本阶级了；（二）政治事业和经济事业有许多不能分离的事件，例如国际贸易之类是也。

所以我们最要注意的是前三派。

无政府主义在中国也算有点萌芽，北京上海四川广东都有一小部分青年相信。但我以为相信一种主义，不应该空空洞洞的盲从，必定要知道他的精髓所在；如果指不出他的精髓，就不配说信什么主义，也不配批评什么主义。无政府主义虽然也分为几派，我以为各派共通的精髓所在，就是尊重个人或小团体底绝对自由。这种偏重自由的精神，最好是应用于艺术道德方面；因为艺术离开了物质社会的关系，没有个体自由底冲突，所以他的自由是能够绝对的，而且艺术必须有绝对的自由，脱离了一切束缚，天才方可以发展；道德重在自律自动，和法律的作用完全不同，不自由的道德很少有价值。若论到政治经济方面，无政府主义便完全不适用了。无政府主义乃建立在先天的人性皆善和后天的教育普及上面，政治经济制度正因为人性不皆善教育未普及而起，我们只应该渐渐改良政治经济制度，使人性渐趋于善教育渐能普及；此时离教育普及还远得很，就是将来教育普及了，人性能否改变得皆善还是一个大大的疑问，那能够病还未好，便早早的把药废了，并且要起来和强健人赛跑呢？先就经济而言：现代工业发达，一个工厂往往有数千数万人；而无政府主义要保护人人绝对自由，不许少数压多数，也不许多数压少数，九十九人赞成，一人反对，也不能执行，试问数千数万人的工厂，事事怎可以人人同意，如不同意，岂不糟极了么？而且个人或小团体绝对自由，则生产额可以随意增减，有时社会需要多而生产少，有时需要少而生产多，因为没有统一机关用强制力去干涉调节，自然会发生生产过剩或不足的弊端。但无政府主义者必定说：我们可以自由联合，公议生产事业，断不至有这样过剩或不足的情形发生；哪知一面赞成绝对自由，一面又赞成联合，是不对的，也不能成功的，我常说要绝对自由就不能联合，要联合就不能绝对自由，这是不易的道理。因为各个生产团体各个利害不同，若是没有一个统一机关用强制力去干涉调节，各个生产团体主张各个的绝对自由，这样能联合不能？无政府主义者用这种没有强制力的自由联合来应付最复杂的近代经济问题，试问怎么能够使中国底农业工业成为社会化？怎么能够调节生产只使不至过剩或不足？怎么能够制裁各生产团体使不至互相冲突？怎么能够转变手工业为机器工业？怎么能够统一管理全国交通机关？再就政治方面而言：他主张人不干涉人，要根本废除法律，这件事也是很错的。因为我们固然不满意现在的法律，但将来只可以把他修改，不能绝对的废除，如果绝对的废除，便发生困难。凡有社会组织，必有一种社会制度，随之亦必有一种法律保护这种制度，不许有人背叛，就在无政府时代也必须是如此。发癫的人，任何时代都是有的，我想不会有人主张放任发癫的人去杀人放火，倘若干涉他，把他拘管起来，便是压制他的自由。不过发癫是极端的现象，由发癫以至最轻的精神病者或强汉，都应该受法律之制裁。又如两性恋爱，以两男恋一女，或二女恋一男，彼此便会发生冲突，冲突剧烈的时候，又怎样裁判呢？再从事实上着想，像中国人赌钱吸鸦片烟这等恶习，是不是应该有法律禁止呢？社会制度初变更的时候，应受教育的人而不肯受教育，有劳动能力的人而不肯劳动，要不要加以法律的干涉呢？监守公物而自盗，强力迫胁不悦己的妇女，这种人无论到何时代恐怕都有，应不应加以法律的制裁呢？所以我敢说：无政府主义在政治经济两方面，都是走不通的路；明知此路不通，还要向这条路走，非致撞得头破额裂不可，这是何苦呢？

　　五派中底一四五已经略略批评过，再进而将共产主义和国家社会主义比较的讨论一下。这两派原来都出于马格斯，马格斯主义在德国变为国家社会主义，因为他的精神他的实质都是社会民主党，所以也叫做社会民主主义；因为他主张利用有产阶级底议会来行社会主义，所以也叫做议会派。内中无论是柯祖基底正统派或是柏伦斯泰因底修正派，都不过是大同小异罢了。在俄国才还了马格斯底本来面目叫做共产主义，其初在俄国也叫做社会民主党，随后党中分为急进温和两派：温和的是少数派，叫做敏什维克党；急进的是多数派，叫做布尔什维克党；其后多数派革命成功，改称为共产党。共产主义和国家社会主义虽同出于马格斯，而两派的主张彼此却正相反对如下表：

共产主义底主张	国家社会主义底主张
阶级战争	劳资携手
直接行动	议会政策
无产阶级专政	民主政治
国际运动	国家主义

第一，德国底社会民主党在理论上虽未曾明白的标榜劳资携手，而在实际上已令劳动者从事选举运动，已利用资本阶级底政府国会采用社会政策改善劳动底地位，已实行与一切资本阶级的政党提携，已反对无产阶级共同团结了。反之俄国底共产党是主张绝对的阶级战争的，是不独反对与资本阶级妥协而且是反对与一切不主张阶级战争的温和派提携的。马格斯底《共产党宣言》自第一页到最末页都是解释阶级战争底历史及必要的讲义，可惜自称为马格斯派的德国社会民主党竟然忘记了！

第二，不赞成阶级战争的人自然要向议会讨生活；但我们要知道议会制度本是资产阶级专为供给及监督他们的政府底财政而设立的，要拿他来帮助劳动者，来废除资本私有制度，岂不是与虎谋皮吗？选举底怪现象各国都差不多，就是实行普通选举，劳动界能得多少议员，有多大效果呢？所以马格斯底著作无一不是主张无产阶级对于有产阶级取革命的行动，没有一句主张采用议会政策的，可惜自称为马格斯派的德国社会民主党竟然忘记了！

第三，无产阶级专政就是不许有产阶级得到政权的意思，这种制度乃是由完成阶级战争消灭有产阶级做到废除一切阶级所必经的道路。德国社会民主党问俄国共产党：有产阶级的人也是国民，何以单单主张无产者一阶级专政？俄国人答道：你们何以不主张全国民都加入无产阶级？德国社会民主党又问道：一阶级专政岂非不合民主制度？俄国人答道：你们所谓民主政治底内容是不是有产者一阶级专政呢？柯祖基著书大攻击俄国底无产阶级专政，说不合乎民主政治，说不是马格斯主义；其实马格斯在《哥达纲领批判》中明白的说："在资本主义的社会和共产主义的社会底中间，有一个由这面推移到那面的革命的变形的时期。而这个时期，政治上的过渡时代就为必要。这个政治上的过渡时代，不外是无产阶级底革命的独裁政治。"在《共产党宣言》上更是大声疾呼的说："（一）纠合无产者团成一个阶级，（二）颠覆有产阶级底权势，（三）由无产阶级掌握政权"，又说："无产阶级的革命，第一步是在使他们跑上权力阶级的地位……既达第一步，劳动家就用他的政权渐次夺取资本阶级的一切资本，将一切生产工具集中在国家手里，就是集中在组织权力阶级的劳动者手里"。可见无产阶级专政明明是马格斯底主张，可惜自称为马格斯派的德国社会民主党竟然忘记了！

第四，俄国底共产党和德国底社会民主党虽然同一不反对国家组织，〔但〕是他们不同之点有三：（一）生产机关集中到国家手里，在共产党是最初的手段，在社会民主党是最终的目的；（二）德国社会民主党带着很浓的德意志国家主义的色彩，俄国共产党还未统一国内，便努力第三国际的运动；（三）社会民主党所依据的国家是有产阶级的国家，共产党所依据的国家是无产阶级的国家。所以有人说马格斯当初所主张的俄国现在所实行的都算是国家社会主义，这话是不对的。《共产党宣言》中，虽主张将一切生产机关交通机关信用机关都集中在国家手里，这不过是社会革命时最初的手段，所以同时又说："无产阶级都没有丝毫国民的特性存在"，各国无产阶级在他们国里争斗的时候，共产党一定脱出一切国家的界限，替无产阶级全体指示共通的利害。"劳动阶级如果握得政权，那些东西（指国民的差别和国家的对抗）都要消灭得更快，因为各国底联合政策，是劳动阶级解放底一种首要条件。"《共产党宣言》最后的名言正是："世界劳动者团结起来呵！"马格斯所主张的国际运动的色彩是何等浓厚，可惜自称为马格斯派的德国社会民主党竟然忘记了！

由以上四点看起来，只有俄国底共产党在名义上，在实质上，都真是马格斯主义，而德国底社会民主党不但忘记了马格斯底学说，并且明明白白反对马格斯，表面上却挂着马格斯派的招牌，而世界上一般心盲的人，也往往拿德国社会民主党底主张代表马格斯派社会主义，这真是世界上一件不可解的怪事。

我们中国人对于这两种社会主义，究竟应该采用哪一种呢？我以为中国底改造与存在，大部分都要靠国际社会主义的运动帮忙，这是不容讳饰的了；国内的资本阶级虽尚幼稚，而外国资本主义底压迫是人人都知道的，因此阶级战争的观念确是中国人应该发达的了；再睁开眼睛看看我们有产阶级的政治家政客底腐败而且无能和代议制度底信用，民主政治及议会政策在中国比在欧美更格外破产了；所以中国若是采用德国社会民主党的国家社会主义，不过多多加给腐败贪污的官僚政客以作恶的机会罢了。

署名：陈独秀

《新青年》第九卷第三号

1921 年 7 月 1 日

教育与社会

——在广东省教育会的演讲

（一九二一年一月二十日）

今日讲题为《教育与社会》。故向来我国社会与教育，是别而为二的，致结果多不良。余前在高师讲演《社会与教育》时，曾言其概略，兹再反复言之，以尽本题之意义。社会与教育分离，其弊之最大者莫如减少教育的效力。诚以人类精力，本应经济。若教育与社会分离，是即个人之教育，其效力甚微，其不经济实甚。盖社会支配个人，其力量大；个人支配社会，其力量小，理至明也。或者疑社会力量未必优于个人，每以孔、佛、耶之学说，能支配地球上一部份人之精神，至历数千年之久为喻，不知世界自有人类以来，中华之孔子，印度之释迦牟尼，欧洲之耶稣，其个人力量之大，似足以支配社会矣。然从实际上观察，其个人之力量，实由社会而产生。试推论之，世人徒知孔子支配人之学说为家族思想，亦即人伦之道。然亦知夫中国之为世界最大农业国，其人皆为土著之民乎。既为土著之民，则重迁徙，鲜往来，其种种风气，皆足以养成人之家庭思想。是孔子之学说，为社会所养成，世人不察，倒因为果，误矣。释迦牟尼亦然。其学说由印度社会养成，非印度社会为释氏学说所制造。何以见之。印度地居热带，酷暑如焚，人人皆抱厌世悲观之思想，故造成释氏之学说。征之耶教，亦何莫不然。耶教重自由与进取，虽与孔教之家族思想不同，与释迦牟尼之厌世悲观主义亦异，然究其原因，亦以欧洲多岛，交通利便，人民轻于迁徙往来，故无家族观念。且其地属北温带，气候温和，故无厌世悲观思想。是其学说亦由四围环境养成，非由耶稣建此以改造欧洲人类者也。由斯而谈，此三大伟人之学说，非自成之，乃社会成之也。设使耶稣生于中国，亦必主张家族主义；孔子生于印度，亦必尚厌世悲观；释迦牟尼生于欧洲，亦必主张自由进取。要之，孔、佛、耶易地而生，其主张则互变也。从可知社会支配个人之力量大，个人支配社会之力量小矣。此既证明，则教育若离社会而独立，则教育之力量自减，讵得不谓之减少教育之力量耶。

教育与社会分离，足以减少教育之效力，前已言之矣。然实际如何减少，可条析言之：

（一）教育的效力，普遍之力消失，只可及于部分或个人。

（二）学生训练的效力。社会与教育分离，则社会自社会，教育自教育，故假使学校训练好，而社会不好，其得益仍寡。吾年来从教育经验上，观察此说，最足征信。予见小学生，往往在学校受训练时，极为活泼，极守秩序，极为奋发，极能合群，极不倚赖。惟一入家庭，则此种佳处，即觉销灭。或少壮大学生，在学校时，无不品行纯洁，志趣高超，为一有希望之青年。殆一入社会，则渐染渐深，愈久愈甚，终成为一无希望之恶人。此其证明也。

（三）学术上应用之效力。教育与社会分离，则学生在社会，自有一种特别阶级。其所学何事，社会无从知之，故社会上不甚注重，不甚相信。此种弊病，在社会固应负一半之责任，而教育家亦应负一半之责任。何以言之？日本兴学之初，其社会亦不相信教育。复由教育家致全力医学、农学两种与社会密切关系之科学，使社会知其利益，其后遂得社会之相信。故欲求学术之应用，必须使教育与社会密接。至我国社会之不相信教育，固由社会与教育隔膜。然农业学生，其所学得之学问，反不如老农。工业学生亦然，一经实用，其成绩反不如一小匠。故欲求社会之相信教育，非教育家注意于上述事情而改良之不可。

鄙意以为以后办学，务使社会明了教育内容，深知舍教育以外，不足以培成社会上经营各项事业之人才，及深信教育在社会上之实益。欲做到此层工夫，办农业学校，宜在乡间，办工业学校，宜在省城。为教员者，又宜认真训练学生，作育人才。今社会上感觉旧学者不如新学者，则教育自然得社会之相用。又广州以丝业著名，应办蚕业学校。潮州富于水产，应办水产学校。北江多森林，应办农业学校。若在潮州办农校，在北江办蚕业学校，在广州办水产学校，则其所学非应所在地社会之要求，其学术之应用颇易自减，而教育力因以不大。前者言欲，用学术之应用效力大，而令社会了解内容，后者言欲学术应用力大，不可不适应社会之要求。推而言之，而我国各学校所授之经济学，若多用外国理论的，不及国内经济状况，盖此种教授，实属无稗实用也。又如动、植物学，其分配种数，虽甚清晰，而对于我国地方种类，多付阙如，亦有何大用之处。故学术与社会分离，是死学术，学术与社会合，方是活学术。教育与社会离合，于学术应用效力之关系有如此者。

（四）文化普及的效力。我国教育与社会分离，教育对于社会，亦取闭关主义，而广东尤甚。故学校门首，多有挂"学校重地，闲人免进"……等牌，不准外人窥看，人以为内中有不可告人之处。不知凡学校图书馆等，宜令人人皆可入内参观，使人人皆得增进知识，社会得渐渐改善。故外国图书馆，通俗演讲，均取开放主义，无论何人均可入内观听。我国直采取此法，使教育与社会合。否则教一千学生只一千学生受益耳，讵能希望文化普及乎！以上种种不好之处，皆就教育与社会分离而言。今后希望教育与社会打成一片，使教育效力宏博，则幸甚，幸甚！

署名：陈独秀

《广东群报》

1921 年 1 月 21 至 24 日

在工业学校演说词

——工学生与劳动运动

（一九二一年一月二十二日）

今天来到贵校，没有什么话说，但在座诸君，多工业学生，我们就在工业上研究研究。现在所讲的——就是"工学生与劳动运动"，这是工学生所应当知道的。

现当来讲这个问题之先，要把劳力的地位说明一下。

在旧式经济学说生产原素是——

一、土地；

二、劳力；

三、资本。

在现世新经济学，对于这三种的观察，觉得不甚满意，何以呢？因为土地纯然一块土地，若不经劳力者开垦，是没有价值，必要加上劳力才能发生效用。例如乡间的土地，不是农人去种些稻、麦、甘蔗、番薯等等，便没有价值。又如乡间的地方，不及省城长堤的价值。所以土地因其所加的劳力不同，则其价值也不相同。那么，土地是附属于劳力之下，自身没有独立的价值。在资本也是一样，平常的人以为金钱即是资本。不知金钱只能代表资本，像钞票代表金钱一样。所以金钱并不是资本的本身，不过是一个代表的东西。真正的资本是什么呢？就是土地、机器、房屋、原料、粮食五种。土地没有劳力是不成的，已说在上面，不用再说。机器是用铁做成的，铁又是从矿山中得来的，由生铁而熟铁，通通是经过一种劳力的。所以这两种都属于劳力的范围。至若房屋、原料、粮食三种，皆由劳力得来。房屋是泥水木匠做成的，原料和粮食也是劳农的生产，没有劳力，这三种是不行的。机器没有劳力，便不成机器。土地没有劳力，便不成土地。房屋、原料、粮食，没有劳力，便不成房屋、原料、粮食。我们可以说：资本没有劳力，也是没有独立的价值。照这样看来，劳力实在是生产的原素，土地和资本，断不能与劳力平行，要附属于劳力底下。那旧式经济学所说的，是不成问题。劳动既是占着生产上最重大的地位，我们就可以说下劳动运动了。古代经济学说，与现世新经济学说的不同之点，就是：古代把土地、劳力、资本，相提并重，专为大地主所支配；现在所注重劳动方面，因为土地非劳力不能成土地，资本非劳力不能成资本，大地主怎能够支配起来。所以现在说的资本，不是资本家的资本，乃是开天立地以来的劳动者产下的资本；今日的世界，不是资本家创造出来的，乃是数千年来劳动者创造出来的。我们常说"劳动神圣"，就是因为天地乃劳动者开辟出来的，所以这样说。

现在也有人反对此说的，他以为今日的世界，不单是专从劳动家得来，还有所谓学者，如制作房屋的工程师。他说的原来不错，但对于劳力生产说，也不能破坏。因为工程师和技术家，不能逃出劳力范围之外，彼用脑力，也是一种劳力。我们解释劳力，不单就体力上说，大凡以体力脑力作工的，一概都是劳力的运动，不单指以体力作工，才算是劳力的运动。既然是用脑力和体力都是出力，那么：现在的资本家，也许有用脑力的地方，难道也算他是劳动家不成？据我的意见，现在的资本家和劳动家，仍然是有分别的。

一是雇主。资本家以自己的金钱，来买人家的劳力，谋自己的生活，就是雇主。

一是被雇者。自己没有资本，卖劳力与资本家，就是被雇者。

所以现在的资本家和劳动家，不是劳力与不劳力的分别，乃是雇主与被雇者之分别。

上面已把劳动运动的理论说了一遍，现在要说工学生的地位了。工学生占什么地位呢？就是占脑力劳动者的生产事业。我也曾说过，工程师和技术家，皆用脑力，都是劳动者。据我的观察，将来社会制度必要改革。但改革至怎样程度为止？大概终须做到把土地、房屋、机器等等，都为劳动者所有，各人都能够独立生产，不为被雇者，去做独立生产的事业。在独立生产上，脑力不可少，体力也不可少。脑力和体力，是同在一个阶级。因为用体力劳动者，把体力卖给资本作工，是一个被雇者；工学生把脑力卖给资本家做工，也是一个被雇者。既然同是被雇于资本家，便是同在一个阶级。那么，工学生便应该和体力劳动者携手，不应该同资本家携手，这个道理是很明白的。所以工学生要和体力劳动者结合团体，共同进行，把资本家推倒，打破雇主与被雇者，不生分别，没有阶级，便可做成社会上种种改造的事业。

诸君都是工学生要知道自己所站的地位。觉悟脑力劳动者和体力劳动者一样，要和体力劳动者携手共进？这是很希望的。

（陈先生这番发挥，妙言精义，连出不穷，好像天花乱坠一样，片片喷香，收拾者手腕不灵，也许有挂漏和错误的地方，还要求陈先生更正，和读者原谅。周其鉴、阮熙朝附识。）

署名：陈独秀

《广东群报》

1921 年 1 月 28、29 日

如何才是正当的人生

——在广东省立女子师范学校讲演会演讲

（一九二一年一月二十三日）

今天本来预定三点钟来的，因为有些小事情，所以稍迟了。我本来没有什么高深学说，贡献于诸君。今天各位所定的题目，范围广大，又不是几句话可以说完，现在将简略说说，这是很抱歉了。这题大约有两种观念：第一种是精神上的，第二种是物质上的。我以为精神上的人生，没有什么标准。人说善则善，人说恶则恶，人说苦则苦，人说乐则乐。譬如中国妇女的生活，有时明明是很痛苦的，因为旧道德支配着，也觉得自己是无上光荣，是无上快乐；还有好些快乐生活的人，有时也觉得是很痛苦的，所以在精神上讲来，很难辨别人生正当不正当啊。

如果就物质上说，较为有点标准，然而非两三句说话就可以说明，古来的解说也很多。我的意思，以为物质上的生活，能够做到平等、自由，便是正当的人生。因为人人都是人类，不应该受他人的压迫。如果我压迫人，或人压迫我，都是不正当的人生。

历史上的人生，到今还未曾发见。真正的中国的人生，自古都是很不正当的，不是这一个压迫那一个，就是那一个压迫这一个。在封建制度的时代，有两种阶级：一是诸侯和地主，一是农奴。诸侯压迫农奴，农奴要受诸侯、地主的压迫。

如今封建时代已经过去，进入资本制度的时代了。又发现两种阶级：代诸侯和地主阶级而起，是政府和资本家，从前的农奴，就是今日的劳动者。资本家能压逼劳动者，劳动者就要受资本家压逼。这种情形，不独中国如此，各国都是一样。又如中国的习惯，男子常是压迫女子的，这是甚么原故呢？难道女子就不是人？应该受男子压迫吗？中国的古训所谓女子有三从之义：在未婚的时候，服从父母，既婚之后，服从丈夫，丈夫死了，还要服从所生的孩子。你们想还有甚么道理来压迫我们呢。以上所讲的，都是不正当的人生。男子受政府、资本家的压迫，女子们除了政府、资本家压迫之外，更要受男子压迫。然而女子阶级之中，还有些同类上的压迫。好像中国的家庭，家姑压迫媳妇，小姑压迫嫂嫂等事情，非常之多。还有做奴婢的人，被主妇压迫，也是十分惨痛的。兄弟到广东来，看见这样的现象，格外繁多。所以中国的人生，都是一层一层压迫人家和被人家压迫的。男子所受的压迫是政府、资本家，女子所受的压迫有政府，有资本家，有男子，还有他同类的妇女。故此我以为从前人生，完全是不正当啊。

我如今天论压迫他人，和受他人压迫，不是说男女问题，是说人类的问题。总之人类是不应压迫人家和受人家压迫的。如果说到压字，却是最不正当的。换一句说，正当的人，就是不施压于人，亦不受人所压。我现在所说的，不晓得诸位以为对不对。

署名：陈独秀

《广东群报》

1921 年 1 月 24 日

妇女问题与社会主义
——在广东女界联合会演说

（一九二一年一月二十九日）

现在我所讲的题目，是女子问题与社会主义。女子问题，近来研究的人很多，但都零零碎碎，没有系统。所以我今日提出来讲讲，想于没有系统之中，找出一个系统。

今日所谓伦理，大概有两种观念：一种是帮助弱者抵抗强者；一种是牺牲弱者抵抗〔帮助〕强者。现在军国主义，都是牺牲弱者的一种，是牺牲弱者帮助强者；与此相反的，就是社会主义，这主义帮助弱者抵抗强者。社会主义中最要紧的是劳动问题，然而劳动与女子有什么关系呢？我们要知妇女与劳工是社会中最没有能力的，劳工受资本家压迫，妇女受男子压迫。我们今日固要帮助劳工抵抗资本家压迫，尤要帮助妇女抵抗男子压迫。但今日我们专讨论的是女子问题，关于劳工问题，暂且不说。我虽单讲女子问题，然与劳工问题也有关系，因劳动不单是男子的事，女子也与劳动很有关系的。

女子问题，实离不开社会主义。为什么呢？因为女子与社会有许多冲突的地方。讨论女子问题，首要与社会主义有所联络，否则离了社会主义，女子问题断不会解决的。因社会制度，造成了社会的许多不平等的事情；因社会造成个人的不平等不独立，然后方有社会主义发生。讨论这点，妇女问题，自然是连带发生了。妇女问题虽多，总而言之，不过是经济不独立。因经济不独立，遂生出人格的不独立，因而生出无数痛苦的事情。

中国妇女，伦理上的信条，是三从主义。所谓三从，是在家从父，出嫁从夫，老来从子。因在家从父，女子一切活动，都要受父亲的干涉，而做父亲的干涉女儿，差不多当女子是桌上一个瓶，摆在一块地方，什么用也没有；做父亲的，可以将女儿卖给人、送给人，并且他父亲要恭维人巴结人，可随便把伊送人做妻做妾；女子若不肯嫁给有钱有势的人，是不行的。现在中国女子婚姻问题当中，百人中能自由的不过一二人，其余的多是父母作主。父母也不是单为女子设想，不过为自己联络有权势的人，便送给他人做妻，拿女儿作他一己攀援富贵的敲门砖罢了。女子在家从父，可以谓之全然没有人格。至于出嫁从夫，男子叫女子做事，女子不能抵抗，若是抵抗，社会断不相容。做夫的不但可以命令女子，并且也可以卖，也可以送。我们知道的，有许多男子，因吃鸦片烟，把他妻卖去的，也有强迫他妻去卖淫的。有人告诉我，广东有一处地方——我不知是不是——可以将女子租给别人。在古代社会，这种事很多，我固然不信广东还有这种野蛮行为，但或者形式上没有，而精神上也许有的。

现在女子结婚，差不多都是父母贪图富贵；不但父母把自己底人格取消，而许多女子也把自己底人格取消了。广东情形，我知道得不十分清楚；至于上海情形，很是可悲：有一个上海很著名的学校，多数学生没有独立的思想，伊们知识虽好，而思想仅得一个：就是穿着要阔，要时髦。假使有一个不甚时髦，大家就看伊不起，而自己也觉得不象样。伊们最后的思想，就是要嫁一个留学生，回国之后，要做大官。但伊们的衣饰从那里来呢？伊们既不劳动，当然得不到；所以伊们的希望，只有望男子送来。这样的思想，自然把自己的人格丧失了。现在许多女子不想独立，只想穿阔衣服，也是把自己的人格同时丧失的。中国社会上的女子，无论从父从夫，都没有独立的人格；靠父养的，固没有人格，靠夫养的，也没有人格。所以女子丧失人格，完全是经济的问题。如果女子能够经济独立，那么，必不至受父、夫的压迫。

在社会主义之下，男女都要力作；未成年时候，受社会公共教育，成年以后，在社会公共劳动。在家庭不至受家庭压迫，结婚后不会受男子压迫。因社会主义认男女皆有人格，女子不能附属于父，也不能附属于夫。

现在尚有另一问题，许多人可以说：不必社会主义，女子也可独立；不在社会主义之下，也可不受父母男子底压迫。这句话初看来，很有道理，但很错了。因离了父母家庭去谋独立生活，是不行的。何以见得呢？因女子离了家庭的奴隶生活，自然去谋独立生活，但社会是不许的。我们想想：女子离家庭而独立生活，去什么地方生活呢？在什么地方能谋生活呢？无论什么地方，都在资本主义制度之下，一部分雇人做事，一部分帮人做事。女子若离了家庭，雇人做事呢，还是被雇于人。如果要雇人，直是笑话，不会有的。伊们既不能雇人，一定要受人雇，一定附于资本家，那么，就会变成资本家的奴隶了。从前女子是家庭底奴隶；而离了家庭，便变成了资本家的奴隶。无论如何，都是奴隶，女子问题，仍然没有解决。

　　在社会主义之下，不是这样。工人资本家没有分别，大家都要作工。所以必到社会主义时候，才能根本解决。女子在家庭，固有独立的人格，在社会，也有独立的人格。

　　我今天所讲妇女问题与社会主义，因为女子问题有许多零零碎碎，不能解决，非先提社会主义，无以概括。妇女的痛苦，十件总有九件经济问题；而社会主义不止解决妇女的问题，且可以解决一切的问题。我们所讲的伦理，不是牺牲弱者以助强者，就是帮助弱者抵抗强者。后者就是社会主义。女子与劳动者全是弱者，所以我们要帮助弱者抵抗强者。除了社会主义，更没有别的方法。我以为不论男女，都要研究社会主义，而女子比男子更要奋斗才好。如果把女子问题分得零零碎碎，如教育、职业、交际等去讨论，是不行的。必要把社会主义作唯一的方针才好。这不单是女子的事，而男子也是这样。所以希望男女要全部努力于社会主义。男女实行联合弱者以抗强者，就是我今日讲社会主义的意思。

署名：陈独秀

《广东群报》

1921 年 1 月 31 日至 2 月 1 日

理发工会成立会演说辞

（一九二一年二月十日）

今日中国的工会，不过开始，成立的实在不多，若在外国，无论哪种行业，都有工会。但是外国在数十年前，也是没有工会，和我中国现在一样。这是什么缘故？就是因为政府不许工人设立工会之故。在政府不独有不许工人设立工会的意思，而且制造一种不合道理的法律，去干涉工人立会；如有人违背这种法律，政府就要将工人拿进监狱去受罪。后来各国的工人，努力奋斗，始得将那种不合道理的法律取消。

我中国现在的法律，也是不许工人立会的。所以在广州有许多工人团体，如广三铁路职工养志团和工余群旅等，都是正正当当的工人团体，因为政府不许工人集会之故，所以不敢叫做工会而改作种种的名称。

这种不许工人集会的法律是什么？就是治安警察法。这种治安警察法，成自何时？制自何人？谅想到会诸君，也会知道的。这种治安警察法律，就是袁世凯所制定的。但有一件事，诸君知道不知道？现在广东政府，对于治安警察法，经已有明文取消了。那么，广州的工人，当然有集会的权利了。而且据我近日所知道的，广东政府，不独取消了治安警察法，而且制定一种工会法，叫工人依照这种法律和他一定的手续，政府就会准许立案，自然得受法律保护。

这种工会法，不久就可以公布了。现在广东政府对于工人，有这样好意，但你们工人对于自己，应该怎样？请诸君想想！在外国的政府，不许工人集会，而外国的工人，能够自己努力奋斗，卒之战胜政府，将那不合道理的法律取消，得到集会的权利。今日广东的政府，既将有工会法，许工人集会，所以我们工人应该有较大的责任，假使尚不肯努力做去，未免自己看得太低，不知自爱了。

我到广州虽没有多久，但我知道工人的团体，表面上虽有许多：如职工养志团，机器工会，工余群旅等，都是工人的团体。但观察他的内容，实无组织之可言，不能叫做工会，而且连章程都没有，我今天见到贵会的章程，是我第一次在广州得见到工会的章程的，所以我对于贵会，发生两个感想：

（一）有详细完备的章程；

（二）到会者多是纯粹的工人。

除了以上两个感想以外，还有两点，希望诸君努力做去的：

（一）广州理发工人有四千多，而今天到会的，不过数百人，与全体工人相比，不过十分之一；所以我希望各位努力去联络同业，务要全体同业结合成一个大工会。

（二）现在贵会虽然有章程，但将来人数增多时候，有一点地方，应该修改的。因为现在贵会的章程第八项所有评议股与庶务股会计股文牍股纠察股交际股平列，是不对的。无论哪种团体，评议部都应该独立，因为庶务等属于执行的，评议股是属于立法的。将来贵会修改章程时候，最好将庶务股会计股文牍股纠察股交际股等合成一部，叫做执行部；评议股独立一部，与执行部对抗。所有什么事，都由评议部议决，交执行部执行，所有执行部职员，也由评议部选举。至评议部的组织，最好由各街各路选出：如西关有若干同业，应该选出若干评议员；东堤有若干同业，应该选出若干评议员；然后由全体评议员共同组织评议部，这样组织方好。

至于工人的知识，比较缺乏，故求知识，是今日工人一件很重大的事情。我现在想在广州设立许多劳动补习学校，令各工人有求知识的地方，我很希望诸君将来肯匀出一点时间入劳动学校读书。

我对于贵会的希望很多，但因为时间不多，而且贵工会已经成立，将来见面的日子亦很多，我改天再谈罢。

署名：陈独秀

《劳动与妇女》第一期

1921 年 2 月 13 日

讨论社会实际问题底引言

（一九二一年二月十二日）

　　在言论上指导社会是新闻家一种职务，此时广州的新闻界怎么样？我敢说广州的新闻界，腐败的不用说了，就是最好的新闻纸，他所发的言论，可以说百分之九十九与社会毫无关系，他能够指导什么？这是什么缘故？只因为他们不肯讨论社会实际问题。

　　言论自由自然是我们很希望的事，但是我对于此时广州式的言论自由，十分悲观，因为此时广州的言论自由未免太滑稽了。政府党的机关报公然鼓吹无政府主义，这是什么一种滑稽的言论自由！许多报上时常造谣言攻击个人的阴私，这是何等不法的言论自由！至于不满人意的善堂问题从来无人敢讨论；最近的国会选举总统问题赞否两面都不敢正正堂堂地发表主张；真的言论自由在那里！

　　许多人说此时的广东是言论最自由的地方，这句话我一百二十分不承认，像此时广州式的滑稽的言论自由，不法的言论自由，假的言论自由，毫无价值，离真的言论自由相隔还远得很。真的言论自由不是容易得来的呵！不是旁人可以赏赐我们的呵！

　　政治上的言论自由此时更不必谈起，所以我们不妨就社会问题讨论一下，试试广州到底有没有一点言论自由的余地。但讨论社会问题，要以实际问题为限；若是离开了实际问题，专门发空议论，就是天天谈政治，天天鼓吹无政府主义、社会主义，也无人来干涉你，这种滑稽的假的言论自由，我们要他做什么？

我们算提出关于广州社会上种种实际问题，要求言论界及读者诸君大家出来公同讨论，我不过提出几个题目，因为我来到广州日子很浅，对于广州社会没有多少知识。

署名：陈独秀

《广东群报》

1921 年 2 月 12 日

我们为什么要提倡
劳动运动与妇女运动

（一九二一年二月二十日）

季陶先生曾说：此时不是劳动运动，是运动劳动运动。我们也可以说：此时不是妇女运动，是运动妇女运动。此时不但他们自己不肯运动，还有些劳动者以为运动劳动运动的人是多事，有些妇女们也以为运动妇女运动的人是多事。

照这样看来，我们还要提倡劳动运动与妇女运动做什么？

自来伦理思想可分为两大派别：一是牺牲弱者以助强者；一是扶助弱者以抗强者。

前一派伦理，在心粗的人看起来，这种不合人道的思想算什么伦理。其实我们人类自古至今的历史，都是这种伦理思想造成的，我们现在所见所闻所行，一概是这派伦理的现象；人类将来的历史纵然有点变化，而人类对于其他动物的伦理观念，恐怕难得脱去损弱益强的老脾气。在将来的理想，无论我们如何不赞成这派伦理；但在过去及现在的事实，是我们所不能否认的。

后一派伦理，就是社会主义，就是人类将来的理想。过去及现在的伦理、历史，都是牺牲弱者以助强者的伦理、历史；其中最显明的，就是牺牲劳动者以助资本家，牺牲妇女以助男子。社会主义正因为扶助这两种弱者，抵抗这两种强者而发生的。

这两派对峙的伦理思想正在拼命的血战中，我们应该取那一派呢？我以为应该取助弱抗强的社会主义。这有什么理由呢？我以为这理由乃建立在社会学学者所说的"同类意识"上面。

各种动物的"同类意识"发展不等，乃是我们人类进化到今日庞大的社会之一大原因。但是我们人类这种意识固然比其他动物发展，而仍然日在进化中，还未曾尽量发展呵。劳动者不是我们的同类吗？他们穿的什么，食的什么，住的什么，知道什么，无日无夜的委身那毫无乐趣的劳动，和没有知觉生命的机器有何分别？妇女不是我们的同类吗？本是人类底母亲，反变了人类的奴隶；不寄食于父，便寄食于夫；得意者也等于珠围翠绕的娼家，失意者便是日暮无归的乞丐；至于一般受虐待的养媳婢女，更过的是极人间悲惨生涯。

我们若要尽量发展我们人类可贵的"同类意识"，对于我们同类的弱者劳动与妇女，便应该发挥真挚的同情心去扶助他们。这就是我们应该采取助弱抗强的伦理之唯一理由，也就是我们所以提倡劳动运动与妇女运动之唯一理由。

署名：陈独秀

《劳动与妇女》第二期

1921 年 2 月 20 日

我的妇女解放观

（一九二一年三月八日）

"五一"劳动纪念日和"三八"妇女纪念日，这两个纪念日，是全人类脱离黑暗走向光明大道的标识。全世界各国，劳动与妇女无处不被人轻视，然而他们却是人类的最大多数，并且为人类负担着重大的工作。现在有了"五一"、"三八"这两个纪念日，每逢纪念，被轻视的人们，都应该特别加紧做一番反抗被轻视的表示，使轻视者知所警惕！

中国的劳动解放运动，已经随着每次"五一"纪念而日益进展，现在固终说不上完全解放，却已努力跑近权力地位。妇女解放运动是怎样呢？可以说还没有什么成绩。三数个大都会，有些剪发的女子；先婚后嫁，生私孩子，寡妇嫁人，都不像从前那样奇耻大辱的事；除了这件事，实在找不出别的成绩了。"三八"纪念日，只有很少的人知道，虽然有了两次"三八"纪念运动，可是力量很微弱，还不能够使轻视者感觉着被轻视的人们已经有了反抗运动。

今年的"三八"，正当全国的革命高潮中，不肯轻视妇女的人们，自然主张妇女要极力参加革命运动。我当然也不反对这个主张，我并且相信中国的革命胜利，妇女解放运动必能得着很快的发展；可是一向被轻视的妇女们，切不可一刻忘了自身的妇女运动。并且被轻视的妇女们，必须加紧自身的解放运动，才有力量参加政治革命；更进一步说，妇女解放运动，也就是充实政治革命的内容之一种。

中国妇女解放的要求，不但是精神上的，而且是身体上的。中国妇女身体上第一苦恼就是缠足。有些以为小脚有一种美观，我以为是一种刑罚。我记得在二十多年前，我曾纠合一班小朋友，用黄纸大字抄写好几十张清朝西太后禁止缠足的上谕，张贴通衢，劝人放脚，当时全城的人都说我们是班疯孩子，现在回想起来，那时的宣传方法固然很好笑，可也收到一些效果，可惜疯孩子太少，以至到现今二十多年，缠足恶俗还未大改，不但乡村中仍然是很普遍的，即大都市还未绝迹。听说甘肃、陕西缠足恶俗更是厉害，脚小的妇女竟至终日膝行，并且市上竟有出卖膝行器具的店铺，因脚小而膝行者之多，于此可见了。江、浙妇女好着紧身小马甲，为害肺部也非浅鲜。

中国妇女精神上的苦恼，那便一时说不尽了。一切体教、法律、社交、教育、职业，无不压抑女子，所以有人号召“男女平等”。我以为按照中国妇女地位，在决定“男女平等”这个问题之前，更要紧的问题，是决定女子也是个“人”。我们中国的诗礼人家，有客来访问时，若男主人不在家，女主人必定隔着门帘回答说：“我家里没有人。”这就是中国的妇女不自算是个“人”的铁证。所以中国妇女，第一必须取得法律家所谓“自然人”的资格，然后才能够说到别的问题，才能够说到和别的人同等权利。

被轻视的中国妇女们！你们要参加革命，你们要在参加革命运动中，极力要求在身体上在精神上解放你们自己，解放你们数千年来被人轻视被人侮辱被人束缚的一切锁链！

署名：陈独秀

《三八国际妇女纪念》

1921 年 3 月 8 日

随 感 录

（一九二一年五月一日）

中国式的无政府主义

我近几年来细细研究我中华民族种种腐败堕落到人类普通资格之水平线以下，我的惭愧悲愤哀伤常常使我不肯附和一般新旧谬论。

我敢大胆宣言：非从政治上教育上施行严格的干涉主义，我中华民族底腐败堕落将永无救治之一日；因此我们唯一的希望，只有希望全国中有良心有知识有能力的人合拢起来，早日造成一个名称其实的"开明专制"之局面，好将我们从人类普通资格之水平线以下救到水平线以上。

施行这严格的干涉主义之最大障碍，就是我们国民性中所含的懒惰放纵不法的自由思想；铸成这腐败堕落的国民性之最大原因，就是老、庄以来之虚无思想及放任主义。

近来青年中颇流行的无政府主义，并不完全是西洋的安那其，我始终认定是固有的老、庄主义复活，是中国式的无政府主义，所以他们还不满于无政府主义，更进而虚无主义而出家而发狂而自杀；意志薄弱不能自杀的，恐怕还要一转而顺世堕落，所以我深恶痛绝老、庄底虚无思想放任主义，以为是青年底大毒。

《民国日报·觉悟》上，太朴答存统的信中说："我相信中央集权的政治组织与中国的国民性不能容，马氏主义是中央集权，故我不信其能实行。"又说："中国底国民性既不容中央集权的政治组织，而中国底社会情形又向来是无政府已惯的，所以一旦要行起劳农政治，要组织强有力的中央机关，我真不知其可也！"又说："我是中国式的无政府主义者。"

太朴先生这几句话诚然不错，但我以为若要迁就中国国民性和社会情形而不加以矫正，只有袁世凯、张勋一班人绝对赞成罢；因为袁、张都正是口口声声根据国民性和社会情形发挥他们的主张呵！

我发誓宁肯让全国人骂我攻击我压迫我，而不忍同胞永远保存这腐败涣散的国民性，永远堕落在人类普通资格之水平线以下。

文化运动与社会运动

文化运动与社会运动本来是两件事，有许多人当做是一件事，还有几位顶刮刮的中国头等学者也是这样说，真是一件憾事！

文化运动底内容是些什么呢？我敢说是文学、美术、音乐、哲学、科学这一类的事。

社会运动底内容是些什么呢？我敢说是妇女问题、劳动问题、人口问题这一类的事。

这两类事底内容分明是不同的，硬要把他们混为一谈，岂非怪事吗？

文学、美术里面，也许有人喜欢加上一点社会化的色彩，描写到妇女问题和劳动问题；从事社会运动的人，也许要很留意文学、美术、哲学、科学做他们社会运动底工具；但这两类事业底本身，仍然是两件事，不可并为一说。或者有人一方面从事文化运动，一方面又从事社会运动，这只可以说一个人兼做两类的事，不可以说这两类事是一类。

有一班人以为从事文化运动的人一定要从事社会运动，其实大大的不然；一个人若真能埋头在文艺、科学上做工夫，什么妇女问题、劳动问题，闹得天翻地覆他都不理，甚至于还发点顽固的反对议论，也不害在文化运动上的成绩。又有一班人以为社会运动就是文化运动，这更是大错而特错；试问妇女问题、劳动问题，在文艺、科学上有何必然的连带价值？并不是我们看轻了社会运动，只因为他和文化运动是两件事，我们不能说在社会运动有成绩的人在文化运动也有成绩，也和我们不能说在文化运动有成绩的人在社会运动也有成绩是一样。以上两种人的误会，都因为不明白文化运动和社会运动是两件事。

又有一班人并且把政治、实业、交通，都拉到文化里面了，我不知道他们因为何种心理看得文化如此广泛至于无所不包？若再进一步，连军事也拉进去，那便成了武化运动了，岂非怪之又怪吗！

政治、实业、交通，都是我们生活所必需，文化是跟着他们发达而发生的，不能说政治、实业、交通就是文化。这个道理罗素在北京演讲的《社会结构学》里面有一段说得很清楚，现在录在下面：

> 什么叫做文明，其定义可以说是要求生存竞争上不必要的目的——生存竞争范围以外之目的。古代文明，第一次发原于埃及、巴比伦大河出口之处，地土膏腴，宜于农作，由农业发生文明……在膏腴的地方，如长江、黄河底下游，一人工作出来的不止供给一人底需要，于是少数人得着闲暇，可以从事知识思想的生活，如文字、算术、天文等，均为后世文明底基本。但在这时候虽有少数人从事文明事业，其大多数人作工还非一天到晚劳苦不可，科学、哲学、美术固然也有人注意，但只是少数幸运的人。在实业发达时代，生产必需品既然增加，要多少就有多少，一人只要每天四小时作工，余剩的就可以从事知识思想的生活了。

创造文化，本是一民族重大的责任，艰难的事业，必须有不断的努力，决不是短时间可以得着效果的事。这几年不过极少数的人在那里摇旗呐喊，想造成文化运动底空气罢了，实际的文化运动还不及九牛之一毫，那责备文化运动底人和以文化运动自居底人，都未免把文化太看轻了。

最不幸的是一班有速成癖性的人们，拿文化运动当做改良政治及社会底直接工具，竟然说出"文化运动已经有两三年了，国家社会还是仍旧无希望，文化运动又要失败了"的话，这班人不但不懂得文化运动和社会运动是两件事，并且不曾懂得文化是什么。

署名：独秀

《新青年》第七卷第一号

1921 年 5 月 1 日

随 感 录

（一九二一年六月一日）

下品的无政府党

我前次所说中国式的无政府主义即虚无主义的无政府党，在中国读书人中还总算是上品；其余那一班自命为无政府党的先生们：投身政党的也有，做议员的也有，拿干俸的也有，吃鸦片烟的也有，冒充人家女婿的也有，对人说常同吴稚晖先生在上海打野鸡的也有，做陆军监狱官的也有，自称湖南无政府党先觉到处要人供给金钱的也有，以政学会诬人来谋校长做的也有，书已绝版尚登广告劝人寄钱向他购买的也有，谋财杀害嫂子的也有，可以说形形色色无奇不有了。

吴稚晖先生说："什么无政府党，简直是拆白党！"

沈玄庐先生说："传播一种主义，为现社会所嫉视的，或单独施行一种牺牲生命的行为给社会群众一个暗示，这是何等简单纯洁的行为。勇于群众所不敢做的事，拿躯体做了肉弹，在己身一无所图而给昏迷的群众一个大大的暗示，尤为难能可贵。群众中间，亦须万人中得一二这样的分子，无论旧势力怎样严重的压迫，没有不崩溃的。可是这类的动作，是沉默中的迅雷，是立体的事实，决不是被雇佣或鼓吹别个人去做的事。现在居然有几个人把手枪炸弹挂在口头，印上纸面，做传播主义的锋头，这些不实的平面的空谈，拿来吓死老鼠都无用，打算骗哪个人呢？如果说这也是一种鼓吹，希望别一个人去实行，这种叫人家去放火，自己立在隔岸做指挥者，事成，居了功，事败，免得祸；这是什么心理？"

"现在有几个人，既不是过资本生活，又不做工银劳动，据他们的主张是'传播主义，维持生活'。在操行清洁的，未尝不像一个沿门托钵的苦行僧；只是借传播主义来维持生活，就活现一个择肥而噬的拆白党。依我个人当面接受到的口吻，公然有无论取到哪一个人底财货，就算是'光复'的。分明不是生产的劳动者，却把生产劳动者该说的话、该做的事也横领了来，掠夺的手段几乎驾在资本家之上；一面还要反对劳工专政。这又是什么心理呢？'你的就是我的，我的还是我的'，社会上为这些人下了这种标语，这正是克鲁泡特金《互助论》例外的人，更是托尔斯泰对他无抵抗的人物，尤其是马克斯阶级争斗史中变态的产儿。这几个人，常常自命为'万国政府所不容'，幸而资本主义底国家和政府存在，一般人因为正在起阶级仇视底思潮，不注意到这些少数变态的拆白党身上去，如果经济制度革了命，哪里有他们的立脚地！"

青年底误会

"教学者如扶醉人，扶得东来西又倒。"现代青年底误解，也和醉人一般。你说要鼓吹主义，他就迷信了主义底名词万能。你说要注重问题，他就想出许多不成问题的问题来讨论。你说要改造思想，他就说今后当注重哲学不要科学了。你说不可埋头读书把社会公共问题漠视了，他就终日奔走运动，把学问抛在九霄云外。你说婚姻要自由，他就专门把写情书、寻异性朋友做日常重要的功课。你说要打破偶像，他就连学行值得崇拜的良师益友也蔑视了。你说学生要有自动的精神，自治的能力，他就不守规律，不受训练了。你说现在的政治、法律不良，他就妄想废弃一切法律、政治。你说要脱离家庭压制，他就抛弃年老无依的母亲。你说要提倡社会主义、共产主义，他就悍然以为大家朋友应该养活他。你说青年要有自尊底精神，他就目空一切，妄自尊大，不受善言了。你说反对资本主义的剩余劳动，他就不尊重职务观念，连非资本主义的剩余劳动也要诅咒了。你说要尊重女子底人格，他就将女子当做神圣来崇拜。你说人是政治的动物，不能不理政治，他就拿学生团体底名义干与一切行政、司法事务。你说要主张书信秘密自由，他就公然拿这种自由做诱惑女学生底利器。长久这样误会下去，大家想想是青年底进步还是退步呢？

反抗舆论的勇气

　　舆论就是群众心理底表现，群众心理是盲目的，所以舆论也是盲目的。古今来这种盲目的舆论，合理的固然成就过事功，不合理的也造过许多罪恶。反抗舆论比造成舆论更重要而却更难。投合群众心理或激起群众恐慌的几句话，往往可以造成力量强大的舆论，至于公然反抗舆论便不是一件容易的事了。然而社会底进步或救出社会底危险，都需要有大胆反抗舆论的人，因为盲目的舆论大半是不合理的。此时中国底社会里正缺乏有公然大胆反抗舆论的勇气之人！

署名：独秀

《新青年》第九卷第二号

1921 年 6 月 1 日

答皆平（广东——科学思想）

（一九二一年六月一日）

皆平先生：

广东在政治上有责任的人都注重教育，至少也不反对教育，社会上空气稍差一点，然尚未到绝望的地步。说到科学思想，实在是一件悲观的事，我们中国人底脑子被几千年底文学、哲学闹得发昏，此时简直可以说没有科学的头脑和兴趣了。平常人不用说，就是习科学的人只是书架上放了几本科学书，书房里书桌上很少陈设着化学药品或机械工具。无论什么学校里都是国文、外国语、历史、地理底功课占了最大部分，出版界更是不用说了。更进一步说，不但中国，合全世界说，现在只应该专门研究科学，已经不是空谈哲学的时代了。西洋自苏格拉底以至杜威、罗素，印度自邬婆尼沙陀六师以至达哥尔，中国自老聃、孔丘以至康有为、章炳麟都是胡说乱讲，都是过去的梦话，今后我们对于学术思想的责任，只应该把人事物质一样一样地分析出不可动摇的事实来，我以为这就是科学，也可以说是哲学。若离开人事物质底分析而空谈什么形而上的哲学，想用这种玄杳的速成法来解决什么宇宙人生问题，简直是过去的迷梦，我们快醒了！试问人事物质而外，还有什么宇宙人生？听说朱谦之也颇力学，可惜头脑里为中国、印度的昏乱思想占领了，不知道用科学的方法研究人事物质底分析。他此时虽然出了家，而我敢说他出家不会长久。出家也好，在家也好，不用科学的方法从客观上潜心研究人事物质底分析，天天用冥想的方法从主观上来解决宇宙人生问题，亦终于造谣言说梦话而已。中国、印度古来诸大冥想家，谣言造了几千年，梦话说了几千年，他们告诉我们的宇宙人生底知识，比起近百余年的科学家来真是九牛之一毛，我们快醒了。此间编译局若成立，当然要注重科学书，但这还不是提倡科学的好法子，不但科学风尚未成，出书无人购阅，而书籍上的科学，还是文、哲学式的科学，去真科学还差一点。我以为造成科学底风尚，有四件事最要紧：一是在出版界鼓吹科学思想；二是在普通学校里强迫矫正重文史、轻理科底习惯；三是在高级学校里设立较高深的研究科学底机关；四是设立贩卖极普通的科学药品及工具，使人人得有研究科学之机会。这四件都是我们在广东正在要做的事。匆匆不及详答，乞恕。

独秀

《新青年》第九卷第二号

1921 年 6 月 1 日

告　劳　动

（一九二一年六月七日）

劳动诸君，你们的困苦你们自己都知道，不用我说了。你们的困苦也决不是枝枝节节可以解决的，现在要紧要奉告诸君的，就是各地方各行业之劳动都必须知道必须遵守的两条大义。

第一条大义是阶级的觉悟。粮食是诸君种的，衣服是诸君缝的，房屋是诸君盖的，矿山是诸君开的，一切车船机器无一不是诸君造的，全世界的东西都由诸君做成，全世界的权柄都应该归诸君执掌，现在诸君却为什么还这样困苦呢？诸君知道诸君的困苦是从那里得来的吗？不用说了，诸君的困苦是从诸君都是一个被雇的劳动而来的。土地机器房屋等生产工具都归资本家私人占有了，诸君要做工糊口，而没有土地机器房屋等工具，所以不得不把力气卖给资本家做他的雇工。资本家给雇工的工钱仅够糊口度命，其余大部分利益都归到资本家的荷包，因此资本家一天富似一天，劳动者一天穷似一天。诸君的困苦就是从这里来的。诸君想要免除困苦，非把资本家私有的土地机器房屋等生产工具改归劳动界大家公有不可。这件事却不是少数劳动者可以办得到的，并且不是一些主张不同方法不同各个自由奋斗的散漫团体可以办得到的。必须各行业各地方之劳动者都觉悟到：各行业的雇主资本家是一个阶级，各行业被雇的劳动者是一个阶级，这两个阶级的利害是永不相同的。资本家阶级组织了政府国会，有了这些权力，所以才能够压制劳动，所以才能够保护他们的私有财产，劳动者向来没有组织，不能团成一个阶级，所以显不出你们的威力，所以才永远是困苦的雇工。因此可以知道非把各地各行业的劳动者组织成一个阶级，决没有反抗组织强大的资本阶级的力量。没有反抗资本阶级的力量，决不能将资本家私有的生产工具夺归劳动界公有。生产工具不归劳动界公有，劳动者的困苦决不能免除，这就叫作阶级的觉悟。

　　第二条大意是革命手段。自古到今，所有的国家政府国会，都是贵族资本家中等社会为他们自己阶级的利益组织的，与劳动平民没有关系，所以劳动平民的困苦，他们向来不闻不问。这也怪不得他们，只怪劳动自己没有阶级觉悟，没有能力建设自己的国家政府国会，来解决自己的困苦。减少工作时间自然是劳动应该要求的，但时间虽然减少，若是工作上加增了繁重，仍和不曾减少时间一样。加增工钱自然也是劳动应该要求的，但物价跟着工价涨了起来，仍和不曾加增工钱一样。所以这等枝枝节节的要求，决不是免除劳动困苦之根本方法。免除困苦之唯一根本方法，只有各地各行的劳动都有了阶级觉悟，大家联合起来，用革命的手段去组织劳动阶级的国家政府国会省议会县议会去解决劳动自身的困苦。贵族资本家中等社会的国家政府国会省议会县议会，决不能解决劳动界困苦，劳动界决不可依赖他们，所可依赖的只有你们自己的劳动革命军。

署名：TS

《共产党》第五号

1921 年 6 月 7 日

随　感　录

（一九二一年七月一日）

卑之无甚高论

高论倘能救世，孔、孟之称仁说义早已把世界弄好了。

罗素离中国最后的演讲《中国人到自由之路》里面说，"中国最要紧的需要是爱国心底发达，而于有高等智识足为民意导师的尤为要紧。"这句话恐怕有许多高论家骂他不彻底，更要责备他和从前热心主张的世界主义反背了。我独以为这正是对中国人很适当的卑之无甚高论。他又说："希望在极短促的期间，把公精神分播到民间去，实是痴想。但是改革之初，需有一万彻底的人，愿冒自己生命的牺牲，去制驭政府，创兴实业，从新建设。"这句话恐怕有许多高论家骂他提倡少数人专政。我也以为这正是对中国人很适当的卑之无甚高论。

中国人民简直是一盘散沙，一堆蠢物，人人怀着狭隘的个人主义，完全没有公共心，坏的更是贪贿卖国，盗公肥私，这种人早已实行了不爱国主义，似不必再进以高论了。

一国中担任国家责任的人自然是越多越好，但是将这重大的责任胡乱放在毫无知识、毫无能力、毫无义务心的人们肩上，岂不是民族的自杀！中国此时不但全民政治是无用的高论，就是多数政治也是痴想；若照中国多数人底意思，还应该男子拖下辫子，女子包起小脚，吃鸦片，打麻雀，万事都由真命天子做主。这种事实决不是高论能够掩住使我们可以不承认的。

吴稚晖先生说："现在只好令列宁杀了我们，然后我们再杀列宁。"我想吴先生这种卑之无甚高论的论调，不专为老腐败而发，也并为一般自命为觉悟的青年而发。

可怜我们中国幼稚的产业和幼稚的教育逼迫着我不得不鼓起勇气说句实话："卑之无甚高论。"

我希望不愿意民族的自杀之人，勿闭起眼睛妄发不认事实自欺欺人的高论！

革命与制度

社会底进步不单是空发高论可以收效的，必须有一部分人真能指出现社会制度底弊病，用力量把旧制度推翻，同时用力量把新制度建设起来，社会才有进步。力量用得最剧烈的就是革命。革命不是别的，只是新旧制度交替底一种手段，倘革命后而没有新的制度出现，那只算是捣乱、争权利、土匪内乱，不配冒用革命这个神圣的名称。若说制度总不是好东西，不如根本革了他的命；这种高论或者有人以为如此才算彻底，其实旧制度正可借这种高论苟延残喘；因为凡是一种制度，都有他所以成立的理由和成立经过在历史上的势力，非有一种新的制度经过人们努力建设，成了舆论，成了法律，在事实上有代替他的势力，他是不会见了高论便自然消灭的；所以不切于实际需要的高论往往可以做旧制度底护身符，这种高论只算是低论罢了。

政治改造与政党改造

"人是政治的动物"，政治只可以改造变形，要说人类可以绝对不要政治，这话此时还没有证据。既然有政治便不能无政党，政党只可以改造，要说政治可以绝对不要政党，这话此时也还没有证据。无论是有产阶级的政党或无产阶级的共产党，凡是直接担负政治责任之团体，似乎都算是政党。一般人民虽然都有选举被选举权，但实际上被选举的究竟多是政党；一般人民虽然都有参与政治的权利，但实际上处理政务直接担负政治责任的究竟还是政党；所以政党不改造，政治决没有改造底希望。

有产阶级各政党底过去的成绩，造谣、倾陷、贿卖、假公肥私、争权夺利、颠倒是非、排斥异己，不分东方西方都在百步五十步之间。以这班狐群狗党担负政治的责任，政治岂有不腐败之理。有人说，在有产阶级的政治之下，由金力造成的政党，这种现象是必然的，是无法改造的，只有以共产党代替政党，才有改造政治底希望。我以为共产党底基础建筑在无产阶级上面，在理论上，自然要好过基础建筑在有产阶级上面用金力造成的政党；但是天下事"无征不信，不信民弗从"，旧政党底腐败诚然是信而有征，新的共产党究竟如何，全靠自己做出证据来才能够使人相信啊！

罗素在《中国人到自由之路》里说："改革之初，需有一万彻底的人，愿冒自己性命的牺牲，去制驭政府，创兴实业，从新建设。这类人又须诚实能干，不沾腐败习气，工作不倦，肯容纳西方的长处，而又不象欧美人做机械的奴隶。"又说："中国政治改革，决非几年之后就能形成西方的德谟克拉西。……要到这个程度，最好经过俄国共产党专政的阶级。因为求国民底智识快点普及，发达实业不染资本主义的色彩，俄国式的方法是唯一的道路了。"

罗素这两段话，或者是中国政党改造底一个大大的暗示。

政党是政治底母亲，政治是政党底产儿；我们与其大声疾呼："改造政治"，不如大声疾呼："改造政党"！

过渡与造桥

今人多言过渡时代，我以为这名词还不大妥，因为有个彼岸才用渡船渡过去，永续不断的宇宙人生，简直是看不见彼岸或竟实无彼岸的茫茫大海，我们生存在这大海中之一切努力，与其说是过渡，不如说是造桥。自古迄今人人不断的努力，都像是些工程师和小工在那里不断的造桥。这座桥虽然还没有完工的希望，或者永无完工的希望，但是从古到今已造成的部分却是可以行人，并非劳而无功。我们今后若是不想双脚蹈海，若是还想在桥上行走，只有接续前人工程努力造桥，使这桥一天长似一天，行人一天方便一天；不但天天要把未造的延长，而且时时要把已造的修整，不可妄想一劳永逸，更不应因一时不见彼岸而灰心。或者可以说，这桥渐渐造的又长又阔，能容大家行车跑马，又架上楼阁亭台，这桥便是彼岸，此外更无所谓彼岸。

署名：陈独秀

《新青年》第九卷第三号

1921 年 7 月 1 日

答张崧年
（英法共产党——中国改造）

（一九二一年七月一日）

申府先生：

不但革命事业非以生命来换不可，在这种邪恶的社会里，要想处处事事拿出良心来说实话办实事，也都非有以生命来换的精神不可。吴稚晖先生也说过，罗素谓此时俄人列宁等行事有些宗教性，此话诚然不差；但无论什么事若不带点宗教性，恐怕都不能成功。吴先生此话正和你的见解相同。

你说："生于东方的人，不能不仍希望东方。"我想正当的爱国心（我近来以为爱国心当分正当、不正当二种，正当的若朝鲜之抗日本，爱尔兰之抗英伦，不正当的若日本英伦之侵略政策）便是这样发生的。我因为说实话，惹了几个精神病患者大惊小怪，想不到你也看出中国改造非经过开明专制的程叙不可。其实名称其实的开明专制不是容易的事，我现在最可恶闭起眼睛说大话的人罗素对中国人临别赠语，开口便说中国人欠诚实，真是一针见血的逆耳忠言！关于欧洲近状，请月赐一信，在本志发表。

独秀

《新青年》第九卷第三号

1921 年 7 月 1 日

讨论无政府主义

（一九二一年八月一日）

陈独秀答区声白的信

声白先生：

在《群报》上看见你的来信，对于我的意见加以纠正，我很感谢。先生所见也有些和我不同的地方，兹条复如下：

（1）照先生的意见"在一个团体之内，有两派的意见，赞成的就可以执行，反对的就可退出，赞成的既不能强迫反对的一定做去，反对的也不能阻碍赞成的执行，这不是自由吗？"我现在要设一个例请问先生依无政府主义应如何办法：有一条大街，住户一百，内有数户的住屋，因公共利益的关系必须拆毁，而此数户的住民因为他们自己交通或职业或特别嗜好之关系，决计不愿迁移；这时候若不拆屋，那主张拆屋的多数人之自由在哪里？这时若竟拆屋，那不愿迁移的少数人之自由在哪里？无政府主义既不主张多数压服少数，更不主张少数压服多数，请问上列的这件事如何办法呢？

先生说"赞成的就可以执行，反对的就可退出"，我现在假定反对的不取消极的退出手段，而取积极的固执主张；两派的意见绝对不同而两派都不肯退出，请问先生，无论何种事业在这种状态之下，依无政府主义如何处置呢？若因为两派有重大的意见，并且由于两派的同意，退出一派，这种不幸的事，就是资本主义之下的生产或他种团体也是有的，并不须到了无政府时代才有这种妙法；但是我们要晓得这不是产业界的好现象，偶一为之，已经不妙，若是事无大小都要人人同意，那不肯同意的少数人，不肯牺牲自己的意见服从多数，除了退出无他办法，照这样常常纷乱起来，大规模的生产团体里，一日之内不知有多少事务，一日之内便不知有多少人退出，多少人加入，在事务和技术的经验上熟练上秩序上看起来，非闹到由停顿而破产不止，我所以说无政府主义完全不适用于经济方面。

再进一步讨论，我们的社会乃由许多生产团体结合而成，一团体内各人有各人的意见，人人同意已不易得；一社会内各团有各团的意见，人人同意更是绝对没有的事：一团内意见不同的份子还可以说自由退出，我不知道一社会内意见不同的份子或一团体，有何方法可以自由退出？

我们要明白，我们无论如何反对我们所生存的社会制度，在我们未曾用我们的力量把现存的制度推翻以前，我们仍旧必然为现存的我们所反对的社会制度所支配，除非自杀或是单独一人逃到深山穷谷没人迹的地方，绝对没有方法可以自由逃出；所以就是对于资本制度深恶痛绝的无政府党或社会党，在社会革命未成功以前，仍然是资本制度支配他们的生活，没有方法可以退出。因此我们应该觉悟，我们唯一的使命只有改革社会制度，否则什么个人的道德、新村运动，都必然是无效果的；因此我们应该觉悟，非个人逃出社会以外，决没有绝对的自由，决不能实现无政府主义。

先生反对个人的无政府主义，又反对无抵抗的无政府主义，我以为无政府主义已经由先生打得粉碎了。因为我不相信有人人同意及可以自由退出的社会；我更不能相信有不用强力及"绝对不赞成多数压服少数或少数压服多数的"抵抗的无政府主义。

（2）我所说"要绝对自由就不能联合，要联合就不能绝对自由"的道理，上面已经说过，因为联合无论大小，都要有一部分人牺牲自己的意见，才能够维持得比较的长久一点；若常常固执个人或小团体的绝对自由，自由退出，自由加入，东挪西变，仍是一堆散沙，这种散沙的现象，至少也不适宜于大规模的生产事业。先生举出两个自由组织的例，一个是救火，一个是五四运动，实在是妙想天开了。

先生要晓得救火是一桩偶然突发的事，他的目的极其简单；五四运动是一时的群众运动；若是拿这两个方法用在社会组织和生产事业，来证明无政府主义的自由联合，无政府主义真是破产了。人间社会是何等复杂，其间感情利害目的是何等纷歧，至于生产事业上时间的适应及分业的错综更是何等麻烦，拿一时突发的状况和群众运动的方法去处置，我以为是常识所不许。因为社会组织和生产事业，都必须有持续联合的方法，决不是一时乌合的勾当。

再进一步讨论，即以救火说，七手八脚的各人自由行动是否比有组织的救火会更为有效？五四运动发生之前，各校各班的学生是否有组织，组织时是否人人同意？五四运动发生以后跟着有许多必然要做的事，是否都是用毫无组织的群众运动做出来的？

五四运动后的学生联合是否人人同意，是否有多数同意用法律的形式惩罚少数不同意的事？由此可见先生所引的自由联合的例，纯然是用在偶然突发的事件和政治问题之群众运动，尚且不尽是自由联合；何况是重组织尚秩序关系复杂的经济方面、生产事业上，自由和联合更是不相容的了。

先生说："至于不顾社会的福利，只要个人有绝对的自由，这是个人的无政府主义者所主张，共产的无政府主义者所不敢赞同的。"这几句话我十分赞成，我希望先生认清了这个观念，切勿贪图超越这个观念以上的空想。但先生要注意，先生主张对于不顾社会福利的个人！或扩充至少数人甚至扩充至多数人！在先生仅仅是不承认他个人的自由，在他是个人受了多数人的压服了；先生若说因为他不顾社会的福利，他便说，自古受人压服的人都是被人说不顾社会福利呵！自古压服人的人都是说为了社会福利呵！先生既不赞成这种个人的无政府主义，但不知在先生眼中，不顾社会福利的少数人与不顾社会福利的个人有何分别？依先生所谓共产的无政府主义，对于这不顾社会福利的个人或少数人，一概予以自由，还是加以裁制呢？

（3）先生说："无政府党所不干涉的人，是善人不是恶人。"这句话我也十分赞成；不但无政府的社会，自古以来，无论如何专制暴君时代，也未曾订过一条法律要干涉善人；我们所以不赞成绝对的废除法律，也正为要干涉恶人；先生既不反对干涉恶人，可见也不是主张绝对废除人干涉人的法律，彼此意见相同，便不须讨论了。我们对于法律的观念，是由社会上有选举权的人多数意思，决定几条必要的法律，好维持社会上公共的安宁秩序。先生的法律观念，是临时的一种公众意见，这就叫做"自然法"。按自然法多由群众心理造成的，这种法却是万分危险。过于铜板铁铸的法律不适应社会的需要，这种法律当然要修改，但不能拿这个做绝对废除法律的理由；至于先生所谓随时变更的公意，却实在不敢领教了。第一，我们实在没有这种预知的天才能够适合随时变更的公意而不违背；第二，随时变更的公意完全是群众心理造成的，这种公意有时固然能为善，有时也能作恶；五四运动我们固然可以说是善的，但义和拳和荷兰市民迫害斯宾挪萨，巴黎市民杀死柔勒以及欧洲中古虐杀异教徒，像这类群众心理所造成的公愤，未见得常加于社会上的恶人。若照先生主张用这种盲目的群众心理所造成之随时变更的公意来代替法律，实在要造成一个可恐怖的社会，先生还说是康庄大道，还说是除了盲目的人断不至撞得头破额裂，我们实在不敢附和。

署名：陈独秀

《新青年》第九卷第四号

1921 年 8 月 1 日

陈独秀再答区声白书

声白先生：

前天在《群报》上看见你的答复；现在再略陈鄙意如下：

1. 先生不赞成个人绝对的自由，我很佩服你的见解比别的无政府党好得多（我在《广州晨报》上见过几篇文章，一面说他们是共产的无政府主义不是个人的无政府主义，个人无政府主义他们曾反对过；一面却口口声声说："我们主张极端自由，不是多得少得"，"我们既赞成安那其，而要求绝对自由。"），但是先生所主张对于这种个人主义的顽固派之办法，我却有点怀疑：一、你说施以善良教育，达到无政府共产实现的时候，一定很少很少；我请问照你的说法，善良教育未普遍以前无政府主义是不能实现的了，那末，在私产政府之下有何法何人施行普遍的善良教育呢？这才真叫做走途无路了！二、你说假使遇了这种人，我们准可用诚恳的态度把正当的理由告诉他；我请问照这样告诉他，他仍然固执，那便怎么样呢？即以你对岭南学生而论，你总用过诚恳的态度把正当的理由告诉他们，效果如何呢？先生说："便甘与群众为敌，虽为众人屏斥亦奚足惜。""不顾公共利益的个人自由，是自由的大敌。""既志愿而为一群，则必共守信约。"这些话我们都很以为然，因为若不共守信约屏斥一群之敌，便不能保这群底组织及利益。换一句话说，信约既定之后，我们便不能容认不顾公共利益的少数人有"主张极端自由"、"要求绝对自由"之余地了。先生所谓信约，也可以说就是法律，不过是名称不同。但先生说信约是共同订定的，法律是几个人订定的，这种全称肯定，在逻辑上殊欠妥当。因为自来共同信约不见得尽是全体共同意思，并且有时还是一二人煽动群众盲行的；反之，自来法律底实质多半根据在全社会的习惯及心理底基础上面，至于成立法律底手续，几个人订定法律底时代，不用说欧美，就是中国和日本也过去数十年了。

2. 天下事始而赞成继而反对始而愿意继而不愿意的情况很多，爱情的夫妇还有决裂离异的时候，何况别的事。先生说："既然能合起来做事，焉有不履行信约的"。我便问你：若是不履行信约，怎么办？若是取退出的办法，那末，一个家庭一个学校一个工厂还可以退出，试问社会如何退出？

3. 在这一段，先生和我的意见不甚相差，便不必讨论了。但先生要注意的，我们还以为工团派的组织不适于革命；然在无政府主义看起来，工团派已不免有权力集中的倾向，其实权力集中是革命的手段中必要条件。

4. 先生一方面不赞成个人的无政府主义，一方面又赞成人人同意及人人可以自由退出的社会；一方面不赞成无抵抗的无政府主义，一方面又赞成不以多数压服少数的社会；请先生自己想想矛盾不矛盾，一切无政府主义都已经打碎了没有？人人可以自由退出社会，这是何等极端的个人主义！抵抗主义中是否含有压服多数人或少数人的意思（我原文是"我更不能相信有不用强力及绝对不赞成多数压服少数或少数压服多数的抵抗的无政府主义"）？先生改为"不相信绝对不赞成多数压服少数或少数压服多数的无政府主义"，删去"抵抗的"三字，语意大不相同，请再细心看一下。

反乎自由的事三种：（甲）一阶级无理的压迫他阶级，一个人无理的压迫他个人，好像资本家之于劳动者男子之于妇女，这种无论在精神上物质上都是不应该有的；（乙）为一群或一团体之意见无法一致，而又当不能分裂或不宜分裂的境况，不得已只有少数服从多数的办法；（丙）为社会公共利害不得不压服少数顽固派，甚至于有时还要压服多数的顽固派。我们所讨论的是（乙）（丙）两种，我在女子师范演说的是（甲）种，先生如何并为一谈呢？自由平等虽是好名词，但不可当做万应丸到处乱用呵！譬如资本家之自由也是先生所不承认的了。

先生所引克鲁泡特金的两段话，仅是说明"联合"之可能，未曾说明"联合而且自由"之可能。欧美各国间在资本家管理之下大规模的生产联合很多，试问其中办事都须得人人同意的吗？都是自由而无强制执行的事件吗？倘然能够这样，便不必无政府主义，就是资本主义也足令先生讴歌崇拜了！

5. 法律底作用在消极的制止，我们未曾主张并且自古也少有订一条法律积极的要人做一件什么事。广东有两个学生会，是好的现象吗？这正是自由便不能联合底好例，多谢先生举出。一切社会一切生产机关如果都像广州学生会那样不同意便自由分裂，大团结大联合如何能成立呢？可见一方面主张人人同意及自由，一方面又说主张大团结大联合，直是自欺欺人！

6. 先生说人人都有廉耻，受人驱逐的必定走，我要请问：倘若他不顾廉耻坚不肯去，怎么办？我还要请问：驱逐他到什么地方？

7. 契约是各团体一部分人的私约，法律是全社会众人底公约，范围作用都大不相同。在社会学上，团体、群众、社会这三样大有分别，万万不可以混同。各团体内虽有自由契约的裁制，而无关系之各团体间及个人之于其他团体抵触时，法律的需要便发生了。法律的大作用只是保护社会公共的安宁利益及裁制侵犯他人法律上的自由。至于他的名称，叫做法律叫做公约叫做契约都没有什么大不可。借法律侵害善人，执法者不守法律，法律本身都不受过；凡是这等弊病，就是公约契约都不能免。因北京政府的法律之无价值，便可以推定现在及将来各国底法律都无价值吗？因为法律不是万能的便可以绝对废除吗？世界上凡不是万能的东西都应当绝对废除吗？无政府主义万能吗？科学万能吗？教育万能吗？世界上何物万能？

8.有群众便有群众心理，并不是古代或宗教时代特殊的现象。法人杀死柔勒及五四运动和宗教迷信有什么关系呢？群众心理都是盲目的，无论怎样大的科学家，一旦置身群众，便失了理性，这是心理学说及我们眼见的许多事实可以证明的。用一二人可以利用的群众心理一时感情所造成之公众意见，来代替那经过长久时间理性的讨论及多数议决之法律，不能说不是无政府主义最大的缺点之一。

署名：陈独秀

《新青年》第九卷第四号

1921年8月1日

陈独秀三答区声白书

声白先生：

你在《民声》上答复我的话，越说越支离了，不能不再详明告诉你一次。

1.这段里面，有一句原文为"在私产政府之下有何法何人施行普遍的善良教育呢？"《群报》上脱了"普遍的"三字。我的意思是：在私产制度之下的教育，无论倚靠政府不倚靠政府，全体，至少也是百分之九十九有意或无意维持资产阶级底势力及习惯，想在这种社会状况之下实现善良教育而且是普遍的，我想无人能够相信。蔡元培、陈独秀、胡适之在北京所办的教育即或假定是善良的，然要靠这一点星星之火，慢慢地达到你所说"这种个人主义的顽固派，施之以善良教育，达到无政府共产实现的时候，一定很少很少"的状况，真是河清难俟了。

据你的话，可见善良教育未曾普遍以前，这种个人主义的顽固派一定很多很多，试问你如何处置他，这便未免是实行无政府主义的大障碍了。如此看来，请你还是快去努力施行善良教育，且慢谈无政府主义。你说，"假使善良教育还没有普遍，我们对于不良的份子，就要请他去受善良的教育；因为用教育来训练他，使他悔改，使他觉悟，总比用法律惩治好得多。"你这种说话和孔子"道之以政，齐之以刑，民免而无耻"的意思相近，但孔子还不过是说政刑之效不及德礼，并不曾主张绝对废止政刑；因为维持社会底方法不限于一端，政刑教化用各有当，不可偏废；我们也相信教育的功效好过法律，我们且相信教育是改良社会底最后最好的工具，但不能迷信教育万能更不能妄说教育的力量还未灭尽恶人以前即可以教育代替法律，因为若有许多许多个人主义的顽固派一定不肯去受善良教育，请问你又如何办？我想你们无政府党又要说我："是以现世的头脑去考虑进化的无政府社会；以现世的眼光去观察无政府社会，他所预防的弊病——不可能的证据，完全是被现世的景象骇昏了所致。"这几句话正是你们无政府主义者致命的病根底病根所在。我只简单请问：你们所说进化的无政府社会，是用人力从这现世的万恶社会渐渐改造出来的，还是用符咒把现世的社会沉到海底突然另外现出一个崭新的无政府社会和现世的景象没有连续的关系呢？办教育不必倚靠政府，现时资本家私立学校都做得到，这并不待无政府党底指教。你所谓"人民的责任"，请问这人民若兼指资本阶级，他们的教育可会有真是善良的一日？这人民若单指无政府党社会党，善良的教育一时又何能普遍？

2. 我问你在岭南的效果如何，不过希望你实地感觉"用诚恳的态度把正当的理由告诉他"，不见得人人都肯听从，因此可以悟得有时不得不用势禁以济理喻之穷（能理喻自然更好），并不是劝你以武力强迫怒目相视对待岭南学生。岭南学生对于你诚恳的传播主义反对宗教等说话果有感情果然相信吗？这件事何、刘、陈诸君都知道，说谎话是最可耻的事呵！

3. 自狭义的契约说起来，和法律底范围作用都大不相同，前函已说过，你何以未看清楚？但自广义说起来，法律也可以说是一种契约，有人称法律是社会的契约（或称民约），前函所以说："法律是全社会众人底公约"，可说："至于他的名称，叫做法律叫做公约叫做契约都没有什么大不可。"你所说的契约和法律底不同，更足证明法律底必要；因为若无国家最高权力所制定统一的法律以为各个人各团体间契约底标准及监督，便必然会发生两个弊病：第一是没有监督无以制裁违背契约底责任者；第二是没有标准无以制裁侵害甲种人权利的乙种人底契约发生。救济这第二个弊病，正是近代发达的国家制定进化的统一的法律之大功，这种法律进化的大功在我们人类进化历史的过程上是断然不应该蔑视的。古代各部落各地方有种种不同的生活状况和信仰习惯，遂有种种不同的法律，因此遂发生种种冲突种种战争，后来因为国家进化法律进化，这种部落的法律地方的法律含有地方性的国家法律渐渐消灭，国内的冲突战争也跟随着渐渐减少；所以近来颇有人主张建设统一世界的大国家，订立更进化的更统一的有强制力的国际法律（现有的国际法因为非国家最高权力所制

定，设〔没〕有强制力，所以无效），好渐渐消灭国界消灭国际
战争；我们应该承认这个理想是进化的，而且不是不可能的。我
们真想不到你们竟然生今之世反古之道，竟然以为全国统一的法
律不好，竟然主张使各地方及各团体自行订定自由契约！难怪有
人说无政府主义是退化的学说，因为照他的主张实行起来，在经
济上必然要回复到手工业时代，在政治上必然要回复到部落时
代。即让一步，依你所说国家所订定违反各地方的习惯心理强制
各地方一体遵守的统一法律不好，要依各地方的习惯心理自行订
定自由契约才对；我们现在要研究的，第一是这种地方自行订定
的契约底性质，第二是他的效能。第一关于性质方面的研究：
（一）请问你既然力说法律和契约不同，为什么称国家订定的是
法律，各地方自行订定的是契约？（二）你若说有制裁力使人必
须遵守的才是法律，我们真不明白任人不必遵守的契约是一种什
么东西？（三）若说国家统一的法律是不能尽合各地方的习惯心
理的，我请问，各地方内各村落各团体各个人间底习惯心理是否
都是一样？（四）若以是否经过同意分别法律和契约底不同；代
议制是你们不赞成的，那末，个人间团体间的契约还容易经过人
人直接的同意，若地方的契约（其实就是地方的法律）要经过
人人直接的同意岂是容易的事？（五）即令可以经过人人直接的
同意，试问又如何经过定契约时还未曾出世之人的同意？（六）
即说不避麻烦，凡在一个地方范围以内有一个新出世的人都要征
求他的同意通过一次，那末对于还不会说话的儿童如何征求他的
同意？（七）如果不经过他的同意，别的契约不用说，关于儿童
直接身受的童儿规约，是否也和你所谓只有一方面创制权的法律
相同？（八）若说契约底同意权应以相当的年龄为限，现象怪极

了；因为你们主张对于未出世的人还不能剥夺他的同意权，试问为什么已出世的人反来要到相当年龄才有同意权，这种规定年龄的契约又是不是只有一方面的创制权呢？第二关于效能方面的研究：（一）在无政府社会里，倘有一地方一团体自行订定契约准许吸鸦片烟或赌博，别的地方别的团体对于这种自由契约底效能怎么样？（二）在无政府社会里，倘有一地方一团体自行订定契约拥戴出一个皇帝或选举出一个总统，别的地方别的团体对于这种自由契约底效能怎么样？（三）倘有一地方一团体自行订定契约有损于他地方他团体底利益或有害于他地方他团体，他地方他团体对于这种自由契约底效能怎么样？照以上两层研究，在性质方面，你所说的地方的契约，实质上就是地方的法律，无论他是否好过你所谓全国死板板的法律，这是地方法和统一法良否比较的问题，不是根本上法律应否存在的问题，你拿他来否认法律，算是文不对题；在效能方面，正赖有国家最高权力所制定统一的法律，以为各个人各团体各地方契约底标准及监督，才可以维持各种契约底效能。你说立法权是放在几个代议士手中，不在人民全体；请问瑞士及美国都有全民直接投票的创制权，是否立法权都放在几个代议士手中？请问你们所急于实现的无政府制度，是否必须得人民全体底同意？代议制度是永远不能废掉的，你何所证明代议制度在二十世纪已经破产，真是跟着一般浅见的人瞎说！不但没有可以容纳全世界人全国人全省人全城人开会的会场，就是全民投票也不是常常可以举行的事。全国交通开会议时，若全体人员到会，岂不因之交通断绝？又如你们若开全世界无政府党大会，果能全体党员列席吗？所以除了用代议制度没有办法。你有何种理由可以举出一个中国和日本底治安警察法，便全称肯定所有政府制定的法律都不是保护人民的？你说："法律是没有经过守法的人同意，如果法律有经过守法人的同意，为什么守法人未出世以前，法律已先他而存在？"你主张全体同意竟极端到这样可笑，我且问你：你们所急于实现的无政府制度，是否必须一一得到未出世人的同意，是否不许无政府制度先他而存在？你倘没有充分的理由回答我，我便不能不可怜你脑筋坏了！

4. 你说，现在之不顾廉耻，甘犯众怒者，皆因私产制度迫之使然，到了共产之世，这种人当可绝迹。我说：这种人不绝迹如何能够到真正共产之世。我再正告你一次：共产之世仍旧是我们这万恶的私产之世渐渐改造出来的，并不是用符咒把这腐败的旧私产之世沉到海底，突然另外现出一个新的共产之世与旧的私产之世没有连续的关系呵；你说：如果他一定要甘与社会的幸福为敌，极其量我们就用对待资本家的手段对待他便了。我们不知道你所说对待资本家的手段是什么？用手枪炸弹对待他，未免小题大做了；用刑法制裁他，你们是反对刑法的；没收他的财产，那时已无私产了；剥夺他的选举权，你们是反对代议制度的；用诚恳的态度劝告他，他是不听的；拉他到学校去受善良教育，他是不肯去的；送他去到远方，未免是以邻为壑；终是没有办法，只好任他为恶而已。你所说的乃是合一群人而有一种共同的目的共同的契约，不论人数之多少，都可以叫做一个社会，这是团体不是社会，你是学哲学的人，难道团体与社会还分不清楚吗？一个社会里可以包含许多团体许多机关，社会和单一的有界限的家庭学校工厂学会党派等团体不同，也正和单一的有界限的监狱等机关不同，所以不能退出。若但是退出这个社会，跑到远方，远方那里也有社会；除非跑到空山无人的地方或是自杀，才算是退出了社会。

5. 你只看见第二十七条①自由自治等合味的名词，你可曾注意到第三条加入底限制及课各团体底义务？又可曾注意到第四条所说"本总联合会由一个国民委员会支配之"？又可曾注意到第五条所说：管理委员会是由国民委员会指命的，各团体间底冲突是由管理委员会裁判的？又可曾注意到第九条所说"国民委员会实行各国民大会底决议干涉关于劳动者阶级的一切问题，决议一般性质的一切问题"？这是不是有一点权力集中的倾向？我们正因为他仅仅只有一点权力集中的倾向，而犹迷信各团体底自由自治，未能完全权力集中，所以不适于革命。劳动团体底权力不集中，想和资本阶级对抗尚且不能，慢说是推倒资本阶级了；因为权力不集中各团体自由自治起来，不但势力散漫不雄厚，并且要中资本阶级离间利用和各个击破的毒计，我所以说：权力集中是革命的手段中必要条件。

6. 我原来知道你不是相信 Stirner 派个人无政府主义的，但你却是相信人人同意人人可以自由退出社会这种思想仍旧建筑在个人的自由权上面，系〔像〕这样一面赞成社会的联合一面又主张个人的自由之矛盾思想，不但是你，克鲁泡特金正是如此；我看还是 Stirner 反社会的思想彻底得多圆满得多，因为有了社会的组织，个人的自由便要减削，社会的组织越庞大越复杂，个人自由减削的分量越多。我原来知道你也不是相信 Toktoi 无抵抗的无政府主义的，但你却是相信不以多数压服少数的；像这样矛

①　指法国《劳动总联合会会章》条文。

盾思想，不但是你，克鲁泡特金正是如此；我看还是 Toktoi 无抵抗的思想彻底得多圆满得多，因为抵抗便需要强力，便会发生多数压服少数，甚至于少数压服多数的事；例如主张无政府共产革命的人，在一个社会里无论是多数或是少数，当然要抵抗资本阶级，当然要压服了少数或多数顽强拥护政府及私有制度的资本阶级，然后无政府共产社会才能够现实的。假定我如果相信无政府主义；我宁肯相信斯悌纳和托尔斯泰而不相信克鲁泡特金；因为斯悌纳否认社会的组织，在理论上才算得把个人自由底障碍根本除去了；托尔斯泰看穿了抵抗、强力、政府、国家、法律、军队，这些事是必然相因而至的东西，他又看穿了个人的自由在农业手工业时代多过机械工业时代，大交通大工业越发达，法律的强制力之需要也跟着发达，个人的自由遂跟着减削，所以他极力反对工业交通等一切物质文明。这两人底学说思想是否向着人类历史进行的线路逆行，这是另一问题，可是他们的学说思想都是一贯的而不自相矛盾，才是真的无政府主义。至于克鲁泡特金，一面迷信个人的自由，一面又赞成社会的组织；一面提倡大规模的交通工业，一面又主张人人同意权及人人自由退出社会；一面主张抵抗的革命的行动，一面又反对强力反对以多数压服少数；这种矛盾的学说，不但不是真的无政府主义，并实在没有什么存在的价值。你若真相信无政府主义，我劝你还是相信斯悌纳和托尔斯泰才对，因为要实行无政府主义，只有求教于反社会的个人主义及无抵抗主义；若离开了个人主义和无抵抗主义那强力、政治、法律等，一切抑制个人或团体自由的事便必然不免，所以克鲁泡特金的无政府共产主义已百孔千疮的露出破绽来了。我所以说你若是反对个人的无政府主义和无抵抗的无政府主义，便是把无政府主义打得粉碎。

7. 抵抗必须强力，只这一点已经使你们克鲁泡特金的无政府主义露出很大的破绽。你现在说抵抗和压服完全不同，并举朝鲜独立及夺回贼赃为例；请看朝鲜已经抵抗了日本几次，若不由抵抗达到压服日本的程度，日本如何肯让他独立？你若不能压服盗贼，哪能夺回自己的东西？你既然不敢附和"以暴易〔暴〕的办法"，那末，将来推倒资本阶级以后，你们无政府党一定反对以资本阶级压服劳动的办法压服资本家了，难怪有人说无政府党是资本阶级底好朋友！

8. 我在女师底演说是："我的意思以为物质上的生活，能够做到平等自由，便是正当的人生，因为人人都是人类不应该受他人的压迫"。这几句话分明是指物质的生活上普通事项而言，前函已分析说明这是属于反乎自由的（甲）类，是指一阶级无理的压迫他阶级，一个人无理的压迫他个人，好像资本家之于劳动者男子之于妇女，并且珍重告诉你，现在讨论的是（乙）（丙）两种，女师底演说是（甲）种，言非一端，义各有当，你如何仍旧并为一谈？政治上革命者压服顽固党，教育上教育者压服受教育者，和物质的生活上人人不应受无理的压迫，试问有何冲突？在一群之内，人人能为社会公共利益牺牲自己的意见以就他人，那自然极好；我所问你的是：若在一群之内处于万万不宜分裂的境况，而少数的顽固党对于一个关系一群存亡的问题，坚不肯为社会公共利益牺牲私见以就他人，拉他去受善良教育，不但他不肯去，而且也来不及了，请问此时除了压服他以外，还有什么别的好方法？有史以来革命成功的，无一不是少数人压服了多数人，你有何种证据断定社会上若有多数的顽固派，则社会革命不能成功？又有何种证据断定社会革命后没有多数的顽固派？俄国底十月革命是不是少数人的运动？现在他革命以后，在国民全体上看起来，是不是顽固派仍居多数？我们中国倘有一万万人献身社会革命运动，你想能否成功呢？你是否反对以一万万人压服三万万人呢？

9. 你这一段话我大部分莫明其妙，所说的比方，我想多数读者也都莫明其妙。我并未曾说你说过惟资本家方能够联合，我只说："倘然能够这样（即指资本家的产业联合而自由而人人同意而无强制执行的事），便不必无政府主义，就是资本主义也足令先生讴歌崇拜了"！我曾问你：克鲁泡特金的两段话仅是说明"联合"之可能，未曾说明"联合而且自由"之可能；欧美各国间在资本家管理之下大规模的生产联合很多，试问其中办事都须得人人同意吗？都是自由而无强制执行的事件吗？你既然理屈词穷，最好是一字不答；我真想不到你竟然说出："既以自由契约而联合，便可依照自由契约而行使他的自由，这是人人都晓得的"，这样可怜的含糊搪塞的话来，将我问的资本家生产联合里办事是否人人同意及有无强制执行等话，一字未答；并且你自己硬说这种联合有联合之可能，便可以不必再行讨论了。你虽不敢再行讨论，我还是要再行讨论；我还是要严重的问你：资本家生产联合里办事，是否有须得人人同意的自由及无强制执行的自由？倘能够这样自由，便不必无政府主义，就是资本主义也足令你讴歌崇拜了；倘不能够这样自由，这种联合而不自由的自由联合（近代资本主义之下，自由贸易、自由竞争、自由投资、自由契约、自由联合，都是资本家底不法自由，资本家产业联合是自由的，联合起来办事的条规是不能自由的），在你引来证明你

"自由之与联合绝对没有冲突"的主张上，试问有何意义？在雇佣制度的资本主义之下，劳动者用去劳力的最大部分是替资本家做工，不但可以解辞职务，就是怠工罢工都是合理的；在共产主义时代，劳动者完全是替社会和自己做工，不但无正当理由不应该自由退出，并且怠工罢工都应该受相当的制裁；你们倘不能了解这个道理，你们倘以为这样不自由的办法比现在雇佣制度资本主义的罪恶还深，你们还是去跪在资本主义脚下享受那奴隶的自由罢！

10. 广州两个学生会现在已经联合起来没有，不是我们要讨论的问题，我们所讨论的问题如是：一切社会一切生产机关一切交通机关，如果都像广州学生会那样不同意便自由分裂，分裂之后不同意再分裂，分之又分至于个人而后止，如此小团结小联合都不成，大团结大联合更怎能够成立呢？即令广州两个学生会已经联合拢来了，这因为他是学生会还不碍事，倘若是生产机关或交通机关，那分裂到再联合起来期间的紊乱损失，谅无人能够否认。我们并非有意反对人人同意自由联合的理想，乃因为这理想在许多事实上分明是不可能的，为大团结大联合的目的计，不得不承认有强制那不合理的不同意部分服从那合理的部分之必要。这种情实和军国主义帝国主义的侵略邻国及陆荣廷之掠夺广东远非一类，何得举以为喻？

11. 社会和团体不同，不是单一的，不是有界限的，不是有门可闭的，抬出和他有关系的人之团体外头，还是不曾离开我们的社会；若说送到远方，把这种（常不尽责任而且常侵犯他人自由的）人送到远方底社会，岂不是以邻为壑吗？

12. 个人与个人间的契约，尚可望拿道德名誉信用来维持，有许多人不顾名誉道德信用，还是有法律制裁的必要；至于各团体间及个人与其他团体有冲突时，这便复杂了，便非道德名誉信用所可维持的了。找第三者排解，这本是现在的社会中常有的事，正为有恃强欺弱的人不容排解，所以才有法律制裁的必要。照你说："我们就可联合起来干涉他像协约国之对待德国一样。"那末，你虽反对法律的制裁，却很赞成武力的制裁了；因为协约国若不用武力，如何能干涉德国？你说："将来各地方各团体之联合，也如协约国一样，不必要有一中央统治机关来干涉他的；所以不必要一国压服那一国，一地方压服那一地方。"我对你这段话有三个疑问：（1）协约国果然未曾压服那一国吗？（2）协约国之上倘然有一个中央统治机关——强有力的中央统治机关，国际的强弱吞噬纷争岂不可以减少一点吗？（3）将来各地方各团体之联合，果然也和协约国一样吗？将来政治上的自由联合，你举协约国为榜样；将来经济上的自由联合，你引克鲁泡特金所举欧美资本家的共同企业为榜样；恐怕有人听了你这些说话，会以为无政府的自由社会已经在欧美各国实现出来了。

　　13. 可以利用群众心理的一二人，乃是置身群众之外，有自动的意识来利用群众之野心家；大的科学家一旦置身群众中，个人的意识为群众心理所压迫，往往失了理性，被动的无意识的随着群众走，所以不能利用群众；请问这有何矛盾？我们始终所讨论的，是法律可不可以绝对废除的问题，不是法律有没有万能的问题，这一层你要弄清楚。固定的事，自由契约的力量能维持，那自然无问题；现在的问题，乃是自由契约的力量不能维持时如何办？我对于绝对废除法律的疑问就在这一点。一时的事，或为法律条文未备的，或法律条文已与现社会生活状况不相应而一时未及修改的，也不是绝对没有就公众意见来解决的先例。但这种公众的意见，非万不得已断然不可以轻用，其理由有三：（一）是因为公众究竟是什么？有何标准范围？（二）是因为所谓公众的意见，是否野心家在那里利用群众心理？（三）是因为多数知识浅的人所发真的公众意见，是否合乎其是非也是一个问题。拿这种惝恍迷离不负责任的公众意见偶然来补助法律，已经是非常的革命的现象了，倘拿他来代替有固定性的比较可信的法律，真是大错而特错。天下事虽是千变万化，法律也是进化的不是一成不变的；定法律的人虽没有预想的天才，但他也不能禁止后人以相当的手续加以修改的。未经相当的手续修改以前，法律自然是应该死板板的不能更改，这种死板板的因〔固〕定性正是法律的好处；倘毫无固定性，随时都可以由人民自己修改，所谓人民到底是些什么人多少人，如此野心家烂仔都可随时以人民的名义修改于自己不便的法律，无政府党主张以公众的意见代替法律之大缺点正在此处，你如何反说这是无政府主义最定〔完〕美的地方。

在以上讨论的范围以外，有二点不得不附告读者：

（一）声白虽相信无政府主义，却也极力赞成阶级战争和革命的行动；现在和我讨论的大半是远的将来社会组织问题和终极的法律存废问题，若劳农俄国现行制度，他也认为革命时代过渡时代之自然现象，并不加以非难。（二）声白底思想是信仰克鲁泡特金的，不是中国式的无政府主义，所以什么虚无主义无抵抗主义个人的无政府主义，他一概反对；他的行为算得是一个纯洁的青年，绝不像一班"下品的无政府党"，我很为中国无政府党可惜少有声白这样的人！

署名：陈独秀

《新青年》第九卷第四号

1921 年 8 月 1 日

答蔡和森
（马克思学说与中国无产阶级）

（一九二一年八月一日）

和森先生：

我前几天回到上海才见着你的信，所以久未答复，实在抱歉之至。来信所说的问题甚大，现在只能简单说一说我的私见。

尊论所谓"综合革命说与进化说"，固然是马克思主义的骨髓，也正是有些人对于马克思主义怀疑的一个最大的要害。怀疑的地方就是：马克思一面主张人为的革命说，一面又主张唯物史观，类乎一种自然进化说，这两说不免自相矛盾。鄙意以为唯物史观是研究过去历史之经济的说明，主张革命是我们创造将来历史之最努力最有效的方法，二者似乎有点不同。唯物史观固然含着有自然进化的意义，但是他的要义并不只此，我以为唯物史观底要义是告诉我们：历史上一切制度底变化是随着经济制度底变化而变化的。我们因为这个要义底指示，在创造将来的历史上，得了三个教训：（一）一种经济制度要崩坏时，其他制度也必然要跟着崩坏，是不能用人力来保守的；（二）我们对于改造社会底主张，不可蔑视现社会经济的事实；（三）我们改造社会应当首先从改造经济制度入手。在第（一）、（二）教训里面，我们固然不能忘了自然进化的法则，然同时我们也不能忘了人类确有利用自然法则来征服自然的事实，所以我们在第（三）教训内可以学得创造历史之最有效最根本的方法，即经济制度的革命。照我这样解释，马克思主义并没有什么矛盾。若是把唯物史观看做一种挨板的自然进化说，那末，马克思主义便成了完全机械论的哲学，不仅是对于历史之经济的说明了，先生以为如何？此理说来甚长，我这不过是最简单的解释，很盼望赞成或反对马克思主义的人加以详细的讨论。

独秀

《新青年》第九卷第四号

1921 年 8 月 1 日

太平洋会议与太平洋弱小民族

（一九二一年九月一日）

  我们社会主义者，往往不甚觉察列强对于被掠夺的各地之苛酷，常一再加以压迫而不休，其实若谓'非列强'的民族之独立，全靠列强间不和而保存，良非过言。华盛顿会议底危机，即列强间苟能妥协，则中国或将被列强分割而压迫，或不被分割而受列强共同的压迫。诚然中国代表亦将列席于华盛顿会议，但在巴黎和会，中国未尝无代表，其结果曾何益于中国？中国不签约曾何补于他土地底丧失？

罗素先生对英国 Labour Leader 记者说的几句话，竟然唤不醒我们中国人底迷梦，实在可怜极了！

我们中国人尤其是知识阶级尤其是美国留学生，对于华盛顿太平洋会议，有两个唤不醒的迷梦：（一）他们以为此次华盛顿会议是中国免除外患千载一时的机会，列强至少美国必然主张正义人道帮助中国抵抗日本。（二）他们以为此次华盛顿会议，倘列强不能妥协，冲突起来，限制军备案不能成立，太平洋诸问题不得解决，不但是太平洋沿岸弱小民族底不幸，简直是世界和平底不幸。

　　在这资本私有制度所必然产生的帝国主义时代，哪一个不是藉口自由竞争实行弱肉强食，除非列强他们自己抛弃殖民政策，毁坏他们自己的商业，他们如何能够主张正义人道来帮助弱小民族，所以我们中国人第一个迷梦，可以说是"与虎谋皮"了。至于第二个梦，那太平洋会议底结果必和中国人梦中的说话恰正相反；因为列强间若是自起冲突，相互破坏个干净，这时候太平洋沿岸被他们压迫的弱小民族才有解放之一日；若是他们互相妥协了，则太平洋沿岸弱小民族如中国人、朝鲜人、西伯里亚人，不但没有解放的希望，被压迫的程度将比从前更甚，尤其是中国若不急谋剧烈的反抗，迟早不免要受列强分管或共管的运命。所以太平洋会议列强若是冲突而破裂，正是太平洋弱小民族底幸事，如何反说是不幸呢？中国人这种观察完全错误，我所以说那太平洋会议底结果必和中国人梦中的说话恰正相反。

　　若有人不相信我的说话，检查一下太平洋会议底来源及召集会议底最近动机，便明白这会议底性质了。

　　此次太平洋会议远的来源就是英日同盟，这英日同盟底作用，其初乃是英日合力排除俄国在华底势力；其后乃是英日合力排除德国在华底势力。在日俄战争以前，中国北方在俄国掌握之中，南方在英国势力之下，日本初兴想来中国得好处，必须北破俄或南破英，否则不能插足，在日本当日联俄破英图中国南部，或联英破俄图中国北部，本无成见，和英国商议盟约同时也有密使在俄谈判，只因英国外交手腕敏捷些，英日同盟成立，俄国便败于日本；倘当日俄日同盟成立，形势便和现状不同了。日俄战后，日本乃代替俄国底地位，和英国一北一南半分了中国。这时新兴的德国忽来插足山东，北日南英都同时戒严，英日都要巩固他们在华的势力，所以不得不续盟。现在俄德虽然没有力量损害英日在华的权利，然英国仍然依赖日本帮他压迫印度，日本也要依赖英国帮他抵制美国，所以第三次盟约本年虽要满期，英日都还有续盟的必要；但是美国、坎拿大、澳洲都极力反对英日续盟，英国此时固然不愿意开罪美国，至于坎拿大和澳洲底反对更足制英国底死命，英国处在两难，因此只有希望在华盛顿太平洋会议解决之一法，所以太平洋会议有表面上虽由美国发起，内幕中实为英国主动之说，总之英日同盟确为太平洋会议一主要的原因。这种英日分赃的同盟，在几次盟约上不啻将他们压迫弱小民族的野心和盘托出：这同盟起源于英日合力排除俄德，垄断在华的权利，所以盟约第一条即珍重声明两缔约国之特别利益，即大不列颠国在中国之利益及日本在中国所有利益，这是不用说的了；其第二次盟约即将第一次盟约中维持韩国独立字样删除了，同时加入印度问题，开口即珍重声明该同盟以"保持两缔盟国在东亚及印度地域之领土权，并防护两缔盟国在该地域特殊利益等为目的"，第三条英国明白承认日本在韩国的权利，第四条日本明白承认英国在印度的权利；这种分赃的盟约是何等明目张胆！

以明目张胆的分赃同监〔盟〕为主要原因底太平洋会议，于太平洋弱小民族是幸事还是不幸呢？

太平洋会议底最近动机，虽由美国上议院议员 Borah 及众议院议员 Portes 先后提议，然所以能够成立此会议底原因如下：

（a）英日续盟与否急待解决；

（b）日美在中国在西伯利亚在前属德国底太平洋殖民地种种利害冲突；

（c）美日海军竞争甚剧，有酿成第二次大战的趋势，这是各资本主义国唯一的恐怖；

（d）美国急谋在中国发展资本主义的机会，"门户开放""机会均等"就是他的武器。

试看上列的原因，哪一样是关于太平洋弱小民族底利益呢？

美总统所发华盛顿会议之通牒，不是明说为了军备限制问题和讨论远东问题吗？

他们所谓军备限制问题，乃是图列强间均衡的限制，免得列强间相互竞争扩充，酿成列强间自身的不幸；并不是相约平均废除军备即废除压迫掠夺弱小民族底武器。因为列强底军备或是依现状加以限制，即或照现状缩减一半，拿这军备来压迫掠夺弱小民族也十足够用。所以野心勃勃的列强间，能否实行限制军备，固然是个大大的疑问；即或能实行限制，也只是列强间自身的利益，和被压迫被掠夺的弱小民族毫无关系。

至于所谓讨论远东问题，乃是讨论列强间尤其是美日间如何均分及防护在远东的利益，免得列强间因利害冲突而决裂，而战争与弱小民族以自然解放的机会；并不是列强间都忽然发生慈悲心，愿意抛弃帝国主义经济的及政治的侵略，来讨论怎样解放帮助远东诸弱小民族呵！

我们中国人尤其是美国留学生赶快不要做梦罢！

我们揣测此次太平洋会议底结果不出三途：一是列强间利害不一致，尤其是限制军备问题互相猜疑，然又互相回避不肯决裂，至于无结果而散；一是列强间分赃不匀，势非武力不能解决，则此次会议即第二次大战底序幕，这是列强间底不幸，却是弱小民族大大的幸事；一是弱小民族大大的不幸，就是列强间在此次在会议席上或秘密谈判中，分赃均匀，互相妥协，英日同盟扩充为英日美同盟，或更扩充为英日美法（英国战后虽嫉妒法国，但在中欧局势上又不能不利用法国防御俄德，因此法国虽与远东问题无关或者也要拉入）四国同盟。可怜被压迫掠夺在此同盟势力之下的弱小民族，在列强自身内被压迫掠夺的阶级即无产阶级联合起来和弱小民族携手努力世界的改造成功以前，决没有一日能逃帝国主义资本主义之铁蹄和算盘蹂躏的。

在资本主义帝国主义的大海中，没有一滴水是带着正义人道色彩的呵！

我们中国人尤其是美国留学生赶快不要做梦罢！

署名：陈独秀

《新青年》第九卷第五号

1921 年 9 月 1 日

欢迎上海各业工会代表团

（一九二一年十一月七日）

张溥泉先生在广东某工会演说，大意是说工人运动应该以"诚实"为第一要义，这句话从表面上看起来很浅，里面的意味却很深长呵。广东底工人还算诚实，溥泉先生这句话对于上海底工会或者更是唯一的良药。

上海是中国工业中心，工人之多，比起英、美、德各国工业大都会来也不算弱，俄、法更不待言了。然而工人团体底内容和组织怎样，我实在不敢说而且不忍说轻薄话开罪于工界朋友。至于现在发起的上海各业工会代表团却令我不能不竭诚欢迎。

鄙人欢迎此代表团之点有三：第一，欢迎他们定名上海各业工会，不假冒全国、全省等名义，不愧"诚实"二字。第二，欢迎他们限定各业工会，大概无业游民所组织的招牌工会不便加入了。第三，欢迎他们不称总工会而称代表团，可见他们很觉悟总工会的名义不便假冒，这一点更足表明他们诚实不肯欺人的道德。鄙人因此脱帽高呼：

上海各业工会代表团万岁！

署名：独秀

《民国日报》

1921 年 11 月 7 日

再欢迎上海各业工会代表团

（一九二一年十一月五日）

鄙人对于新组织的上海各业工会代表团，抱有无穷的希望；现在他们居然能够觉悟，居然能够离开非工人的招牌工会，居然能够集合机器、纺织、印刷、烟草等真正工人的工会筹备组织，更加令人不能不欢迎佩服了。对于他们的章程发生异议的是劳动联合会等，老实说，这些团体和各业工会本来是风马牛不相及，照章他们不能加入，他们发生异议也是人情之常。我们最不解的是：（一）劳动联合会等说，代表团的名称及章程与组织之初衷及上海之现状不符；他们的初衷不知是什么？不知代表团章程与上海现状不符的在哪一条？（二）协进会代表何以竟令真正工人的工会代表退出团体？上海真正的工人呵！你们第一次见排于商教联席会议，"不许加入"；第二次又见排于全国工界协进会，"请即退出"了；你们真正的工人还不赶快团结起来和冒充工人反对工人的奋斗吗？前次国是会议不许工人加入，有人以为不平；我以为因此促起劳动界阶级的觉悟，正是一桩幸事。这此〔些〕机器工会等退出十团体联席会议，有人以为不幸；我以为因此促起真正工人对于非工人组织的工会之觉悟，更是一桩大大的幸事。这两桩幸事都是上海工人运动日趋进步的现象，在中国劳动运动史上都有记载的价值，鄙人因此第二次脱帽高呼：上海各业工会代表万万岁！

署名：只眼

《民国日报》

1921 年 11 月 15 日

工人与军人

（一九二一年十一月八日）

从前军界本有"点名发饷"的规矩，现在可就不行了；现在号称一军一师的，其实多的不过数千人，少的甚至于数十数百人也称军称师，他们这样虚张声势，不外多得军饷及把持位置两个目的，可是中国底军政正因此闹糟了。

令人失望的中国军人已经糟到不可救药了，令人很有希望的中国工人怎样呢？现在上海有许多工会也是虚张声势的挂起中华中国全国总工会、联合会等等好看的招牌，其实他们底内容不但外省没有支部，就是在上海的会员也并没有几个真正工人，内中还有一个号称全国总工会的只有会长一名、会员一名，人家称他做"一个把总一个兵的工会"，你说可笑不可笑。军人虚张声势可以多得军饷、把持位置，工会虚张声势做什么？乃因为这班办工会的人本来在社会上还够不上绅士的资格，现在乘着劳工神圣的潮流，想假借工会的名义来追随绅士们打电报出风头，所以工会的名义越大越阔越好；而且花钱不多，便可得着全国工会会长的头衔，比从前捐监生捐蓝翎五品衔还便宜多了。可是这样一来，就把中国工人底名誉闹糟了。工人、军人都是国家重要分子，现在都糟到这步田地，我们希望有好的军人、真的工人速速有以自救，勿使军队、工会为国人所厌弃，这才是国家底幸事呵！

署名：只眼

《民国日报》副刊《觉悟》

1921 年 11 月 18 日

名　实

（一九二一年十一月十九日）

名实不符，也是中国社会紊乱不能进步的一个大原因。现在上海有正在分途组织的两个工团：一个称上海各业工会代表团，是上海机器工会、上海电器工会、上海纺织工会、上海印刷工会、浦东烟草工会等组织的；一称上海各业工团总联合会，是中华劳动联合会、洗衣同业工会、中华工会、中华全国工界协会、中华印刷联合会等组织的。这两个团体底内容姑且不提，单就名义上讨论，我们对于上海各业工团总联合会，在逻辑上有三个疑问：（一）他们分子六分之四都挂起中华全国的招牌，在名称上上海这个区域范围底问题如何解释？（二）六个团体中只有五个工会，五个工会中有三个没有标明行业，在名称上"各业"二字作何解释？（三）既称总联合会，上海各业工团是否都包含在内？他们倘不能明白解答三个疑问，我希望他们应该修改名称，免得名实不符，日后打起电报来要惹那两教联席会议的赵先生冷笑咧。

署名：只眼

《民国日报》

1921 年 11 月 19 日

中国共产党中央局通告

——关于建立与发展党团工会组织及宣传工作等

（一九二一年十一月）

同人公鉴：

中央局议决通告各区之事如左：

（一）依团体经济状况，议定最低限度必须办到下列四事：（A）上海北京广州武汉长沙五区早在本年内至迟亦须于明年七月开大会前，都能得同志三十人成立区执行委员会，以便开大会时能够依党纲成立正式中央执行委员会。（B）全国社会主义青年团必须在明年七月以前超过二千团员。（C）各区必须有直接管理的工会一个以上，其余的工会也须有切实的联络；在明年大会席上，各区代表关于该区劳动状况，必须有统计的报告。（D）中央局宣传部在明年七月以前，必须出书（关于纯粹的共产主义者）二十种以上。

（二）关于劳动运动，议决以全力组织全国铁道工会，上海北京武汉长沙广州济南唐山南京天津郑州杭州长辛店诸同志，都要尽力于此计划。

（三）关于青年及妇女运动，请各区切实注意；"青年团"及"女界联合会"改造宣言及章程日内即寄上，望依新章从速进行。

中央局书记　T. S. Chen

一九二一年十一月

根据中央档案陈独秀手稿刊印

工人们勿忘了马克思底教训

（一九二二年二月九日）

马克思在《共产党宣言》里说："近代代议制度国家底政权，都被他们（指资本阶级）一手把持；国家底行政机关，只算办理他们公共事务底一个委员会罢了。"

历来各国底行政机关都早已把马克思这段理论证实了，由眼前中国的几件事看起来，尤其使我们相信马克思底说话千真万真。这几件事是什么？

（一）是香港水手罢工的事，香港政府不能始终居于调停地位，竟将海员工会封禁了；

（二）是湖南赵总司令承华实公司意旨，杀害了劳工会职员黄爱、庞人铨。

……

无钱无势的劳工，怎样对付这班资本阶级一手把持的行政机关呢？也只有听从马克思底教训："世界劳工团结起来呵！"

署名：只眼

《民国日报》副刊《觉悟》

1922 年 2 月 9 日

"宁 波 水 手"

（一九二二年二月十日）

　　这次香港海员罢工，所以引起我们十分注意，有两层重大的意义：（一）是劳动界阶级的觉悟。香港海员罢工，何以长辛店、武汉的铁路工人都起来援助，这是因为他们觉悟到无论是路工是海员，无论在广东在他省，都同属一个劳动阶级，都应该互相援助，这就叫做劳动界阶级的觉悟。（二）是劳动界民族的感情。劳动者只有阶级无国界民族界，这本是团结世界劳动者为一阶级和世界资产阶级对抗的意思，并非说劳动者对于外国资产阶级也不应该分别国界民族界。这次香港海员罢工事件，船东方面，英日等外国船居十分之八，所以劳动界阶级的觉悟之外，还应该加上民族的感情。斐律宾的水手究竟工价贵而且在中国沿岸语言不通，资本家终不能长久利用，所以这次香港海员最大的危机，只有一班无阶级觉悟无民族感情的宁波水手贪利被雇到香港代替那罢工的广东水手。宁波水手诸君呵！你们都是水手都是中国人，万万不可学桂阿茂贪小利去破坏同行而又同胞的广东水手团体呀！

　　从前为了四明公所事件，你们是何等齐心何等名誉，现在的香港海员罢工团体，若因为你们破坏了，那时"宁波水手"四字，便成了破坏团体的恶名词了。

署名：只眼

《民国日报》副刊《觉悟》

1922 年 2 月 10 日

平 民 教 育

（一九二二年三月五日）

教育虽然没有万能的作用，但总算是改造社会底重要工具之一，而且为改造社会最后的唯一工具，这是我们应该承认的。我是一个迷信教育的人，所以连贵族的教育我也不反对，而况且在教育极幼稚的中国。话虽如此说，而我们希望教育界有由贵族的到平民的趋势。在工业未发达的社会里希望教育发达，自然是妄想；在社会主义未实现的社会里希望教育是平民的，自然也是妄想；但是在工业幼稚的资本制度之下能有少数的学校倾向平民主义，却也未尝是绝对做不到的事。我对于教育的意见，第一是希望有教育，无论贵族的平民的都好，因为人们不受教育，好像是原料不是制品；第二是希望教育是平民的而非贵族的，因为资本社会里贵族教育制造出来的人才，虽非原料，却是商品。

上海是全中国工商业最盛的地方，教育也相当的发达起来了，但所有的男女教育是不是制造商品，却待大家扪心自思，我也不忍妄说，惟希望新成立的平民女学校作一个风雨晦冥中的晨鸡！

署名：陈独秀

《独秀文存》卷一

1922 年 3 月 5 日

基督教与基督教会

（一九二二年三月十五日）

我们批评基督教，应该分基督教（即基督教教义）与基督教教会两面观察。

基督教教义自然不是短篇文章所可说得详尽，但是他教义中最简单最容易说明的缺点就是上帝全能与上帝全善说矛盾不能两立。依我们的日常所见的恶事和圣书中所称的恶魔和耶稣代人类所赎的罪恶，这万恶的世界是谁创造出来的？人类无罪，罪在创造者；由此可以看出上帝不是"非全善"便是"非全能"。我们终不能相信全善而又全能的上帝无端造出这样万恶的世界来。此外耶稣一生的历史像降生、奇迹、复活等事，都没有历史和科学的证据使我们真实相信，这也是教义上小小的缺点。博爱、牺牲，自然是基督教教义中至可宝贵的成分；但是在现在帝国主义、资本主义的侵略之下，我们应该为什么人牺牲，应该爱什么人，都要有点限制才对，盲目的博爱、牺牲反而要造罪孽。

在现在人智发达的社会里，一切古代人智蒙昧社会所遗传的宗教教义底缺点自然都暴露出来了，所以我们不必对于基督教教义的缺点特别攻击；至于基督教教会自古至今所作的罪恶，真是堆积如山，说起来令人不得不悲愤而且战栗！

　　异教审判所（Inquisition）之暴烈的压迫人们思想自由，我们是忘不了的；在"信礼"Auto-da-fe 美名之下所烧杀的男女，我们是忘不了的（托尔克马达做异教审判所所长时，仅西班牙被烧杀的异教徒有八千人，财产被收没的九万人，荷兰加耳五世时，被杀者五万人，前后遭教会之嫉恶而牺牲的人在一千万以上）；修道院利用"隐匿权"Droit de refuge 为种种罪恶之巢窟，我们是忘不了的；西班牙官吏阿拉委大因信奉哥白尼学说收没财产禁锢修道院八年的事，我们是忘不了的；教皇仇视人身解剖学及教会指韦萨留斯（著有《人身构造论》，集人身解剖学之大成）为恶魔宣告死刑的事，我们是忘不了的。像此等压迫思想自由、压迫科学的事，细举起来，一大本书也载不了，这都是基督教教会过去的罪恶。

　　现在怎么样呢？大战杀人无数，各国的基督教教会都祈祷上帝保佑他们本国的胜利；各基督教的民族都同样的压迫远东弱小民族，教会不但不帮助弱小民族来抗议，而且作政府殖民政策底导引（德国宣教师在胶州事件就是一个明显的例）。"我给你圣经，你给我利权"这句话，真形容得他们惟妙惟肖；无数的宣教师都是不生产的游民，反要劝说生产劳动者服从资本家；无一国的教会不是日日向资本家摇尾乞怜，没有财产的新教教会更甚；我们眼见青年会在中国恭维权贵交欢财主猎人敛钱种种卑劣举动，如果真是基督教的信徒便当对他们痛哭；无论新旧教会都以势力金钱号召，所以中国的教徒最大多数是"吃教"的人；教会在中国所设学校无不重他们本国语言文字而轻科学，广东某教会学校还有以介绍女生来劝诱学生信教的，更有以婚姻的关系（而且是重婚）诱惑某教育家入教的，势力金钱之外，还要用美人计来弘教，是何等下流！

综观基督教教会底历史，过去的横暴和现在的堕落，都足以令人悲愤而且战慄，实在没有什么庄严神圣之可言。

我始终总觉得基督教与基督教会当分别观察，但是我的朋友戴季陶先生，他坚说基督教教会之外没有基督教，不知道教会中人对此两说作何感想？

署名：陈独秀

《先驱》第四号

1922 年 3 月 15 日

致周作人、钱玄同诸君信

（一九二二年四月二日）

启明、玄同、兼士、士远、幼渔诸先生：

　　顷在报上得见公等主张信教自由者的宣言，殊难索解。无论何种主义学说皆应许人有赞成反对之自由；公等宣言颇尊重信教自由，但对于反对宗教者自由何以不加以容许？宗教果神圣不可侵犯么？青年人发点狂思想狂议论，似乎算不得什么；像这种指斥宗教的举动，在欧洲是时常有的，在中国还是萌芽，或者是青年界去迷信而趋理性的好现象，似乎不劳公等作反对运动。私人的言论反对，与政府的法律制裁不同，似乎也说不上什么"干涉"、"破坏"他们的自由，公等何以如此惊慌？此间非基督教学生开会已被禁止，我们的言论集会的自由在哪里？基督教有许多强有力的后盾，又何劳公等为之要求自由？公等真尊重自由么？请尊重弱者的自由，勿拿自由、人道主义许多礼物向强者献媚！

弟陈独秀白　四月二日

《民国日报》副刊《觉悟》

1922 年 4 月 7 日

陈独秀致吴廷康的信

——反对共产党及青年团加入国民党

（一九二二年四月六日）

吴廷康先生：

兹特启者，马林君提议中国共产党及社会主义青年团均加入国民党，余等则持反对之理由如左：

（一）共产党与国民党革命之宗旨及所据之基础不同。

（二）国民党联美国、联张作霖段祺瑞等政策和共产主义太不相容。

（三）国民党未曾发表党纲，在广东以外之各省人民视之，仍是一争权夺利之政党，共产党倘加入该党，则在社会上信仰全失（尤其是青年社会），永无发展之机会。

（四）广东实力派之陈炯明，名为国民党，实则反对孙逸仙派甚烈，我们倘加入国民党，立即受陈派之敌视，即在广东亦不能活动。

（五）国民党孙逸仙派向来对于新加入之分子，绝对不能容纳其意见及假以权柄。

（六）广东北京上海长沙武昌各区同志对于加入国民党一事，均已开会议决绝对不赞成，在事实上亦已无加入之可能。

第三国际倘议及此事，请先生代陈上列六条意见为荷。

陈独秀

一九二二年四月六日

根据中央档案陈独秀手稿刊印

社会主义对于教育
和妇女二方面的关系
——在上海专科师范学校演讲

（一九二二年四月十二日）

今天要贡献诸位的，不过把我已经研究过的东西，告诉大家。在座诸位都是学生，并且有许多女同学在里面，所以就把"社会主义对于教育和妇女二方面的关系"说说：

我国的教育，是一种贵族教育，只有少数人可以受得到，一大部人简直得不到一些好处；就是国立的学校，也是如此。试想办学校的经费不是国民公共担任的吗？为什么要给少数人独占利益呢？这是一件很不公平的事情。况且这种贵族教育，在从前看起来，确是没有什么希罕，到现在看起来，简直是不行了；那是大家所知道的，所以引起一班人要高高唱平民教育普及教育了，不但高唱，而且有一班人竟实施了。这种果然是很好的事情，我们也没有反对的理由，不过据我个人想起来，在现在这种经济制度以下，一定办不出好的成绩来，他们底希望竟可以说是梦想。像江苏、直隶、广东、湖南几省，现在都已积极的试办平民教育，普及教育了；他们底计划，以为在六年或八年的期限里可以收效；可是筹备的经费，仅足供给教员的薪水和学校设备上的用途，却顾不到学生的伙食和杂费，那贫苦的人还是不能去受教育。况且这班劳动者，因为受经济压迫，每天不能不做十二或十四点钟的工作，试想他们还有什么时间去受教育呢？因此任你学校办的多，要是国民没有宽裕的经济，绝对收不到普及教育的效果。

所以要普及教育，先要设法减少劳动者工作的时间，使他们也有读书的机会；还要国家能担任各个人受义务教育的一切经费——连伙食也在里面——像现在待遇师范生的办法，才可以做得到。但是在现在这种经济制度之下，这是不可能的事实，所以要普及教育，唯有盼望社会主义的实行了。为什么呢？因为社会主义，是主张经济平均分配的，并且无论什么大工业、大商业、大交通事业，都握在国家手里，不许国民私有，那时国家自然有很大的力量，使个个人受教育了。照现在看起来，有钱的可以进学校，再有钱的可以进中等学校，再有钱的可以进大学，到外国去留学，做博士，受人家尊敬；没钱的呢？自然进不得学校，或者连饭也没有吃，看来好像都是愚蠢的人。所以现在国民的知识程度和学问的好坏，全看财产的多少为比例，可怜一班穷人中间，不知埋没了多少天才，这正是贫富的分别，不是智愚的分别呀。但是在社会主义实行以后，一般人都受得到教育，那时才可以断定智愚的程度。这是在普及教育一方面讲，是切望社会主义的实行。

再次，要讲妇女问题。妇女的地位总较男子要差一些，这在西洋各国也是如此，不过在我国更差一些罢了。究竟妇女的地位为什么要比男子低呢？大概是因为知识浅薄，经济不独立二个原因。但是知识的浅薄，也因经济不独立的缘故，试看社会上的习惯，总是只要儿子受教育，不大要女子受教育；即使要女子受教育，也必定较儿子少一些。儿子和女子不能受相当的教育，都因财产的承继权专属于儿子的缘故，所以儿子的教育费就像应得的，女子要想分沾一些，已是不正当的行为了；因此知识差，地位也差了。女子从初生，直到做人母亲，总没有握着财产权的时候，因为无论在法律、道德、伦理各方面讲，都是不允许的。所谓"三从"，在从父、从夫的时候，果然不要说起，就是夫死以后，财产权也要归儿子掌握，到法庭上控诉起来，也要用儿子的名字出面。因为伊们没有财产权的掌握，连带伊们的地位都降低了，这样讲来，要妇女得着和男子相等的地位，不能不使伊们有使用财产的自由权；要使伊们有使用财产的自由权，除了实行社会主义以外，没有旁的希望。因为社会主义，是经济国有的，也是平均分配的，到那时妇女自然也可以受平等教育，不受经济的约束，也不怕地位的降低了。照现在说起来，很有几个自觉的女子，知道经济不独立的缺点，要带累自己的人格，很想脱离家庭，或脱离丈夫而自立。这果然也是很好的事情，但是我觉得总不是彻底的办法。因为女子脱离了家庭或丈夫以后，伊们哪里能经济独立，受教育呢？女子受〔要〕经济独立，除非作工。但我们要知道，现在不是独立生产时代，像从前的人有斧就好作工，有锄就好种田的情形，是共同生产时代了；不是家庭工业，是工场工业了；不是手工工业，是机器工业了。那么，要去作工，逃不了要受资本家的压制。正是脱了家庭的奴隶，去做资本家的奴隶，合来有什么出入呢？所以说，要解决妇女问题，也要靠社会主义的实行。

今天讲的就是这二个问题，据我个人想来，都是和社会主义有很密切的关系，旁的没有什么可以贡献。请诸位把我所讲的话，大家思考一下，究竟普及教育和妇女问题，除了用社会主义的手段去解决以外，可有更好的方法？假使有的，那么再好没有了。请诸位抱着学者的态度，仔细思考一下，不要一味的盲从才好。

署名：陈独秀

《民国日报》副刊《觉悟》

1922 年 4 月 23 日

再致周作人先生信

（一九二二年四月二十一日）

启明先生：

接来示，使我们更不明白你们反对非基督教的行动是何种心事。反对非基督教的动因乃在宗教问题以外，真令人觉得奇异了。倘先生们主张一切思想皆有不许别人反对之自由，若反对他便是侵犯了他的自由，便是"日后取缔信仰以外的思想的第一步"；那末先生们早已犯过这种毛病，因为好像先生们也曾经反对过旧思想、神鬼、孔教、军阀主义、复辟主义、古典文学及妇人守节等等，为什么现在我们反对基督教，先生们却翻转面孔来说，这是"日后取缔信仰以外的思想的第一步"呢？先生们现在果主张基督教、神鬼、孔教、军阀主义、复辟主义、古典文学及妇人守节等等思想都有不许人反对之自由吗？若是反对他，都是"取缔信仰以外的思想的第一步"吗？都是"对于个人思想自由的压迫的起头"吗？先生们反对我们非基督教的思想自由，算不算是"取缔信仰以外的思想的第一步"呢？算不算是"对于个人思想自由的压迫的起头"呢？先生又说我们是多数强者压迫少数弱者，原来合乎真理与否，很难拿强弱多少数为标准，即以此为标准，先生们五人固然是少数弱者，但先生们所拥护的基督教及他的后盾，是不是多数强者，这笔账恐怕先生们还未清算。因此我现在仍然要劝告先生们——我平生最敬爱的朋友：快来帮助我们少数弱者，勿向他们多数强者献媚！

弟陈独秀白　四月二十一日

《民国日报》副刊《觉悟》

1922 年 4 月 23 日

马克思学说

（一九二二年四月二十三日）

（一）剩余价值

马克思是一个大经济学者，他的学说代表社会主义的经济学和斯密亚丹代表个人主义的经济学一样，在这一点无论赞成马克思或是反对者都应该一致承认。

马克思底经济学说，和以前个人主义的经济学说不同之特点，是在说明剩余价值之如何成立及实现。二千几百页的《资本论》里面所反复说明的，可以说目的就是在说明剩余价值这件事。斯密亚丹也曾说过："在土地未私有资本未集聚的最初状态，劳动者所生产的东西全属劳动者自己所有。"（见《原富》一卷六六页）又说："劳动者自己享有全部生产品的最初状态，土地私有资本集聚之后便不行了。"（见《原富》一卷六四页）这两段明明说因为土地和资本私有底缘故，劳动者不能得着所做的生产品全部分，只得着一部分。那剩余的部分归了何人呢？照马克思底学说，这就叫做剩余价值，是归了资本家底荷包，资本家夺取了劳动者底剩余价值，做为他私有的资本，再生产再掠夺，依次递增，资本是这样集聚起来的，资本制度就是这样发达起来的。话虽这样简单，但是要真实明白剩余价值是什么，以及他是如何成立如何实现和分配的，本是一件很烦难的事，现在不得不略略说明一下。

要明白马克思所说的剩余价值是什么，首先要明白马克思所指的价值是什么，其次要明白马克思所说的劳动价值是什么及劳动价值如何定法。斯密亚丹以来的经济学者，对于凡物之价格都分为自然价格（Natural Price）、市场价格（Market Price）两种。剩余价值所指的价值，是自然价格所表现的抽象价值，不是市场价格所表现的具体价值，我们千万不可弄错。劳动价值也分二种：（一）劳动力自身之价值，即是劳动者每月拿若干工钱把劳动力卖给资本家之价值；（二）劳动生产品之价值，即是劳动者每月做出若干生产品之价值。这两种劳动价值是如何定的呢？照马克思底意思是说：凡两件货物互换，这两件货物一定有什么相同的地方，譬如拿若干布匹换若干面粉，这两样货物形式不同，物理的性质不同，用处不同，他们相同的地方只是都为劳动所作的结果；因此所费劳动相等的货物价值亦相等，用十二小时做成的货物，价值比用六小时做成的货物高一倍，一个茶碗价值二角，一个茶壶价值一元，壶底价值比碗大四倍，是因为做壶所用的劳动比做碗的多四倍。所以马克思说："一切用劳力所制造的商品（就是货物）之价值，乃是由制造时所需社会的劳动分量而定。"（劳动分量，就是劳动时间长短的意思。社会的劳动，是与个别劳动不同的意思；个别劳动有个别勤惰巧拙以及工具精粗的差异，所谓社会的劳动，是指在一定时代的社会状况之下，将这些个别的差异都作为平均程度，因此社会的劳动也叫做平均的劳动。）劳动者把劳动力卖给资本家，因此劳动力自身也是一种商品，所以马克思说："劳动力这种商品底价值，乃是由培养他所需的劳动分量，也就是制造劳动者及其家族生活品所需的劳动分量而定。"马克思所谓制造一切商品所费的劳动分量，乃是兼"生的劳动"（制造该商品时所费的劳动）和"死的劳动"（制造该商品时所用原料、工具、建筑等以前所费的劳动）二种而言，这也是我们不可忽略的。

马克思的价值及劳动价值公例，略如以上所说，以下再说剩余价值是什么。

剩余价值究竟是什么呢？乃是货物的价值与制造这货物所费的价值（兼生的劳动之价值及死的劳动之价值而言）之差额；例如费一万元生产一万五千元的货物，在这货物一万五千元的价值中，除去生产这货物所费一万元的价值，所剩余的五千元就是剩余价值。说详细一点，当分为剩余价值之成立及剩余价值之实现和分配二部分：

剩余价值是如何成立的呢？照马克思说：剩余价值是在生产过程中成立的，不是在流通过程中成立的，这个意思十分重要，我们也千万不可弄错。此话怎讲？因为马克思所指出的剩余价值，虽然要在流通过程中才能够实际归到资本家底荷包，但是夺取底方法和剩余价值底本质，都不是指流通过程中一件一件生产品的卖价，乃是指生产过程中劳动者为资本家所做"剩余劳动"的价值。"剩余劳动"又是什么呢？是因为近代利用机器，制造业底规模一天大似一天，手工的生产品比机器的生产品货色不好价钱又贵，因此手工业一天衰败似一天。于是由手工工业时代变了机器工业时代，由家庭工业时代变了工厂工业时代，由独立生产时代变了共同生产时代，这就叫作"产业革命"。自产业革命以来，所有生产所必需的工具（土地、矿山、房屋、机器、原料等）都为资本家所占有，资本家以外的人，除了将自身底劳动力卖给资本家，便做不成工，便得不着生活费用。资本家给他们多少生活费用（即工钱）呢？照马克思的价值公例，一切商品之价值常与制造此商品时所费的劳力相等，劳力（也是一种商品）之价值（即工钱）也常与培养这劳力所需的劳动（即制造劳动者所必需的生活品之劳动）相等；那么，譬如一个劳动者每日所需的生活品值六小时的劳动分量，照理他每日做工六小时便已产出他生活品的价值；然而资本家往往要劳动者每日做工十二小时，所给工钱只值六小时的生活品，其余六小时，在实际上劳动者未曾得着工钱，是替资本家白做了，这白做的六小时就叫作"剩余劳动"；生产品之全部价值都是劳动者做出来的，而劳动者所得只一部分与六小时劳动价值相等的工钱，其余一部分由六小时剩余劳动而生的价值，就叫作"剩余价值"。

剩余价值是如何实现和分配的呢？剩余价值虽然成立在生产过程中，但是必须到了流通过程中才能够实现。资本家雇用劳动者产出一定价值的货物，剩余价值的本质及作用固然已经包含在这货物之中；然必待将这货物卖给消费者，把这货物底价值变成市场价格，剩余价值变成货币归到资本家底荷包，这时剩余价值才算实现。譬如一资本家费价值五成的劳动工钱，造成价值十成的棉纱，这时剩余价值五成固然已经由剩余劳动五成在生产过程中成立了，然必待将棉纱卖给消费者，将价值十成的货物变成价格十成的货币归到资本家底荷包，那时五成剩余价值才算实现了。这是因为生产者不能将货物直接卖给最后消费者，中间必须经过贩卖者之手，贩卖者须得一定资本及劳力之报酬，于是生产者不得不在价值以下的价格卖出他的货物。譬如用价值五成工钱造成价值十成的棉纱，因为贩卖者之报酬，价值十成的棉纱至多只能卖得价格八成的货币，因此五成剩余价值中，制造棉纱的资本家只能得着三成，其余二成是归了贩卖棉纱的资本家；制造棉纱的资本家若是向他资本家借过资本，便须拿一部分剩余价值付他资本家的利息；纱厂底地基若是向地主租的，又须拿一部分剩余价值付地租。剩余价值大概是如此分配的，各种资本家分配所余才是制造棉纱的资本家实际得着的剩余价值。所以说：剩余价值是在生产过程中成立的，是在流通过程中实现的。

资本家底资本是夺取劳动者剩余价值变成的，剩余价值是剩余劳动之价值变成的；工作时间越长，剩余劳动越加多；工钱越少，剩余劳动也越加多；出产能力越提高，剩余劳动也越加多。所以资本家想扩张剩余价值，天天在那里提高出产能力，天天在那里反对增加工钱反对减少工作时间，拿剩余价值变成货币，又拿货币制造商品增加剩余价值，再拿剩余价值变成货币，如此利上生利，这就叫作"资本主义的生产方法"。资本主义的生产营业底规模一天大过一天，掠夺兼并底规模也一天大过一天，加上交通机关一天便利过一天，殖民地新市场一天扩大过一天，精巧的机器一天增多过一天，大银行大公司便一天发达过一天，从前的小工业都跟随着这些制度之发展，逐渐被大工业吸收了压倒了。这种吸收压倒底结果，便是把全社会的资本聚集在少数人手里，这就叫作"资本集中"。在从前小工业时代，资本不集中，因此产业不能发达，所以资本集中使生产能力增加产业规模扩大，资本主义的生产方法好过以前的生产方法只在这一点。但是在财产私有制度之下，把全社会的财产大部分集中在少数资本家手里，便自然发生以下各项结果：（一）无财产的佣工渐渐增多；（二）生产能力增加而无产佣工的购买能力不能随之增加，因以造成"生产过剩"的结果，生产过剩又必然造成"市场缩小经济恐慌"和"工人失业"两种结果。合起这几项结果，无产佣工的困苦一天比一天沉重，而他们的人数却一天比一天增多，他们的团结也就一天比一天庞大，这个随着资本集中产业扩张而集中而扩张的无产阶级，必有团结起来，夺取国家政权，用政权没收一切生产工具为国有，毁灭资本主义生产方法之一日。

像以上所说资本主义的生产方法怎样利用机器对手工业起了产业革命，怎样夺取剩余价值集中资本，怎样造成大规模的产业组织，同时便造成了大规模的无产阶级，又怎样造成无产阶级对于资本主义革命之危机，这种种历史上经济制度之必然的变化，在马克思学说里叫作"经济的历史观察"，又叫作"唯物的历史观察"。

（二）唯物史观

马克思的唯物史观学说虽然没有专书，但是他所著的《经济学批评》、《共产党宣言》、《哲学之贫困》三种书里都曾说明过这项道理。综合上列三书中所说明的唯物史观之要旨有二：

其一 说明人类文化之变动。大意是说：社会生产关系之总和为构成社会经济的基础，法律、政治都建筑在这基础上面。一切制度、文物、时代精神的构造都是跟着经济的构造变化而变化的，经济的构造是跟着生活资料之生产方法变化而变化的。不是人的意识决定人的生活，倒是人的社会生活决定人的意识。

其二　说明社会制度之变动。大意是说：社会的生产力和社会制度有密切的关系，生产力有变动，社会制度也要跟着变动，因为经济的基础（即生产力）有了变动，在这基础上面的建筑物自然也要或徐或速的革起命来，所以手臼造出了封建诸侯的社会，蒸汽制粉机造出了资本家的社会。一种生产力所造出的社会制度，当初虽然助长生产力发展，后来生产力发展到这社会制度（即法律、经济等制度）不能够容他更发展的程度，那时助长生产力的社会制度反变为生产力之障碍物，这障碍物内部所包含的生产力仍是发展不已，两下冲突起来，结果，旧社会制度崩坏，新的继起，这就是社会革命；新起的社会制度将来到了不能与生产力适合的时候，他的崩坏亦复如是。但是一个社会制度，非到了生产力在其制度内更无发展之余地时，决不会崩坏。新制度之物质的生存条件，在旧制度的母胎内未完全成立以前，决不能产生，至少也须在成立过程中才能产生。

马克思社会主义所以称为科学的不是空想的，正因为他能以唯物史观的见解，说明资本主义的生产方法和资本主义的社会制度所以成立所以发达所以崩坏，都是经济发展之自然结果，是能够在客观上说明必然的因果，不是在主观上主张当然的理想，这是马克思社会主义和别家空想的社会主义不同之要点。

有人以为马克思唯物史观是一种自然进化说，和他的阶级争斗之革命说未免矛盾。其实马克思的革命说乃指经济自然进化的结果，和空想家的革命说不同；马克思的阶级争斗说乃指人类历史进化之自然现象，并非一种超自然的玄想。所以唯物史观说和阶级争斗说不但不矛盾，并且可以互相证明。

马克思底好友恩格斯曾述说马克思的意见道："在历史各时代，必然有他的生产分配之特殊方法，又必然由这种特殊方法造出一种社会制度，那时代的政治和文明之历史，都建设在那个基础上面，依据那个基础说明。所以人类全历史是阶级争斗的历史，即是掠夺阶级和被掠夺阶级，压制阶级和被压制阶级对抗的历史。这些阶级争斗的历史相连相续，构成社会进化之阶级，到了现在又达到一种新阶级，被掠夺被压制的阶级（即无产劳动者）要脱离掠夺压制阶级（即绅士、〔军〕阀、资本家）的权力，将自己解放出来；同时还要将一切掠夺压制和阶级差别、阶级争斗完全铲除，永远把社会全体解放出来。"这一段话可以说是把唯物史观说和阶级争斗说打成一片了。

（三）阶级争斗

一八四八年马克思和恩格斯共著的《共产党宣言》，是马克思社会主义最重要的书，这书底精髓，正是根据唯物史观来说明阶级争斗的。其中要义有二：

（一）一切过去社会底历史都是阶级争斗底历史。例如在古代有贵族与平民，自由民与奴隶；在中世纪有封建领主与农奴，行东与佣工；这些压制阶级与被压制阶级，自来都是站在反对的地位，不断的明争暗斗。封建废了，又发生了近代有产者与无产者这两个阶级新的对抗，新的争斗。

（二）阶级之成立和争斗崩坏都是经济发展之必然结果。例如欧洲在封建时代的工业组织之下，生产事业是由同行组合一手把持的，到了发见了印度、中国等市场和美洲、非洲等殖民地的时候，便不能应付新市场需要底增加了，于是手工工场组织应运而生，各业行东遂被工场制造家所挤倒，接着市场日渐扩大，需要日渐增加，交通机关和交换方法都日渐发展。这时手工工场组织也不能应付了，于是又有蒸汽及大机器出来演成产业革命，从此手工工业又被大规模的近代产业所挤倒，近代的有产阶级便是这样成立的。近代产业建设了世界的市场，有了这些市场，商业、航业、陆路交通都跟着发达，这些发达又转而促进产业发达，产业、商业、航业、铁路既这样发达，有产阶级也跟着照样发达，资本越加多，产业越扩大，将中世纪留下的一切阶级都尽情推倒了。由此可知，近代有产阶级乃是长期发达和生产及交换方法迭次革命底结果。由此可知做有产阶级基础的生产和交换方法，是萌芽在封建社会里面，这种生产和交换方法发展到一定地步，封建社会的生产和交换制度（即农业手工封建的制度）便不能和那已经发展的生产力适合，这种制度便成了生产力底障碍物，便必然要崩坏，结局果然崩坏了，封建的制度倒了，自由竞争的制度代之而兴，适合这自由竞争的社会及政治制度也就跟着出现，有产阶级底经济及政治权力也就跟着得到了。有产阶级得势以后，造成了极雄大惊人的生产力（像工业、农业、轮船、铁道、电报、运河等），惹起这般大规模生产及交换的社会，将人口、财产及生产机关都集中了，建设了许多都市，将乡村人口移到都市，使乡村屈服在都市支配之下，使多数人民脱离了朴素的乡村生活，使野蛮和未开化国屈服于文明国，农业国屈服于工业国，东洋屈服于西洋。但是到了有产阶级底生产力发展到了与有产阶级社会底制度不适合的时候，社会制度就成了社会生产障碍物，有产阶级及有产阶级社会底制度也是必然要崩坏的。崩坏底征兆就是商业上的恐慌，这种恐慌隔了一定期间便反复发生，一回凶过一回，常常震动有产阶级社会底全部。这恐慌发生底缘故，是由于资本主义的生产方法所造成的生产过剩，是由于有产阶级社会底制度过于狭小，不能包容那过于发展的大生产力。有产阶级救济这种恐慌的方法，不外一面开辟新市场，一面尽量剥削旧市场，这只能救济一时，终是朝着更广大更凶猛的恐慌方面走去，如此，有产阶级颠覆封建制度的武器现在却向着有产阶级自身了。有产阶级不但造成了致自己死亡的武器，还培养了一些使用武器的人，这些人就是近代的劳动阶级，也就是无产阶级。

无产阶级是跟着有产阶级照同一的比例发达起来的，近代产业发展的结果，一般小资产的小商人小工业家，一方面因为他们的专门技能为新生产方法所压倒，一方面因为他们的小资本为大规模的产业所压倒，都不断的降到无产阶级，可是一方面产业愈加发展，一方面无产阶级不但人数愈加增多，而且渐次集中结成大团体，因为生活不安，对于有产阶级渐次增长阶级抵抗底觉悟，发生争斗，始于罢工，终于革命。有产阶级存在根本底条件，是在资本成立及蓄积；资本底重要条件，是在工钱制度；工钱制度，全靠劳动相互竞争。但有产阶级既已促进了产业进步，便已经使劳动者从竞争的孤立变成协力的团结了；近代产业发达，使有产阶级的生产及占有之基础从根破坏；有产阶级所造成的首先就是自身的坟墓，有产阶级之倾覆及无产阶级之胜利，都是不能免的事。

马克思说明阶级争斗大略如此，我们实在找不出和唯物史观有矛盾的地方。

（四）劳工专政

从前有产阶级和封建制度争斗时，是掌了政权才真实打倒了封建，才完成了争斗之目的；现在无产阶级和有产阶级争斗，也必然要掌握政权利用政权来达到他们争斗之完全目的，这是很明白易解的事。所以马克思在《共产党宣言》里说：

> 从前一切阶级一旦得了政权，没有不拼命使社会屈从他们的分配方法，巩固他们已得的地位。
>
> 有产阶级发达一步，他们政治上的权力也跟着发达一步。……自他们成为有产阶级后，近代代议制度国家底政权都被他们一手把持。
>
> 劳动阶级第一步事业就是必须握得政权。
>
> 劳动阶级革命，第一步就是使他们跑上权力阶级的地位，也就是民主主义底战胜。既达到第一步，劳动阶级就利用政权渐次夺取资本阶级的一切资本，将一切生产工具集中在国家手里，就是集中在组织为支配阶级的劳动者手里；……其初少不得要用强迫手段对付私有财产和资本家的生产方法，才得达到这种目的。
>
> 原来政权这样东西，不过是一个阶级压制一个阶级一种有组织的权力；劳动者和资本家战斗的时候，迫于情势，自己不能不组织一个阶级，而且不能不用革命的手段去占领支

配阶级的地位，不得不用权力去破坏旧的生产方法。

他又在所著《法兰西内乱》里说：

　　劳动阶级要想达到自己阶级之目的，单靠掌握现存的国家是不成功的。

他又在所著《哥达纲领批判》里说：

　　由资本主义的社会移到社会主义的社会之中间，必然有一个政治的过渡时期。这政治的过渡时期，就是劳工专政。

署名：陈独秀

《新青年》第九卷第六号

1922 年 7 月 1 日

告做劳动运动的人

（一九二二年五月一日）

现在世界的中国的政治经济状况，都已经使我们不满足现状不盲从环境的人们觉得非从事劳动运动不可了；在这个意义之下做劳动运动的人们，便有几件应该知道的事：

（一）现在所谓劳动运动，乃专指工厂劳动、矿山劳动及交通劳动（为主的是铁路、轮船）而言，因为只有这三种劳动是资本制度产生的，是有近代劳动意义的，是可以做无产阶级之中坚与资产阶级战斗的；无产阶级倘失了这中坚，便没有和资产阶级战斗的能力。

（二）现在所谓做劳动运动的人，自然不必都是劳动者；因为在无论何国劳动运动幼稚时代，总靠有许多劳动者以外的人热心从事运动劳动运动，然后劳动运动才能够发生、旺盛起来，这是我们不能否认的事实。但是这种做劳动运动的人，始终总不可忘记了自己并不是劳动者，乃是帮助劳动者的人，更不可乌合一班非劳动者组织劳动团体，冒充劳动团体。

（三）做劳动运动的人断然不能不明白劳动组织底系统。劳动组织底系统有三：（1）党派的组织，不分劳动者所属的职业或产业，但依党派的政见而结合；（2）职业的或产业的组织，乃是一地方底某种职业或某种产业的劳动者所组织，更进联合全国同业，组织全国某种职业或某种产业底联合会；（3）地方的组织，乃是联合一个地（市或县）底各种职业或产业工会而组织一个地方的劳动团体，进而联合各地方的团体组织一个省的劳动团体，更进而联合各省的团体组织一个全国的劳动团体。做劳动运动的人，帮助劳动组织的人，必须使劳动组织在这三种系统的轨道以内才好。这三个系统当中，第一个最适于阶级争斗，但在劳动运动幼稚时代极难成立，倘勉强成立，不是无力量，便是无政见的冒牌团体；第二、三个都比较的容易实现，但必须要注意的就是：仅仅一个地方底职业或产业的工会及一个地方的联合会，都断然不可假冒全省或全国总工会名义，仅仅一个省的联合会，也不可假冒全国总工会名义；又，一个地方的联合会，必须是团体的联合，不可是个人的联合。换句话说，一个市内许多职业的或产业的劳动团体之联合，不是劳动者个人之联合。这都是做劳动运动的人万万不可缺的常识，若使缺少这个常识的人从事劳动运动，算是盲人瞎马了。

（四）劳动界，对于政治应取的态度，做劳动运动的人也是应该研究的。劳动运动最终目的，自然是要造成劳动者的国家，劳动者的世界；但是在这力量未充足的时期，便不得不采取各种和劳动界战斗力相应的战略，这应该是注重实际运动的人所能了解的。劳动者在自己阶级（即无产劳动者阶级）没有完全力量建设革命的政府以前，对于别的阶级反抗封建式的政府之革命党派，应该予以援助；因为援助这种革命的党派成功了，劳动者即少可以得着集会、结社、出版、罢工底自由，这几种自由是劳动运动重要的基础。为了这几种重要的基础，即在封建式的现政府之下，对于普通选举及废止束缚集会、结社、出版、罢工等法律的运动，劳动者也不能不拼命去干；万万不可空唱高调，把实际的劳动运动上重要基础忽视了。

（五）劳动者对于别的党派，应该取什么态度呢？对于基督教会及反革命的顽固党，自然都应该反对；因为基督教拿灵魂升天骗劳动者好看轻肉体的痛苦，一生一世安心替资本家做牛马，顽固党都是没有表同情于劳动者的。劳动者对于一切非革命的政党，都不可和他们接近；因为他们本来都讨厌劳动者，若是一旦低头来和劳动者接近，必定有所利用。对于非革命的社会党（如基尔特社会主义者等）劳动者也不应该亲近；因为他们在表面上是主张劳动者权利的，而实际上是延长资本制度生命的。安那其派（即无政府党）的宗旨虽然是革命的，但是他们的方法实不宜于组织不宜于革命，劳动者也不宜相信他们；因为他们太过看重个人的或小团体的自由，他们反对中央集权及强制执行，如何能组织强大的团体去干革命的事业呢？劳动者所最应该亲近的，是革命的社会党——即共产党，因为他们是想用急进的革命手段，推翻掠夺劳动者的资本阶级，建设劳动者的国家劳动者的世界的。

（六）八小时工作制及星期日休假，是劳动运动中重要事件之一，此目的不达，一切教育问题、卫生问题、集会问题都无从谈起，因为时间和精力的关系都不能得着教育、卫生、集会底机会。

（七）罢工自然是劳动者对资本家的唯一武器，但实行罢工时必审度资本家企业状况及劳动市场底供求状况；因为若在资本家企业失败时或劳动市场供过于求时罢工，必然失败，罢工失败，是劳动运动最大的打击。

以上七事，都是做劳动运动的人应该知道的。

署名：陈独秀

《先驱》第七号

1922 年 5 月 1 日

马克思的两大精神

（一九二二年五月五日）

今天有两个大会，一个是马克思纪念大会，一个是中国社会主义青年团成立大会，这两个大会有很密切的关系。其关系在哪里呢？因为社会主义青年团就是根据马克思的学说而成立。但是今天只讲马克思主义重要的精神，因为马克思的历史和其学理，在马克思纪念册上叙述了，诸君都可见到。马克思的学说和行为有两大精神，刚好这两大精神都是中国人所最缺乏的。

第一，实际研究的精神。怎样叫实际研究的精神！说来很为繁杂。古代人的思想，大都偏于演绎法。怎么叫演绎法？就是以一个原理应用许多事实，到了近代科学发明，多采用归纳法。怎么叫归纳法？就是拿许多事实归纳起来证明一个原理。这便是归纳法与演绎法相反之文。我们自然对于这两种方法，应该互为应用。但是科学发明之后，用归纳法之处为多，因为一个原理成立，必须搜集许多事实之证明，才能成立一个较确实的原理。欧洲近代以自然科学证实归纳法，马克思就以自然科学的归纳法应用于社会科学。马克思搜集了许多社会上的事实，一一证明其原理和学说。所以现代的人都称马克思的学说为科学的社会学，因为他应用自然科学归纳法研究社会科学。马克思所说的经济学或社会学，都是以这种科学归纳法作根据，所以都可相信的，都有根据的。现代人说马克思为科学的社会主义，和空想的社会主义不同，便是在此。这便是马克思实际研究的精神。

我很希望青年诸君须以马克思的实际研究精神来研究学问，不要单单以马克思的学说研究而已。如其单单研究其学说，那么马克思实际研究的精神完全失却，不过一个马克思主义的学者了。我很希望青年诸君能以马克思实际研究的精神研究社会上各种情形，最重要的是现社会的政治及经济状况，不要单单研究马克思的学理，这是马克思的精神，这就是马克思第一种实际研究的精神。

第二，马克思实际活动的精神。马克思所以与别个社会主义者不同，因为他是个革命的社会主义者。凡能实际活动者才可革命，不是在屋中饮茶吸烟，研究其学理，便可了事，这是研究孔子、康德的学问一样罢了。我们研究他的学说，不能仅仅研究其学说，还须将其学说实际去活动，干社会的革命。我望青年同志们，宁可以少研究点马克思的学说，不可不多干马克思革命的运动！青年们尤其是社会主义青年团诸君，须发挥马克思实际活动的精神，把马克思学说当做社会革命的原动力，不要把马克思学说当做老先生、大少爷、太太、小姐的消遣品。

我今天特讲马克思这两大精神，请诸君注意。

署名：陈独秀
《广东群报》
1922 年 5 月 23 日

共产党在目前劳动运动中应取的态度

（一九二二年五月二十三日）

在劳动运动进步的社会里，都曾有劳动党或类似劳动党的工人政党出来担负指导劳动运动的责任。此时各国共产党尤其是俄国的共产党，大部分是觉悟的工人组织的，在党义上，在事实上，都不愧为最能够替工人奋斗的工人政党。

在中国，从事劳动运动的党派，像共产党、无政府党底势力都还微弱；其他政党，只有国民党对于劳动运动表示同情，而且颇有力量。但是国民党目前重要工作乃是对于北方封建军阀之战争，实际参加劳动运动的人还是少数又少数。

在这样世界趋势及中国劳动运动极幼稚的现状之下，中国共产党应该本着党义，对于劳动运动，比他党加倍的努力，自负的努力；同时又应该理解在目前中国劳动运动第一战线上，与他党真心做劳动运动者有同一的目的。在同一目的之下，共产党、无政府党、国民党及其他党派在劳动运动的工作上，应该互相提携，结成一个联合战线（United Front），才免的互相冲突，才能够指导劳动界作有力的战斗。

在这联合战线上，共产党有两个重大的任务：一是比他党更要首先挺身出来为劳动阶级的利益而奋斗而牺牲；一是监督他党不使他们有利用劳动运动而做官而发财的机会。

　　共产党党员自身若有利用劳动运动而做官而发财的行为，或当劳动运动危急时畏缩不前，共产党便应该立刻驱逐这种的败类的党员出党而毫不顾恤。必如此才算是真的共产党，不然便是假共产党。

署名：陈独秀

《广东群报》

1922 年 5 月 23 日

对于非宗教同盟的怀疑及
非基督教学生同盟的警告

（一九二二年六月二十日）

在我个人的信仰，我对于孔教、佛教（大日如来宗及念佛宗）、道教及其他一切鬼神教、阴阳五行教（即九流之阴阳家、是中国最古的宗教，而且还是现在最有力最流行的宗教）、拜物教之疾视，比疾视基督教还要加甚，所以我对于非宗教同盟并非根本反对，但是从社会上群众运动及生活内容上看起来，不无怀疑之点。

我们现在第一要问的，宗教、非宗教底界说是什么？若以信神不信神为界说，那便未免过于简单了；因为信神不过是宗教性之一端，不是宗教性之全体，拿这个做宗教、非宗教底界说，简直是太不逻辑。若是以一切迷信甚至于以一切信仰都是宗教（我们对于一切学说主义，信仰到极笃的时候，便多少有点宗教性），这个问题便又过于广泛；试问主张非宗教同盟诸人，是否都对于一切学说主义一概取怀疑的态度而无诚笃的信仰？研究及分析这样复杂的问题，是大学校研究室之事，若拿他做群众运动的目标，实在要令人迷惑。群众运动的目标，还是非基督教同盟可以使群众得着一个明了正确的观念。

从社会进化之历史观看来，自然有人类理智性日渐发展宗教性尤其是宗教制度及宗教仪式日渐衰微的倾向；然在这进化过程中，我们若不积极的发展理智性，单是消极的扫荡宗教性，是不是有使吾人生活内容趋于枯燥的缺点（基督教后面挟有国际资本帝国侵略主义的大隐患，又当别论）？这也是我们应该审慎讨论的。

我对于一切腐败的反动派随着时论攻击基督教，觉得很可笑；但是对于学生界非基督教运动，却十分赞同，其理由如下：

（一）因为基督教教义的缺点，如原始罪恶说与上帝全善全能说不相应。

（二）因为使徒之虚伪，当危急时彼得尚三次不认基督，可见复活前无一真信徒。

（三）因为诞生奇迹及复活均过于非科学。

（四）因为教会尤其是天主教会仍然因袭中世纪的恶风以残忍态度仇视压迫异己。

（五）因为教师说教以利害胁人者多，以理性教人者少，绝对迫人信，绝对不许人疑。

（六）因为新旧教在中国都有强大的组织，都挟有国际资本帝国侵略主义的后援，为中国之大隐患。

（七）因为教会尤其天主教会，仍然在农村袒护吃教的恶徒欺压良懦。

（八）因为青年会有结托权贵富豪猎人敛钱种种卑劣行为。

（九）因为教会设种种计划想垄断中国教育权。

（十）因为教会学校对于非教会学生强迫读经祈祷及种种不平等的待遇。

　　以上十事迫我们不得不赞成非基督教的运动；但同时又不得不警告非基督教学生同盟诸君的是：教会学校办理虽不完善，而所以能得社会上一部分的同情，是因为教会学校的学生对于社会服务、接近社会及纪律的卫生的训练这两点，实在比较中国公私立学校的学生都好得多。中国公私立学校的学生对于社会服务很少注意，学生和社会隔离甚远，学校门口高悬的"学校重地闲人免进"两块虎头牌，便是学校与社会隔离的一个明白表示；校内的卫生与师友间的礼貌，学生在校外的动作秩序，都充分表现没有受过纪律的卫生的训练。教员只知道教书，学生只知道读书，绝对不知道训练是教育上第一重要的部分，这是中国公私立学校最可悲观的缺点。所以我敢警告非基督教的学生，若没有猛勇的觉悟与改革，在优胜劣败的原则上，我恐怕不但不能战胜教会学校，还要让他的势力蔓延全中国教育界，此事宁不痛心！

署名：陈独秀

《先驱》第九号

1922 年 6 月 20 日

中共中央执行委员会书记
陈独秀给共产国际的报告

（一九二二年六月三十日）

（1）现在状况

A. 党员及党费

去年（一九二一）开常会时，只有党员五十余人，现在党员人数计上海五十人，长沙三十人，广东三十二人，湖北二十人，北京二十人，山东九人，郑州八人，四川三人，留俄国八人，留日本四人，留法国二人，留德国八人，留美国一人，共计一百九十五人；内有女子四人，工人二十一人。

党费，自一九二一年十月起至一九二二年六月止，由中央机关支出一万七千六百五十五元；收入计国际协款一万六千六百五十五元，自行募捐一千元。用途：各地方劳动运动约一万元，整顿印刷所一千六百元，刷印品三千元，劳动大会一千余元，其他约二千余元。

B. 政治宣传

1. 关于华盛顿太平洋会议之运动如下：

Ⅰ、译印第三国际对于太平洋会议宣言（五千份）。

Ⅱ、译印山川均及堺利彦批评太平洋会议论文（各五千份）。

Ⅲ、印陈独秀论太平洋会议论文（五千份）。

Ⅳ、印李汉俊批评太平洋会议小册子（五千份）。

Ⅴ、在上海国民大会散布关于太平洋会议传单（五千张）。

Ⅵ、在上海工人集会散布关于太平洋会议传单（五千张）。

（附注）论文及传单内容，都是解释侵略的帝国主义会议决无利于弱小〈民〉族。此外各地方都有此项运动，而长沙工人最猛烈，此为黄爱庞人铨被杀原因之一。

2. 一九二二年正月一日，上海共产党全部党员及中国朝鲜社会主义青年团团员一百余人，工人五十人，上午分散"贺年帖"（内载鼓吹共产主义的歌）六万张于上海市内，下午分散攻击国际帝国主义及本国军阀的传单二万张于"新世界"等群众聚会的游戏场。结果一朝鲜青年因散"贺年帖"在法租界被捕。

3. 正月十五日，全国共产党所在地都开 Karl Liebknecht 纪念会，由全部党员出席演说，分散纪念册五千本；纪念册内载 Karl Liebknecht 及卢森堡女士传及"斯巴达卡司团"宣言。此次纪念会广州最盛，工人参加游行者二千余人。

4. 五月五日全国共产党所在地都开马克思纪念会，分散马克思纪念册二万本。

5. 奉直战争后，由中央机关发布《中国共产党对于时局之主张》的小册子五千份，主张联合全国民主派对于北洋军阀继续战争。

6. 中央机关设立之"人民出版社"所印行书如下：

马克思全书二种

 Communist Manifesto，

 Lohn Arbeit und Kapital，

列宁全书五种

 Lenin's Life，

 Soviet at Work，

讨论进行计划书，

 Erfolge und Schwierigkeiten der sowjetmacht，

 共产党礼拜六，

康民尼斯特丛书五种

 共产党计画（布哈林），

 俄国共产党党纲，

 国际劳动运动中之重要时事问题，

 第三国际议案及宣言，

 Trosky's From October to Brest Litevisk

（附注）以上书十二种各印三千份。

C. 劳动运动

1. 上海方面

设立"中国劳动组合书记部"，作共产党合法的公开的劳动运动，设分部于北京汉口长沙广州；本年（一九二二）由书记部召集全国劳动大会于广州，各省工会代表到会者一百七十三人，由五月一日至五月六日开会六天，发表宣言反对国际资本帝国主义及本国军阀，议决明年（一九二三）五月一日由书记部在汉口召集第二次全国劳动大会，及实行八小时工作制，全国罢工援助等议案。

书记部在上海发行《劳动周刊》，至四十一期为会审公堂所封禁，发行最多时五千份，前后统计印行十六万五千张。

英美烟公司罢工，发布传单二种，各数百张；机器工会开会时，发布传单一种数百张；印刷工会开会时，发布传单二种，各数百张；"双十节"发布传单三千份，鼓吹工人革命思想；反对太平洋会议传单三千份；香港海员罢工时，发布传单五千张；浦东纺纱工人第一次罢工时，代其发宣言二万份，又代发传单六百张；邮差罢工时，代发工会章程三百份，又传单二种各四百张；本年（一九二二）"五一节"发传单二种，每种二千张；浦东纺纱工人第二次罢工时，共发传单九次，每次数百张；在杨树浦小沙渡（上海纺纱工人最多的地方，两处共有纺纱工十余万）向纺纱工人发传单三千张，劝他们都起来组织工会应援浦东纺纱工人，工人因散传单被捕者四人；黄庞追悼会发传单二种，每种一千张；发布《全国劳动大会宣言》五千份；《劳动周刊》被封禁发布传单三百份；发布《赤色国际工会告中国工友》二千张。

参加罢工六次：

英美烟公司二次

海员一次

邮差一次

浦东纺纱工人二次

有关系之工会五处：

烟草工会

　　机器工会

　　印刷工会

　　纺纱工会

　　邮务工会

参加工人群众运动五次：

　　反对太平洋会议

　　国民外交大会

　　本年"五一节"

　　澳门惨杀华工事件

　　黄庞追悼会

因罢工运动受官场压迫三次：

因香港海员罢工书记部通知各省工界发起后援会并运动上海水手应援，李启汉同志及水手二人被捕拘留数日。

因为浦东纺纱工人罢工散传单，四人被捕拘留十余日。

因为参加邮差罢工，李启汉同志判罪监禁三个月，期满逐出租界，现在狱中。

2. 北京方面

《工人周刊》每期印二千份，大部分销行北方铁路工人，今犹继续刊行。

参加陇海铁路罢工。

参加京汉铁路及京绥铁路工会组织。

设立长辛店铁路工人学校及俱乐部，唐山铁路工人图书馆，天津工人补习学校。

3. 广东方面

参加建筑工人大罢工，组织广东建筑工会。

参加机器工会改造运动，设立工人学校三所。

香港海员罢工时，全部党员及青年团团员参加招待及演讲，以共产党名义散传单三千份。

设立劳动通信社。

援助盐业工人罢工。

4. 汉口方面

参加粤汉铁路罢工，组织粤汉铁路工人俱乐部及学校。

参加组织京汉铁路工人俱乐部。

参加人力车夫罢工及组织工会。

参加扬子江铁厂组织工会。

参加烟草工人罢工及组织工会。

5. 长沙方面

因反对太平洋会议鼓吹承认苏维埃俄罗斯的示威游行及参加纱厂罢工，青年团团员黄爱庞人铨二人被督军所杀。

组织粤汉铁路工人俱乐部及学校。

组织萍乡路矿工人俱乐部。

6. 浙江方面

组织八十个农村的农民协会反抗地主，被军警解散，死伤数人。

（2）将来计画

A. 党务

1. 在全国各都会增设支部。

2. 多收工人党员，务求居全数一半以上。

3. 厉行中央集权制。

4. 严查党员每星期工作成绩。

B. 政治宣传

1. 多印行对于农民工人兵士宣传的小册子。

2. 发行《共产党半月刊》，专讨论世界的及本国的政治经济问题。

3. 联络全国各革新党派，作普通选举制及集会结社出版自由的运动。

4. 联络各革新党派，作承认蒙古独立及承认苏维埃俄罗斯的运动。

5. 联络全国工商界，作改正协定关税制的运动。

C. 劳动运动

1. 准备全国第二次劳动大会的工作。

2. 集中力量组织全国五个大的产业组合：

Ⅰ、全国铁路总工会

Ⅱ、全国海员总工会

Ⅲ、全国电气工人总工会

Ⅳ、全国机器工人总会

Ⅴ、全国纺纱工总工会

3. 组织三个地方总工会：

Ⅰ、上海总工会

Ⅱ、广东总工会

Ⅲ、武汉总工会

4. 设立四个工会职员讲习所：

Ⅰ、北京

Ⅱ、上海

Ⅲ、汉口

Ⅳ、广州

中央执行委员会书记　T. S. Chen

一九二二年六月三十日

根据中央档案陈独秀手稿刊印

答黄凌霜（无产阶级专政）

（一九二二年七月一日）

凌霜兄：

　　精研笃信安那其，在中国当推兄为第一人。今竟翻然有所觉悟，真算是社会改造之大幸；捧读来信，很喜，且极钦佩吾兄有自白思想变迁之决心与之勇气。本来国家这个制度，克鲁巴特金并没有主张即时就可以废去，马克思也没有主张永远不能废去，这道理列宁在《国家与革命》里说得极明白透澈，所以法国无政府党读此书后加入共产党的很多很多。至于"各尽所能，各取所需"这两句格言，不但共产党不反对，我想除了昏狂的人，没有人愿意反对。现在共产党所争持的所努力的乃是怎样使我们由强制而习惯的作工，使人人真能各尽所能；乃是怎样通力合作，怎样使生产事业集中成为社会化，怎样使生产力大增、生产品充裕，使人人真能各取所需。想努力实行这些理想，都非经过无产阶级专政不可，这道理吾兄一定是明白了，尚请向旧日真的安那其诸同志详细解释，以免误会才好。我们要知道"无产阶级专政"这句话，说很容易，做起来着实是一件艰难的大事业，千头万绪，不是容易可以实现的，尤其在中国更不容易实现；因为我们的天性生来不喜欢什么首领、什么指导者，然而实行无产阶级革命与专政，无产阶级非有强大的组织力和战斗力不可，要造成这样强大的组织力和战斗力，都非有一个强大的共产党做无产阶级底先锋队与指导者不可。所以要想无产阶级底革命与专政实现，非去掉我们厌恶首领、厌恶指导者的心理不可。尊兄以为如何？

独秀

《新青年》第九卷第六号

1922 年 7 月 1 日

对于现在中国政治问题的我见

（一九二二年八月十日）

人类社会因治生方法不断的进步，他们经济的及政治的组织遂随之不断的进步。在这不断的进步之过程中，保守者与改革者亦即压迫者与被压迫者两方面，自然免不了不断的争斗；每个争斗的结果，后者恒战胜前者，人类社会是依这样方式进步的。照前人依据历史的事实指示我们的：人类社会不断的进步即不断的争斗中，依治生方法之大变更扩大了他们的生活意识，他们利害相冲突的分子，遂自然形成两次最大的阶级争斗，第一次是资产阶级对于封建之争斗，第二次是无产阶级对于资产阶级之争斗。所以人类每一个重要的政治争斗，都有阶级争斗的意义含在里面。

今日，不但无产阶级对于资产阶级之争斗方在猛烈的进行中，即资产阶级对于封建之争斗，虽在最进步的国家若德意志若法兰西也还未曾完全终了。在产业幼稚的东方，除游牧的民族不计外，即稍进步的民族，资产阶级及无产阶级的形式及意识虽然都正在开始发展，而团结力都十分幼稚，因此国家统治权仍旧完全掌握在封建阶级之手；最进步的日本，也不过是一个半封建式半资产阶级式的国家。已战胜封建的欧美资产阶级，采用帝国主义，利用产业不发达的亚洲、非洲诸国做他们的殖民地或商场，并且公然地或阴谋地运用他们政治及经济势力，钳制殖民地及商场之资产阶级及无产阶级都没有自由发展的机会，这是非、亚两洲被压迫的民族之普遍的痛苦。

在这种世界政治的经济的状况之下的中国，他也是被压迫的民族之一，他的政治及经济是自然要受环境支配的。

中国经济的状况，可分为下列三种：（一）是内地乡村的家庭农业，（二）是各城市的手工工业，（三）是沿江沿海近代资本主义式的工商业；因为受了列强在中国所行帝国主义的侵略，及本国军阀的扰乱，农民被物价腾贵驱迫到都市去找工作，手工工业渐为外国机器制造品所毁灭，新兴的工商业没有保护关税及运输便利，也不能够发展起来和外资竞争。

中国政治的状况，也可分为下列三种：（一）是国际帝国主义的压迫，东交民巷公使团简直是中国之太上政府，中央政府之大部分财政权不操诸财政总长之手而操诸客卿总税务司之手，领事裁判权及驻屯军横行于首都及各大通商口岸，外币流通于全国，海关、邮政及大部分铁路管理权操诸外人之手，这些政治状况都是半殖民地的状况，不能算是独立的国家；（二）是国内军阀的扰乱，帝制倒了，帝制遗下来的军阀却未曾倒，大小军阀把持中央及地方之政权、财权，使全国中法律无效，舆论无效，财政紊乱而国家濒于破产，又以军阀互斗之故，战祸遍于全国，金融恐慌，运输停滞，工商业莫由发展；（三）是政党之萎弱，幼稚的中国无产阶级，眼前还没有代表他的政党出现，代表资产阶级的政党也很萎弱，这就是中国的资产阶级还没有强壮的表征。孤军奋斗的国民党，虽然有民主革命的历史，但党员太少，还没有支配全国政治来代替军阀的力量。至其余的党派，都不过凑合数百个或数十个利害相同的官僚议员，依附军阀来谋一官半职，我们不敢妄说他们是有主义政策的政党。

以上所列中国经济的及政治的现状，凡是诚实不肯自欺欺人的人，都应该承认实是如此。

这样的经济及政治状况，遂使中国的阶级争斗不得不分为两段路程：第一段是大的和小的资产阶级对于封建军阀之民主主义的争斗，第二段是新起的无产阶级对于资产阶级之社会主义的争斗。因为中国劳苦群众的潜势力，虽然是无限的伟大，但是他们阶级的形式及知识方在萌芽时代，所以他们所表现的，只是组织工会和罢工运动，可以说纯粹为他们自己阶级的政治争斗时期还未成熟。资产阶级的政治争斗，已经由辛亥革命运动爱国运动及护法运动表示他们的意志了。所以第一段争斗，是中国人对于现在的政治问题上至急切要的工作，一切劳苦群众也都应该加入，因为这第一段民主主义的争斗，乃是对内完全倾覆封建军阀得着和平与自由，对外促成中国真正的独立；这种和平、自由与独立，不但能给中国资产阶级以充分发展的机会，而且在产业不发达的国家，也只有这种和平、自由与独立，是解放无产阶级使他们由幼稚而到强壮的唯一道路。

因此，在中国政治的经济的现状之下，这第一段民主主义的争斗，应该以下列诸项原则为最重要的标的：

（一）倾覆军阀及卖国党，尤其首先要惩创勾结卖国党或希图割据的军阀，以实现国内和平与本部统一。

（二）废止协定关税制，取消列强在华各种治外特权，清偿铁路借款收回管理权，反抗国际帝国主义的一切侵略，使中国成为真正独立的国家。

（三）保障人民集会、结社、言论、出版之绝对的自由权，废止治安警察条例及压迫罢工的刑律。

（四）定保护农民工人的各种法律。

用如何方法达到上列各项标的，乃是一个重要的问题。真的民主政治的标的，固然不是在维持现状之下，利用敌人势力鼠窃狗偷可以达到，也不是小势的革命派可以做成的；因为一切国家都必然建设在权力之上，封建的国家建设在军阀权力之上，民主的国家建设在人民权力之上，半封建半民主的国家建设在军阀和人民两种权力之上，殖民地的国家建设在母国权力之上，无权力则无国家无政治之可言，只有力乃能代替力，这种自然法则之支配，又是我们所不能避免的；所以我们应该明白若是人民的权力不能代替军阀的权力，军阀政治是不会倒的，民主政治是不会成功的。人民的权力，必须集合在各种人民的组织里才可以表现出来，直接具体表现到政治上的只是政党。政治的隆污是人民休戚之最大关键，政党是人民干涉政治之最大工具，所以主张人民不干涉政治是发昏，主张干涉政治而不主张组织政党，更是发昏之发昏。要实现政党政治来代替武人政治，亦即是以人民权力来代替军阀权力，非有党员居全国人口百分之一强大的民主党二个以上不可；因为有这么多的党员，才可以支配中央及地方的行政，才可以支配全国各级议会的选举，才可以实施刷新政治的各项政策，才可以制裁武人，才可实现政党政治来代替武人政治。这件事若办不到，政党政治是不会成功的，民主主义是不会实现的，军阀政治是不会倒的，军阀政治不倒，他们各霸一方把持财政，法律无效，舆论无效，战乱蔓延，工商凋敝，教育废弛等现状，是要继续下去的；此等现状继续下去，国际帝国主义的侵略是要日甚一日的，是要由现在半殖民地状况更变到完全殖民地状况的。

我们知道民主主义的争斗仅是第一段争斗，不是人数〔类〕最后的争斗；我们更知道资产阶级的民主主义之下的政党政治是必然包涵许多腐败与罪恶的。但是我们要知道在人类阶级争斗亦即社会进步的过程上看起来，在中国政治的及经济的现状上看起来，我们势不得不希望代替更腐败更罪恶的军阀政治之民主的政党政治能够成功。

现在有一派人主张联省自治为解决时局的办法，这种主张是未曾研究中国政治纠纷之根源在哪里。中国政治纠纷之根源，是因为封建式的大小军阀各霸一方，把持兵权、财权、政权，法律舆论都归无效，实业、教育一概停顿，并不是因为中央权大地方权小的问题。此时全国兵马财政大权都操在各省督军总司令手里，连国有的铁路、盐税他们都要瓜分了，若再要扩大地方权，不知还要扩大到什么地步？说到地方自治自然是民主政治的原则，我们本不反对，但是要晓得地方自治是重在城镇乡的自治，地方自治团体扩大到中国各省这样大的范围，已经不是简单的地方自治问题，乃是采用联邦制，属于国家组织问题了。

联邦制若建设在人民经济状况不同及语言宗教不同的理由上面，到也无可非难。奈中国的状况决不是这样，他们的联省论，完全建设在武人割据的欲望上面，决不是建设在人民实际生活的需要上面，所以他们这种主张，在人民政治能力的事实上，无人敢说这样大的自治权马上就能够归到人民手里，不过联省自治其名，联督割据其实，不啻明目张胆提倡武人割据，替武人割据的现状加上一层宪法保障。武人割据是中国唯一的乱源，建设在武人割据的欲望上面之联省论，与其说是解决时局，不如说是增长乱源。增长乱源的政治主张，我希望爱国君子要慎重一点。

所以我主张解决现在的中国政治问题，只有集中全国民主主义的分子组织强大的政党，对内倾覆封建的军阀，建设民主政治的全国统一政府，对外反抗国际帝国主义，使中国成为真正的独立国家，这才是目前扶危定乱的唯一方法。

署名：陈独秀

《东方杂志》第十九卷第十五号

1922 年 8 月 10 日

联省自治与中国政象

（一九二二年九月十三日）

我对于联省自治即联邦这个制度的本身，本来不反对；但是我以为任何国家若采用这个制度，最圆满的理由是建设在各部分聚居的人民经济状况不同之上，其次是建设在各部分聚居的人民语言、宗教不同之上，至少也必须建设在人民之自治的要求与能力扩大之上，这种合乎民治主义的进步制度，决不是武人割据的退步制度可以冒牌的。

中国政象纷乱的源泉，正是中外人所同恶的"督军政治"。大小军阀各霸一方，全国兵马财政大权都操在各省督军总司令手里，中央政府的命令等于废纸，省长是督军的附属品，省议会是他们的留声机器，法律舆论都随着他们的枪柄俯仰转移，因此中央财政枯竭，以内外债及中央政费无法应付之故，国家濒于破产；又以大小军阀在省外省内互争雄长之故，战祸蔓延，教育停顿，金融恐慌，百业凋敝，继此以往，国力民力日益削弱，必然要至灭亡的地步。

我根据以上的理论与事实，我断然不敢承认联省自治，能够解决现在的中国政治问题。

中国本部人民的经济状况，都在由农业及手工业渐进到工厂工业时代，南北大致不甚相远；本部语言发音虽微有不同，而文字及语言构造则完全相同；宗教虽有佛、道、耶、回之分，而无分部聚居之事；至于说人民之自治的要求与能力已经扩大到联省自治的程度，除造谣外别无事实可以证明；在上列的事实基础上而提倡联省自治，简直可以说是无病而呻。

近来的联省自治论，非发生于人民的要求，乃发起于湖南、广东、云南等省的军阀首领。这个事实，我想无人能够否认。这种无病而呻的联省自治论，在这班军阀首领自然是有病而呻；所以我敢说现时的联省论，隐然以事实上不能不承认已成的势力为最大理由，是完全建设在武人割据的欲望上面，决非建设在人民实际生活的需要上面。武人割据是中国政象纷乱的源泉，建设在武人割据的欲望上面之联省论，不过冒用联省自治的招牌，实行"分省割据"、"联督割据"罢了。而且国内政论家若以苟且的心理，以为事实上不能不承认这种已成的势力，遂轻假以自治之名，则希图割据的武人得了时论的援助，人奋其私，师旅团长都可以效督军总司令之所为，假自治之名，行割据之实，一省之内又复造成无数小酋长的局面，更陷吾民于水深火热之中，这时诸君又将以他们"不能立时放弃自治"为理由，以为事实上不能不承认他们已成的势力，来主张"联道自治"、"联县自治"吗？

联省制即联邦制的理想，固然是我们所不反对的，自治更是我们所赞成的，但是我以为我们人民的政治能力，才发达到都市自治的程度，若说已能勉强运用省自治制，此则为常识所不许；不能而强欲其能，至不惜以武人割据冒居其名，其结果，上不能集权于政府，下不能分权于人民，徒使军阀横梗其间，统一与民权两受其害，因为人民真能运用自治制度的联邦，未必定有害于统一，而武人割据的联省自治却去统一太远了。

最近的《努力周报》上，有胡适之先生和陈达材先生两篇赞成联省自治的文章，我现在略写点不同的意见如下：

适之先生说："我们总不懂孙吴二氏怎样能抹杀省的一级，我们至今不解国中研究政治事实的人，何以能希望不先解决省的问题，而能收军权于国，何以能希望不先许省自治而能使县自治！"我请问适之先生：怎见得不赞成联省自治便是抹杀省的一级？不能收军权于国，如何能够解决省的问题（即以安徽为例，不能除张马等人军权，有何方法可以解决省内各问题）？据何理由县自治必须建设在省自治的基础上面？

适之先生说："试问国宪制定颁布之后，各省就能拱手把兵权奉给中央了吗？那些已行自治的各省，如湖南，如广东，就可以自行取消他们的自治制度了吗？那些正在经营自治的各省如云南，如四川，就可以立时放弃自治了吗？"我今正告适之先生：中国此时还正在政治战争时代，不是从容立法时代，我们并不像一般书呆子迷信宪法本身有扶危定乱的神秘力，我以为此时一部宪法还不及一张龙虎山的天师符可以号召群众。先生称许湖南、广东是已行自治的省，云南、四川是正在经营自治的省，原来时贤所主张的联省自治即联邦制就是这样，我们知道了。我们诚惶诚恐这种进步的政治组织，关外胡帅也会采用。自治！自治！天下罪恶将假汝名以行！

适之先生说："只是省自治可以作收回各省军权的代价。"我要问：先生所谓已行自治的省和正在经营自治的省，都是军阀用兵力取得的，他们肯以军权换省自治吗？他们果真是为了省自治才拥兵割据吗？他们宁肯抛弃军权不肯抛弃省自治吗？先生这种公平交易的估价，恐怕军阀听了要大笑不已。

适之先生既已称许明明是割据的军阀为已行自治或正在经营自治，为何又说："只有联邦式的统一可以打破现在的割据局面"？

适之先生力说：只有公开的各省代表会议可以解决时局，胜于武力统一；我们知道前此上海和会，费了许多时间及金钱，各代表各政客闹了无穷的笑话，结果还是吴佩孚两次放了几天炮，才解决了他们不能解决的问题。

陈达材先生主张联邦制的理由有二：（一）是因为交通不便，（二）是因为人民组织能力薄弱。我以为交通不便不是个永久不变的现象；他以为交通不便，各省人民不能在政治上表现他们的意志感情，例如任免云南省长，须听命于数千里外之北京政府，他们的意志感情怎么能影响北京政府？我要问：适之先生所谓正在经营自治的云南省长唐继尧，已行自治的广东省长陈席儒，是不是足以表现云南人和广东人的意志感情？人民组织能力薄弱，不能监督政治，诚如陈达材先生所云。正因为如此，我们应该觉悟在人民没有运用省自治制这大能力的时期，断然不宜妄行采用联省自治即联邦制，因为采用联省自治制而省民的政治能力不能运用，此时省政府，下无人民监督，上又无中央制裁，则军阀割据暴吏横行的现象其何能免！

陈达材先生又以为在国民无政治能力状态之下，欲求政治进步，必先做到下列三个条件：（一）是政府权力的分散，（二）是政治饭碗支配权的分散，（三）是军人与政争之分离；这三个条件，与联邦制实完全适合。我要请问：照现在的政象，不知道政府权力还要更分散到什么程度，陈达材先生才觉得痛快？此时中国政权是集中在一个中央政府吗？人民分途监督省政府的效力在那里？中央政府还有政治饭碗的支配权吗？各省在邻省在省内，因为地盘饭碗的自由竞争连年开枪放炮，像陕西、四川、湖南、云南、贵州老百姓所受地方分权致启争端的厚赐，陈达材先生全然不知道吗？中国政治饭碗总只有这样大，无论支配权如何分散，同是供不能应求，解决这个问题是在开发实业，不是饭碗支配权的分合问题。此时中国政治的实质，已经是联邦而非单一制，中央政府的权力，比世界上任何联邦政府的权力还小，军人与政争分离了没有？

　　我常说，中国已经是无政府状态，不必再鼓吹无政府主义了；中国的政象已经是超联邦以上的地方专权，不用再鼓吹什么联省联邦制了；我以为任何好名词好主义好制度，而不为社会实际生活所需要，必不足以救济社会的病痛；拿联省自治来救济中国，简直是药不对症，不但不能减少病痛而且还要增加病痛，因为中国此时的病症，是武人割据不是中央专权，省民政治能力不能接受省自治权而采用联省自治制度，除增加武人割据的扰乱以外，必无其他好的结果。所以我们主张救济中国，首在铲除这种割据的恶势力，断然不可怀苟且的心理，以为他是已成的势力，来承认他助长他。铲除这种恶势力的方法，是集中全国爱国家而不为私利私图的有力分子，统率新兴的大群众，用革命的手段，铲除各方面的恶势力，统一军权政权，建设一个民主政治的全国统一政府；这样政府实现了，才有政治可言，才有从容制宪的余地，中央权与地方权如何分配方为适当，自然是这时候宪法中一个重要的问题；若在现时群雄割据的扰乱中，鼓吹联省自治，上有害于国家统一，下无益于民权发展，徒以资横梗中间的武人用

为永远巩固割据之武器，使老百姓更陷于水深火热之中，连向中
央请愿这条可怜的路都断了。所以我对于这种政治主张，期期以
为不可，敢我敬爱的朋友们垂泣而道之。

署名：独秀

《向导》周报第一期

1922 年 9 月 13 日

本 报 宣 言

——《向导》发刊词

（一九二二年九月十三日）

现在最大多数中国人民所要的是什么？我们敢说是要统一与和平。为什么要和平？因为和平的反面就是战乱，全国因连年战乱的缘故，学生不能求学，工业家渐渐减少了制造品的销路，商人不能安心做买卖，工人农民感受物价昂贵及失业的痛苦，兵士无故丧失了无数的性命，所以大家都要和平。为什么要统一？因为在军阀割据互争地盘互争雄长互相猜忌的现状之下，战乱是必不能免的，只有将军权统一政权统一，构成一个力量能够统一全国的中央政府，然后国内和平才能够实现，所以大家都要统一。我们敢说：为了要和平要统一而推倒为和平统一障碍的军阀，乃是中国最大多数人的真正民意。近代民主政治，若不建设在最大多数人的真正民意之上，是没有不崩坏的。

所谓近代政治，即民主政治立宪政治，是怎样发生的呢？他的精髓是什么呢？老老实实地简单说来，只是市民对于国家所要的言论、集会、结社、出版、宗教信仰，这几项自由权利，所以有人说，宪法就是国家给予人民权利的证书，所谓权利，最重要的就是这几项自由。所以世界各种民族，一到了产业发达人口集中都市，立刻便需要这几项自由，也就立刻发生民主立宪的运动，这是政治进化的自然律，任何民族任何国家可以说没有一个例外。十余年来的中国，产业也开始发达了，人口也渐渐集中到都市了，因此，至少在沿江沿海沿铁路交通便利的市民，若工人，若学生，若新闻记者，若著作家，若工商业家，若政党，对于言论、集会、结社、出版、宗教信仰，这几项自由，已经是生活必需品，不是奢侈品了。在共和名义之下，国家若不给人民以这几项自由，依政治进化的自然律，人民必须以革命的手段取得之，因为这几项自由是我们的生活必需品，不是可有可无的奢侈品。可是现在的状况，我们的自由，不但在事实上为军阀剥夺净尽，而且在法律上为袁世凯私造的治安警察条例所束缚，所以我们一般国民，尤其是全国市民，对于这几项生活必需的自由，断然要有誓死必争的决心。"不自由毋宁死"这句话，只有感觉到这几项自由的确是生活必需品才有意义。

现在的中国，军阀的内乱固然是和平统一与自由之最大的障碍，而国际帝国主义的外患，在政治上在经济上，更是钳制我们中华民族不能自由发展的恶魔。北京东交民巷公使团简直是中国之太上政府；中央政府之大部分财政权不操诸财政总长之手，而操诸客卿总税务司之手；领事裁判权及驻屯军横行于首都及各大通商口岸；外币流通于全国；海关邮政及大部分铁路管理权，都操诸外人之手；银行团及各种企业家，一齐勾串国内的卖国党，尽量吸收中国的经济生命如铁路矿山和最廉价的工业原料等；利用欺骗中国人的协定关税制度，钳制中国的制造业不能与廉价的外货竞争，使外货独占中国市场，使中国手工业日渐毁灭，中国为使永〔使中国永为〕消费国家，使他们的企业家尽量吸收中国的现金和原料，以满足他们无穷的掠夺欲；在这样国际帝国主义政治的经济的侵略之下的中国，在名义上虽然是一个独立的共和国，在实质上几乎是列强的公共殖民地；因此我中华民族为被压迫的民族自卫计，势不得不起来反抗国际帝国主义的侵略，努力把中国造成一个完全的真正独立的国家。

现在，本报同人依据以上全国真正的民意及政治经济的事实所要求，谨以统一、和平、自由、独立四个标语呼号于国民之前！

未署名

《向导》第一期

1922 年 9 月 13 日

答张东荪
（联省自治与国家社会主义）

（一九二二年九月十七日）

东荪先生：

　　发展中国实业，只有国家社会主义与私人资本主义两个途径。先生前文是否主张资本主义的发达实业，姑且不论，唯除了国家社会主义（其初只是国家资本主义，再进一步才能到国家社会主义），只有走私人资本主义这条路，决不是合作主义能够使中国实业充分发展的。鄙意所谓国家社会主义，决非建设在现状之上，亦非由国家包办一切大小工商业，马上就要禁绝一切私人企业。所谓国家经营的大工商业，亦不必全集在中央，省管及市管方法（都算是公有），亦可斟酌情形定之。不知先生对此方法有所怀疑否？真的民治主义的政制能否在中国完全实现，弟万分怀疑；因为此时中国资产阶级的力量与无产阶级同一幼稚，这是不可否认的事实。今后的进步，必然是两阶级平行进步，而世界的趋势能否容民主的政制占领长时代而不生急进的变化，乃是一个问题。弟亦以为必经过这个时代，但无很强大的力量，而且不久必生他种变化，先生以为如何？关于联省自治问题，吾辈反对联省并非主张废省。尊论谓"特所谓省者必非今日之省"，诚是诚是，苏、皖二省就是一个好例，何以主张联省者未议及此？老实说他们完全是苟且的心理，承认现状而已，呜乎可。算是武人狠，我们无法推翻他，让他们自去做皇帝，我们何苦要上劝进表！

独秀

《时事新报》副刊《学灯》

1922 年 9 月 17 日

造 国 论

（一九二二年九月二十日）

以真正国民军　创造真正民国

我们中国此时在名义上虽是一个独立的共和国，在实质上，比南洋马来群岛酋长割据的英、荷殖民地高明不多，哪里算得是一个独立的国！在经济方面：国家重要的权利大部分抵押给外国了，外国货充满了全国，全中国人都是外国生产国家的消费者，全国金融大权都直接或间接操诸外人之手。在政治方面：大小酋长分据了中央及地方，这班大小酋长之发号施令又唯公使团之意旨是从。南洋英属、荷属殖民地的政治经济状况完全是这样，如何能算是一个独立的国家？在这样殖民地状况之下，有何国会可言！有何法统可言！有何宪法可言！有何政治可言！所以我们以为中国还在"造国"时代，还在政治战争时代，什么恢复法统，什么速制宪法，什么地方分权，什么整理财政，什么澄清选举，对于时局真正的要求，不是文不对题，便是隔靴搔痒。时局真正的要求，是在用政治战争的手段创造一个真正独立的中华民国。

这个问题倘然决定了，接着第二个问题就是用什么方法来造国？

我们的答案是：组织真正的国民军，创造真正的中华民国。

这个国民军，是应该由全国被压迫的各阶级爱国者而不为私利私图的有力分子集合起来号召全国各阶级觉悟的大群众组织而成。在这创造国家的大事业中，自然少不得许多有力的领袖，但英雄时代、贤人政治时代都快过去了，这种新势力若不建立在大群众的需要与同情的力量上面，不是难以持久，便是造成新的军阀。在中国的产业状况看来，这种大群众决不是哪一个阶级的群众在短期内能够壮大到单独创造国家的程度。商人说，在商言商不与闻政治，教育家主张不谈政治，至今没有一个代表资产阶级的政党发生，这都是中国资产阶级没有壮大的表征；在私产制度之下，资产阶级未壮大，无产阶级也自然不能壮大；因此，我们敢说，中国产业之发达还没有到使阶级壮大而显然分裂的程度，所以无产阶级革命的时期尚未成熟，只有两阶级联合的国民革命（National Revolution）的时期是已经成熟了，这个时期的成熟是可以拿十余年来的政治史及眼前要求打倒军阀、建设民主政治的呼声可以证明的。

各阶级大群众联合的国民军如果成立了，国民的革命如果成功了，压迫我们的内外恶势力如果解除了，民主的全国（指中国本部而言）统一政府如果实现了，这时候才有宪法才有政治之可言，这时候中华民国政治上的创造才算成功，而真正的中华民国还只创造了一半，其他一半，乃是中华民国经济上的创造；因为民国必须建设在最大多数人民的幸福上面，人民的幸福又以经济的生活为最切要，经济的生活不进步，所谓人民的幸福，仍只是一句空话。

用什么方法来创造经济？我们的答案是：采用国家社会主义，由中央或地方（省及市）政府创造大的工业、商业、农业，一直到私产自然消灭而后已。

照中国社会的现状，要开发实业，只有私人资本主义或国家社会主义这两条道路。用私人资本主义开发实业，在理论上我们不能赞成，因为他在欧、美、日本所造成的罪恶已是不能掩饰的了；在事实上，以中国资产阶级幼稚的现状，断然不能在短期间发展到能够应付中国急于开发实业的需要，而且在国际帝国主义的侵略及国内军阀的扰乱未解除以前，中国的资产阶级很难得着发展的机会，到了国民革命能够解除国外的侵略和国内的扰乱以后，无产阶级所尽的力量所造成的地位，未必不大过资产阶级，以现在无产阶级的革命倾向大过资产阶级便可以推知，那时资产阶级决难坚持独厚于自己阶级的经济制度，所以我们敢说，采用国家社会主义来开发实业，是国民革命成功后不能免的境界。

政治的创造及经济的创造都能成功，那时国民军创造真正中华民国的工作才算完结。

总括起来说，我们造国的程序是：

第一步组织国民军；

第二步以国民革命解除国内国外的一切压迫；

第三步建设民主的全国统一政府；

第四步采用国家社会主义开发实业。

署名：独秀

《向导》周报第二期

1922 年 9 月 20 日

国民党是什么

（一九二二年九月二十日）

凡研究一个党派的内容是什么，必须将他的党纲和党员分子分析一下，才能够明白。要明白中国国民党是什么，也须用这个方法。

从中国国民党的党纲说起来，他起源于同盟会；同盟会的誓约中，有"驱逐鞑虏，恢复中华，建立民国，平均地权。"这四句话，这就是从同盟会，一直到现在的中国国民党所始终主张的三民主义。第一、二句是民族主义，第三句是民权主义，第四句是民生主义，这三民主义，可以说是中国国民党党纲之骨干。我曾亲听过孙中山先生演讲三民主义，大意是说：满洲皇室虽然推倒了，而中华民族备受列强的压迫，民族主义仍有提倡的必要；民权是指选举权、复决权、罢官权、创制权等直接民权；民生主义，于平均地权以外，更加上土地国有，机器国有，少者归国家教育，老者归国家赡养等主张，这可以说是国民党民生主义最近的解释。

从中国国民党员分子说起来，知识者（旧时所谓士大夫，现在的职业是议员、律师、新闻记者、教员、官吏、军人等）居半数以上，华侨及广东工人约居十之二三，小资本家约十之一，无职业者约十之一。

照以上两点分析研究的结果，再参看他十几年来革命的历史，我可以说中国国民党是一个代表国民运动的革命党，不是代表哪一个阶级的政党；因为他的党纲所要求乃是国民的一般利益，不是哪一个阶级的特殊利益；党员的分子中，代表资产阶级的知识者和无产阶级的工人几乎势均力敌。

中国国民党何以成功了这样一个复杂的团体，此事决非偶然，因为有两个重大的原因：（一）是国内产业发达的程度，尚未到阶级反抗显然分裂的时期，因此代表一阶级的政党自然不易发达；（二）是国人思想进步落后，至今尚在封建时代，而外来的民主主义与社会主义同时输入，思想界顿呈复杂的状况，中国国民党正是这种复杂状况具体的表现。我希望国民党党员和他党党员，赞成国民党和反对国民党或批评国民党的人，都不可忽视了这一点。

署名：只眼

《向导》周报第二期

1922 年 9 月 20 日

英国帝国主义者所谓退回威海卫！

（一九二二年十月四日）

自国际帝国主义者在华盛顿会议决定协同侵略的门户开放政策之后，日本帝国主义有所谓退回青岛，英国帝国主义者有所谓退回威海卫之举。

退回青岛的结果如何？除日本帝国主义者估定那中国人民无力赎回的价格之外；青岛的矿业经营名为中日各投半资合办，实际将全落日人之手；青岛的管理，照日美帝国主义的爪牙王正廷所颁布的青岛市政条例看来，完全为国际共管！而英美帝国主义在华的顾问和机关报，不是天天吹华盛顿会议怎样有利于中国，便是说青岛从前在德日人手里怎样弄成了近代的模范都市，中国是否有承继这种伟业而不使之腐败，以辜负列强之盛意的程度等等敲诈的鬼话，这些话的用意，就是要完成青岛的国际共管。

现在又看英国帝国主义所谓退回威海卫是怎样一回事呢？他要求将威海卫开放为他们的自由贸易港，他提出的三个条件（一说有五条）是：

（一）英国在威海卫原有军港不能废除，当作为夏季英人避暑之地。

（二）中国派警察保卫威海卫，其警士须素与英人有好感情及有经验者。

（三）中国如在威海卫境修筑铁路，须由英人首先投资。

此外，且申言英国不愿受不名誉的中国军警之保护，并说为防威海卫之"衰落"与"消灭"计，须任外人参与市政。这就是英国帝国主义者所谓退回威海卫！

署名：独秀

《向导》周报第四期

1922 年 10 月 4 日

请看国际帝国主义怎样宰制中东路

（一九二二年十月四日）

九月廿七日《中华新报》载：据日人方面宣传，驻华英美两国公使，对于中东路之管理方法，业经议定五项如下：（一）根据一九二〇年之条约，尊重中国之管理权，劝告中国自动的整顿该路，以防日人之干涉；（二）对于沿线之土匪，希望中国组织特别警备队备之；（三）根据华盛顿会议之决议，要求关系各国共同援助；（四）废止海参崴之管理委员会，缩小哈尔滨之该技术部之权限；（五）中俄会议对于中东铁路问题，不宜干涉。

国人试看英美帝国主义怎样"根据华会决议"掠夺中东路的，怎样蔑视中国的主权，他们竟说得出口，不准中俄会议"干涉"中东路；新爱〔卖〕国贼外交系对于他们主人的这项训令，一定奉命惟谨，不敢违背的。所以他们天天抬出外蒙问题以塞国人耳目。而把中东路问题抛在九霄云外。被蒙蔽的国人呵，你们须知在政治和经济关系上，中东路问题之重要十倍于蒙古咧！

署名：只眼

《向导》第四期

1922 年 10 月 4 日

中国共产党对于
目前实际问题之计划

（一九二二年十一月）

世界经济状况已指示世界无产阶级在对于世界资产阶级共同作战之中，分出三种策略：（一）欧美资产阶级已于一世纪半以前完成了他们推倒封建阶级的使命，实现了他们阶级的政治，这些国家的无产阶级之经济条件也发达到急切推倒资产阶级而自己取得政权之可能与需要；（二）日本资产阶级只发达到脱离了外国帝国主义者之羁绊而与本国之贵族军阀平分政权的程度，因此日本政治成了一种半封建主义半资本主义之现象，目前日本的无产阶级仍有推进资产阶级与封建阶级作战之需要，而且他们的势力已集中，已有与封建阶级作战之可能；（三）东方诸经济落后国如印度、中国等，都在外国帝国主义的势力及本国封建阶级的势力勾结支配之下，不但无产阶级没有壮大，即资产阶级亦尚未发达到势力集中，对于封建阶级及帝国主义者有自己阶级的争斗之觉悟与可能，因此他们每每有依赖贵族军阀或帝国主义者而生存的倾向，此等国家的无产阶级，在为自己阶级的利益奋斗以外，仍应采用各种政策，促进那涣散而懦弱的资产阶级在他们能够与封建阶级及帝国主义者争斗范围以内的经济势力集中及发展，使他们的经济地位自然唤醒他们了解有与无产阶级建立联合战线，打倒两阶级的公敌——本国的封建军阀及国际帝国主义——之客观的需要与可能；这种联合战线之胜利，自然是资产阶级的胜利，而幼稚的无产阶级只有在此联合战线才能实行争斗，不仅仅是一个主张，亦只有在此联合战线之复杂的争斗过程中，才能够使自己阶级独立争斗的力量之发展增加速度。

共产国际第三次第四次大会，依据世界经济状况发达的程度，为东方的无产阶级指示出目前争斗所需要的两个策略，即民主的联合战线及反对帝国主义的联合战线。

中国无产阶级的目前争斗，应该以这两个策略为不可离的根本原则，应用在各种实际问题，以消除为中国民族发展的两大障碍物——军阀及国际帝国主义。

"政　治　问　题"

A. 统一与分治问题：武人倚靠外力割据纷争的现状，为资产阶级势力及劳动运动得集中之大障碍，吾人应该反对军阀的分治主张，而赞成资产阶级的国民统一运动，并促进代表资产阶级的民主派互相结合，而极力反对其互相分裂或反与军阀合作；然在国民统一运动未能集中时，若有由一地方人民奋起反对一地方军阀统治的自治运动，及不压迫劳动运动不依赖帝国主义者之民主的省政府，则吾人亦宜赞助之，以消灭一部分军阀势力及减少一部分帝国主义者之侵略。

B. 对于国民党问题：国民党虽然有许多缺点与错误，然终为中国唯一革命的民主派，自然算是民主的联合战线中重要分子，在国民党为民主政治及统一政策争斗时期，无产阶级不但要和他们合作参加此争斗，而且要在国民党中提出反对帝国主义及为工人阶级利益与自由的口号，以扩大其争斗，更要向国民党中工人分子宣传促进他们阶级的觉悟，使他们了解国民党终非为无产阶级利益争斗的政党。若国民党与最反动的黑暗势力（如张作霖，段祺瑞，曹锟等）携手或与帝国主义者妥协时吾人即宜反对之绝不容顾忌。总之，我们共产党在任何问题的争斗中及与任何党派联合运动中，总要时刻显示我们的真面目于群众之前，更不可混乱了我们的独立组织于联合战线之中。

C. 反对帝国主义的联合战线：以工人农人及小资产阶级革命的党派或分子为主力军，向一切帝国主义者加以攻击；同时亦可联合半民族运动的党派，向一派帝国主义者作战（例如资产阶级反对日本时）。

D. 国会问题：现有国会已经过十年，无论民八民六均未能代表民意，吾人主张用普通选举法选举而不为军阀势力所支配的新国会，同时亦必须改组一新政府，而对于现有的国会及政府，亦仍要作劳工立法及承认苏维埃俄罗斯之运动。

E. 对俄外交：俄国为现时世界上唯一抛弃帝国主义的国家，所以中国对俄交涉如通商，中东铁路，松花江航权，庚子赔款，蒙古等问题，吾人应主张即速与俄罗斯直接开始谈判，绝对不容第三国之干涉或参加。

F. 蒙古问题：在国家组织之原则上，凡经济状况不同民族历史不同言语不同的人民，至多也只能采用自由联邦制，很难适用单一国之政制；在中国政象之事实上，我们更应该尊重民族自决的精神，不应该强制经济状况不同民族历史不同言语不同之人民和我们同受帝国主义侵略及军阀统治的痛苦；因此我们不但应该消极的承认蒙古独立，并且应该积极的帮助他们推倒王公及上级喇嘛之特权，创造他们经济的及文化的基础，达到蒙古人民真正独立自治之客观的可能。

"劳 动 运 动"

共产党是工人的政党，他的基础应该完全建筑在工人阶级上面，他的力量应该集中在工人宣传及组织上面。中国的工人运动，已有由地方的组织进到全国的组织之倾向，由经济的争斗进到政治的争斗之倾向，中国共产党的劳动运动，除普通运动（如减时加薪，劳动立法等）外，应利导此倾向依次进行下列具体的计划，以增加其实际的战斗力：

A. 有系统的巡回政治宣传，此项宣传务使工人阶级由被动的改良的单纯经济的运动，进到自动的革命的经济与政治不分离的运动。

B. 工厂委员会之运动：单是工会运动，工人的势力终于站在生产机关的外面，其运动之基础恒不巩固；唯有实现工厂委员会之制度，廓清工头，包工及一切居间人之障碍，才能使工人的势力达到生产机关以内。

C. 组织全国铁路总工会及矿工总工会：中国工人阶级只有

铁路工人，海员，矿工为三个有力的分子，海员已有全国的组织，铁路工人及矿工经数次大罢工，亦有全国的组织之可能。

D. 组织铁路工矿工海员三角同盟：在一个大规模的全国劳动总联合中，尤其在工人组织幼稚的国里，若是没有几个大的有力工会为中坚，是不容易团结及持久的，所以在未组织全国工会总联合以前，必须努力先成此三个产业联合的三角同盟。

E. 为巩固及强大劳动阶级之战斗力计，应该提出"全国劳动运动统一"的口号，应该极力指斥无政府工团派以"独立"、"自治"等名词使劳动阶级之组织及运动分裂的阴谋；因此，在第二次全国劳动大会（一九二二〔三〕年五月一日），首先要提出"全国劳动运动统一"的议案及议定关系全国劳动阶级利害的各种共同工作，并组织全国工会总联合会之中央机关，筹画及指挥实施劳动阶级联合战线上各项统一的策略，以防欧美资本进攻之余波或及于中国。

"农 民 问 题"

无产阶级在东方诸经济落后国的运动，若不得贫农群众的协助，很难成就革命的工作。

农业是中国国民经济之基础，农民至少占全人口百分之六十以上，其中最困苦者为居农民中半数之无地的佃农；此种人数超过一万二千万被数层压迫的劳苦大群众（专指佃农），自然是工人阶级最有力的友军，为中国共产党所不应忽视的。中国共产党若离开了农民，便很难成功一个大的群众党。

中国一般农民之痛苦如下诸端：

（一）外货输入之结果，一般物价增高率远过于农产物价格增高率，因此自耕农民多卖却其耕地降为佃农，佃农则降为雇工，或流为兵匪；此事实造成了两个结果：一是贫农仇恨外国势力之侵入，一是兵匪充斥供给军阀不断的源泉。

（二）水旱灾荒使各种农民一律受苦。

（三）兵乱及灾荒使农民大为迁徙，其迁徙所至之地方遂至佃农雇工均供过于求，因同业间竞争，地主及雇主所要求的条件日加苛酷。

（四）因以上三种之结果，农民食用不足，遂不得不受高利盘剥之痛苦，此项痛苦以无地之佃农为最甚。

欲解除此等痛苦，应采用下列政策：

（A）限田运动，限制私人地权在若干亩以内，以此等大地主中等地主限外之地改归耕种该地之佃农所有。

（B）组织农民消费协社，中国农民间有合资向城市购物之习惯，应就此习惯扩大为消费协社。

（C）组织农民借贷机关，中国农村向有宗祠，神社，备荒等公款，应利用此等公款及富农合资组织利息极低的借贷机关。

（D）限制租额运动，应在各农村组织佃农协会，每年应缴纳地主之额租，由协会按收成丰歉议定之。

（E）开垦荒地，应要求政府在地税中支用款项，供给过剩之贫农开垦官荒。

（F）改良水利，应支用国币或地方经费修理或开拖河道，最急要者如黄河、淮河等。此等河道之开浚，不但与农民有迫切的利害关系，而且在工商业之运输上亦有绝大的影响。

未署名

根据中央档案原件刊印

离间中俄感情之宣传

（一九二二年十二月二十三日）

最近几个月内，中国几家资产阶级的报纸，算是做了不少反对苏俄的宣传；这些宣传都是直接间接受外国帝国主义宣传员之支配的。有一些报纸论到"国际共管"的消息，便说中国自己弄到这样糟，外人为保护侨民的生命财产计，已忍无可忍，怪不得他们有这种主张。对于诚心要与中国人民友善的苏俄，并不说中国军阀纵容白党扰乱苏俄和中东路，怪不得苏俄要说闲话；反张大其辞说苏俄侵略。最近中国报纸，替外国人传达关于苏俄谣言，也算不少。京沪各报甚至登载一篇《苏俄共产党最近之宣言》；内容是说苏俄不交还蒙古和武力对付满洲；我们一看便知道是假的。这又不知道是哪个侵略家造的谣。或者是日本要夺取中东路，先造些谣言做借口的资料罢。但是中国报纸毫无鉴别能力，未免专供人利用。

我们！中国共产主义者！很知道俄国共产党是怎么一回事，由俄国共产党掌握政权的苏俄，是绝不会"侵略"的。所有反对苏俄的宣传或谣言，都不过是想离间中俄人民的感情的。中俄人民的共同敌人！外国侵略家！时常使用离间计，或反会使中俄人民的关系日见亲密罢。

署名：致中

《向导》周报第十三期

1922 年 12 月 23 日

丧尽利权之鲁案协定

（一九二二年十二月三十日）

本报对于山东问题，虽然发表过好几次意见，但是还有讨论之必要。这个举国注视的问题，虽已签约解决了，我相信我们的读者还会极端地注意。

山东问题的解决，官场中到极引为荣幸。有些官僚的报纸，如《京报》等，甚至赞美鲁案协定签字那天，是中国人民最堪庆贺的日子；并认定鲁案解决结果，是中国的胜利。在第一部协定签字换约那天（十二月一日），王正廷在中日联合委员会中演说道："……幸对于各问题，均已圆满解决，此诚两国邦交上一大幸事也。"在另一方面，我们却没有看见那些真正以人民利益为前题的民众——也是在本国领土内享受外国侵略家的践踏和凌辱的民众，有什么欣喜的表示。不但如此，还有不少的人们，明了这个协定对于中国全体人民的真正意义。山东公民鲁案后援会等曾发表一篇反对这协定的宣言，福建学生且因此宣告抵制日货。中国国民的态度既然如此，怪不得《顺天时报》和其他汉文的日本报纸很愤怒地说道：为什么中国还不快快感谢日本呢？日本天皇这样很慷慨地把山东交还中国，为什么中国人民还不向日本天皇致谢恩的祝词呢？

　　但是我们只要把鲁案协定略略分析一下，便能发现国民为什么不满意鲁案协定的原因。

　　鲁案协定之第一部，于十二月一日签字，细目共分九章二十八条，细目之附件共十项；内容包括胶州德国旧租借地之交还，公产、矿山、盐业等等。现在我们不妨把这协定之第一部中的要点说说。日本承认于本年十二月十日正午将胶州德国旧租界地之一切行政权交还中国，但是中国政府须承认青岛日本裁判所民刑诉讼事件之裁判，并诉讼行为、不动产证明、公证拒绝、证书作成及私署证书确定日期之效力。中国政府并格外承认条约批准交换前日本官宪所许可出租之地，租期满后，以同一条件，准其续租三十年。中国政府更承认续租三十年期满后，仍得再续租；不过再续租之条件，须按照胶济商埠租地规则办理罢了。日本领事馆和日本居留民团却保留公产中最精美之房屋和地基共十九处。胶济铁路沿线公产，现被日本占领，本应即刻交还中国，却规定俟开埠地方决定时，另由两国政府协定。日本政府允将青岛、佐世保间海底电〔线〕之一半，无偿交与中国，却于附件中规定青佐海底电线之青岛一端，也委托日本政府代办，一切机器、线料、房屋、接线等费用，却由中国政府供给；电报房的主任和技师由日本委派，他们的薪金及其他职员的薪金和额数，均须由中日双方协定。甚至交还中国之四方及沧口各电报局日文电报之收费多寡，亦须由中日主务官厅协定。中国政府并须交付日本政府一千六百万日金，作为收回公产和盐业之赔偿费。此项金额内日金二百万元，须于公产和盐业移交后一月以内支付现金。其余日金一千四百万元以国库券交付日本政府，年利六厘，免除一切税捐。此项国库券之偿还期限，定为十五年，但不论何时，经三个月前通知，须将本国库券之全部或一部偿清。日本所占领之山东各矿山，移交一个专为经营此项矿山所组织之中日合资公司。日本政府既将一切矿山移交这个中日合资公司，这个公司须赔偿日本政府日金五百万元。

青岛——这块中国领土——从前不过被日本资本家强夺去了，现在不过经过一度交还中国的手续，但是拿鲁案协定细目第一部一看，便知日本资本家夺得的利润真不少呀。此后日本资本家每年因此又要榨取中国人民几百万元的"赔款"。八年来日本占领之山东矿产，现在事实上是依然还在日本掌握之中。因为个个稍微明了一点中日合办事业之历史的人们，都十分懂得中日合资公司除了有一张中日合办合同做假招牌以外，事实上简直是个日本公司。因为完成这个"公平"的合办事业，日本又获得五百万大洋。日本资本家和商民人等，在由比司令〔此公司〕保护之下，当然视青岛为他们的极乐乡土，他们会尽量收买青岛商业繁盛区域之土地；等到这次鲁案协定成立以后，他们便变成有永远租借权的地主了，就是租期最短的，也不会短过三十年的期限了。不但日本领事馆永远占据八段大地皮和房屋，日本居留民团占得的土地也是不少，而且没有一个字提到租金和租期呢。那些让给日本人会、日本学校、日本医院的房屋和土地，将变成永远制造"中日亲善"事业的场所了。要是说到日本的神社、斋场、基地占据土地之多，简直令人咋舌。还有七八千亩的贵重土地，作为日本人和其他外国人的既得权，在条约上说是再谋清厘，事实上再不会是中国的领土了；日本政府和商人经营之广大农场，不过附件上载了一句可以补偿赎回。倘若你再仔细看了附件中的公产项，你又可以找出许多地皮和房屋的损失，而且规定那些什么公学堂、病院等，还要维持而扩充之呢。这样看来，名义上青岛虽说归还中国了，但是除了名义上归还以外，恐怕没有归还旁的有价值的东西罢。不但没有归还什么东西，日本却为交还公产和盐业，又在中国人民身上榨去一千六百万的巨款。而那些公产和盐业本来就是中国人民的，现在还是属于中国人民，不过八年前被日本军阀用武力抢在手里罢了。协定上还规定日本由青岛输入机器等货物，四年内（从本年二月四日起算）可免除进口税。中国却要在十五年内，每年供给日本一万万斤到三万五千万斤的青岛盐。就是像洗衣作这样的小企业，都被日本资本侵入去了，而且这次协定还规定中国政府要给青岛日本洗衣业一种保障，这便证明鲁案协定第一部的漂亮。这样一个协定与其说是交还山东的协定，不如说是一个第二次掠夺山东的协定罢。

现在我们再看看鲁案协定第二部罢，第二部是规定胶济铁路的移交事件，本月五日签字的。在这个协定第二部中间，或者我们还可以找出日本军阀的新阴谋。

按照协定第二部说来，日本将胶济路及其支线于民国十二年一月一日移交中国，中国以四千万国库券赔偿日本。此项国库券以胶济路财产及进款为担保，年利六厘，免除一切税捐。要是不细心去研究这部协定，好像这些就是全部的内容；但是真正的内容比上面所说的，实在差得太远。鲁案协定并没有规定日本参加管理胶济路的条文，也没一家中国报纸提及日本管理胶济路的问题，但是日本管理胶济路的根据早就安排好了。这是怎么呢？我们要是翻开华盛顿会议中之山东条约看看，便能找出山东条约第十九条如下：

"前条所云之国库券未还清前，中国政府须选派日本人一名为运输总管，又一名为总司计，与中国总司计会同襄办事务以国库券还清时为限。"这就是说这条中国的胶济路——这条额外花上四千万元国库券向日本赎回的胶济路——的全部运输事宜，现在仍然落在日本资本家和日本军阀手里。那些日本资本家和军阀还是可以和从前一样利用这条铁路的运输权，供给中国督军的枪炮子弹之类，输送鸦片吗啡的毒药。据最近的消息，说是这铁路的机务、车务、工务、警务等处长，仍由前任之日本人充当，任期二年半（恐怕不止二年半罢?），各处副处长，才由中国政府指派呢。

上面我们所看到的这些事实，便是鲁案协定值得叙说，值得赞扬的地方。我们虽然只把鲁案协定，略加分析，已足够使我们得到一个很确当的结论。我们的结论便是：日本一方面形式上将青岛和胶济路交还中国，实践华盛顿会议上的允诺，博得国际上的美名，他方面用他的巧妙的外交手腕，利用中国委员不顾国家利益的行为，依然保留他在青岛和胶济路之主人翁的地位。多年争持之山东问题，现在日本是得了名利双收的结果了。日本虽然这样胜利，他的军阀的欲望像是还没有满足。他们还在青岛及其附近招集土匪与以赞助，其用意实欲于日本军队退出青岛以后，还能暗中操纵和管理青岛，如从前一样呢。也是企图以土匪骚扰为借口，推迟青岛行政权的交付呢。土匪如何在青岛一带骚扰，土匪最近的行动和土匪历来被日本利用着做扰乱事业等事实，我想读者都已十分明了，用不着再去多说。现在日本领事又怎样在青岛设警察所等等额外侵略行为，读者也自能明了，也用不着再说。我们还值得注意的一个问题就是中国如何受日本政府侮辱的事实。当王正廷在青岛举行接收青岛行政权的仪式的时候（本月十日正午），日本代表演说，简直没有把王正廷放在眼睛里，差不多没有一句话不是侮辱他（此事中国报纸竟没有详细记载）。王正廷的好乖，又是一问题，但是至少从日本代表看来，他总算是一个中国人民的代表，侮辱王正廷，是不是侮辱中国人民呢？

每当我们想像所谓山东交还问题和日本政府怎样对待中国的问题，不得不令我们联想到日俄长春会议的经过和日本政府怎样对待俄国代表等情形。日俄长春会议虽然破裂了，但是俄国得到什么重要的结果呢？其结果便是在俄国领土之内，现在是没有一个日本兵了。这个结果，只是由于俄国劳农政府之坚忍和伶俐的政策达到的，并没有得到什么"友邦"的"善意援助"。俄国民众的志愿和需要，是有那些俄国代表真正能够代表的，而且俄国代表团真能代表一个完完整整的俄国。但是中国人现在哪里有这样好的命运呢！中国委员团那能比得上俄国代表团呢！中国委员团不过代表一个由顽固官僚组成而供军阀使用的政府。所谓"弱国无外交"这句话，不过官僚们欺瞒小百姓的话；唯有没有一个真正人民的政府，才处处损失国权。这就是为什么王正廷等的委员会丝毫没有作用和分量；这就是为什么现在这个政府无论和哪一国办交涉，都只有把中国人民的利权断送给别人。

我们希望中国人民能够快快起来夺得政权，而且能够组织一个真能代表人民的政府。只有这样，才能将侮辱中华民族，压迫中国民众，掠夺中国富源等事实，一概消灭。

署名：致中

《向导》周报第十四期

1922 年 12 月 30 日

革命与反革命

（一九二三年一月十八日）

　　吾人对于指导人类行为一切名词之解释若无一定的概念，则行为者及批评此行为者均易于堕入迷途而不自觉。中国革命者、反革命者及批评家往往堕入迷途，正以对于革命与反革命这两个名词无明了的概念故。

　　综计人类社会兵争之祸有四：（一）外患，这是种族间的侵略战争；（二）内乱，这是野心家抢夺政权的战争；（三）革命，这是社会组织进化的战争；（四）反革命，这是社会组织退化的战争。

　　遍一切现象界均日在进化的过程中变动不息，人类社会也是现象界之一，在如流不息的渐变中，积诸多复杂的因果关系，往往现出组织上的顿变，革命便是这种顿变之代名词。

　　革命既是社会组织进化过程中之顿变的现象，则革命必以不违反进化社会组织为条件，反革命必以违反进化为条件，内乱乃以社会组织之进化或退化两无主义为条件。革命者、反革命者及批评家必须明白了解这些观念，然后才不至堕入迷途。

　　人类社会之历史，乃经过无数进化阶段及多次革命战争，乃至有今日之组织及现象；其组织进化之最大而最显著者，乃是由部落酋长进化到封建诸侯王，由封建诸侯王进化到资产阶级，由资产阶级进化到无产阶级。在这些最大而最显著的社会组织进化之中，又各有几多比较小的比较不甚显著的进化阶段；在每个进化阶段新旧顿变时，都免不了革命战争。革命之所以称为神圣事业，所以和内乱及反革命不同，乃因为他是表示人类社会组织进化之最显著的现象，他是推进人类社会组织进化之最有力的方法。

因此，革命者、反革命者及批评家都应该明白了解革命与进化之关系，对于一个革命运动都应该以他的内容及起因或结果是否有进化的意义定功罪，不应该以他的行为者属何阶级何党派定是非。因为一个阶级一个党派的理想比较是静的，社会现象比较是动的，以静的阶级党派理想应付动的社会变化，便往往因前后对象不同，一个阶级一个党派在前是革命的，在后是反革命的。动的社会进化日在新陈代谢之中，一个静的阶级党派，对于障碍他进化的旧阶级党派，他是新的革命的，同时对于比他更进化的阶级党派，他便变成旧的反革命的及新的阶级党派进化的障碍物了。

封建诸侯王在打破部落酋长制建设比较的统一政治时代，他是革命的，到了民主革命时代，他便是反革命的了。民主派在资产阶级革命时代，他是革命的，到了无产阶级革命时代，他便是反革命的了。在这些阶级争斗亦即社会组织进化最显著的时代，固然明白显出他们革命的及反革命的性质；在这些时代之每个时代中，又复有几多小的进化阶段现出革命与反革命的争斗；在一些进化阶段短促变化复杂的社会里，一个党派的理想，一个人的行为，同时能建革命的功劳也能造反革命的罪恶。

秦始皇以武力兼并六国，建设统一的政制，建设统一文字，这是革命的，至于焚书坑儒压迫言论，便是反革命的了。段祺瑞在赞成辛亥革命反对洪宪帝制讨伐张勋复辟时，本是革命的人物，后来组织卖国机关（安福俱乐部）讨伐西南护法军，便是反革命的行为了。康、梁一派人在戊戌变政时代是属于革命性质的，辛亥革命以后完全取反革命的行动。赵恒惕在参与辛亥革命及讨伐洪宪时，也算是革命分子，到了割据湖南惨杀黄、庞时，便是反革命的军阀了。陈炯明在辛亥革命时代，在漳州时代，在讨伐陆荣廷、莫荣新时代，都是一个很好的革命党，后来阻挠北伐军，驱逐孙中山，便是反革命的行为了。胡适之先生说陈对孙是革命行动，这实在是一个很大的错误，因为陈炯明举兵逐孙，不但未曾宣告孙中山反叛民主主义之罪恶及他自己有较孙更合乎民主主义之主张，而且逐孙后，做出许多残民媚外的行为，完全证明他是一个反革命的军阀。吴佩孚在奉袁世凯命讨伐护国军时，在奉段祺瑞命讨伐护法军时，本是一个反革命者，但是他讨伐段祺瑞安福部、张作霖交通系，都是革命的行动；因为段祺瑞、张作霖、安福部、交通系这班卖国的反动派失去政权，是给资产阶级的民主派能够得着政治上发展的机会。

不但封建式的党派人物在这进化阶段短促变化复杂的社会里同时现出革命的及反革命的两种行动，即民主派社会主义派也往往前后取革命反革命两种不同的态度。例如：法兰西的共和派，在十八世纪打倒帝政时是何等急进的革命先觉，在二十世纪因为要压迫无产阶级的共产运动，不惜与帝制派宗教徒妥协；俄罗斯的社会革命党，在帝政时代是何等革命的英雄，现在因为反对劳农政府不惜和一切反动派合作。

因此，我们对于革命与反革命可以决定两个概念：（一）革命应以社会组织进化为条件，不应以武力暴动为特征，因为革命反革命及内乱都要取武力暴动的手段；所以不但用武力改进社会组织是革命事业，凡是在社会组织进化上阶级争斗的日常工作，都是革命事业，凡是一个革命家万不可误认革命之手段（武力暴动）为革命之目的（社会组织进化）。（二）我们称许一个革命派攻击一个反革命派或自命为一个革命派，都不应该以一个阶级、一个党派或个人之静的名称为标准，应该以那阶级党派个人之动的行为为标准。

我们若是明白了解了革命与反革命的概念，对于任何党派甚至于任何军人每个革命的行动，都可以与之联合；这种联合纯然是革命的联合，为推进革命的过程而联合，为克服反革命而联合，决不是妥协的联合。

因此，我们可以看出国民党在革命与反革命的进化阶段上未认清目前最反动的敌人是谁；我们又可以看出益友社反对一个较开明的军阀取媚一个最反动的军阀之政策的错误。

署名：独秀

《向导》周报第十六期

1923 年 1 月 18 日

反动政局与各党派

（一九二三年一月十八日）

中国政治上主观的需要是实现民主的统一的政制，不幸社会的基础日久建设在家庭农业手工业之自足的经济状况上面，以致客观的民主的统一运动犹未发达到全社会普遍的舍命的要求，以致军阀尚完全掌握着统治权，以致除中国共产党以外没有一个党派不徘徊于军阀政治与民主政治之间。因此我们敢说：中国政治改造之目前第一步，还说不上建设民主的统一政制；目前第一步的奋斗是要比较进步的党派即刻觉悟自身的价值与使命，相互捐除宿怨联合起来，打破最黑暗的军阀（张作霖、段祺瑞、曹锟等）及卖国官匪（新旧交通系、安福部等）互相勾结的反动的政局；这种反动的政局，是中国政治向民主统一的路上之唯一障碍物，此物不去，民主的统一政治永远不能开始工作，去此障碍即是民主的统一政治开始工作之第一步。

杨以德杀伤唐山工人事件，最高问题贿买议员事件，破坏司法独立事件，这都是反动政局所必然演出的反动现象，固然是我们应该起来积极反抗的；但同时我们应该觉悟：我们万万不可以只看见这些反动现象之各个问题，而忘记了这些各个反动问题都是一个反动政局所必然演出的现象。因此我们固然应该向这些各个反动现象加以攻击，我们尤其应该向产生这些现象的反动政局加以根本的总攻击！

全国工友们！杨以德不过是有威权者的爪牙之一，他枪上所染的唐山工人血，是应该用我们全国工人血来洗去的。恶政治日日来压迫我们，我们应该即刻抛弃工人不干涉政治的谬论，大家站起来做打倒军阀官僚改良政治的急先锋，比资产阶级知识阶级的革命家还要加倍勇敢前进！

国民党诸君！保障民族、民权是国民党人唯一的使命，要奉行这个使命，第一要认清最违反这个使命的敌人是谁；第二要将奉行这个使命的基础建设在每个民众革命的行动上面，勿失去一个参加民众运动的机会，万不可单单建设在军事行动上面，造成新的军阀，站在被革命的地位！

好政府主义者！你们在政治的信用上，对于目前的反动政局固然不应该取消极的态度，即在个人的友谊上，依封建时代的道德也不应该袖手旁观！干！干！干！

青年学生诸君！"五四"的光荣由你们自己消失了，也可以由你们自己复兴起来呵！希望你们万勿只看见蔡校长辞职问题，和罗文干下狱的问题，而不看见汉口的市民和工人同胞被英国帝国主义蹂躏的问题；更希望你们万勿把蔡校长辞职当作仅仅一个教育问题，忘了这是一个重大的政治问题！政治是一件整个的东西，各项行政作用是绝对不能够分离的，"司法独立"、"教育独立"不但不是革命的口号，并且是不可能的梦想，像这种消极的退缩的哀求，是万分不应该出诸青年之口！

工商业家诸君！你们要明白在这种贿买总统、破坏司法、摧残教育的反动政局之下，裁兵、制宪、理财的理想又何能够见诸事实呢？你们出来与闻政治是中国一个好现象，但游说哀求是必然无效的，望诸君百尺竿头更进一步！

益友社诸君！你们党中很有许多有气节有骨格的革命分子，你们若真心要打倒军阀，我们焉有不敬仰之理。但不幸眼前的事实，你们却一面跪在一个最黑暗的军阀面前，一面来抵制一个较开明的军阀，这种反动的态度，是国民所断不能容忍的呵！

研究系左派诸君！你们过去在政治上虽然做了许多很大的错误，然终究不但不是军阀，并不是官僚；你们的态度虽过于温和，然终究还算有点政见的；凡是一个政党，对于重大的政治问题发生，绝对不许取消极的态度，诸君若不决心抛弃政治生涯，便应该加入打倒军阀官僚的联合战线！

政学会诸君！你们目下开始与革命的国民党合作，是很能洗去以前的过失，应该受人赞美的；因为我们评判各党派的功罪，应当以目前行动是革命的或反革命的为标准，不应怀抱成见的。但希望你们对于目前反动的政局应该有积极的表示，仅仅消极的否认彭允彝为非政学会会员是不够的呵！

小孙派诸君！诸君由进步党的左派而加入革命的国民党，已经证明你们有了一很大的进步。诸君既已加入了国民党，国民党一天不抛弃革命事业，你们便应该和他一致行动。在现在这样反动情势之下，已经迫使退步的政学系前进一步；你们已经前进了一步的，便当更向前进而与革命的国民党密切的合作呀！

洛派军人诸君！你们在打倒安福部段祺瑞打倒张作霖交通系的行为上，不但是爱国者，并且是一种革命的行动，但同时你们谬误的方法和软弱的心理酿成了现在的反动政局，简直是你们的罪恶，你们若没有立功赎罪的决心，国民是不能宽恕你们的！

反动政象的恶空气几乎堵住了我们的呼吸，国会议员的行为完全丑化了人间社会在畜牲界以下，全社会各阶级人格在畜牲以上的各分子快快起来加入打破反动政局的联合战线呵！谁是爱国者便应该担任这联合战线上之第一个炮声！

署名：独秀

《向导》周报第十六期

1923 年 1 月 18 日

反动政局下两个要案

（一九二三年一月二十四日）

一、议员受贿案

二、国会违宪案

我们曾立在反对帝国主义的见地上攻击外交系之前内阁，无所谓个人的好感与恶感；现在对于罗文干卖国嫌疑，不欲作事实及法律以外之攻击或辩护，亦无所谓个人的好感与恶感，唯对于司法行政长官，以命令干涉审判及不依诉讼法之声请再议、拘押被告这两点，不得不警告资产阶级的和平派梦想在军阀势力下能实现"司法独立"和"保障人权"。至于一个教育总长结党营私，一个大学校长愤而辞职，我们除了感觉得是反动政局开始崩溃之征兆以外，更没有特别注意讨论的价值。在资产阶级民主政治的原则上，值得我们注意值得我们讨论的只有两件事：一是刑法上的议员受贿案；一是约法上的国会违宪案。我们注意讨论这两件事，不是厌恶反动政局之心理的推测，乃根据下列两个事实：

（一）（某问）外间谓此次阁下包办最高问题确否？（高答）最高问题现在时机未至，更无所谓包办。（某问）此次二百元之津贴，非由尊处经手乎？所谓包办即指此也。（高答）此事从前系由刘君与政团接洽，余事前一无所闻。迨本月五号以后，某军需官来京借住敝宅，所有各党名册，均送至红罗厂，致发生此种误会。至曹巡阅使此举，系仿从前送冰炭敬之意，不过联络感情，更无所谓津贴。（某问）外间传言阁下与张亚农之新民社独厚确否？（高答）余对各党向无歧视，亚农此次向余支款，余以不经手银钱谢绝，几为亚农所恼，何厚之有？（节录一月十六日北京《京报》高凌蔚谈话。）

（二）昨日下午一时，北大学生约千人，自该校第一院出发赴象坊桥众议院，每人持旗帜一面，上书"驱逐教育败类彭允彝"、"拥护司法独立"、"保障人权"等等字样，列队而行，沿途发散传单。学生军维持秩序，队前有大旗一面，书"警告国会"四字。二时四十分，至众议院门前，时法专、医专学生已先至。三校学生相见，呼声雷动。各校正拟推举代表呈递请愿书，突有警察百余人……或用枪刀或用皮带，向人丛中突进，学生手无寸铁，皆披靡奔避。警察仍拼命追逐，致学生有倒卧地上不能行而受践踏者。当时情景，旁观者多战栗惊愕，目不忍视……而此时有类似车夫之流氓多人，亦应声呼喝，大打学生。警察将学生驱出象坊桥后，始行退回院前。事后调查，计受伤二百余人，受重伤者约五十余人，其伤脑及内脏者北大有八人。如夏应池当时重伤，至呕吐鲜血，黄日葵、呼霹雳皆头部受伤极重。现受重伤学生皆分别抬往瞿氏、德国、法国、首善、尚志诸医院。（节录一月二十日北京《晨报》。）

第一件议员受贿的事实，由《京报》登载出来到现在已过一星期，议员及内务总长高凌蔚两方面均无一字之声辩，其真假便不用讨论了。并不是点名发饷，为什么某军需官来京即将各党名册送至红罗厂？正在轰说所谓最高问题时，曹巡阅使忽然送议员炭敬，联络感情，究竟是何用意？在欧、美、日本诸立宪国，此种事实若在新闻上披露出来，行贿者、受贿者均早已由检厅起诉拘押在监狱里了，化日光天之下，公然行贿受贿，内务总长公然向新闻记者直言不讳，真是目无国民，目无检厅！

第二件国会违宪的事实，也是百口莫辩的。凡是立宪国无论君主民主，人民在宪法上都有请愿的权利，中华民国的约法也有明文；现在学生是向护法的国会请愿，不是向皇帝京控，议长竟纵令警卫流氓殴伤学生多人，这明明是不承认人民在约法上有请愿的权利，这样若不算是违宪，什么是违宪？议员诸君试扪心自问：若以前安福国会在北京有此举动，诸君在广东高唱护法时，是否要通电严责非法国会违宪之罪？当真诸君即是约法之化身得任意或违或护吗？现在教职员学生似乎重视驱彭留蔡问题而轻视了国会违宪问题，一般社会以为此次风潮是国会殴打学生问题，而忘记了是国会剥夺人民请愿权利问题（今日学生请愿被打，将来农、工、商人请愿也可被打），都是大错而特错。原来宪法上请愿权之用意，是使含冤受苦的人民有路可走，是和缓革命之方法；我们向来不赞成这种叩头下跪式的请愿，正因为他是非革命的方法，是和缓革命的道路，现在既然由国会宣告"此路不通"，大家赶快另外寻一条可通的路去走罢！

资产阶级的工商业家及学者诸君！你们向来是反对社会主义，反对无产阶级社会革命的，你们向来是迷信资本主义民主政治的，可是今天横在你们眼前的议员受贿、违宪两个问题，并不是关于社会主义的问题，更不是无产阶级社会革命的问题，乃是一般人民权利被损害的问题，尤其是资产阶级民主政治所不容许的问题，你们若不出来为此问题而奋斗，以后还有何资格有何脸面高谈什么资本主义的民主政治！

　　司法界诸君！检察官对于这样明白受贿、违宪的事件若不提起公诉，不能说不是溺职，以后还有何资格有何脸面高谈什么司法独立！

署名：独秀

《向导》周报第十七期

1923 年 1 月 24 日

最　低　问　题

（一九二三年一月二十四日）

现在各报上差不多没有一天不谈什么最高问题，我们却要谈谈最低问题。

杨以德恭维洋大人杀伤了许多开滦矿工，至今这些工人的家属颠连无告，这是一个很明显的帝国主义者勾结军阀屠戮中国工人问题，大家何以不谈？

英国的军警在汉口开枪打伤了许多棉花工人及商人，像这样帝国主义者公然屠戮我人民、侮辱我国权的大问题，大家何以不谈？

北京一个军人毒打一个肚子疼拉车不快的车夫，从廊房二条胡同一路打到西四牌楼，一文不给（见一月二十二日北京《益世报》），这是关系军纪、劳动两个问题，大家何以不谈？

中国鸦片之害未除，复加上吗啡，最近又加上金丹，毒遍全国，北方各省尤甚，这是一个重大的人种问题，大家何以不谈？

在科学发达之二十世纪，而同善社、悟善社、道德学社、普化学社等，公然遍立于中国，均以扶乩请仙敛钱为事，吕纯阳前在上海某杂志做文章，现在又在北京某银行做行长，内幕中还伏有扶清灭洋之阴谋，这是什么一种东方文化，大家何以不谈？

北京安定门外教场前土匪啸聚之露天大赌局，近由军人保险，每日聚赌者三四百人，居然抗拒侦缉队（见一月二十一日北京《益世报》），这是关于地方治安问题，何等重大，大家何以不谈？

北京西城东斜街张医生的十八岁幼妾，被大妇毒打自杀，经地检厅验称无故轻生，不予起诉结案（见一月二十日北京《京报》），这是不是应该发生之人权问题，大家何以不谈？

北京内外城无食贫民现有九万八千九百八十六名之多（据最近警署所调查），大家何以不谈？

青年会原为美国人传教机关，日前美国兵在北京青年会赛球时打人，大招青年会中国人之反感，青年会干事并不向美兵交涉，此种有意侮辱中国人之事，大家何以不谈？

保定师范学生驱逐素行恶劣之校长，省长竟拘押学生代表，以军警护送校长复校，开除学生代表十七人（见一月二十一日北京《晨报》），这种武装的校长，岂非教育界之耻辱，大家何以不谈？

这些最低问题，都是重大的政治问题、社会问题，大家都从来不注意不讨论；总统问题虽然也是一个政治问题，但不过是价值二百元的一个小小政治问题，实在合不着天天用他玷污了舆论机关的清白，而且叫做什么最高问题，真是令人看了肉麻。

署名：独秀

《向导》周报第十七期

1923 年 1 月 24 日

评蔡校长宣言

（一九二三年一月二十四日）

蔡校长为恶浊政治的恶浊空气所逼，愤而辞职，且正式发表宣言，历数政府国会之糊涂、堕落、无人格，他这种高尚洁己的品行，我们当然要承认他比一班仍在北京"有奶便是娘"、"助纣为虐"、"在文化事业上做装饰品"、"在衙署里面之胥吏式机械式的学者"高明得万倍；但是我们以责备贤者之意，对于他这种"消极的"、"非民众的"观念，认为是民族思想改造上根本的障碍，所以不得不竭诚把这两个观念的缺点忠告于蔡校长且以告国人：

（一）是打倒恶浊政治必须彻头彻尾采用积极的苦战恶斗方法，断然不可取消极的高尚洁己态度，因为社会上领袖人物若取消极的态度，不但不能够打倒恶浊政治，并且往往引导群众心理渐渐离开苦战恶斗积极的倾向，而走到了退避怯懦的路上去，不啻为恶浊政治延长生命，这是何等的罪大恶极！东洋民族之所以衰弱不振，正以消极的思想为最大病根，因此我常常痛恨中国的老、庄学说，及印度的婆罗门教、佛教为东洋民族唯一的仇敌；甘地之消极的不合作主义及非暴力的抵抗主义大失败之经过，消极的东洋民族之弱点已暴露无余，现在北京《晨报》竟称蔡校长为中国之甘地，竟称不合作主义是打破恶人政治之一方法，真是中国思想界一大厄运！我们当如防御鼠疫、霍乱一样日夜防御蔡校长之消极的不合作主义侵入思想界，以保护群众的革命运动之一线生机；而《晨报》记者反希望蔡氏之主张能如甘地风靡印度，真是岂有此理！

（二）蔡校长宣传不合作主义，明明不过是希望一般做装饰品做机械的学者官吏采取折〔拆〕台政策，他这种政策，可以证明他眼中只看见一班无良心无能力的学者官吏，而不看见全国有良心有能力的士、农、工、商大民众；国民党的革命运动只看见武力不看见民众，蔡校长打倒恶浊政治的运动，也只看见学者官吏而不看见民众，这可以说是中国领袖人物轻视民众的一个共同缺点。辛亥之役，清帝政府虽倒，而革命并未成功，正以这个缺点为最大原因，蔡校长的宣言竟引据推倒清室为不合作主义成功之例，正是一个相反的证明。

我们敢正告蔡校长及一般国民：革命的事业必须建设在大民众积极运动的力量上面，依赖少数人消极的拆台政策来打倒恶浊政治，未免太滑稽了，太幼稚了，而且太空想了。

署名：独秀

《向导》周报第十七期

1923 年 1 月 24 日

教育界能不问政治吗？

（一九二三年一月三十一日）

我们一方面天天骂军阀官僚包办政治败坏国家，一方面却又天天主张我们不干预政治，这种思想是何等矛盾！中国社会向分士、农、工、商四个阶级，士人（教育界属之）说：我们只要专心办学求学，不必问政治；农民更在那里睡觉，连政治这个名词还不大知道；工人说：我们只求改良生活，我们不愿干预政治；商人也说不谈政治。好了，士、农、工、商都不问政治，有个国家又不能没有政治，如此政治只得让军阀官僚来包办了。因此，我们敢说：中国政治坏到现在这样地步，不是军阀官僚自己要包办政治的罪恶，乃是士、农、工、商都放弃责任而且忍心害理的主张不问政治，甘心让军阀官僚包办的罪恶。单就教育界的士说，政治不清明，财政紊乱，教育费无着，你们如何能办学、求学？于是你们妙想天开地说：教育独立，不问政治。我现在要问：所谓教育独立，是不是离开社会把教育界搬到空中去独立或是大洋去〔中〕去独立？我又要问：若只是主张教育经费独立，在这种军阀横行的政治之下，政府指定之独立的教育经费有何力量可以保证不被军阀拿中〔去〕？若无人圆满地解答这两个问题，我们希望"教育独立，不问政治"这种毫无常识的话，勿再出诸知识阶级的教育家及学生之口！现在有些人对于学生请愿被殴风潮又说：我们只主张教育独立、司法独立及驱彭，不干预政治。其实教员学生除了教书读书以外，出来主张教育独立，主张司法独立，主张驱彭，也都是些政治运动了，还说不干预政治，真是掩耳盗铃。亚里斯多德说得好："人是政治的动物"，除非不是人，哪能够不问政治！"不问政治"这句话，是亡国的哀音，是中国人安心不做人的表示！

署名：独秀

《向导》周报第十八期

1923 年 1 月 31 日

论暗杀暴动及不合作

（一九二三年一月三十一日）

政治之根本的改造，只有"组织民众积极革命"八个大字为正确的有效的方法；然而自来小资产阶级出身的改革家，总脱不了浪漫的倾向：激烈的往往走到暗杀或暴动（一时无组织的暴动）的路上去，和平的往往走到不合作（新村运动也归在这一类）的路上去，或左或右，或上或下，绕来绕去，总不肯向正确的有效的革命轨道上走。这些浪漫的倾向，自然是社会改造运动中不幸波折，却是阶级根性上历史的遗传，非一时所能脱净的。从事暗杀或暴动的人，不能不算是激烈的革命分子；但是他们所用的方法，老实说还是封建时代非组织的一时冲动的浪漫根性之活现。实行不合作主义的人，他那种愤时疾恶的热诚，比起一班同流合污之辈，自然值得受人赞赏；但是他那种消极的态度，老实说确是小资产阶级的和平心理之模范的暴露。

这些把戏——暗杀、暴动、不合作，现今也都在中国政治运动中或隐或显地照例扮演出来了。

中国经济的变动及紧迫，已造成新势力民主革命的条件，而旧统治阶级——军阀官僚之黑暗昏聩腐败无能力，又日夜舍命向被革命的路上狂奔，无形的革命空气一天增涨似一天，至少也充满了沿江沿海沿铁路各城市。"山雨欲来风满楼"，只恐怕国内一班新势力之领袖及青年，仍为浪漫的理想所迷，而不知采用正确的有效的方法（组织民众积极革命），因风造雨，致失时机，岂不可惜！

暗杀是第一谬误的方法，因为善与恶都是社会的关系、阶级的关系，暗杀者之理想，只看见个人，不看见社会与阶级；暗杀所得之结果，不但不能建设社会的善阶级的善，去掉社会的恶阶级的恶，而且引导群众心理，以为个人的力量可以造成社会的善阶级的善，可以造成社会的恶阶级的恶，可以去掉社会的恶阶级的恶，此种个人的倾向，足以使群众之社会观念、阶级觉悟日就湮灭。因此，我敢说：暗杀不但不是革命的行为，而且是革命之障碍；我敢说：暗杀只是一种个人浪漫的奇迹，不是科学的革命运动，科学的革命运动，必须是民众的阶级的社会的。

暴动这个方法，比暗杀进步得多，但革命固然要采取暴动的手段，而暴动都〔却〕不尽是革命；我们并不是从根本上反对暴动，我们所反对的是有些人误解迷信无组织无系统无计划一时冲动的暴动就是革命。我们所尤其反对的是妄想利用军队或土匪或红胡子一时的暴动，达到革命之目的。这种浪漫的暴动，决不能达到革命之目的，即使能得着一时的胜利，也决不能在实际上推倒旧统治阶级的势力。因为这种无组织无系统无计划的暴动，好像水上浮萍毫无根据，而且没有有训练有纪律的民众基础，往往有以暴易暴的危险，他自身决无建设新秩序来代替旧秩序的可能，至多不过真像胡适之先生所说："快意一时"、"恶因种的如此之多，好人如此之少，教育如此之糟，决没有使人可以充分满意的大改革"罢了。要达到革命之目的，只有有组织有系统有计划科学的暴动；这种科学的暴动，决不是一时的冲动，乃建说〔设〕在长时间无数的有训练有纪律的民众运动上面，也只有在这些前前后后大大小小无数的民众运动中，才能使革命的新势力得到无数的新教育新经验新人才，才能去掉许多恶因，才能产生许多有用的好人，才能使革命的新势力有建设新秩序来代替旧秩序的可能；必须如此，才能使复杂的社会组织现出一度变更；这种暴动这种革命才是科学的，这些结果都不是浪漫的暴动所能够得到的。

我们反对不合作主义，不用说不是赞成与恶浊政府合作，乃是反对社会上领袖人物只知道拿消极的不与政府合作当做打倒恶浊政治的方法向民众宣传，引导民众集中到消极的和平退让的路上去，而不知道采用积极的与民众合作方法，来做积极的进攻的革命运动。这种消极的不合作主义，不但有引导民众离开积极革命的恶果，而且不合作主义的自身，是浪漫的，是和平退让的，在印度百余万甘地党徒尚且是行之无效，明白地破产了，结果只变成了革命的障碍物，变成了革命党人看做在英政府以上的仇敌；何况中国式的不合作主义，蔡校长一个孤家寡人的不合作主义，简直无产可破，请看蔡校长所希望在衙署里面之胥吏式机械式的学者，正在那里得意洋洋地代表总理大人说什么"彭蔡解除误会，或更至交欢"这一类的话，便是一个明证。以前蔡校长等所发表的政治主张（见二号《努力周报》）上说："我们深信中国所以败坏到这步田地，虽然有种种原因，但'好人自命为清高'，确是一个重要的原因。'好人笼着手，恶人背着走。'因此，我们深信，今日政治改革的第一步在于好人须要有奋斗的精神。"又说："做好人是不够的，须要做奋斗的好人。"这种积极的精神，实在是治疗中国人恶劣的消极根性之圣药，想不到现在蔡校长又回到笼手消极的旧路上去了！我们现在要请问当日和蔡校长发表同一主张的十五个要做奋斗的好人们，是否也都跟着蔡校长笼起手来让恶人背着走？是否也要做当日自己所痛骂的"罪魁祸首的好人"？

我们明了正确的主张是：

科学的革命运动——组织民众积极革命，反对一切个人的浪漫的消极的行动；

创造武装的民众，不赞成个人的暗杀；

组织有系统有计划有训练有纪律的暴动，不是一时无组织浪漫的暴动；

积极的与民众合作，决不把消极的不合作当做一种主义，当做打倒恶浊政治的方法向民众宣传。

署名：独秀

《向导》周报第十八期

1923 年 1 月 31 日

中国之大患——职业兵与职业议员

（一九二三年二月七日）

　　现在全世界的大患都是兵患，但欧、美、日本各国的兵患，不在兵之本身，而在帝国主义的政府拿兵来压迫殖民地，拿兵来互争殖民地。中国的兵患，乃在军阀拿兵来拥护他们私人的地位，增益他们私人的财产；而中国的兵何以甘心供军阀私人的利用和牺牲，乃因中国兵是由军阀雇佣的土匪及各种无业游民而成，军阀的威权乃建设在这班土匪游民之上。这班土匪游民专以当兵为职业，职业兵靠兵官吃饭，兵官靠大帅吃饭，大帅一旦失了地位，兵官及兵便失了饭碗，兵靠大帅以生活，大帅挟兵以横行，两相结合，遂造成中国之大患。因此，可以说中国的兵患乃在兵之本身。救济中国兵患之根本方法，不专在裁兵，而在改用征兵制来代替现在的职业兵；因为征兵服役有一定的期限，退伍后有一定的职业，和官长大帅没有永久不可离开的经济关系；而且征兵区域有法定的限制，势不能任意地无限增加；所以在征兵制之下，无论如何野心家，至少也不能够造成中国土匪头的军阀。

　　议会制度虽在欧美各国已成末路，而他们当初发生及存在却有历史的意义。因为他们的议会制度是资产阶级的产物，他们的资产阶级都很发达，大部分的议会议员都有相当的职业，都隶属于政党，每个政党都能代表资产阶级一部的意见与利益，所以他们的议会制度是有意义的，而且是有后援的。中国的议会则不然。产业幼稚的中国，小资产阶级的势力尚未集中起来形成一个阶级，因此至今不曾有一个代表阶级意见与利益的政党，所有的政团，无非是一班非阶级化的无业游民单纯为自己个人利害关系凑拢起来的。因此，中国的各阶级议会都没有阶级的后援，各级议会的议员都没有相当的职业，这种以议员为职业的议员，自不得不视职业为谋利的工具，这种浮萍无根的议会，自不得不仰权门的鼻息以图生存，他们助纣为虐固然可以横厉无前，若真为民权奋斗而抗权门，直不能一朝存在，议员只能为恶不能为善，乃是必然无可逃免的事实。所以我敢说：全国各级议会的议员种种失德败行横暴堕落无人格的行为，并不是议员们本身的罪恶，乃是强效欧美的议会制度而不合中国社会状况的罪恶，循此不变，虽改选数十百次，也必然是后先一辙。救济之道，唯有用革命的手段废去现行各级议会的组织法及选举法，改用由现存等团体（如工会、商会、教育会、律师公会等）选举的国民会议、市民县民会议，代替现在职业议员的国会及各级地方议会。此种国民会议，不但代表其团体的意见与利益有一定之后援，能收监督政府之实效；而且每年改选一次，每次会期不过一二月，不妨碍议员固有的职业，谋生无后患，至少也不至像现在的职业议员长久群聚废业，为谋利求官而有奔走结纳煽动政潮的必要与经验。

署名：独秀

《向导》周报第十九期

1923 年 2 月 7 日

再论不合作主义
答北京《晨报》记者

（一九二三年二月七日）

蔡校长是我们最敬爱的人，但我们对于他消极的方法之宣传，认定在青年思想界，在革命的民众心理上，都有极大的恶影响，故不得不进以忠告。以前蔡校长只办教育不问政治的谬误主张，已经收了恶果，以〔已〕经引导青年学生到了极沉寂的睡眠状态几于不可救药；他现在虽然觉悟到恶浊政治使他不能再忍受而希望政治清明，却已后悔迟了，而且仍然取"退的"消极态度，又来宣传第二个谬误主张，北京《晨报》记者指明他是不合作主义，并居然称许为"确是打破恶人政治之一方法"；我们认定蔡校长这第二个谬误主张，又要造成恶果，第一个恶果已经遗祸无穷，一时很不易改正过来，现在又要收第二个恶果，真是青年思想界之厄运重重，我们实在忍不住不出来反对；因为中国人婴退的懒惰的病根甚深，消极的不合作主义正合他们的口胃，若是有人附和盲从起来，婴退懒惰不肯挺身奋斗的人们，正好借此鸣高，其实是拿不合作主义为安乐窝为避难所，以遮掩他们懒惰怯懦的羞辱。

北京《晨报》记者现在也承认："现时我国可否鼓吹'不合

作主义＇，的确是一个问题。"也承认："我们中国在军阀政蠹盘
据的政状之下，非有一种更深刻的标语，更严厉的手段，恐怕不
会得群众底了解。"我们深深感谢《晨报》记者这种论调可以加
〔给〕宣传不合作主义者一个很大的打击。《晨报》记者又说：
"不合作主义是打破现状底一种方法，而恐其不是有效的方法。
况且蔡元培宣言，仅仅说到正谊主张者，不要替政府帮忙一层，
此外有无其他主张，及蔡自身辞职之后，有何活动，都无从知
道，我们决不愿轻易替他鼓吹。"这些话都说得极其明白，但是
我们一定要懂得：恶浊政局是有历史的有组织的一件东西占住了
空间，必须有一件东西能够积极地打倒他代替他来占住这空间，
才是有效的方法；不合作主义的本身决没有这种性质，不但没有
这种性质，而且是消灭这种性质的利器，因有民众心理尤其是懒
惰怯懦的民众心理，遇有人示以解决困难之比较的和平方法，他
们的精神希望便集中到这个方法，痴心妄想以为他足以解决困
难，非等到这个方法完全失败，便不会发生另寻方法的精神作
用，更不会——而且以为不须——走到革命的路上去。因此，我
们认定宣传不合作主义，在打倒恶浊政治方面看起来，是绝对无
效的方法；在消灭民众的革命心理方面看起来，却是第一有效的
方法。蔡校长若不愿与恶浊政府合作，辞职出京，别有所活动，
则不合作只是别谋活动之过程中一个行为，决不能说是一个主
义，但是他不独辞职宣言后无所活动，而且宣言中明明只是宣传
某君"相率离京"、"相率辞职"、"不再替政府帮忙"等名言和
他自己对于研究学问的兴趣，此外并没有别的主张，蔡校长痴心
梦想用这种浪漫的消极方法来拆散恶浊政府的台，来求政治清
明，已经是大错而特错了；《晨报》记者又从而盛称他"宣传不

合作主义确是打破恶人政治之一方法"，更是错上加错。我们应该竭诚忠告《晨报》记者，个人立言错了是小事，因为要回护自己的错遂不顾社会的错是大事；因为不忍社会的错遂不惜承认自己的错，这是最勇敢的行为呵！

《晨报》记者不承认"不合作主义"是消极的有害的主张，不承认甘地主义在印度已经失败者，不承认甘地"不合作主义"是消极的。在第一点，可惜我们没有这种逻辑的头脑可以认识"不合作主义"不是消极的，至于他的害处，前文已详，现在不必再说。在第二点，这有事实的证明，本报另有记述，也不必重及。在第三点，这是《晨报》记者根本的观察错误，我们不可不讨论一下：第一，《晨报》记者所列举的甘地八种主张，若说都不是消极的，便可以说人间行为无一不是积极的，而西文字典上也可以将 Negative、Passive 等字永远删去。第二，若说"不"字是他们的手段，决不是他们的目的，此话便差了；我们正是指斥他们所取的手段是消极的，其结果不但没有达到目的之可能，而且阻碍革命运动；至于说到目的，出家求仙学佛及山林隐逸的人，何尝没有积极的目的，蔡校长想拆散恶浊政局的台，又何尝不是积极的目的。第三，《晨报》记者举出甘地许多积极的行动，证明他不是消极的人物，这便更差了；正因为他积极的"树起'不合作主义'的旗帜之后，遍历全印，到处宣传，演说不足，继以文字，务使一般印人彻底地了解他的主义"。革命运动因此大受了釜底抽薪似的打击，甘地的奋斗，正是他的罪大恶极处；他若是愤而辞职之后，隐遁起来，独善其身，所遗下的恶影响还小得多。第四，《晨报》记者说："他（甘地）根本上对于现代欧洲文明，异常反对。他觉得机械工业，而〔是〕演成不公平的社会制度底最大原因。英政府想把这种机械工业制度，移植到印度去，所以非极端反抗不可，民族观念还在其次。"如此说来，甘地运动决不是民族的革命运动，乃是复古的反革命的运动，他完全不了解人类历史进化的必然性，把资本私有的罪恶和由他产生的帝国主义的罪恶（这些罪恶也是历史进化的必然性），都归到机械工业物质文明身上，简直和从前英国工人打毁机器是同样的见解。托尔斯泰、达哥儿、甘地都是这一流的昏蛋，他们妄想以为人类社会可以拿主观的空想来改造的，他们妄想以为手工工业可以和机械工业竞争的，他们妄想以为人类历史可以由人力开倒车的。吴稚晖先生说："印度比中国更无望，因为印度反科学反物质文明的民族性比中国更甚。"这乃是东方民族所特有的二大病根之一（其一是消极的思想）。第五，《晨报》记者说："劳动阶级底罢工，也是一种'不合作主义'底表现，难道《向导》周报记者连罢工也不赞成吗？"我们的答复是，工人罢工，乃是被雇者在承认现制以内，对于雇主在一定的要求条件之下所采用的手段，部员罢工索薪，也是这一类，与所谓"不合作主义"直是风马牛不相及；因为不合作主义应该是无条件的，这一类的运动，只是一部分的改良生活的有条件的经济要求，不是无条件的根本推翻的政治争斗。像工团主义派不主张用武力夺取政权，而妄想单用总罢工的手段推翻统治阶级，简直和蔡校长想拿总辞职来打破恶人政局是同样的谬误，我们当然也是不赞成的。此外还有几种罢工（如不适时机及对于工人阶级的利益、对于社会主义运动的工作等），也是我们所不能赞成的。《晨报》记者以为我们对于工人罢工都应该盲目地一概赞成，这个思想未免过于简单了，过于浪漫了。

　　我们很敬爱的《晨报》记者！请你们去掉成见，去掉浪漫的思想，平心静气地就客观上精细研究一下：消极的不合作主义是否是个不能实现的空想？是否有打破恶人政治的可能？恶人政治是否必须积极的民众革命才能够打破？消极的不合作主义是否有消灭民众革命心理的恶影响？倘弄清了这些问题，希望你们起来和我们同做思想界防御鼠疫霍乱的工作。

署名：独秀

《向导》周报第十九期

1923 年 2 月 7 日

统一的国民运动

（一九二三年二月二十七日）

军阀们的罪恶，国民都已经亲眼看清楚了，非打倒军阀不能救国救民，国民也渐渐觉悟了，但是如何打法才有效呢？

我们要知道：军阀的运命固然已去末日不远了，然自古道"困兽犹斗"，他们最后必死战，却也未可轻视；况且他们的知识力量固然不过是些土匪头，不能当真算个什么军阀，但是政权武器都在他们手里，比起我们组织很弱的人民来，还是矮人国的长子，若是没有组织力很强的很广大的国民运动，还怕是敌他们不过。

所以要打倒军阀，散漫的各个争斗是不济事的，必须是各阶级各部分争自由争民权的各种势力，在一个统一的目标之下集中起来，成功一个有组织的广大的国民运动，才有充分反抗军阀的力量。

现在的事实却不是这样：工人屡次罢工，别人都袖手旁观；学生请愿被打，大家说是学潮；林超然非法被捕，只有新闻界出来抗议；商界虽号召裁兵运动，而眼见学界、工界与军阀血斗，仍然置之不理；江西人民反抗蔡成勋，安徽人民反抗马联甲，别省的人都是隔岸观火。这样散漫不集中的各个运动，决不能打倒困兽犹斗的军阀；能够打倒军阀的，只有统一的国民运动。

署名：致中

《向导》周报第二十期

1923 年 2 月 27 日

怎么打倒军阀

（一九二三年四月十八日）

中国的统治阶级还是帝政余孽北洋军阀，他们是外国帝国主义者下面的臣仆，是中国政府上面的太上政府；他们利用政权来卖国，来紊乱全国的财政军纪，做出在法律以外压迫人民的一切黑暗罪恶；他们断然置外交紧急、国库破产而不顾，一意索款增兵，藉口统一，屠戮异己。这些都是昭然的事实，人人知道，不用我们再说了。近来以外交内政上种种事实的教训，国民各方面救国的思想及方法都已渐渐集中到"打倒军阀"这一点，这也不用我们再来解释了。现在的问题是怎样打倒军阀，但是在决定这个问题之前，必须了解军阀存在的基础和将来的运命。

第一我们要了解军阀们所以存在，决非偶然，他们有两个强大的基础：（一）是国外帝国主义者的后援。帝国主义是资本主义发达的最高形式，他是依靠掠夺殖民地及半殖民地而生存而荣华，所以自来各帝国主义者都不愿被他们压迫的民族能够自强，他们在殖民地半殖民地所采用的政策，总是扶助比较黑暗的旧势力扑灭国民运动的新势力，在中国极力帮助袁世凯、段祺瑞压迫民党，这是以往的明证；现在对于地方的军阀还是明扶暗助，日本在奉天供给军械，英国在广东援助陈炯明，上海的领事团极力结纳何丰林，连市民对于孙中山的欢迎会都禁止了，连国民党出版的《国民周刊》都不许发行，这都是眼前的明证；所以帝国主义者在中国的势力，若不因中国国民之反抗或国际形势之变迁而失坠，终是军阀最有力的后援。（二）是国内无业游民的后援。军阀的势力在兵多，兵从哪里来，不用说不是依法征调而来，乃是一班无业游民，由军阀出钱招雇来的。这种兵匪不分的兵，原来本无职业，或是失了职业，现在以兵为终身职业，终身要靠大帅吃饭，自然不得不昧着良心服从大帅命令去杀人、放火、抢钱，无所不为，大帅拿出吃饭不饱饮酒不醉的小钱，雇用一些土匪兵，去抢政府人民成百万成千万的大钱，真是一本万利；可怜这班职业兵，打死一队，马上可以再招一队，解散一师，马上可以再招一师，这种非阶级化的游离无产者（即无业游民），不是他们心里之恶特异于人，乃是他们的境遇他们的职业，使他们不得不供军阀牺牲，不得不为军阀作恶。中国此时无业游民群众日见增多，他们简直是供给军阀势力之无限的活动资金。

第二我们要了解军阀的运命固然已去末日不远，然而自古道困兽犹斗，最近曹、吴、冯、齐有在"北洋正统武力统一"口号之下大结合的趋势，他们这最后的决死战，却也未可轻视；况且他们的智识力量固然不过是些土匪头，算不得什么真的军阀，但是政权与武器都在他们手里，比起我们组织很弱的人民来，还是矮人国里的长子，若是没有组织力很强的很广大的国民运动，还怕是敌他们不过。

在这种状况之下，要打倒军阀，必须注意下列各点：

（一）必须做民族独立运动，排除外国势力，造成自主的国家，以根绝军阀之后援。有一班人以为只须做拥护民权打倒军阀的运动，不必牵扯到反对帝国主义，多树敌人。他们不知道中国在国际地位还不是一个独立自主的国家，军阀自身究竟没什么真实力量，他们的屡次战争背后都伏有列强间势力竞争的意义。所以我们固然要根本上反抗列强在中国政治上经济上的一切侵略，而目前最急的是要抵死反抗他们以各种名义的外债直接或间接供给军阀。

（二）必须做武装平民的裁兵运动，在产业幼稚兵匪不分的中国，召来便是兵，散去便是匪，根本的救济固然只有开拓工业农业来吸收这些非阶级化的无业游民；然而目前救急，裁兵也算是缩小军阀势力救济财政破产之一法。但我们要知道：（1）只裁一部分兵，其结果反使军阀荷包增加一笔裁兵费，而他们压迫平民和兵争战乱的力量依然存在；（2）希望军阀自己裁兵，真是与虎谋皮；（3）希望军阀行兵工政策，更是附虎以翼，这些方法都是不行的。我们主张：（1）以平民的宣传力量使兵士倒戈而自散；（2）资本家合力兴办浚河、筑路等公司，以兵工政策吸收一部分解散的兵；（3）农村平民出资组织大规模的乡团，城市平民出资组织大规模的工团、商团，如此，不但可以吸收一部分解散的兵，并且有了武装的平民才可以打倒武装的军阀。

（三）必须做民主的统一运动，使同一国民在一个统一的国家统治之下，才能根本改变军阀割据纷争的局面；然而这种统一的国家，必须是民主的统一才能够实现，决不是军阀们"北洋正统武力统一"所可冒牌；民主的联邦固然不害于统一，然而军阀们所提倡的"联省自治"，却是破坏统一之变相的封建割据。赵恒惕、卢永祥都主张联省自治，到了人民真要实行省宪法都害怕起来；吴佩孚口口声声主张统一，实际上处处破坏中央政府财政军事的统一，而且见了工人联合统一的运动便害怕起来。这班军阀们，力量小的便想借口"联省自治"以图割据，力量大的便想藉口"统一"以扩张自己的地盘，这种军阀割据的省自治，这种军阀兼并的统一，不但去自治与统一都有天渊之隔，而且同是纷争战乱的源泉。我们主张只有民主的统一才能和民主的省自治并行不悖。

（四）必须做统一的国民运动，使全国各阶级各党派各部分争自由争民权的各种势力，在一个统一的目标之下结合起来，成功一个有组织的广大的国民运动，才有充分反抗军阀的力量。现在的事实却不是这样。工人屡次罢工，别人都袖手旁观；学生请愿被打，大家说是学潮；商界虽号召裁兵运动，而眼见学界、工界与军阀血斗，仍然置之不理；江西人民反抗蔡成勋，安徽人民反抗马联甲，别省人都是隔岸观火；这样散漫不集中的各个运动，决不能打倒困兽犹斗的军阀，能够打倒军阀的，只有统一的国民运动。统一的国民运动之具体办法，最好是各省各团体集合在国民革命军中心地方，开一国民代表大会，以议定解决政治之统一的战略。

（五）必须做民主革命势力集中的运动，在国民运动中，要成就一个革命的局面，断然不可没有一个势力集中的革命党做中坚，担负破坏及建设的责任。中国民主革命至今未能完成，军阀政治得以存在，唯一的原因，就是民主革命的势力未曾集中。此时全国各党派倾向军阀官僚的分子，当然不必说了，凡属民主革命的分子，若当真要革命，便应该集合在民主革命的中国国民党，使他成功一个强有力的革命党，才有打倒军阀的希望。若是大家都想别树一帜，这便是游戏、出风头，不是真要革命，如此做法，只有使革命势力分散不能集中，只有使北洋军阀延长生命。

（六）必须认定劳动阶级是国民运动中的重要部分，全世界的各种革命史，大部分是劳动阶级的热血所造成，眼前的中国事实更可证明。知识阶级诸君呵！最近政象已明白告诉我们：我们若不愿投降于军阀，只有民主革命这一条路可走，别无中立徘徊之余地。你们切不可迷信宪法可以革军阀的命，白纸黑字的自由是骗人的废话，自古只有革命造成宪法，没有宪法造成革命；你们切勿想单靠你们决战的舆论和学生运动来打倒军阀，你们的舆论与运动倘不中途退却，固然也可以造成革命的空气，并且你们当中富于革命精神和革命理论的分子，自然在革命运动中恒站在指导地位，但是你们离了工人、贫农的劳动群众便没有当真革命的可能；这是因为被压迫的劳动群众之现实生活的要求及阶级的战斗力，都具有客观的革命条件，并非是些浪漫的革命分子可比。你们勿怕，我们现在并不是鼓吹劳农革命，即在国民运动中若忘记了劳动阶级是重要部分，这种国民运动也必然是软弱没有力量。所以知识阶级、工商阶级不但不应当怕劳动阶级的组织及运动，而且应当竭全力以赞助此等组织及运动：（1）保障工会之权利，（2）扩大工会之组织，（3）与之为平等的结合。如此方能运用此最有实力之社会阶级来反抗军阀。劳动阶级不但要求真民主主义最切，而且能为真民主主义奋斗的力量也最大。并且此时中国的国民运动，劳动阶级不但是重要部分，已经是最勇敢急进的先锋了，试看铁路工人已经首先起来以血肉和军阀相搏，便可明白。他们此次的血战，不只是为工人的自由与人格而战，乃是向军阀们黑暗势力为全国人民之人格与自由而战；凶手们北洋军阀的罪恶，不只是因为杀伤了几百个工人，并且是对全国人民之民权、自由与人格而宣战。

署名：独秀

《向导》周报第二十一期

1923 年 4 月 18 日

沈鸿英叛乱与政学会

（一九二三年四月二十五日）

二月中李根源到上海，向孙中山游说什么孙、岑携手平分粤桂，孙中山未应从他这种分赃而且是买空卖空的妙计，他同〔回〕到北京便翻转面孔，替曹吴向黎元洪催发闽粤令了。

沈军未变前数日，广州即轰传岑春煊、杨永泰催沈就职并为筹饷之函电；沈军败后，林正煊（省议员）以赴新街会议之嫌疑而逃，容伯挺（沈军谘议）以密探之罪而伏法，政学会在省港之秘密机关，已破未破者闻共有八十余所。

此次沈鸿英叛乱，固然是北洋军阀与南方冲突之开始，主要原因还是政学会与国民党第二次破裂之表现。

和平的研究系，他自前清直到现在，还能抱定他始终一贯的立宪主义，政学会的主义是什么？不过是"鼠窃狗偷做官发财"八个大字的党纲。他们纵彭允彝以大湖南主义入寇教育界，来讨反动的军阀之欢心；他们牺牲沈鸿英在广东做投机买卖；他们还想利用黎元洪做首领来组织政党，与吴佩孚妥协来压迫南方；他们以如此一来，在南北政治舞台上都能占得势力了。但是他们在南方的投机买卖，眼见得要失败，可怜牺牲了一个沈小军阀，政学会虽无所失亦无所得；他们在北方策略，到第二次奉直战后，无论谁胜谁败，不知道他们将来又用什么一种迎新送旧的面孔来处置他们的新首领黎元洪？这种蝇营狗苟的政客们，其败坏国事的罪不在军阀之下！

署名：独秀

《向导》周报第二十二期

1923 年 4 月 25 日

对等会议与孙曹携手

（一九二三年四月二十五日）

　　什么对等会议！不过是孙曹携手的变相名词，阴谋孙曹携手的人们，以为用这个名词稍稍冠冕一点便于公然宣传。什么孙曹携手！不过是劝孙降曹的变相名词，阴谋降曹的人们，以为用这个名词稍稍体面一点便于向孙劝说。孙中山这个名词，在历史上是为民主革命向北洋军阀奋斗而存在的，若与北洋派首领曹锟携手，试问携手去做什么？

　　这班政客们欲降曹便去降曹，为什么要拉孙同去，又为什么造出这种名词？这是因为他们有的想靠曹做总理，有的想靠曹做总长，又觉得单是自己降曹终属人微价低，不如用孙做一份见面的厚礼；并且他们都曾列名党籍，若单独降曹和孙分离，恐怕在舆论上站不住，将来要蹈陈炯明的覆辙，所以索性拉孙下水，以便遮羞而免后患，这就是他们造作名词淆惑听闻之苦心。

　　北洋首领曹锟，代表帝政余毒的旧势力，民党首领孙中山，代表民主革命的新势力，两者不能并存，民主革命的企图中，必不容北洋军阀有存在之余地，有了北洋派，便没有民国，此种顺逆是非之大义，炳若列星，我们希望民党贤者若汪精卫、胡汉民、徐谦三君，慎勿为降曹派诡词曲说所欺，致犯误国叛党之罪!

　　全民社一班人已经睡在粪坑里了,我们希望小孙派勿跟着他们倒下去!当年孙毓筠辈迷信袁家武力,故不惜抉破民党与北洋军阀之大防,以苟图富贵,现在你们勿再迷信曹家武力罢!你们要知道:阴谋孙曹携手使孙自杀的人们,比公然联曹攻孙的政学会罪恶更大!

署名:独秀

《向导》周报第二十二期

1923 年 4 月 25 日

资产阶级的革命与革命的资产阶级

（一九二三年四月二十五日）

人类社会组织之历史的进化，观过去现在以察将来，其最大的变更，是由游牧酋长时代而封建时代，而资产阶级时代，而无产阶级时代，这些时代之必然的推进，即所谓时代潮流，他若到来，是不可以人力抵抗的；在空间上各民族以环境所演的机会不同，虽至进化之迟速大相悬绝（例如非洲、南洋之游牧酋长社会，东方之封建军阀社会，西欧、南北美之资产阶级社会，俄国之无产阶级社会，同存于今世），而在时间上，进化的历程恒次第不爽，这是因为人类治生方法，次第变更发展，由简单而复杂，造成次第不同的经济组织而为社会一切组织进化基础的缘故。

中华民族以地大物博易于停顿在家庭农业手工业自足的经济制度之下，及与治生方法进化较速的西欧民族隔绝这两个原因，封建军阀时代遂至久延生命，由秦汉以至今日，社会的政治的现象，都是一方面封建势力已濒于覆灭，一方面又回向封建，这种封建势力垂灭不灭的现象，乃是因为封建宗法社会旧有的家庭农业手工业已充分发展而有更进一步的倾向，但新生的经济势力（即资本主义的大工业）过于微弱，还不能取而代之的缘故。

明代西力东渐，这是中国民族思想制度发生空前大变化的最初种子；清代鸦片战争，这是西欧资本帝国主义向长城内封建的老大帝国开始发展，也就是沉睡在长城内老大帝国封建宗法的道德思想制度开始大崩溃；甲午、庚子两次战争，这几乎是中国封建宗法的道德思想制度最后的崩溃，也就是资本民主革命运动最初的开始。近代资本主义的工商业，在西欧征服了封建宗法的道德思想制度，进化到世界的资本帝国主义，世界各国的铜墙铁壁都被他们打开，封锁不住了，老大帝国之万里长城那里还封锁得住？所以中国自甲午、庚子两次战争以来，已由内部产业之发展遇着外部国际资本帝国主义之压迫，驱入封建宗法主义与资本民主主义之转变时代，"富强"、"维新"、"自强"、"变法"的呼声遍满全国，便是这个时代的精神；自此以后，无论几多老少昏蛋天天讲什么人心道德，什么礼教纲常，什么东方文化，什么精神生活，凭他们喉咙叫得多少响亮，可怜终于被机器算盘的声音掩住了；这种历史进化的必然现象，就是封建宗法主义进化到资本民主主义的现象，或者也很可愤恨，很可鄙厌，然而我们主观的愤恨鄙厌心理，终于敌不过客观的历史进化历程之必然性，因此这班老少昏蛋的咨嗟太息终于无用，因此清西后及刚毅辈无论有如何威权终于失败。

辛亥革命，已由和平的资本民主运动进步到革命的资本民主运动，更是中国历史上封建帝制变化到资本民主之剧烈的开始表现。所以单以满、汉民族冲突解释辛亥革命之原因，那便只是皮相的观察，忘了经济的历史的基本条件；因为辛亥以前，已经有了十七年以上的富强维新运动，辛亥革命，正是封建派压迫资本民主派富强维新运动之反动，所以"非革新不能自强，非推倒满清不能革新"，是当时革命派反对立宪派之重要的理论。当时革命与立宪两派的方法虽然不同，而两派之目的同是革新自强，换句话说，就同是"革旧制"、"兴实业"、"抗强邻"这三个口号，明明白白是半殖民地之资产阶级民主运动的口号，那能说是满、汉民族之争。

辛亥革命所以失败的原因（此次革命表面上虽说成功，实质上可说是完全失败），也正以当时幼稚的中国资产阶级，未曾发达到与封建官僚阶级截然分化的程度，未曾发达到自己阶级势力集中而有阶级的觉悟与革命的需要，他们大部分只看见目前的损失，不懂得民主革命是他们将来的利益，更不懂得民主的革命党之胜利就是他们资产阶级之胜利，所以革命事业犹在中途，他们便现出小资产阶级和平苟安的根性，反对继续战争，而且反对革命党，遂使全国的武装及政权完全归诸帝政余孽北洋军阀之手；帝国主义的英、美、日本等国知道中国资本民主革命成功是他们的不利，极力援助北洋派压迫革命党；于是革命党失败逃亡，以至帝制两次复活，革命党屡战屡败，一直到现在还是孤苦奋斗，唯一的原因就是：全国资产阶级之多数缺乏阶级间利害不同的觉悟，所以始终依赖他们的敌人——封建的北洋派，而漠视或更至嫉视他们的友人——民主的革命党之故。

辛亥革命本身的性质，是资产阶级的民主革命，而非民族革命，更非其他阶级的革命，这是如上文所述在经济的历史的观察上及革命的前因后果上可以充分说明的。但以革命运动中主要分子而论，却大部分不出于纯粹的资产阶级，而属于世家官宦堕落下来非阶级化之士的社会；这种非阶级化的"士"之浪漫的革命，不能得资产阶级亲密的同情，只可以说明辛亥以来革命困难不易完成的原因，不能以此说明他不是资产阶级的民主革命。将来革命事业完全成功时，社会阶级分化究竟至何程度，那时对于革命的性质究竟如何解释，我们现在还不知道，现在也没求其知道的必要；可是观察过去及现在的革命运动，确是资产阶级的民主革命，而且我们也应该希望他能成功—实实在在的资产阶级的民主革命。因为依世界的政治状况及中国的经济文化状况和在国际的地位，资产阶级的民主革命正负着历史的使命，这是毫无疑义的。半殖民地的中国社会状况既然需要一个资产阶级的民主革命，在这革命运动中，革命党便须取得资产阶级充分的援助；资产阶级的民主革命若失了资产阶级的援助，在革命事业中便没有阶级的意义和社会的基础，没有阶级意义和社会基础的革命，在革命运动中虽有一二伟大的人物主持，其结果只能造成这一二伟大人物的奇迹，必不能使社会组织变更，必没有一个阶级代替他一个阶级的力量，即或能够打倒现在统治阶级（北洋军阀），而没有真实力量牢固的占住他的地位，被打倒的阶级时时都有恢复故物之可能。因此，我们以为中国国民党应该明白觉悟负了中国历史上资产阶级民主革命的使命，在这革命运动中，不可有拒绝资产阶级之左倾的观念，我们对于这种左倾的观念，自然十分感佩，但是在目前革命事业上，这种浪漫的左倾，实是一个错误的观念；因为每个阶级的革命，都要建设在每个阶级的力量上面，决不是浪漫的左倾观念可以济事的。

同时我们对于右倾的观念，也不得不加以警告。原来在各阶级的革命当中，实际参与的只是该阶级中一部分最觉悟的革命分子，挺身出来为全阶级的利益奋斗，决不是全阶级的动作与意识，并且全阶级中一定还有许多失了阶级性的分子同时出来依附敌对的阶级，来做不利于自己阶级之反革命的行动，这是历史上现社会上常见不足为奇的事。因此，我们虽然主张中国国民党不可有拒绝资产阶级之左倾的观念，同时也不主张国民党有极力与反革命的资产阶级妥协之右倾的观念。在产业幼稚资产阶级势力不集中的社会，尤其是在殖民地或半殖民地的社会，资产阶级每每有分为三部的现象：（一）是革命的资产阶级，他们因为封建军阀及国际帝国主义妨碍大规模的工商业发展而赞成革命，如中国海外侨商及长江新兴的工商业家之一部分；（二）是反革命的资产阶级，他们因为素来是依靠外人的恩惠及利用国家财政机关与军阀官僚势力，造成了畸形的商业资本，专以卖国行为增加他们货币的富，他们自然而然要依附军阀官僚及帝国主义的列强而反对革命，他们也可以叫做官僚的资产阶级，如中国新旧交通系之类，自盛宣怀以至张弧、王克敏，乃是他们代表的人物；（三）是非革命的资产阶级，他们因为所营的工商业规模极小，没有扩大的企图，没有在政治上直接的需要，所以对于民主革命恒取消极的中立态度，这种小工商业家，在小资产阶级的中国社会居最大多数。中国国民党应该一方面容纳革命的资产阶级，为他们打倒妨碍工商业发展的一切军阀，并且为他们排除援助军阀而又压迫中国工商业的国际帝国主义者，因为在半殖民地的中国，资产阶级深受外资竞争和协定关税及种种不平等的条约之痛苦，非排除国际帝国主义的势力，脱离半殖民地的地位，成为完全自主的国家，实行保护政策，决不能完成资本民主革命，所以中国资本民主运动自始便以维新自强抵御强邻外患为唯一的动因；一方面也应该提携中立的小资产阶级，引导他们上革命的路，增加革命的势力；至于那班反革命的官僚资产阶级，实是中国真正资产阶级发展之障碍，绝对不可和他们妥协，他们为做官扒钱计，有时也鬼混到革命政府做事，一到了困难艰险的时候，他们是丝毫不负责任的，就是在没有困难艰险时，他们也有使勇敢纯洁的革命党变成官僚化的能力，他们始终是靠帝国主义的列强及国内的军阀而生存，他们始终是阻挠革命运动，他们当中最优秀分子，也不过一足立在军阀阶级，一足立在资产阶级，调和两方面革命冲突，结果必然造成封建的资产阶级，封建的资产阶级是帝国主义者及军阀的工具，可以永远阻住本国的资产阶级自由发展及国家独立自主。所以国民党要想完成资本民主革命的使命，万不可和反革命的官僚资产阶级妥协，因为中国此时的危机，"军资妥协"更险恶于"劳资妥协"，官僚的资产阶级正是军阀与资产阶级妥协之媒介物，也就是资产阶级中卖阶级之蟊贼，和欧美劳动运动中鼓吹"劳资妥协"来卖无产阶级之改良派（如社会民主党）等是同样的奸恶。

我们也知道中国资产阶级势力微弱，尚不足克服封建军阀及国际帝国主义，所以使革命党易于采用右倾的妥协政策；但是要知道现有一条活路横在我们的眼前，就是与革命的无产阶级携手，打倒我们共同的敌人。中国的经济现状，军阀阶级已与资产阶级显然分开，而资产阶级与无产阶级之分化，尚未到截然分离的程度；所以革命的资产阶级应该和革命的无产阶级妥协，打倒共同敌对的军阀阶级，不应该和反革命的资产阶级妥协；因为劳动群众本来具有革命的实力，应在革命运动中占重要部分，而且此时和革命的资产阶级共同敌对的目标相同，可以联合一个革命的战线；官僚资产阶级所处的环境，使他不得不站在军阀和国际帝国主义者那一方面，决不能和革命的资产阶级联成一个战线，这是中国国民党应该明白觉悟的。无产阶级也明明知道此种民主革命的成功诚然是资产阶级的胜利，然而幼稚的无产阶级目前只有在此胜利之奋斗中才有获得若干自由及扩大自己能力之机会，所以和革命的资产阶级合作，也是中国无产阶级目前必由之路。

　　总括起来说：在每个革命运动中，浪漫的左倾观念和妥协的右倾观念都能妨碍革命进行。中国国民党目前的使命及进行的正轨应该是：统率革命的资产阶级，联合革命的无产阶级，实现资产阶级的民主革命。可是要想资产阶级的民主革命完全实现，在革命运动中，革命的资产阶级断然不可忘记了两件大事：（一）是反抗国际帝国主义的势力而脱其羁绊；（二）是承认无产阶级的势力而与之携手进行。因为本国的资产阶级决没有在外国资本帝国主义政治或经济的侵略之下能够发展的希望，幼稚的资产阶级也很难以单独的力量完成革命事业；所以"反抗帝国主义"及"联络无产阶级"这两个原则，是全世界殖民地或半殖民地资产阶级民主革命所特有的共通原则。

署名：独秀

《向导》周报第二十二期

1923 年 4 月 25 日

海 军 态 度

（一九二三年四月二十五日）

海军态度之变动，在近年政局上有很大的影响，例如一九一八年第一舰队与第二舰队分离，对北京政府宣告独立，并拥护孙中山南下至广东组织护法政府，使北洋军阀至今不能统一中国。此次驻沪海军宣言拥护福建省自治，对北京政府取脱离态度，这是中国海军反抗北洋军阀第二次之表示。林司令通电上说：

"国家之有海军，所以卫国保民，原非供一二人政争之武器。"又海军将士复旅京福建协会电上说：

"统治大权旁落于军阀之手，今日国家已如军阀之私产，元首等于傀儡，内阁俨若家臣，四百兆人之国家将成一二人之天下。苟不念及国家，尚可靦颜视息；设以国家为前提，能不投袂而起，以解倒悬？军人所服从者，建筑于民意上之政府命令耳，岂其牺牲千万人之生命，以逞一二军阀之私欲！"

这样严正的指责北洋军阀，不但给军阀以打击，即被军阀支配的傀儡家臣，也应听了面红耳赤。

但是我们要忠告海军将士诸君两件事：（一）是始终团结团体，勿为北洋军阀金钱所惑中途改变态度；（二）是要结合南北各省革命的军人、工人、学生，彻底打倒北洋军阀，以建设全国统一的人民政府，勿单以福建省自治为满足。

署名：独秀

《向导》周报第二十二期

1923 年 4 月 25 日

外交问题与学生运动

（一九二三年五月二日）

"弱国无外交"，这句话或者不尽然，"昏乱政府无外交"，那便是自然的结果了。国民不便直接办理外交，无论如何奔走呼号，只是做政府的外交后盾，北京政府历来卖国误国的行为姑且不说，即以此时昏乱的现状看来，对于西南的内交尚且弄得颠倒错乱，不成话说，如何能够对列强办外交呢？因此国民起来干涉内政比干涉外交还加倍重要紧急！可是中国国民并且是国民中自称觉悟的青年学生，竟有只问外交不问内政的倾向。我们敢说这种倾向是青年们回避革命的心理引导出来的；我们敢说这种非革命的外交运动，开会、游行、通电、排货等运动，因为是钦命的官许的，便一文不值！"五四"运动因外交而牵到内政，而牵到一切社会问题，不是一个单纯的外交运动，一时颇现出一点革命的空气，"五四"的真价值在此。随后空气销散之原因，是误于"只问外交不问内政"及"只读书求学不做社会运动"两个口号；这两个口号的心理，归纳起来，就是"不革命"三个大字。

现在又来了！懦弱的青年啊！听凭你寻找任何不革命的道路（如道德救国，基督教救国，农村救国，人道互助，地方自治，不问内政，读书运动，宪法运动，不合作，合作而促其速

倒等道路逃走），军阀官僚总非追着"革你的命"不可，你往
何处逃！

署名：独秀

《向导》周报第二十三期

1923 年 5 月 2 日

陈家军及北洋派支配下之粤军团结

（一九二三年五月九日）

军队应该属于国家，湘军、滇军、粤军、桂军、奉军等名词，已经很表现地方主义的色彩，不成其为国家的军队了。等而下之，更有所谓龙济光之济字营，陆荣廷之荣字营，这明明白白是私人的军队，完全是部落酋长时代的把戏。陈炯明旧部之为陈家军，也是在事实上人人都知道的。陈炯明向来把持以陈家军为中心的粤军，垄断粤政，只知有广东，不知有中国，这种部落酋长思想，是国家主义之大敌，是国民运动之障碍，这是我们所以反对他的最重要之点，别的事还在其次。他现在反抗中山先生之阴谋，仍旧利用地方主义煽惑粤军；即使他这种阴谋能够达到目的，除了使全国进步分子厌弃他这种部落酋长人物之感想增加强度以外，恐怕别无所得。第一，正在南北酣战中，他不劝告粤军一致对北，却利用吴佩孚、齐燮元之势力金钱，来团结粤军，谋袭南军之后，此计果成，其结果必至引狼入室，明白大义的粤军，未必盲从他的阴谋诱惑，为他争权位报私仇，以贻乡土无穷之患。第二，即使中地方主义毒的粤军一时为其诡词所惑，而陈炯明之部落酋长思想，将由广东主义一缩而为惠州主义，再缩而为海陆丰主义，三缩而为陈家军主义，陈家军势力支配之粤军团结，怎能不凶终隙末！

我们希望粤军健者：以国家主义代替地方主义，以"团结革命军"口号代替"团结粤军"口号，无论何省军队、工人、农民、学生，凡是为国民革命而奋斗的都团结在一个旗帜之下，合力打倒北洋派军阀，建设统一的真正民国，那才是粤军的真正光荣。若团结在北洋派雇用的陈家军旗帜之下，岂不要受两重奴辱！

署名：独秀

《向导》周报第二十四期

1923 年 5 月 9 日

杨森果为统一而战吗？

（一九二三年五月九日）

"国民的统一"，在内政上、外交上及国民经济上，都有急切的需要；但是"北洋正统的武力统一"，不但在理论上为有害而无利，在事实上也是绝对的不可能；因为军阀阶级自己不能统一，加之兵队军需输送之困难，想用武力征服全国，真是做梦。

进一步观察，所谓北洋派统一中国，也是吴佩孚欺骗北方武人的话；他曾对我一个朋友说："什么统一！就是我吴佩孚统一。"我们如闻其声，如见其人！吴佩孚并未奉北京政府命令，竟私自助杨森打四川，袁祖铭图贵州，孙传芳到福建，陈炯明、沈鸿英扰广东，不过雇用一班新式的胡大海、常遇春，为他打江山罢了。

再进一步观察，中国封建的势力，已被新发展之地方的经济势力逼得濒于灭亡，封建的道德纪纲因此已完全破坏，所以冯、段不能始终服事袁世凯，曹、张、靳云鹏不能始终服事段祺瑞，吴佩孚也自然不能始终服事曹锟，至于吴佩孚雇用的一班胡大海、常遇春等，更不过一时利用吴佩孚之金钱声势各遂其割据之私图，自始就没有服事吴佩孚的心理。假使王承斌得了东三省，杨森得了四川，袁祖铭得了贵州，孙传芳得了福建，陈炯明或是沈鸿英得了广东，都会马上变为吴佩孚的敌人，吴佩孚想雇用这班新式的胡大海、常遇春，来为他打江山，也真是做梦。

杨森！诚实说罢！你如其说"为中国统一而战"，不如说"为吴佩孚统一中国而战"。更诚实些，还不如说"为杨森统一四川而战"。最诚实无欺，应该说"为杨森割据四川而战"。

署名：独秀

《向导》周报第二十四期

1923 年 5 月 9 日

华洋人血肉价值的贵贱

（一九二三年五月十六日）

我老说洋人血肉的价值比华人的血肉要贵些，大家不说我媚外，便说我疯癫；可是现在中国新闻记者大部分都以为洋人的血肉比华人的血肉重得多！

欧美、日本人杀伤华人侮辱华人事件，几乎无日无之，无耻下流媚外的中国新闻记者可曾注意？英国人、日本人勾结萧耀南杀死四十多工人，无耻下流媚外的中国新闻记者可曾注意？乐志华无辜被英、日包探打得血肉横飞，英官公然宣告凶手无罪，无耻下流媚外的中国新闻记者可曾注意？现在山东土匪掳去二十几个洋人，算得什么大事，无耻下流媚外的中国新闻记者便大惊小怪，连篇累牍，说个不休，你们是什么一种心理！连年军阀杀人无算，这姑且不说，土匪掳人勒赎，南北各省是常见不鲜的事，从来不曾因此惩罚地方官，独偶然小小触犯了洋祖宗，连地方最高级的文武长官都要受处分，为什么独有洋祖宗这样圣神不可侵犯。北京政府如此懦弱昏聩，真是中国民族的奇耻大辱！此次被掳的人，华人一百余，洋人不过二十余，无耻下流媚外的中国新闻记者独注意被掳的洋祖宗，是不是主张土匪只可掳华人不应该掳洋人？土匪掳人不分华洋，却毫无媚外的心理，无耻下流媚外的中国新闻记者说此事是国耻，我敢说只有你们这样媚外真是国耻，比别的一切国耻都厉害，这班无耻下流媚外的新闻记者，实在比土匪还不如。一班洋商洋律师在中国欺吓敲诈，无恶不作，现在受点小小委曲，还算是很轻的报复，重的报复还在后来；他们在中国搜刮了堆积如山的金钱，使中国人穷而为匪，可怜无用的土匪们只知道分润这一点，还算是小小的光复，全部的光复还在后来。

我更要正告一班无耻下流媚外的中国新闻记者：帝国主义的英、美、法、日、意等国，一向立意要宰割中国，做他们永远的殖民地，因为他们非此不能生存，华盛顿会议不过稍稍抑制日本独占中国之野心，他们共同侵略中国之色彩更加浓厚；我们在最近的将来，若不能实现有力的国民革命，无论无耻下流媚外的人们如何长跪哀求，决无幸免之理。欧美、日本各国若借口区区土匪掳人问题来实行军事的自由行动，决不能使我们格外恐怖，因为欧美、日本在华海陆两方面军事的自由行动，已不自今日始，而且他们和平的经济侵略比军事侵略使我们更加恐怖。

英国人想借土匪掳人问题遮掩乐志华冤案，日本人想借此遮掩旅大问题，他们这种卑劣手段，只能欺骗一班无耻下流媚外的中国新闻记者，决不能够欺骗良心上还知道华人的血肉和洋人的血肉有同等价值的人们！

署名：独秀

《向导》周报第二十五期

1923 年 5 月 16 日

国民党与交通安福

（一九二三年五月十六日）

国民党唯一的使命，是用革命的手段，实现民主政治。辛亥革命，第一目的是扫荡清室的恶浊政治，为扫荡恶浊政治，不得不推倒清室统治权，这还是第二目的。清室倒后，北洋军阀袁、段等继承清室的统治权，辅以交通系、安福部等蠹国乱政的妖孽，政治之恶浊更甚于前清，所以是国民党不得不继续革命，以求政治之清明；也正因有此志此心，虽革命战祸再延长数年数十年，国人也应该谅解。

国民党欲以革命手段达到政治清明的目的，必当重视全国革命分子，建设势力于倾向革命的民众之上，不得重视官僚分子，建设势力于蠹国乱政的官僚之上，如此明白无疑的逻辑，简直和二加三等于五是一样。

辛亥革命后，黄克强引用黄芝祥、沈秉坤等一类官僚，颇轻视革命党人，其结果如何？交通系、安福部一班妖孽，力助袁、段为虐，民国以来政乱财溃，正坏在这班人手里，这班人若能使政治清明，辛亥革命后国民党便不必继续革命了，国民党若引用这班人，便是根本的自杀！真心忠爱国民党的人们，应该一面消极地洗刷蠹国乱政的官僚，一面积极地造成拥有全国大群众的革命党，才不至为亲者所痛仇者所快！

署名：独秀

《向导》周报第二十五期

1923 年 5 月 16 日

吴佩孚爪牙阎锡山第二——杨森

（一九二三年五月十六日）

我们以前只知道杨森是国贼吴佩孚的爪牙，现在可在他对于四川父老宣言中，知道他并且是阎锡山第二。阎锡山第一的欺世用民政治，已令人衔恨刺骨，现在又有一个阎锡山第二！

杨森宣言中所说治川的方法，其中谬误之点，此时当然没有讨论的必要，而且总算他说出一点方法，但是这种欺世盗名的鬼话，我们对于陈炯明的为人已经得着经验了。

在他的宣言中，我们应该注意两点：（一）他说："我们至少要做到像阎锡山之在山西。"他这样辛辛苦苦打回四川，辛辛苦苦做一篇皇皇大文想劝四川人归降他来统一四川，好让他仿行阎锡山的欺世用民政治，所以他公然说："以后，我在前台唱戏，所望的，就是要你们在后台打锣鼓，合着我的板眼！"（二）是他说："吴子玉将军决不贪占我们四川的土地，这次，一是吴将军本于素来的旨趣，想把四川弄好，好做别省的模范。"他又说，"而且能信仰吴将军是怎样热心为我们四川谋幸福了"！此时中国最反动的军阀吴佩孚如何纵兵惨杀工人，如何主张封禁全国工会，如何责骂蔡子民使北京政府敢于蹂躏教育界，这些都不须说，我只回答杨森道：吴佩孚叫萧耀南督湖北，搜刮得湖北民穷财尽，这也是决不贪占湖北的土地，也是本于素来的旨趣，想把湖北弄好，好做别省的模范，也是为湖北谋幸福；吴佩孚助沈鸿英图广东，派孙传芳到福建，想必都是同样的旨趣。可惜孙传芳、沈鸿英不像杨森这样会做文章为吴将军宣传，不然福建人、广东人都会感戴吴将军的德意；更可惜沈鸿英不会打战〔仗〕，不然他督理广东，又可使中国多一个模范省。

　　杨森若以四川民众的势力，打倒熊、但等武人政治，我们便应该赞成；但是他现在假借最反动的军阀势力，打回四川，有造成四川为第二湖北的危险，无论他如何大言欺世，无论我们如何原谅他，也只好说一声"卿本佳人，可惜从贼"！

署名：独秀

《向导》周报第二十五期

1923 年 5 月 16 日

闽赣局势之新发展

（一九二三年五月十六日）

奉张、段、卢、孙传芳、臧致平、王永泉、萨镇冰、刘冠雄、王占元等，联合倒吴运动，酝酿已久，行将见诸事实。最近各派代表在厦门开联席大会，会议结果如下：（一）各派共同出兵倒吴；（二）卢小嘉为联防办事处主任；（三）以福建总司令畀孙传芳；（四）抽调驻闽各军先出江西；（五）援赣军以李协和、臧致平为联军正副指挥；（六）改编舰队以便收复长江。

在此消息中，我们应该有两个极明白的观念：（一）孙传芳居然加入这个，即以证实吴佩孚的武力统一是做梦，吴佩孚想雇用一班胡大海、常遇春替他打江山也是做梦；（二）此次联合倒吴佩孚运动，纯然是两派反动旧北洋军阀争夺地位，别无他项意义，在此争夺中，自然予民主革命发展的机会，然亦仅仅是民主革命发展的机会，他们争夺本身的性质，和民主革命却是风马牛不相及，陈炯明联吴是认贼做父，我们对于这班倒吴派也断然不可认做贼子！

署名：独秀

《向导》周报第二十五期

1923 年 5 月 16 日

段派之活动

（一九二三年五月十六日）

段祺瑞虽隐居天津，山东、浙江两省都还有他的军事势力。奉直形势紧急，上海海军独立，粤中民党胜利，这三件事都是给段派复活的新刺激，他们北由奉天、南到福建这一条线路的活动，已是彰明较著的了，他们想占据津浦路，与直系占据京汉路对抗，隐然是直系的敌国。曹、吴蠹国乱政，自然是全国所痛愤，但若由段派的势力打倒曹、吴，其政治上的反动现象，岂能减于今日？安福部过去的罪恶：如亲日卖国，滥用卖国金钱，用兵西南，残民以逞，贿赂公行，权倾一世，使国民敢怒而不敢言，这都是国民所永不能忘的；他现在的罪恶：如卢永祥、何丰林等压迫人民出版、集会、结社之自由，和曹、吴是一个鼻孔出气；他们将来的罪恶：如徐树铮、吴光新、陈宧曲同丰朱深、姚震、王揖唐、段芝贵这班人的腐旧横暴，我们可以预想而知。段派安福部是中国极腐旧而横暴的军阀官僚之结晶。段派背后是日本，和吴佩孚背后是英美一样，表面虽是皖与直之争，里面实是日本与英美之争；国人若希望他们打倒吴佩孚，比以前希望吴佩乎打倒段派安福部，是同样的荒谬！

署名：独秀

《向导》周报第二十五期

1923 年 5 月 16 日

临城掳案中之中国现象

（一九二三年五月二十三日）

土匪掳人勒赎，在政治组织薄弱的中国是常有的事，掳去洋人也不自今日始，独有此次临城事件竟闹得全国震动，这缘故很容易明白，乃是帝国主义的列强，尤其是英、日、美三国，欲借此掩盖他们凌辱中国人的丑行并达到共管中国的贪欲，所以在他们的通信机关特别张大其词，可怜我们无知而又媚外的中国新闻界，竟不能窥破其中奸计，随着几家外国通信社的吠声盲目的附和，不知不觉的为他们利用了，外人竟能利用全中国的报纸做他们的宣传机关，岂不是中国人最大的耻辱！

政府社会都专门注意几个被掳的外国人，中国人被掳的一二百，至今无人过问，这又是什么理由？

一切党派自然都应该起来反对并打倒恶贯满盈的北京政府，但打倒北京政府应该集合民众势力，堂堂正正的作政治奋斗，若是藉临城掳案来极力攻击北京政府，并想借此机会，利用洋大人的势力来推倒曹、吴，这是何等卑劣而且懦弱！我们固然要打倒军阀，我们断然不可借洋大人来打倒军阀，因为洋大人比军阀是我们更大的仇敌。

当吴佩孚大杀京汉工人的时候，张大总理大骂这班过激派应该杀，越多杀越好，此时临城案发生，这位张大哥吓得屁滚尿流，当日大骂工人的威风安在？

杨以德也曾禀承洋大人的意旨大杀唐山工人，现在又要为了救搭洋大人亲到匪巢作质，他这样"轻视工人，畏惧土匪，孝顺洋人"的态度，真是中国军阀官僚之代表。

有人说此次掳案是安福部破坏北京政府之阴谋，安福背后还有日本的教唆；此事如果属实，更可以证明帝国主义者在中国所造的幸福！

临城掳案固然是件小事，即此这件小事，便可以将帝国主义者在半殖民地的中国之阴谋与骄横完全暴露出来；同时也可以将中国军阀资产阶级（政党及上海商会）、知识阶级（新闻界）之懦弱与媚外的心理完全暴露出来。

署名：独秀

《向导》周报第二十六期

1923 年 5 月 23 日

国会议员宣布张阁罪状与曹吴态度

（一九二三年五月二十三日）

　　议员温世霖宣布张阁罪状如下：各报馆均鉴，国家之败，由官邪也，官之失德，宠赂彰也；民国成立，历任内阁违法失职之事，虽曰数见不鲜，然未有无法无天若此次张阁举动之甚者也。查总理张绍曾执致以来，任用私人，宄法乱政，授意秘书长吕均，借势招摇，更与财政总长刘恩源、农商总长李根源，朋比为奸，卖官鬻差，营私舞弊，明目张胆，肆无忌惮，除已经同人通电宣布其对于日本二十一条及收回旅大之外交失败情形外，兹再举其紊法乱政之最著者为诸公陈之：（一）私印印花税票五百万元，纵使印刷局长薛大可偷运密售，朋分票价，是为监守自盗。（二）未经国务会议议决发额外流通券一百万元，密使彭解等私向裕华银行押款，是为诈欺取财。（三）擅改国务会议议决，将印花票案查办大员之庄蕴宽，改为赵椿年，又魏联芳本系简派劝办实业专员，无端变为特派字样，是为伪造文书。（四）违反国会决议，先抽签偿还外债内之日本部分债券四千万元，又私向美商运动，竟敢过户承认津浦北段德国部分之债票七千万元，再对于法国庚子赔款，擅自承认纸佛郎改为金法郎，损失国款七千余万元，以致各国援例要求，是为构成外患罪。（五）朋分中日实业公司之官股二百五十万元，偷将股票改填张绍曾、刘恩源、李根源、文群、彭解等私人名义，是为侵占国有财产。凡此种种，证据确凿，无一不触犯刑章，至于贩卖烟土，私售芦盐，公然列诸阁议，无非祸国殃民。最近更向新银行团举债五万万，而以关余烟酒税为担保，秘密进行，以抵偿向无担保之外债，及回扣贴款，而以四万万七千万元，所余之三千万元，作为垫款，按六个月分期交付。此项借款，举中国所有财源抵押以尽，忍将中国财政交之各国共管。自新银团成立，其宣布之政策，即在掌握中国财政；今政府竟迎合新银团意旨，订此借债条约，倘成事实，则将来一切政费，非得银团许诺，丝毫不能动支；共管之局一成，亡国之祸立见，而所得之三千万元，外人于八个月内只将关余、烟酒税收入拨付政府，已无不足，按之实际，确系毫无所得，只以张阁贪此二千余万之回扣，遂将国家主权财权断送无余，稍有人心，宁忍出此。众议院日前开会，要求当局出席说明，张绍曾、刘恩源均避不出席，仅派财政次长张竞仁到会；经同人质问条件内容，坚不答复，近更向各国公使秘密谈判，热烈进行，若非揭破奸谋，先行防阻，沦胥之痛，即在目前，此尤我国人应急起一致反对者也。其他违法失职，书不胜书，报章所载，固已国人共见。总之张阁存在一日，则外交挽回无术，内政日见纷乱，非立予罢斥，国事愈不可为。现参议院已通过不信任案，而张阁抵死不去，并特设机关公然贿卖，抉廉耻之藩篱，破政治之常轨，瞻念前途，言之滋痛。诸公热诚爱国，义愤同深，尚冀同声申讨，去此恶魔。谨贡区区，贮候明教。

张绍曾贪劣无耻，人所共知，而国会议员贪劣无耻的程度，比张绍曾只有加无减，张之罪状出诸议员之口，已足令张绍曾齿冷，何况出诸保派嫡子温大烟灯之口，更显然是一种"伪作正言"的作用，果然曹锟复电表示赞成。在地〔他〕方面，吴佩孚却电京反对改组内阁，再摧两院制宪，同时参议院提议先选总统，敦促黎元洪下野，再议制宪，吴佩孚又极力反对。这些消息，或者都是曹、吴翻脸之征兆。

署名：独秀

《向导》周报第二十六期

1923 年 5 月 23 日

帝国主义的列强与军阀

（一九二三年五月三十日）

中国土匪头（军阀）不能约束小土匪，居然冒犯了洋大人，洋大人自然要赫然震怒，自然要责问土匪头的军阀——曹、吴，昏蛋的中国人民，切不可因为洋人所办报纸有非难曹、吴的论调，遂以为外国帝国主义者，也痛恨中国军阀不再予以援助了。帝国主义的列强，在中国经济的政治的侵略双管齐下，直弄得中国民穷财尽兵匪满地，又复扶助军阀，抑压革新进步的人民（如助袁、段、曹、吴攻打国民党，助北京政府压迫学生爱国运动，上海租界两次封闭全国学生总会，洋人勾结军阀大杀唐山矿夫、大杀汉口铁路工人之类），断绝中国维新自强的一切道路，所以临城案，第一罪魁是帝国主义的列强，第二才是军阀曹、吴。洋商也鼓吹废督、裁兵、理财，这是一面笼络华商使其不依附军阀而依附列强，一面威吓军阀逼他们对待列强益加恭顺；外报因临城案痛责曹、吴，明明是借此威吓军阀，令他们伏地叩首绝对屈服于列强，不但不因此招人民之反感，而且因此博得一般昏蛋的中国人民之同情；列强们对待军阀，一面加以威吓，一面又加以抚慰，英、美、法公使赴保接洽，大借款现仍在京进行，像这样恩威并用，军阀们焉有不绝对臣服之理！蠢如曹锟还知道列强的用意，故敢于临城掳案热闹声中，积极进行总统问题而毫无所顾忌。昏蛋的中国人民，若还不相信外国帝国主义者和中国军阀勾结为患，若还相信外国帝国主义者现在痛恨中国军阀了，以后不援助曹、吴了，那真是昏蛋的程度还在曹锟之上。

署名：独秀

《向导》周报第二十七期

1923 年 5 月 30 日

黎元洪与曹张

（一九二三年五月三十日）

曹锟有了英美法公使赴保接洽的援助，又有黄金收买议员，只要吴大军阀不反对，想过总统瘾不是难事；近来且有曹正张（作霖）副之说，曹锟想做平安总统，这种妥协也是意中之事。黎元洪的助手只有政学会，哪是曹三的敌手？我们于黎曹张均无从轩轾，我们只主张：以民众的革命势力打倒北京军阀政府，建设不受外国列强及中国军阀势力支配的国会，组织保障国权伸张民权的新政府，他事不屑过问。

署名：独秀
《向导》周报第二十七期
1923 年 5 月 30 日

社会之历史的进化

——在广东高师的讲演

（一九二三年五月）

中国人对于社会的进化，常有三种错误的见解：（一）有人以为社会的进化是循环的；（二）有人以为社会是退后的；（三）更有人以为社会的进化是超越的。讵知社会的进化，非速亦非迟，乃是根据人类生活的要求，依照历史的阶级，自然地演进，必无循环、退后或超越之理。简单说来，社会的进化，其程序可分五个时代：

一、原人时代——这时人类的生活，非常简单，和现代最野蛮的人的生活略同。他们唯一的工作，就是摘生果充饥，所以当时人类与野兽无大差异，文化遂无从发生、无足陈述。

二、渔猎时代——原人以摘生果为活，到了生果食尽的时候，就不得不下水取鱼，入山寻兽，来维持生活，这才演进而为渔猎时代。从原人时代至此，可成一个段落了。

渔猎所用的器具，不外木棍、石头、鱼网三种物件；后来有人将石头安置木棍之上，用以杀野兽，于是有锤子的发明。这种发明，可算为社会进化中的一个大纪元，不容我们忽视的。当时生活情形，仍甚简单，经济问题，未曾发生，因为那时人类都是日食其所得，并无余物的存留。

他们因怕野兽侵害，就结合数十人，共居一块地方，互相护卫，于是成了小小的社会。他们渔猎所得的鱼兽等，只够一日的食用，毫无积蓄；纵有余物，都是鱼兽的皮肉，也无法收藏，所以当时那种小社会，完全是共产的，没有私产的发生，这种社会，我们就叫作原始的共产社会。

这种社会，是由数十人自由联合而成，实行共同的生活，初无所谓组织；但是，后来因为其间发生利害的冲突，他的秩序渐变纷乱，同时就有些强勇的好汉出，恃强压众，独自称尊，众人因怕他的威力，也都屈服于他，于是他就居然作了众人的首领，而社会的安宁，赖以维持着。这个好汉，历史上即称为酋长，亦即为那些小社会中的君主。

这个时代，已经有宗教发生，即是拜日、火或猛兽的自然宗教，当时宗教的观念，大约是由恐怖和美感所构成。野蛮人看见太阳光线那般辉煌，脑中就发生一种美感，同时又起恐怖之情，故生崇拜的心趣；更因火，古代的火，野蛮人用作军火，防御猛兽，为火焰美观，就生审美的兴趣，为火性猛烈，便起恐怖的情绪，所以他们崇拜他；猛兽如金钱豹等，既有美丽的毛色，又具可怕的形状，野人见而崇拜他，同属此理。总之，这种自然的宗教，内容非常简单，他的对象，除上举三种自然界的物件外，并无其他如鬼神的对象。

三、游牧时代——发生于有历史之前，故难推算他发生的年岁，大概总在封建时代之先。这时人类的智识，比较渔猎时代的人，稍有进步，能用种种方法，驾驭那些驯良的野兽——牛罢等——于是发生畜牧的事业。当时土地都是公有的，畜牧者就得随时选择一些多水草之地，作他们畜牧的场所；因此，他们就没有一定的寓所，逐水草之地而居住，故名之为游牧时代。

到了畜生蕃衍之时，各人就拥有大群的牛羊，一人用之不尽，则所余的牛羊，就变作一己的财产，于是由渔猎时代共产的社会，一变而为游牧时代私产的社会了。这许是社会进化途中的一大变迁咧。

四、农业时代——自渔猎时代至游牧时代，人类都取鱼兽之肉，作唯一的食料。后来因人类数目增长，而鱼兽的供给渐减，于是人类为要维持生活，就不得不向植物界寻求食料。恰好有些地方产生谷类，一经野人找得，就试拿来做粮食，觉得很能满足他们的需求，于是舍渔猎游牧，相率栽种谷类，而农业就由此发生了。

到了这个时代，社会的组织，经济状况，道德观念，及宗教思想，都呈变化。又因栽种谷类，必须在一定的地方，不能随意迁移，于是发生了居住的问题；因居住既定，则男女的关系更为确切，夫妇的观念遂明，而从前男女杂婚的事，也都渐次消灭了。家庭制度，由此勃兴。各家所种的麦稻等，供食有余，就设法储藏起来，拥为一家财产。至此，私产制度，更加发达，而社会经济，同时发达。凡此种种变迁，都是依照生活的要求，而自然发生的。

当时的小社会，各有一个酋长，执统辖之权，后来因生活上发生变迁，小社会已经不能单独存立，就合几个小社会而成一个大社会，又由几个大社会而组成一个更大的社会——国家；几个小酋长，推举一个大酋长，几个大酋长结合，就产生了一个君主，所以君主制度，即发生于这个时代啦！

君主既出，那末宗教的思想，跟着也就变了。由前代的自然宗教，一变而为多神教了；除美感和恐怖之外，复生有神——不可思议者——的观念；即由具体的事物，进而为抽象的思想，这也算是人类思想史上的一大进步。时至今日，很多人厌恶宗教，但是，古代人类能发明宗教，已经算是一种大进化了。

当时道德观念，也更进步。夫妇名义确定，实行一夫一妻制。这时的不同现代的，没有什么劳动界，只有家庭劳动。家庭劳动，妻子为劳动者，家长即为资本家。各家都盼望多生儿女，以助耕种或开垦，更有农人出贱价多买女子做小老婆，以助农耕；但是又怕妻妾子女，不为己用，故创设宗法制，使丈夫对于妻妾，父亲对于子女，有无限的统驭权。这种道德，在现代要不得，但是在当时足以维持社会安宁和生活，是很需要的。亚理士多德赞成奴隶制，孔子主张宗法制，也不过为着这些制度适应当时社会的状况罢了。

综合上述的农业社会的状况，拿来和现代的中国比较起来，是大同小异的，差异之点也很少，从可知现代的中国，还只是演进到农业时代啊！

五、工业时代——到了这个时代，政治、经济、宗教、道德等状况，又都变更，和农业时代大不相同；但是这些变迁之所以发生，也只是原于生活中自然的要求。工业社会首先发起于欧洲，因为欧洲的地方狭小又瘦瘠，不大适于农耕，所有出产物，不能满足欧人生活的要求，唯欧地滨海，很利于交通，故欧人就得向工业发展。但是欧洲的工业，又以发生于英国的为最早，因为英国是小小农国，地狭人多，生活的要求也更大，农业既不足以维持，于是不得不向工业谋发展了。

工业必须要有大规模的组织，而后可以发达，是故工业一发达，则社会中各种事业，都受影响了。譬如工业上所需的原料，不下数十百种，本国必不能完全供给，所以要到外国去购办，于是交通和商业，直接受其影响而发生了。交通商业既兴，则外交的事务日多，而且外人势力，由外交而侵入国家内政，由此，农业时代闭关自守的风气，完全消灭了；而政治组织方面，也由专制政体，变为共和政体，工商界和外人交接既多，见识日广，经济也日见充足，他们为维持自己的权利计，就起来争政权，遂将贵族制度，完全打破，尝查工商界之所以要求政权，并非好出风头或好作官，实因政治和工商业，有密切的关系，工商界的受福蒙祸，全视政治的良否以为准绳，假如他们没有政权在握，任凭贵族和军阀的宰割，那末，他们的职业必蒙无穷的祸害，故为生活的要求所逼迫，他们才来争政权。所以平民政治并非一般平民所必须，乃是工商界的护身符咧！军阀所以还能存在于中国，实因国内没有强健的工商界和他对抗，若到工商业发达的时候，军阀必自归于灭亡了。

到此时代，宗教的观念也变更了，因为此时交通发达，集各处人士于一处，必须创一共同的信仰，而后可以相安，故由多神教，变为统一的一神教。

在这工业时代，工厂林立，所需人工甚多，非家庭劳动之力所能维持，势必雇工，而后工厂才能发达，于是劳动制度，由此发生。又因人人要到工厂去作工，以维生计，故家庭羁绊遂脱，至是则农业时代所遗的家庭制度，自行破除了，家庭制度既破，宗法的道德也随之消灭。由此看来，中国的家庭制度，非可勉强废除，只须工业发达，则此制自破。所谓三纲五常的道理，是建设于宗法思想之上，颇适合于农业社会，以其能维持当时社会的生活和安宁；但是民主社会的道德，是建设于爱国、合群义务之上，用以维持大工业的发展，虽前代的宗法思想，不再适存于此时代了。

工业时代的社会，虽较前代为进步，但仍留存着农业时代的私产制度，这却算是一个大缺点。因此，我们可以测知工业时代，将来亦不免发生变迁。在工业时代，工厂最为发达，所制商品（商品和生产品不同，商品乃供销售，非供应用），必然日见增加，但当时社会上的资产，多为少数资本家所占有，于是社会一般平民，都降为无产阶级，哪里还有钱购买这些商品呢？到这时，商品必至积滞，无从销售，于是工厂就要亏本，随至资本破裂了。即如一人食物而不消化，积之日久，必至肚破肠断咧！将来的变化，必须除掉私有的财产，而大工业仍须保存，藉他供给人类以生产品。

由此看来，自原人时代以至工业时代，都可发见社会进化的痕迹，伊都是根据人类生活的要求而发生的，我们若要改造社会，必须先明白社会之历史的进化，然后才知所从事。末了，我们须知社会的进化，不是循环的或超越的，也更不是退后的；乃是依历史的阶段而进步，非速亦非迟，不过采用革命的手段而促其进化，或许能使他变快一些罢。

未署名

《陈独秀先生讲演录》

广州丁卜图书社 1923 年 9 月版

在京汉路被难工友追悼会上演说

（一九二三年六月二日）

关于京汉工人被残杀之事，李之龙君已有详细报告，可不再赘。我观察中国历次劳动运动可得下列三个教训：

一、工人运动第一要在政治上努力于集会结社运动，以求得集会结社之自由。若是此而不能，则劳动运动甚难发展，若集会结社得有自由，则此次京汉路悲惨之残杀无由发生。故此主张工人反对政治运动，乃一种绝大之错误观念。

二、在国民革命事上，劳动阶级实有伟大之势力。中国国民运动，资产阶级与劳动阶级同时参加。然中国资产阶级有极多缺点：彼辈一面反对督军，虽然有些须革命之意；但甚易与国内之军阀，国外之帝国主义妥协。如上海商会因反对北廷，但自己不努力革命，而希望外人干涉。劳动阶级之国民运动则不然。试观海员、唐山、京汉各次罢工，绝不与军阀外国帝国主义谋妥协，由是观之，中国劳动阶级不独在自己阶级争斗上，而且在国民运动上亦甚有力量。不特有国民运动上是重要分子，如果缺乏他们，革命就完全无望。可以说：无劳动运动则无国民运动，此是第二个教训。

　　三、（略）

未署名

《劳动周报增刊》

1923 年 6 月 2 日

呜呼！外国政府下之商埠同盟！

（一九二三年六月六日）

北京军阀官僚政府是我们必须反对的，中国之大患兵与匪，不单是我们素所深恶痛绝的，并且是我们应该出力处置的；但是我们要知道：以工商业侵略中国，使中国人贫而为兵为匪，又极力明扶暗助北洋军阀（现在还正在进行大借款），故意造成中国乱而益贫、贫而益乱的重复因果，这罪魁祸首是谁？不待说是帝国主义的列强。我们反对军阀，同时又必须反对帝国主义，正因为这个缘故，并非是感情的故意排外。

组织商埠同盟，并且同盟起来，自治起来，武装起来，反对军阀政府，抵抗兵匪的侵略，这都是我们赞成的；但是我们却不忍心赞成外国政府宰割下之商埠同盟。

上海《字林西报》载西人投函说：英、法、美均以用费太巨不愿以兵来华，鼓吹中国人组织商埠同盟，以武力防御兵匪，并且加压力于各省当局，这话都不错；但同时他说什么"不得不于外国政府赞助之下"，什么"以各商埠中外人士间之合作为根据"，什么"警士可用华人警官则用外人"，什么"利用外国兵舰保护江政"，这是什么用意？这是一种什么商埠同盟？这种在外国政府宰割下之商埠同盟，不过是各国共管中国各商埠之变相名词，这样变相的和平共管，比用巨费派兵来共管的方法，更是巧妙！

署名：独秀

《向导》周报第二十八期

1923 年 6 月 6 日

中国土匪也来了！

（一九二三年六月六日）

意大利之法西斯蒂党，其反动的理想与行动，简直是土匪，他们近来在意大利的成功，并在德国、法国恢复帝制运动，不但是世界工人阶级之危机，并且是世界资产阶级的民主政治之危机，日暮途穷的欧洲官僚资产阶级利用他来救济一时之急，真是引虎自卫，所以欧美、日本开明的资产阶级分子，都把〔为〕意大利的资产阶级捏着一把汗。

中国已被土匪闹得不得了，不料上海《大陆报》记者又要介绍外国土匪到中国来，他说："上海现有一意大利的法西斯蒂党代表，名为马郎柴纳（Signor Maranzana），倘华人商会向他访问，他必乐得以他们成功之方法及原则见告。"《大陆报》记者又说："中国现在遍地皆匪，匪有良好组织，为布尔雪维克主义所传染，向闻布党中人曾在彼等中传布主义，鼓吹推翻现在社会秩序已经数年；据临城劫案中被掳之苏罗门氏说，匪中有一人能操俄语（其实匪中还有多人能法语），其妻为俄人，彼曾服务于俄军中。"临城案件和安福部显然有多少关系的痕迹，若说抱共产主义的布尔雪维克在土匪中传布主义，希望土匪来推翻现在社会秩序，真是天大的笑话！真是丝毫不懂得布尔雪维克主义是什么！临城匪中也许有俄妻能操俄语曾服务俄军的人，但是我们要知道：俄国白党在西伯利亚及蒙古失败后，他们和与他们共事的中国人，纷纷溷到内地活动的很多，他们活动之目的，我们应该知道，若以为凡是俄人及与俄人接近的别国人都是布尔雪维克，这种简单的头脑，实在未免可笑。《大陆报》记者一面诬蔑俄国布党和中国土匪联络，一面他自己却介绍意大利的土匪给中国商人，请问他是何居心？

署名：独秀

《向导》周报第二十八期

1923 年 6 月 6 日

美国不是外国？冯玉祥不是军阀？

（一九二三年六月六日）

冯玉祥在北京长老会堂演说："五月七日那天，兄弟的军队全招集到南苑，开一个国耻纪念会，不料正开会的时候，从城里头来了一个电话，是某部长给我打去的，我接电话，说我是冯玉祥，什么事呵？他说，方才听说贵军在南苑开会提倡抵制日货，那不要惹起外交吗？我当时真是火冒三丈，遂回答说，必得把军队解散，枪炮都送给外国人，才算不排外吗？你还是有骨头的人吗？"冯玉祥这段话，我们十分赞成；但同时我们要警告冯玉祥："你须知美国人也是外国人！你须做一个始终有骨头的人！"

他又说："回头看看中国的现象，穷的寻死上吊跳河，日有所闻，但是那文武大官僚，终日吃的山珍海味……"冯玉祥这段话，我们也十分赞成；但同时也须请问冯玉祥："你的衣食固然很奢啬，你的荷包里究竟怎样？"

我们固然不以人发言，我们更希望冯玉祥：反对外国侵略勿把美国除外，反对文武官僚贪横勿把自己除外！

署名：独秀

《向导》周报第二十八期

1923 年 6 月 6 日

在中国共产党第三次
全国代表大会上的报告

（一九二三年六月十二日至二十日）

现在我代表中央委员会作关于上届代表会议以来的工作报告。中央委员会的人员太少，搜集不了很多材料。由于遭受迫害，许多材料也遗失了，所以概述得不可能全面。

中央委员会的成员只有五人，因此，代表会议以后，杭州委员会建议扩大中央委员会，再增加两名委员。可是上海和北京反对这个建议。当上海的迫害更加厉害时，北京的政治局势还可以使我们在那里进行工作，因而中央委员会迁到北京。我们开始改善机构。但是，我们还没有来得及着手执行我们的计划，在京汉大罢工以后，猖獗的反动派就迫使我们离开北京返回上海。改善机构的计划未能实现，因为上海的迫害非常厉害，又加上我们要准备召开党代表会议，所以我们把中央委员会迁到广州，那里的局势也不稳定，因此，改善中央机构还是不可能的。

上海和广州小组由这两个市的一些地方小组组成。北京、汉口和长沙（湖南）的许多地方小组已联合成地区小组。郑州小组在京汉铁路罢工时被破坏了。

党的经费，几乎完全是我们从共产国际得到的，党员缴纳的党费很少。今年我们从共产国际得到的约有一万五千，其中一千六百用在这次代表会议上。经费是分发给各个小组的，同时还用在中央委员会的工作上，用在联络上和用在出版周刊上。我们只能提出最近几个月的详细报告，因为其余的材料落到了上海法国巡捕的手里，由于一个同志被捕，这些材料全部遗失了。

现在共有党员四百二十人，其中在国外的有四十四人，工人一百六十四人，妇女三十七人，另外还有十个同志被关在狱中。

去年我们只有二百名党员，今年入党的大约有二百人，其中有一百三十个工人。

杭州会议以后，我们间断地出版了日报，这种间断的情况是罢工造成的。报纸只出了二十八期，每期平均印五千至六千份。然而在初期我们的日报遭到了批评，现在它才得到同情。北京、湖北、广州和上海等地也出版了周刊。

关于京汉铁路罢工事件，我们出版了小册子，在很多场合，我们发表了宣言。《新青年》杂志以前每月出版一次，现在改为三个月出版一次。出版《前锋》月刊，刊登有关中国政治经济情况的一般性的文章和国际政治形势问题的文章。

在上届代表会议上，我们同意东方民族大会通过的关于共产党与民主革命派合作问题的决议。情况的发展表明，只有联合战线还不够，我们又接到了共产国际关于加入国民党的指示。在上届党代表会议以后，我们不能很快地再召开代表会议来讨论这个问题，所以中央就和共产国际执行委员会的代表一起讨论了这个问题。

起初，大多数人都反对加入国民党，可是共产国际执行委员会的代表说服了与会者，我们决定劝说全体党员加入国民党。从这时起，我们党的政治主张有了重大的改变。以前，我们党的政策是唯心主义的，不切合实际的，后来我们开始更多地注意中国社会的现状，并参加现实的运动。

关于第二次代表会议上决定的"民权"运动，北京、广州、上海、山东和江西等地都成立了"争取民权同盟"。在北京，参加这些新团体的大部分是学生；在山东和广州，大部分是工人。

我们始终是反对军阀的。有个时期，我们忙于组织京汉铁路员工，要与"交通系"作斗争，而吴佩孚也反对"交通系"，那时我们没有反对吴佩孚。但是从罢工时起，我们就猛烈地反对了吴佩孚。然而，中央委员会与吴佩孚有过来往，这是不恰当的。

我们是在"打倒帝国主义和军阀"的口号下工作的。打倒军阀的口号已得到中国社会上大多数人的响应，而打倒帝国主义的口号还没有产生很大的影响。党员应该更加注意反对帝国主义的口号。

现在我谈谈工会的宣传工作。先从上海谈起，上海的工业最发达和最先进。可是那里的工人组织却很落后，开展运动很费力。有很多工人组织，可它们只是空有其名。我们与一个不大的五金工人小组有联系。国民党与海员和制烟工人有联系。我们对于上海应该更加注意。

在北方的铁路员工中，我们在京汉线上有较好的组织，可是在罢工期间被破坏了。津浦路的组织只是一个空架子，实际上并不存在。京奉路的组织是秘密的。津浦路上的工人还严重地分成各个同乡会。京奉路上至今还很难把不同部门的工人联合起来。

湖南、湖北和广东的联合会与我们有联系。湖北的炼铁、制烟和纺织等产业部门的工会，以及人力车夫组织，也与我们有联系。汉阳工会很有希望，是中国最大的工会，可以作为榜样。萍乡矿工工会在二月罢工中受到了损失，但组织仍然保存下来了。

湖南几乎所有拥有三万人以上的工会，都在我们的影响之下。加入这个联合会的还有萍乡的矿工。粤汉路的组织也参加了这个联合会。其余的组织是由手工业工人组成的。广东的大部分工人工会是手工业工人工会。建筑工人的组织也在我们的影响之下。

我们党的女党员只有十三人。中国的妇女运动还很不发展。我们对广州和湖北的"女权联合会"有一些影响。北京和上海也有这种联合会。

现在我想就我们最近一年的工作提出批评意见。首先我们忽略了党员的教育工作。我们遇到的许多困难，都可以归咎于这一点。许多知识分子抱着革命感情加入了我们党，但是对我们的原则没有认识。工人表现出脱离知识分子的倾向，常常缺乏求知的愿望。

宣传工作进行得不够紧张，我们很少注意农民运动和青年运动，也没有在士兵中做工作。要在妇女中进行工作，女党员的人数也还太少。在工会的宣传工作中，我们没有提出任何口号。现在我们在工人中只能提出成立中国总工会的口号，而不能提出无产阶级专政的口号。还应当在工人中进行拥护国民革命的宣传。

我们党内存在着严重的个人主义倾向。党员往往不完全信赖党。即使党有些地方不对，也不应当退党。我们应该纠正我们的错误。此外，党内的同志关系很不密切，彼此很爱怀疑。

现在谈谈中央委员会的错误。实际上中央委员会里并没有组织，五个中央委员经常不能呆在一起，这就使工作受到了损失。

中央委员会也缺乏知识，这是罢工失败的原因。我们的政治主张不明确。大家都确信中国有实行国民革命运动的必要，但是在究竟应当怎样为国民革命运动工作的问题上，我们的观点各不相同。有的同志还反对加入国民党，其原因就是政治认识不够明确。

我们不得不经常改换中央所在地，这使我们的工作受到了严重损失。

现在我想对个别中央委员提出批评意见。陈独秀由于对时局的看法不清楚，再加上他很容易激动，犯了很多错误。

张国焘同志无疑对党是忠诚的，但是他的思想非常狭隘，所以犯了很多错误。他在党内组织小集团，是个重大的错误。

邓同志在唐山和科乌矿工罢工时犯了严重错误，并且在广州造成了很多困难。就地区来说，我们可以说，上海的同志为党做的工作太少。北京的同志由于不了解建党工作，造成了很多困难。湖北的同志没能及时防止冲突，因而工人的力量未能增加。只有湖南的同志可以说工作得很好。

广州的同志在对待陈炯明的问题上犯了严重错误，最近他们正在纠正错误。

未署名

1923 年 6 月 12 日至 20 日

译自中共驻共产国际代表团档案俄文稿

儿戏之北京政府

（一九二三年六月二十日）

北京目下之政局，与其说他是恶贯满盈，不如说他是儿戏！

黎元洪本来是个昏蛋而且奸险，他做总统本来没有法律的根据，不过一般下流政客，至少比黎元洪还要昏蛋十倍，为了要拥曹上台，忽然想起老黎非法，我们不知他们将来有何神通使老曹为合法总统？

黎、段本有不解之仇，今黎为曹锟、张绍曾逼走，李根源、彭允彝竟主张"即走亦当任段祺瑞为总理使捣乱"，政学系的特质于此暴露无余。

曹三有的是兵，尽可拿出惨杀京汉工人的态度去到北京，爱做什么做什么，为何要利用军警索饷及乞丐变相的公民团来逼走黎元洪？

黎元洪走便走了，为什么要挟一颗不值钱的印，曹党也偏要拦路抢印，简直是戏台上"抢帅印"的把戏。

所谓驱黎运动的国民大会，天安门布满了军警侦探，到会散驱黎传单的只三四个国民，与其说是国民大会，不如说是军警侦探大会。何人指使这三四个国民的国民大会，现有两说：一说是由交通部发出；一说是张绍曾从天津印刷寄京，托吕均雇车夫着长衣散放；后说大半近实。

军阀官僚们见了人民集会散传单，便喊道这是过激派，该杀！现在他们也采用过激派的方法了，究竟是谁该杀？

所以目下北京政局，与其说他是恶贯满盈，不如说他是儿戏！

署名：独秀

《向导》周报第三十期

1923 年 6 月 20 日

告上海纳税华人会

（一九二三年六月二十日）

上海公共租界纳税华人会本年大会的会务报告列举四事如下：（一）界内行政司法两事，其权完全操诸外人之手，吾人在工部局方面，以无正式华董在内，不获享有发言之权利，以致所受种种不平等之待遇，在洋泾浜条约未经修改以前，进行十分困难。……吾人居住租界者，只有年终纳税之义务，而无发言之权利，虽自民国十年起，工部局有五华顾问之加入，然因非正式代表之故，春季纳捐人大会，各国均可参加，独摈我市民于纳捐人会议之外，世界不公道之事，更无有甚于此者。本年为乐志华被虹口捕房无辜虐待受伤一案……公函五顾问，要求向工部局建议，为此后全市民保证安全之法……此案在交涉中，尚未得复，将来结果如何，断难预料。（二）会审公堂为华洋间相互诉讼而设，当日洋泾浜条约，权限范围，本有明白之规定，自辛亥光复，领团借口民国政府尚未得各国承认，攘为己有，迄今已历十二年矣。……完全华人诉讼，须听领团裁判，视租界若殖民地，种种违背约章，侵犯主权之处，不可枚举。（三）工部局比年来对于界内各业商店，时时发生加捐问题……首当其冲者为银楼，此外如米业、西式成衣业……小菜场及食物业现在又有加捐之举，从此以往，必至无业不加。（四）苏州河因关系全省水利，不在洋泾浜条约范围之内，而工部局竟任意填塞，不特视主权若无物，且为害于全省水利者甚大。

即此上海一隅四件小事，已将帝国主义者在中国政治的经济的侵略，描写得淋漓尽致；而中国人真正民族的觉悟，也渐渐表现出来了。

我们更要敬告上海纳捐华人会诸君：要收回主权及排除租界虐政，只有大规模的民众示威可靠，和平请求或希望媚外的北京政府出来交涉，都是不济事的呵！

署名：独秀

《向导》周报第三十期

1923 年 6 月 20 日

关于社会主义问题

——在广东高师的讲演

（一九二三年六月二十日）

一　我们为什么相信社会主义

今天讲演的题目是：《我们为什么相信社会主义》。这个题目，与前几天讲的《社会之历史的进化》是接续下来的。社会进化的历史，讲起来很复杂，前一次因时间匆促，关于资产阶级社会之进化及崩溃，未能详细解释，今趁此机会，接续讲演下去。

我为什么要提出这个社会之历史的进化来讲呢？因为我们相信社会主义，并不是凭空地盲目地去相信他，乃是社会之历史的进化程序令我们不能不相信。我们改造社会，并不是将原有的社会完全不要，白地里另创造一个崭新的社会来给我们居住。我们改造社会，绝对没有这么一回事。仍然是在旧社会里造出一新社会来，所以我们要从资本主义的社会改造成社会主义的社会，便不得不先要明白社会之历史的进化是怎么一回事。

社会组织进化的历程，是从渔猎时代酋长时代，进而为农业时代封建时代，由农业手工业时代进而为机器工业时代，即资本主义时代，再由资本主义的工业时代进而为社会主义的工业时代。这个进化历程的变迁，纯是客观的境界，不是主观的要求。为什么由渔猎社会进为农业社会，工业社会，社会主义的社会？研究社会主义的人，对于这些客观的境界，是非常要紧的。如果不懂得客观的境界，但凭主观的要求，在不曾开步走的时候，尽可由你胡思乱想，若当真开步走，第一步便发生困难，第二步便绝对不能前进了。到了走不进的时候，便要走到很危险的路上去，更或者走途无路，索性走到向后转的路上去；所以马克思派的社会主义者，很注意客观的境界，就是这个缘故。

我们要想把中国现在不好的社会改造过来，一定不可忽视了客观的境界。不然，必至弄到主张社会革命简直和张勋复辟是同样的价值。张勋复辟也说现社会不好，非把他改造不可。这完全是他主观的要求，并不是客观的境界。所以离开客观的境界，单由主观的要求，只是不满足现社会来谋改造，在主观上，无异于张勋。在事实上，这种不懂得又不注意客观的进化之人，不满足现社会，而又走途无路，会竟至和张勋走到一条路上去。

现在的社会是资产阶级工业社会，即资本制度的社会。前天讲的由渔猎社会进至农业社会的历程，现在把农业手工业社会进至机器工业社会，再由资本主义的机器工业社会进至社会主义社会的大略情形说一说：

我们须知道资本制度有很大的优点是资本集中。资产阶级所以能够推倒农业手工业社会，就是这个资本集中的作用。在农业手工业社会，他们的资本不能集中，因此社会亦不能进步。而资本制度把全社会分散的资本集中起来，使家庭的农业手工业进而为大规模的机器工业，并使社会物质的文明增加可惊的地步；这种资本制度之功劳，我们是应该承认的。

封建军阀的农业手工业社会，是过去的社会。社会主义的工业社会，是将来的社会。而现在则为资产阶级工业社会。我们生在现社会制度之下，为什么去相信社会主义？这并不是我们发疯，也不是我们好奇；实在是社会之历史的进化，叫我们不能不相信社会主义。资本家由农业品手工业品之商业资本初步的积累，逐渐集中资本，推倒了家庭的农业手工业的经济组织，造成了资本主义的经济组织，造成了资产阶级的社会。资产阶级的势力，在中国还小，在西欧及北美各国，其势力很大很大，真是厉害到不可一世的样子。资产阶级他们成功的要素有二：一是资本集中；一是财产私有。资本集中是发展生产力及社会经济组织之进步的方法，然在财产私有制度之下的资本集中，资产阶级之成功在此，其崩溃之原因亦在此。一方面资本集中，一方面财产私有，其结果在生产上分配上都发生不可挽救的危机。现在批评社会主义的人们，以为社会主义者是专从事于分配方法，就是相信社会主义的人们，也往往误会到这样。其实专讲分配方法去平均贫富，是均富主义，不是社会主义。社会主义是对于生产方法和分配方法同时并重的。现在的——资产阶级——社会，不唯分配方法不好，生产方法也有两大缺点：（一）是生产组织之扩大，已自然日趋于社会化，而无量数生产群众，仍为少数私有生产工具者所统驭束缚，已有尾大不掉之势。（二）是资本主义的生产方法，缺少社会的统计和调节，陷在无政府状态。资本家不受任何机关之管理依照社会之需要而生产，只为竞争私利，自由生产，盲目地增加商品，往往有超过需要之剩余生产，使社会金融发生恐慌；所以马克思称资本主义盲目地增加商品为"商品拜物教"。我们往往不高兴读马氏的资本论，就是因为他开宗明义便说起这不易了解的"商品拜物教"。但是我们若不懂得这个"商品拜物教"是什么，就不会懂得资本主义；不懂得资本主义，就不会懂得社会主义，这是很紧要的，望诸君牢记牢记。为什么呢？因为社会主义是从资本主义产出来的；而欲明资本主义，不可不明"商品拜物教"。资本主义的生产，不是因为社会需要而生产，乃是因为增加他们出卖的"商品"而生产；只为出卖而生产，非为使用而生产，所以是"商品"不是"用品"。资本家盲目地增加他们的生产品——即"商品"，他们这样超理性的崇拜"商品"万能，好像非洲土人盲目的崇拜各种异物的宗教，所以马克思把他叫做"商品拜物教"。他们盲目地增加商品，以商品换货币，又以货币造商品，复以商品换货币；把商品货币轮流不已，他们的资本遂递增不已，这就是资本主义的生产方法。他们这样无政府状态的生产方法，他们没有社会需要之统计的设计，一任供求之自然的消长；资本家在此自然消长之原则中，盲目的竞争商品之增加，迨至他们投机的竞争过烈的时候，往往受自然消长之原则所支配，发生经济的恐慌，这种恐慌不惟资本家自己要破产，即在一般卖劳力的工人也要受失业的痛苦。例如数年前南洋群岛因树胶的产额骤然增多几倍，树胶充斥，资本家因而破产的不知多少，种树胶的工人因之大受痛苦的也不知多少。这都是资本主义生产方面的缺点。

　　复次，资本主义分配方法的缺点：这个缺点是从财产私有产生出来的。资本制度时代社会的财富，比较农业手工业时代增加得多了。但以财产私有之故，全社会的财富差不多操诸少数资本家之手，多数人则日益减少其购买力，其结果遂至社会上生产力和消费力失其均衡。我们须知在资本主义的经济组织之下，一切生产品，都是卖的"商品"，不是用的"用品"，所以生产与消费是互相为用的，有生产而无消费，则生产不但没有用，而且和吾人只增加饮食而不消化一样，结果必至胀死。譬如有一千匹布于此，只有五百人来买去五百匹，则其余之五百匹若消费者无力购买，则由必需品变为无用的废物了。而盲目的没理性的崇拜"商品"的资本家，不顾生产消费的均衡律，一味去生产，所以往往弄出剩余生产的恐慌。——我们须注意：资本制度下之剩余生产，乃伪的剩余生产，是由生产力超过消费力发生的，非生产力超过社会需要之真的剩余生产。——资产阶级的国家，为解除这剩余生产之恐慌，不得不设法把这些无法出卖的商品运输至外国去，以期换得货币。于是发生殖民地——如非洲、印度……或半殖民地——如中国……的问题。他们在那些工业不发达的殖民地、半殖民地里面，不但可以销纳他们大规模的机器的剩余生产品，并且可以获得无限的贱价原料。资本主义的国家，因为要保守及增加殖民地或半殖民地，一面须镇压土人之反抗，一面又要和别的资本主义的国家竞争市场；在此争彼夺的当中，遂不得不维持强大的海陆军，才好保持商品在殖民地、半殖民地里面继续的安全的销流。以武力为工商业之后盾，向殖民地、半殖民地行经济的侵略，更进而行政治的侵略，这就叫做"资本的帝国主义"。帝国主义是资本最发达的最高形式，亦即是资本主义的国家侵略工业落后的弱小民族之别名。殖民地、半殖民地搜寻垂尽，帝国主义者间相互争夺及殖民地、半殖民地的弱小民族之反抗，这三者合起来乃是帝国主义之致命伤。一千九百十四年的大战，明明白白是英、德等帝国主义的国家争夺殖民地及远东商场的战争，这次战争已经是帝国主义致命伤发作的开始；此时英、法争夺远东的煤油矿，日、美争夺远东的商场，都是第二次世界大战的杀机，这些杀机和殖民地、半殖民地的民族革命运动，以及他们自己国内的工人失业问题、劳动运动或民族问题，都是帝国主义的催命符。

现在全世界的帝国主义者——资本阶级简直没有办法。他们只有两条道路可走：一是仍走旧路，在世界战争的血泊中，侵略弱小民族，以销纳他们的剩余生产，以维持他们的资产阶级之利益与威权；一是停止对于殖民地、半殖民地的侵略，放弃他们资产阶级的利益与威权，建设世界的和平。前一条路终究是走不通的，后一条路便是由资本主义的社会改变到社会主义的社会了。

社会主义的制度，简单说是：（一）资本集中，（二）财产公有。所以社会主义者对于资本制度的资本集中，并不反对。所反对者，就是财产私有。那么我们把资本主义的立脚点——资本集中，财产私有，和社会主义的立脚点——资本集中，财产公有两相对比起来，中间所差别的，不过是财产私有的私字和财产公有的公字罢了。所以社会主义的运动，并不是一件奇怪的事，只在资本主义立脚点的资本集中财产私有八个字里头，把他们换掉过一个字，就变成社会主义的制度了。什么字呢？就是把他们的私字换为公字。因为这一个字的更换，资本主义的生产方法和分配方法便完全改变了。在财产公有制度即社会主义制度之下，在生产上，没有少数人占有生产工具的弊病，有了社会需要的统计，不至陷于无政府状态，所有生产品是为社会需要而生产，非为资本家利润而生产，是为用而生产，非为卖而生产；在分配上，免了剩余劳动的掠夺，没有保持生产力和消费力均衡的必要，没有争夺殖民地、半殖民地销纳剩余生产的帝国主义即侵略主义之战争；如此世界的和平方可实现。

所以我们相信社会主义，并不是主观的要求，想利用他来破坏资本主义来改造现社会，乃是因为客观上经济组织变化之自然趋势及历史进化之历程，令我们不得不相信社会主义。若有人问我们为什么相信社会主义？我们唯有答之曰：现在只有两条路可走：一条是帝国主义的路——旧的；一条是社会主义的路——新的。除了这两条路之外，没有第三条路可走。现在我们已经知道帝国主义那条路不好走了。所以我们唯有去找社会主义那条路来走。换句话说是：我们因为客观的历史进化之历程明白指出我们的必由之路，就是我们不能不相信的社会主义。统括说起来是：

（一）旧经济组织的自然变化，已指教我们：帝国主义的那条旧路是不能再向前走的了。

（二）人类社会组织之历史的进化，已指教我们：不能不走向社会主义的路了。

（三）我们不要自己妄想现在没有比帝国主义更好的路可走，也不要妄想除帝国主义和社会主义两条路外，还有别的路可走。

（四）我们固然要知道历史先生已经指教我们一条可走的路，但同时要知道历史先生仅仅指教我们一条可走的路，并未曾造好一条现成的路给我们去走；因为这条路上荆棘满地，障碍重重；我们努力开辟荆棘，扫除障碍，然后才可以通行。若是我们不去努力创造，只坐候历史的自然进化，那历史先生对于这种懒惰专想吃现成饭的人们是不负责任的呵！

1923 年 5 月 13 日于广东高师（赖特才、侯昌龄笔记）

二　我们相信何种社会主义

我们从"社会之历史的进化"观察起来，已经证明社会主义是今后必走的路。所以我们相信社会主义，并不是凭空的盲目的——主观的要求；乃是事实的理性的——客观的境界。换句话说是：我们确有相信社会主义的必要和实行的可能。但是从古以来，社会主义的派别，很多很多；我们究竟相信何种社会主义，这是不可不研究的。现在我把社会主义的学说，至今尚存在的、有力量的，分为四派，并加以简单的说明和批评。

一、基尔德社会主义；

二、无政府主义；

三、工团主义；

四、共产主义，即马克思底科学的社会主义。

基尔德社会主义发生于英国。他们的主张简单说来，便是经济和政治分开。

管理经济属之生产机关——生产者。

管理政治属之国家机关——消费者。

他们为什么要这样主张呢？因为他们看见现在的国家机关很有力量，如政权啦、军队啦、裁判权啦、警察啦……种种都是资本家的屏障。他们想，把这些东西拿到工人手里来，很难办到，

不如把政治和经济分开，各管各的。入手的方法，是用蚕食手
段，渐渐获得生产管理权，以达到工业自治的目的。其实这个主
张是很错的。我们要知道，社会上生产的工人，固然同时也是消
费者；而资产阶级多属不生产的消费者，他们拥有私产，又拥有
国家机关——海陆军、警察、裁判权等为他们私有财产的保障。
除了社会革命之外，我们不知道有何妙法，可以用蚕食的手段一
步一步取消剩余劳动的掠夺，达到工业自治的地步？

以前基尔德社会主义只盛行于英国，现在欧洲大陆如德国、
奥国等社会民主党，也渐渐倾向基尔德社会主义了。这党的势力
在欧洲北部、中部、东部都曾发生很大的影响。他本是马克思主
义的右派，他和基尔德社会主义不同的地方，就是社会民主党主
张工人须取得政权，基尔德主义主张经济和政治分开。共产党和
社会民主党是同样主张取得政权，所不同的，就是方法不同。共
产党主张用革命方法，取得工人独裁的政权，社会民主党主张用
议会方法，取得工人和资产阶级妥协的政权，这是共产党和社会
民主党大不相同的地方。

改良主义的社会民主党，现在已经知道无产阶级用议会方
法，取得工人和资产阶级妥协的政权，是办不到的了；而又不赞
成共产党之革命方法，于是索性倾向基尔德社会主义，爽爽快快
把国家机关让给资产阶级专管了。

无政府主义和工团主义虽很接近，却不相同。两者都是反对
国家、反对一切政治的组织。但工团主义赞成阶级战争，无政府
主义则否。工团主义者主张工人阶级联合起来，去打倒资产阶
级，打倒了以后，不再去建设政府。无政府主义者反对一切政治
的组织——政府、法律等，并不认识社会上有阶级的区别，只要

指导他们走到善的方面便罢。所以他们始终不主张什么阶级战争。这是无政府主义和工团主义不同的地方，这两种主义，在历史上有很大的关系。

无政府主义先前在俄国最盛行，工团主义在法国最盛行，他是受了无政府主义影响的。于此，我们不可不考察为什么俄国的无政府主义，一到了法国，便变为工团主义。这是因为从前俄国是一个工业不发达的国家，基尔德社会主义和工团主义，自然都不容易发生，法国工业则比俄国发达得多了，这是第一个原因。无政府主义是空想的、感情的，没有大工业组织的国家，农业小资产阶级的社会，自然会产生这班的空想的、感情的人物，如托尔斯泰、巴枯宁、克鲁泡特金等，他们都是贵族出身，怎么真实感觉得工团组织的必要？法国的工业比俄国发达，故工人阶级和资产阶级自然明明白白判若鸿沟，所以工团主义得以发生；无政府主义者一到法国，若不稍变宗旨改为工团主义，便一步也不能行动了，这是第二个原因。我们再看日本在劳动运动未起以前，无政府主义也很发达。近年劳动运动，日趋日烈，许多无政府主义者改变为工团主义者，许多工团主义者改变为共产主义者，即此可以证明空想的无政府主义，在现代大工业发达的社会里，任何国家都没有存在的余地。因为大工业的社会，必须有大规模的复杂组织，只有大工业不发达的农业手工业社会（如南欧洲及中国），容得无政府主义者的游魂。

自然，工团主义比较无政府主义进了一步，但他们仍是糊涂。因为既要用革命手段，贯彻阶级战争的目的，自不得不采用一切武器，国家组织乃是最大的武器。无产阶级革命后，若是不把这最大的武器拿在自己阶级手里，利用这最大的武器，彻底破坏资产阶级之根底，那资产阶级随时都可以起反革命，重复用这最大的武器压迫无产阶级。所以工团主义者反对一切政治的争斗，反对一切政治的组织，反对国家组织，反对无产阶级专政，是和无政府主义者犯了同样的错误。

共产主义者主张是：立脚在阶级争斗的原则上面（此点与基尔德社会主义及无政府主义不同而与工团主义相同），集合无产阶级中最觉悟最革命的群众，组织为无产阶级做革命运动的共产党；无产阶级的革命成功，即应建设无产阶级专政的国家（此点与工团主义不同），利用无产阶级的国家这个武器，压制资产阶级的反动，加入世界的革命，扑灭全世界资本帝国主义的国家；然后渐渐灭绝资产阶级的私有制度及私有习惯与心理，建设无产阶级的工业与文化，最后达到废除一切阶级无国家的共产社会。这就是共产主义破坏与建设之大略程序。

上述四种主义——基尔德社会主义、无政府主义、工团主义、共产主义——已经有点比较的说明，讲到最有精密周到的办法，自然要算是共产主义——马克思底科学的社会主义。我现在再把马克思派共产主义的重要原则，说个大概：

马克思派的共产主义，第一个原则就是要有科学的根据。所谓科学的根据，是根据社会之历史的进化和现社会的经济文化状况种种的客观境界，不是空中楼阁主观的幻想。我们对于改造社会，不可只看见我们自己主观上意志上改造的必要，必须由客观上观察社会的物质的条件有何种改造的可能，要处处不离开唯物的历史观，不可陷于唯心派的思想。第二个原则就是社会改造应有的步骤。马克思在《共产党宣言》里，把各国共产党革命的步骤略略说过，指示在某种国家应该怎样，在某种国家应该怎样，并非主张同时一跳，就跳到共产主义的路上去，这是因为各民族之经济的、政治的、文化的进步各不相同，所以改造的步骤不能一致。第三个原则就是每一步骤都须用革命的方法。从组织共产党一直到实现共产社会，其间须经过几多步骤，每个步骤之中，或者又须经过几多曲折的步骤，但每个步骤都必须采用革命的方法，不可采用改良的方法，这是革命的马克思派之特色。以上三个原则，是马克思派共产主义最重要之点，若是忘了第一、第二两个原则，便和其他空想的社会主义无异；若是忘了第三个原则，就变为改良的、堕落的社会民主党。这是我们研究马克思社会主义者应该特别注意的地方！

（赖特才、侯昌龄笔记）

三　社会主义如何在中国开始进行

这次讲演的题目，就是《社会主义如何在中国开始进行》，与第一次的《我们为什么相信社会主义》，第二次的《我们相信何种社会主义》，是串贯一气的。

在第二次讲演中，我曾把各种社会主义比较过，结果以马克思派的科学社会主义为最好。我现在再重复说几句：马克思的社会主义是注重客观的事实，不是主观的理想的；他不独要有改造的必要，还要有改造的可能。马克思的根本原则，就在这一点。我们一定要懂得这一点，然后才能明白他的主义，配谈他的主义。

这一点既然这样重要，那么社会主义在中国开始进行的时候，我们应该用严密的观察，看中国现在的政治情形如何，经济情况如何；并且先要明白世界的政治和经济情形是怎样。现在世界的经济是整个的东西，国际间都有密切的相互影响。这是因为一百年来，资本主义尽量发达，已把全世界的经济打成一片，再不会像以前那样"闭关自守"的了。中国既然不能离世界而独立——即各国亦不能离世界而独立——那么经济情形，当然与世界有密切的关系了。所以我们要改造中国，第一要明了世界的经济政治现状是怎样，第二要明了中国的经济政治现状与世界各国的关系是怎样。

现在世界的政治经济情形怎样？自从俄国一九一七年的大革命后，把旧的政治经济制度根本破坏，重新组织。在那个时候，世界各国的劳工运动都起来了，并且有劳工革命的趋势，似乎不久可以发生世界的革命。后来因为德国的共产党，意大利的社会党，匈牙利的劳农政府，次第失败，于是世界的劳工运动连受极大的打击，那些资产阶级又复活起来取反攻的态度了。如英、德、美、法……是资本主义最发达的国家，他们的反攻也最厉害，他们的反攻兼有政治及经济两个原因。

政治原因：欧美资本主义的国家，因受俄罗斯革命的影响，遂起很大的恐慌。或明或暗帮助德、意、匈的反动派破坏工人阶级的新运动，又复乘德、意、匈各国的劳工运动失败的机会，竭力压抑他们本国的工人阶级，英、美、法的资产阶级的政府最为厉害。同时又联络起来去反对俄国的劳农政府，如俄国白党之扰乱和波兰打破俄军，表面上虽说是内部的问题，或两国军事的问题，实实在在还是英、美、法各国在里头弄鬼——帮助波兰打破俄国的兵。他们见俄国的资产阶级被劳工打倒了，都未免兔死狐悲，所以他们要联合起来，一致反抗苏俄，压抑工人阶级。

经济原因：一九一四年到一九一八年的欧洲大战告终，欧洲诸国不但是政治弄得稀糟，而且经济的损失很大——几乎要到破产的地位了。如英国素来是一个有钱的国家，战前是世界的债权国。战后变为美国的债务者。法国则为英国的债务者。至于德、奥战败之国，更不用讲。只有美国成了世界的债权国家，得了许多利益。所以欧洲的资产阶级的国家想要恢复他们的经济力，于是就想出两个法子：

1. 向国内掠夺本国劳动者——增加工作时间，减少工资等。

2. 向国外加力掠夺殖民地——列强在柔来、海牙、华盛顿开过几次会议，其目的都是一面设法和缓资产阶级的国家间自己竞争，一面设法共同掠夺殖民地及半殖民地。

因此，我们可以知道资产阶级的进攻，一方面从政治上扑灭劳工的革命，一方面从经济上掠夺本国的工人阶级和殖民地、半殖民地的弱小民族。

在资产阶级进攻的当中，其步趋日紧一日，其政治的反动也随着一天历害一天。在英国，从前路易乔治的内阁是代表工业资本的，那时颇主张与俄、德妥协，好销售他们的工业品，所以他对俄、德外交政策还和缓一点；其后白那劳内阁是代表商业银行资本家的，他的政策在注重向俄、德索债与赔偿，不甚措意于工业政策及俄、德通商，所以他对俄、德外交政策更加反动起来了。现在鲍尔温内阁也是代表银行资本家的，和前内阁毫无变更。法国的反动，自克里蒙梭内阁、而白利安内阁、而普恩赉内阁，一个加甚似一个压制劳动阶级。

意大利反对工人阶级，比英、法两国更闹得凶，他不但对工人阶级紧紧地压迫、进攻，连民主政治都不要了。反动的意大利的法西斯蒂党不独握了意大利的政权，而且成了国际运动；他们已在法、德做君主复辟的运动，美国也都有他们的组织，日本也有了他们的运动，中国上海也有他们的党员了。

法西斯蒂党颇效法共产党的方法来反对共产党。共产党有严密的组织，他也有严密的组织；共产党注重国际运动，他也注重国际运动；共产党对敌党取不妥协的勇敢态度，他也取不妥协的勇敢态度；所不同的是一个有阶级的基础，一个没有阶级的基础。

我们知道共产党的分子，一大部分完全是觉悟的工人，一小部分是无产阶级化的知识者；法西斯蒂党的分子，一部分也有工人——无觉悟的工人——部分是腐败商人和军阀官僚的资产阶级联合一起的。这党的首领意大利的现内阁总理墨索里尼年纪还很轻，从前也是社会党里的中坚分子，曾经做社会党机关报的主笔，他对于社会主义本来持激烈的态度，到后来竟一变而立于反对的地位，竭力压迫工人，是世界反动分子的代表。

以上是世界的政治经济情形，以下再讲中国的政治经济情形是怎样？

中国的政治情形：中国表面上虽说是一个独立的国家，其实是个半殖民地。何以呢？你看中国政治经济的实权都操在外国人手里，只因有北京政府的名义存在，还不算是完全殖民地。若一旦撤销北京政府之承认，实行国际公管，那就完全是殖民地了。

现在的北京政府，直接受制于军阀阶级，间接受制于外国帝国主义者。你看那北京东交民巷的外国公使团，简直是中国的太上政府，政治上重大的举动，都得仰他的鼻息。中国现在的资产阶级和无产阶级都在外人和军阀压抑之下，不但无产阶级不能参与政治，就是资产阶级也没有得到政权。每个总统内阁都必有军阀的后援，方能存在。中国的国会也是受军阀豢养的机关，不是代表其他阶级利益的；所以京汉工人被军阀大惨杀，国会不曾提出抗议，外人要取消棉花出口的禁令，国会不曾提出抗议。由此可以看出中国国会固然不能代表无产阶级的利益，并不能代表资产阶级的利益。总统、内阁、国会都建筑在军阀势力上面，而军阀又压倒在外国帝国主义国家之下，这是中国现在政治实在情形。

中国的经济情形：中国的经济状况，更不用说了——完完全全操在外国资产阶级国家的手里。现在举几桩重要的说说：

1. 关税　所谓协定关税管理权完全掉在外人掌握中，中国政府不能自由支配。以条约的限制，不得外人同意，不能更换税务司，不能增加税率，不能采用保护政策使中国的工业能与外货竞争；不但外货进口税甚低，而且纳过什么子口半税，便通行全国；中国货则遇卡抽厘，因此外货容易推销，而中国货反不能畅销于中国。所以在这种协定关税之下，中国自己的工业很难自由发展。

2. 工商业　我们试跑到天津、上海、汉口看看，是何等伟大的商埠，可是这些大商埠，不是由中国自己的工业发达起来，乃是由输入外货输出原料的商业发达起来的。这种商业越发达，中国越穷困。试看永安、先施、大新等公司，细细考察里面陈卖的货，外国的要占百分之九十九。外货多进口一分，中国的手工业便多破灭一分，内地的中国人就愈见穷困一分。输进外货输出原料的商人虽然能增加他们的商业资本，虽然可以运用他们的资本开发工业，然以协定关税的抑制，不能与外货竞争，贱价的原料又不能禁止出口，因此不敢投资工业。因此这种偏畸的商业发达，正是世界资本主义的各国掠夺中国之结果，他的发达和中国人的穷困成为正比例。所以近年以来，各大商埠繁华的程度和内地穷困的程度相随增加，两方生活程度相差数世纪，因此商埠变成买办世界，内地变成兵匪世界，长此下去，没有不灭亡的道理。

3. 金融　中国的金融，也是操纵在外国人的手上。你看中国有几个银行，就是有些小小的银行，也都是受外国银行势力的支配，所以外国人随便可以操纵中国的金融。现在我们本国的纸币，移地就不能通用，而外国的则到处受人欢迎。其实外国银行中不少中国人的资本，中国人信服洋老爷，说他们可以保险，一班军阀官僚们所吸收老百姓们的脂膏，大半存在外国银行里，作他们的资本，他们便将中国人所有的资本，再借给中国政府及商家，坐得重利，这是外国资本家掠夺中国人的一种特殊形式。

4. 交通　中国的铁路，虽然尚未遍设周密，但现在已有的几条，不是归外人管理，便抵押与外人。这是与国民经济有密切的关系，工商业若望发达，亦要铁路为之运输；主权在人，实可以致我们的死命。我们要明白外国帝国主义者掠夺中国的武器，第一是关税，第二就是铁路了。

5. 矿业　煤铁矿是军事、交通、工业最紧要的。现在大一点的都是操在英、日的掌中，如唐山之煤在英人手，汉冶萍之煤铁与日本有很深的关系，本溪湖、抚顺（即千金寨）乏煤俱在日人手里，安徽皖南铁矿亦为日本所有。

以上所说我们可以了然中国的政治、经济状况了。

现在下面把劳动阶级对于政治和经济说一说。因为讲社会主义的人，总离不掉劳动阶级的。社会主义如何在中国开始进行，就是劳动阶级应该如何开始奋斗。劳动阶级的奋斗有两种：一是政治的奋斗，一是经济的奋斗。

凡是奋斗总有一定的对象，中国劳动阶级奋斗的对象是什么？

现在中国若是资产阶级的政治，劳动阶级自然要打倒资产阶级，即行社会革命。但是半殖民地的中国，不象欧美……各国已达到资产阶级的政治，统治中国的是封建的军阀阶级，他们勾结外国帝国主义者为后援，资产阶级、劳动阶级都在他们压迫之下，所以中国劳动阶级和社会主义者的目前工作，首先要做打倒军阀打倒帝国主义的国民革命。

再说劳动阶级经济奋斗的对象是什么？中国的经济状况，已经说过差不多完全在外国资产阶级手里了。中国只有棉业为最大的新兴工业品，但十分之五归英、日所有，中国资本家仅占一半。其次中国烟草业，大的只南洋兄弟公司一家，还有外资的嫌疑；中国的矿业，如抚顺、本溪湖、唐山等俱在外人手里，前也说过了。中国的铁路，除潮汕很短很短的是本国商人办的外，其余多属军阀政府所管，或抵押与外人了。中国海员方面所争斗的对象如轮船公司，也完全是外人办的，中国只有一招商局，还是官商合办的。所以中国的劳工运动，几乎无一次不是反对军阀阶级或是反对外国帝国主义者。如唐山罢工是反对英人与杨以德，陇海罢工是反对洋管理，京汉铁路工人罢工是反对曹锟、吴佩孚，香港海员罢工是反对帝国主义的香港官商，上海日华纱厂罢工是反对日商。总计中国著名的罢工运动，不是反对军阀阶级，便是反对外国帝国主义，很少很少是反对本国的资产阶级。至于农业劳动者，多属自耕的小农，农民所受地主的痛苦，远不若外货侵入、官绅压迫及军阀扰乱的痛苦之甚，因此，有地之自耕农往往有剧烈的运动，而为无地的佃农所不及。

据世界情形看来，外国的帝国主义国家掠夺殖民地的缘故，因为他们要弥缝国内的破裂，不得不向外发展侵略。中国是半殖民地国家，故劳工运动首先便反对外国帝国主义；同时在国内的政治奋斗，也不得不反对军阀阶级，合这两种运动——反对外国帝国主义、反对军阀阶级——便是国民运动。所以我们劳动阶级和社会主义的人们在中国开始工作，只有国民运动。

因为社会主义者是为劳动阶级谋利益而奋斗的，劳动阶级既然应该做国民运动，社会主义者目前的工作，对于国民运动也自然是必取的步骤，这是客观事实的必要一条路。但是同时社会主义者应注意两点：第一点，于国民运动以外，同时须特别注意劳动的宣传及组织，尽量促进其革命的精神与阶级的意识，以预备社会革命的基础。第二点，社会主义者的国民运动，要做成纯粹的国民运动，不可做成半国民运动。

甚么叫做半国民运动？就是不彻底的国民运动。如反对帝国主义的英国或美国，却与日本亲善，或反对帝国主义的日本，却与英、美亲善，或者只反对军阀而不反对帝国主义的列强；又如靠吴佩孚的兵去打倒张作霖军阀，或靠张作霖的兵去打倒吴佩孚军阀；这种运动就叫做半国民运动。社会主义的国民运动是不然的，团结民众的势力，满具革命的精神，绝不与任何帝国主义者、任何军阀妥协，这就叫做纯粹的国民运动。

现在中国的国民运动，差不多完全为半国民运动。试看中国商人也反对军阀，也做裁兵运动，但他们仍希望吴佩孚或是外国人来帮忙，这就不成了。中国学生颇知道反对一切军阀，但同时却请求外国公使团帮忙，这都是半国民运动。

大家试想，靠帝国主义的外国来做中国国民运动，靠军阀来打倒军阀，这岂不是笑话吗？社会主义者的国民运动是纯粹的国民运动，绝对不要外国帝国主义者和本国的军阀来帮忙的，国民革命运动只有靠国民（工人、农民、商人、学生）自己的力量！

有一些革命分子主张只反对军阀不反对帝国主义，以为不宜同时树起两个敌人，这是很错误的。中国军阀完全是外国帝国主义的傀儡，不反对拥傀儡的人们而反对傀儡，这傀儡是永世不会绝迹的。所以社会主义的国民运动，反对帝国主义比反对军阀更为紧要。

讲到这里，或者有人发生一种疑问：社会主义者为什么做国民运动？国民运动与社会主义有什么关系呢？简单的答案是：殖民地半殖民地的国民革命，其性质其结果不是属于一个国家的革命，乃是世界的革命；不仅是民主主义对于军阀的革命，还是平民主义对于国际帝国资本主义的革命。能够推翻国际帝国资本主义的，只有两种势力：

1. 资本主义国内的劳农革命；

2. 殖民地的国民革命。

这两种革命的势力合拢起来，才可以打倒帝国资本主义。若是缺少一个，一时都不易成功。

以前已说过，帝国主义是资本主义的最高形式，国际帝国主义倒了，国际资本主义也自然倒了，殖民地、半殖民地也自然解放了，在此时世界各国才有开始建设社会主义的社会之可能。所以殖民地、半殖民地幼稚的劳动阶级和幼稚的社会主义者，要想在推翻帝国资本主义的世界革命中，做他能做的工作，除了国民革命运动，还有何路可走？

假使抛弃这个所应做所能做的工作不做，只是天天把社会主义、共产主义……主义等名词写在纸上，挂在嘴上，一步不能开始进行实际上有效的工作，试问有什么用处？

署名：陈独秀

1923 年 6 月 20 日于广东高师（丁愿、郭瘦真、李立成合记）

转自《陈独秀著作选编》第三卷，

上海人民出版社 2010 年版

中国农民问题

（一九二三年七月一日）

（一）

在经济落后的殖民地半殖民地，不但农民占全人口之大半数，其国民经济之真正基础，还是农业；在这些地方之各种革命都不可忽视了农民的力量。有些自耕农居多数而且是小农的殖民地半殖民地（如中国），农民所受地主的压迫，不像地主强大的国家（如旧俄罗斯、印度）或资本主义发达的国家（如欧美各国）那样利害，不容易发生社会革命的运动；然所受外货侵入生活困难及贪官劣绅军阀灾荒之痛苦，往往也能激起他们的群众运动；这种农民的大群众，在目前已是国民革命之一种伟大的潜势力，所以在中国目前需要的而且是可能的国民运动（即排斥外力打到军阀官僚）中，不可漠视农民问题。

（二）

中国人口约六千余万户，而农民有四千万户以上，是农民占全人口百分之七十以上（俄国农民占全人口百分之八十，日本占百分之七十以上），即此人数上看起来，我们应感其重要。此农民大群众，其经济生活程度虽非相差甚远，而经济地位则有几多复杂之区别，兹将地主与农民略分为十等如下表：

```
（一）大    地    主
（二）中    地    主  自己不耕作之地主
（三）小    地    主
（四）自耕农民兼地主    中产阶级
（五）自耕农民兼雇主                自耕农
（六）自  耕  农  民    小有产阶级
（七）自耕农兼佃农
（八）佃农兼雇主      半益农——半无产阶级
（九）佃        农
（十）雇        工——农业的无产阶级
```

有地过万亩之大地主，在全中国每省不过十人左右，此等大地主少数是前清贵族，大多数是旧官僚或新军阀，他们对于佃农有很大的威权；股份公司居极少数，因为旧法耕地之利润远不及工商业，故城市的资本家多不肯投资经营农业。

有地过千亩之中等地主，全国至少在二三万以上，他们半居乡村，半居城市，有的是在城市兼营小工商业者，有的是官僚后裔之无职者，专恃收取地租维持生活。其居乡村者，或为绅董把持乡村之政权，或为高利营业盘剥贫农。

有地过百亩之小地主，其数至少十倍于中等地主，他们大多数居住乡村，其职业或在乡镇经营小商业，或在乡村为绅董。

最大多数之农民，非自耕农即佃农，据民国七年农商部统计如下：

农　户　总　数	43 935 478
自　耕　户　数	23 381 200
佃　农　户　数	11 307 432
自　耕　兼　佃	9 246 843

依此统计，自耕农民之数多过佃农一倍，其中相差最甚者，为江苏、安徽、湖北等省。江西、福建、浙江等省，则相差极微。

自耕农民中有兼为地主者，是一家族人少而地多，除自耕外尚有余地租给别人耕种，一方面是自耕的农民，一方面又是收租的地主，此种农民为数不多。自耕农民中有兼为雇主者，是一家族自耕自地而劳动力不足，雇用别人帮忙，此种农民为数甚多。此两种农民，不独占有地土权，无向地主缴纳地租之义务，而且得用资本主义的方式，掠夺他人之剩余劳动，其生产物不仅供给一家生活及农作上的需要，并且，至少在丰年时可以获得盈余，变成初步积累的资本，是以此种农民应属之中产阶级。

纯粹自耕自地之农民，为数亦不少，其所种之地则甚少。其自耕兼佃农，则因一家族人多而地少，除自地自耕外，又不得不向地主租地耕种，此种农民为数不多。此二种农民，虽非半益农，得全收其劳动所得之利益，而无掠夺他人劳动力之机会，虽丰年亦难有多量之盈余以为积累；只以完全占有土地所有权，生产工具及生产物所有权，应属之小有产阶级。

佃农兼雇主，是向地主，租地耕种而劳动力不足、雇用别人帮忙者；纯粹佃农，乃由一家族任工作不雇用他人者。此二种农民人数略相等，其中又分二等：（一）纯粹无地权者，地主随时可向佃农收回其租出之耕地，（二）半有地权者，佃农曾出等于当时地价半值之金额向地主租得耕地，其后能以同等金额或较少之金额辗转租给别人耕种，原地主只能向现时耕地之佃农收取地租，除出资购回此半佃权外，不能自由收回耕地另给别人耕种。佃农们租地时，须向地主缴纳押租金（或名羁庄，退租时可以收回）每亩约一元左右；耕种时须自备生产工具（牛、农具、食粮等）；所得生产物须缴纳一部分与地主，缴纳之方法，或预约一定之额租（或名铁租），无论收成丰歉不得短少，或每年按收成丰歉临时议租；缴纳之数量，至少须在收获物三分之一以上。佃农住屋多随地租得，退租时须退还地主。地主对于佃农甚尊严，大地主尤甚，有"东佃如父子"之谚。此等农民既不能掠夺他人，又为地主所掠夺，不能全收其劳动所得之利益，丰年尚可勉强供给一家生活及农作上的需要，荒歉时则衣食且不足，又加以地主追缴租课，不胜其困苦，因此每年秋收时，各地佃农罢租讼案往往占各种讼案平均百分之三十以上。但此种半益农，虽不占有地权或只占有半地权，然仍占有生产工具及收得并管理其劳动所得之一部分生产物，故应属之半无产阶级。

雇工是各种农民出一定工资雇用他们做工者，此种雇工分成人及童工两类，和长工及短工两种办法；长工以年计，每年工资由二十元至四十元不等，短工以下种或收获时短期间计算，工资略高；童工专事牧牛及零碎轻工作，每年工资不过数元；唯各种雇工的伙食均由雇主供给，且间有供给衣服者，长工多给以住所，短工则不然。此种雇工，倘不失业，其生活费反较佃农稳固；唯其不但无地权，而且没有生产工具及收得并管理其劳动所得生产物之权，纯粹是被雇者，各种农民中，只有他们是无产阶级。

以上七种农民中，后三种（佃农兼雇主、佃农、雇工）都是无地的农民，在全国农民总数中约占百分之四十，人数当在九千万以上；因为自耕农民虽多过佃农一倍，而加上雇工，无地者人数纵不能与有地者相等，当亦不至相差甚远。

各种农民所占地均甚少，此时不但无集中的倾向，而且有分小的倾向，据农商部之统计，农民耕地多寡别，民国六年七年比较如下表：

	十亩未满者	十亩以上者
民　　六	17 805 125	13 248 474
民　　七	17 914 231	11 303 570

三十亩以上者	五十亩以上者	百亩以上者
10 122 214	5 348 314	2 835 464
6 712 366	4 137 136	2 278 355

（三）

中国农民之痛苦计如下诸端：

（一）一般农民之痛苦

a. 外货输入之结果，一般物价增高率远过于农产物价格增高率，因此自耕农民多卖却其耕地降为佃农，佃农则降为雇工，或改业往城市为苦力，沿海者则移住海外，多数则流为兵匪，此为中国目前兵祸匪祸之一大原因。

b. 政治不良之结果，军阀战争及水旱灾荒，也都是使农民困苦失业流为兵匪之一大原因。

合上列两个原因，农民失业者之日渐增多，可以农商部各项统计证明之：

1. 耕地减少亩数

民 三	1 578 347 925
民 七	1 314 472 190

2. 被灾亩数

民 三	653 475 445
民 七	61 717 113

以直隶、山东、江苏三省最甚。

3. 荒地增加亩数

民　三	358 235 867
民　七	848 935 748

其中增加最巨者，第一是黑龙江省，由民国三年一万六千六百余万亩，民国七年增至六万八千七百余万亩，多属私有地；第二是广西省，由民三四百余万亩，民七增至一千四百余万亩，多属私有地；第三是奉天省，由八百九十余万亩，增至一千七百余万亩，多属官有地；第四是湖北省，由四十八万余亩，增至三百八十余万亩，多属私有地；第五是山西省，由二百廿余万增至四百五十余万亩，多属私有地。

4. 农户减少数

民　三	59 402 315
民　七	43 935 478

据此表，民国三年至民国七年，四年之间，全国农民减少了一千五百万户以上，其中失业之农民必有可惊之数！其中减少最巨者为湖南、陕西二省，此为战乱之影响；其次则为浙江、山西、江苏等省，苏、浙为都市工业发达之结果，独山西省工业既未发达，又无战乱灾荒之影响，农户何以减小，岂是模范省缘故？

c. 农民文化过低，又无组织之结果，地主绅董们，把持乡村政权，鱼肉贫农，两者时生冲突。

（二）自耕农之痛苦

官吏舞弊额外需索及预征钱粮使地税无形增加，荒歉时自耕农无力缴纳地税，极感痛苦，往往有聚众"抗粮"、"哄堂"之举，农民暴动几全属此数。

（三）佃农及雇工之痛苦

a. 兵匪扰乱及水旱灾荒使农民大为移动，所移住地外来农民之增加超过需要时，同业间发生竞争，遂使地主、雇主们对于佃农、雇工所要求之条件日益苛刻。

b. 因城市物价及生活费日益增高，地主们对于佃农之需索随之日益加紧。

c. 以上述种种压迫之结果，农民因衣食不足及农作上的需要，尤其是春夏间青黄不接时，不得不出于借贷，于是高利盘剥者或地主，乃乘机以百分之三十至百分之百的利息，吸取贫农之血汗，此项痛苦以无地之佃农为最普遍而且特甚。

（四）

欲解除此等痛苦，且引导其加入国民运动，应依各地情状采用下列方法：

（一）教育及宣传　教育以农暇时授以文字（应注意注音字母的传布）及世界大势。宣传以"排斥外力"、"打倒军阀"、"限田"、"限租"、"推翻贪官劣绅"口号（最好是携带影灯的巡回讲演）。

（二）组织及实际运动　组织有四种：

a. 农会　小农中国之农民，他们各阶级间无显明的分化，此时全乡村各种农民（自耕农、佃农、雇工）可就其共同利害之点，联合为一个组织。各地旧有农会虽有法律的地位，而组织之分子多非农民，今应鼓吹真正农民改造之，以反对横征暴敛之官吏，压迫佃农之大地主及鱼肉贫农包办选举之劣绅为对象；以"组织消费协社"、"组织农民借贷机关"、"组织谷价公议机关"等为实际运动。

b. 乡自治公所　此亦系旧有的地方政治组织，南方各省尤正在进行，在此组织中应以组织乡团抵御兵匪，改良水利，要求"县长民选"为主要运动。

c. 佃农协会　以向政府要求"限田"（限制私有地权在若干亩以内，即以此等大地主、中地主等限外之地权分给耕种该地之佃农）、"限租"（每年应纳地主之租额，由各农村佃农协会按收成丰歉自定之）为佃农特有之运动。

d. 雇农协会　以协议工资及介绍工作为主要任务。

署名：陈独秀

《前锋》第一期

1923 年 7 月 1 日

寸　铁

（一九二三年七月一日）

国民运动

我们为什么要做国民运动，不用说，第一是因为受不了外国帝国主义者的压迫，第二是因为受不了国内军阀的压迫，二重压迫逼得我们不得不做国民运动以自救。由此看来，既然是国民运动，就应该依赖中国国民自己的势力，断然不能依赖外国势力，因为国民运动第一目的正是要排除外国势力；既然是国民运动，就应该依赖国民自己的势力，断然不能依赖军阀势力，因为国民运动第二目的正是要推翻军阀势力。若妄想假借友邦势力或利用一部分军阀势力来做国民运动，这种四不像的国民运动，其结果必然是"王婆照应武大郎"。

国　学

国学是什么，我们实在不大明白。当今所谓国学大家：胡适之所长是哲学史，章太炎所长是历史和文字音韵学，罗叔蕴所长是金石考古学，王静庵所长是文学，除这些学问以外，我们实在不明白什么是国学？不得已还只有承认圣人之徒朱宗熹先生的话："国学者，圣贤之学也，仲尼孟轲之学也，尧舜文武周公之学也。"

现在中国社会思想上堆满了粪秽，急需香水来解除臭气，我们只须赶快制造香水要紧，可是胡适之、曹聚仁这几位先生，妙想天开，要在粪秽里寻找香水，即令费尽牛力寻出少量香水，其质量最好也不过和别的香水一样，并不特别神奇，而且出力寻找时自身多少恐要染点臭气；更奇怪，他们好费力寻得点香水，出卖时还不肯舍去粪秽的商标，惹得想专利的圣人之徒朱宗熹先生，因有人假冒招牌，"瞿然大惊"，"夷考宵小之所为"，"终必申罪以致讨之"。这本是胡、曹诸君自寻烦恼！

曹聚仁先生说："国学一名词虽流行于全国，实际上还含混糊涂，没有明确的观念可得到呢！"我老实说，就是再审订一百年也未必能得到明确的观念，因为"国学"本来是含混糊涂不成一个名词。

思想革命上的联合战线

中国国民经济基础，还停顿在家庭的农业、手工业上面，所以政治仍然是封建军阀的，社会思想仍然是封建宗法的。号称新派的学者如蔡元培、梁启超、张君迈、章秋桐、梁漱溟等，固然不像王敬轩、朱宗熹、辜鸿铭、林琴南等那样糊涂，然仍旧一只脚站在封建宗法的思想上面，一只脚或半只脚踏在近代思想上面，真正了解近代资产阶级思想文化的人，只有胡适之。张君迈和梁漱溟的昏乱思想被适之教训的开口不得，实在是中国思想界一线曙光。

适之所信的实验主义和我们所信的唯物史观，自然大有不同之点，而在扫荡封建宗法思想的革命战线上，实有联合之必要。

仇孝论讨父会

湖南宁乡县县议员提议小学读经的议案：陈独秀倡无家庭无政府无宗教者，竟忍谓父子成于肉体之乐，无须亲爱。著有《仇孝论》，发起讨父会。甚矣邪说祸人，较兵犹酷。盖兵祸显然，不戢自灾，人犹恐惧。独此灭人邪说，设心阴险。乖废古经，号倡新学，是无形之秦火，率天下之人陷入禽兽于不觉。此人禽关头，虽康有为游欧记陈焕章经世报笔伐口诛，不遗余力。然发诸言语，以争人格，赖有遗贤。而施诸政治，以正人心，责在议会。以议会权操立法者也，设法惟何，反经而已。经正民兴，邪慝自息。

什么"三无主义"是一些所谓无政府党人的话，不知何以无端加在反对无政府主义者的身上？父子成于肉体之乐，乃一千多年前的人所说，不知何以恭维陈独秀说是他所发明？我知道陈独秀他未曾著过《仇孝论》，我更知道陈独秀他早已无父可讨，此人之子或有发起讨父会之资格。这些怪话我在各处尤其在广东听得很多，现在穷乡僻县居然传到，可见系朱宗熹这班圣人之徒现在还着实很多，可见中国社会思想还在何时代！

中国人读了二千多年经，人心也不曾正，邪慝也不曾息，可怜这班老先生还想拿读经来正人心息邪慝，真是做梦；希望议员先生们来正人心息邪慝，更是梦中之梦。

署名：独秀

《前锋》第一期

1923 年 7 月 1 日

给萨法罗夫的信

（一九二三年七月一日）

敬爱的萨法罗夫同志：

民族革命不仅对中国，而且对整个世界革命都是必要的。根据经济条件和中国的文明程度只能进行国民革命。中国 70% 以上的人口是农民；农民的发展水平很低。把农民吸引到国民革命运动中来不是轻而易举的事。

城市小资产阶级和知识分子开始懂得开展国民运动的必要。

新兴的中国资产阶级强烈反对中国军阀的统治，在这个资产阶级中存在着反对外国帝国主义的倾向。大部分工人还是老式手工业作坊中的手工业者。他们的思想还完全是宗法式的，对政治持否定态度。他们不问政治。现代化工人的数量很少，尽管在这些工人中政治觉悟开始发展，但他们的要求充其量只是直接改善他们的状况和本组织的自由。如果我们想要同他们谈论社会主义和共产主义，他们就会害怕而离开我们。只有极少数人加入我们的党，即便这样也是通过友好关系。懂得什么是共产主义，什么是共产党的人则更少。

在这种情况下，我们希望建立革命力量，我们能够做到这一点，但这只能在国民革命的旗帜下进行。在共产主义的旗帜下，我们只能使工人离开我们，站到敌人的一边。共产党在国民革命运动中只会是非常严肃的、强有力的小团体。我们不能允许国民革命运动与帝国主义敌人妥协并向右转。

中国国民党当然还不是一个很好的党，因为在这个党里还存在着许多旧思想，但这个党已有多年历史；其中有许多革命人士。在当今的中国，只有国民党是革命的政党。我们应该把开展国民革命运动看作是我们的中心任务，因此我们应该扩大和改组国民党。如果该党领导执行错误的政策，我们就来纠正错误。如果我们不加干预，不与他们合作，国民党人就会犯更多的错误。在许多城市，恰恰是我们能够组织国民党的地方团体并把它们掌握在我们手里。目前，国民党虽还不是一个群众性的政党，但我们应该将群众吸收到国民党里来，因为只有国民党才能领导国民革命运动。我们应该利用这个党并且还要改善这个党。如果我们不这样做，我们就不能开展国民革命运动，而国民革命也就不能迅速实现。

只有在国民革命取得胜利后，在阶级分化明朗后，我们共产党才能取得基本的发展。

既然共产党第三次会议表示赞同这一主张，我希望您也同意这一点。

我们将利用这一策略，对国民革命施加巨大的影响。

依我看，可以无条件地接受所有人——军阀、资本家——对京汉铁路罢工运动受难者的帮助。没有这种帮助，我们对受难者就无所作为。这样，我们就从张作霖那里得到 1 万元的帮助。我们认为，这种办法对于工人没有什么不好，而对恢复组织只有好处。

由于我党还很年轻，我们希望经常得到您的来信。

致共产主义的敬礼！

陈独秀

一九二三年七月一日

转自《联共（布）、共产国际与中国国民革命运动（1920—1925）》，北京图书馆出版社 1997 年版

北京政变与国民党

（一九二三年七月十一日）

民国十二年之乱，如癸丑之战、洪宪之役、复辟之变、护法之战、安福之乱、直皖奉直两次战争，以至此次曹党之变，哪一次不是帝政余孽之北洋军阀在那里作怪？即至三次小小的广东变乱，也都是北洋军阀在岑、陆、陈炯明、沈鸿英背后作祟。这都是因为辛亥革命不激〔彻〕底，革命的国民党未得着政权，统治中国的仍是帝政余孽，北洋派——袁世凯、段祺瑞、曹锟、吴佩孚——之旧势力，才有这种怪现象。

国民党究竟怎样？我们用不着夸张，我们敢说：国民党两次在广东执政，为期尚短，虽无什么积极的建设，而消极的未曾压制人民集会、结社、出版之自由，这是我们所亲见的；至于国家每有大难，如袁氏谋叛、张勋复辟、段氏毁法等，国民党莫不出而肩负巨任为国牺牲，这些事实，便是反对党也不能否认。

现在国家的大难又到了，国民党应该怎样做？直系军阀之拥兵乱政，固应为全国所不容，然而昏庸奸猾的黎元洪，罪恶昭著的段系、奉系军人与安福、政学等国蠹以及无耻的国会议员，他们虽然也都反对直系，却不是国民党所应该利用的武器；国民党真的武器，只有国民——商会、工会、学生会、农民等人民团体——的力量，只有用国民的力量来做国民革命运动以靖国难。

我们也知道此时国民的力量很弱，然却只有此很弱的力量是国民党真的力量，是国民党永远不可忽视的力量；此外不但不是国民党的力量，而且实是国民党的敌人，无论他们此时对国民党说的如何好听，去年今日直系军人拥戴黎元洪又何尝说的不好听。国民党若不建设在国民的力量上面，而建设在敌人的力量上面，就是他们能够拥戴中山先生做总统，其结果能比傀儡总统黎元洪高明几何！

此时国民无论对何派人都绝望了，所希望能救国的只有国民党。在此重大时机，国民党就应该起来统率国民做革命运动，便应该断然抛弃以前徘徊军阀之间，鼓吹什么四派势力的裁兵会议与和平统一政策。我们想想四派势力是什么东西，直系、奉系、皖系不用说都是罪孽深重的军阀，国人全知之；西南诸省像唐继尧、赵恒惕、熊克武、刘显世又是些什么东西，哪一个不是拥兵称雄的军阀，哪一个能听中山先生的命令去革命？这四派势力果然结合起来更是人民的厄运，希望他们自己裁兵，真是与虎谋皮，即或裁点空名的兵，他们残民的势力依然存在；希望他们行兵工政策，他们的势力更加巩固了。若是联合三派共讨直系，这种军阀间的新战争，除了损害人民的生命财产和阻碍工商业发展外，别无丝毫民主革命的意义，我们为什么要制造这种无意义的战争？

西南诸将不但无心听中山先生的命令去革命，其中有些还是国民党的敌人；皖系、奉系虽与直系敌对，而终有他们历史上的首领，我们何苦为他们做幌子！

现在有两条对立的战线：一是国民的战线，一是军阀的战线，负有国民革命使命的国民党，断不可站在和国民敌对的战线那边，那边战线也终不容他人混迹，国民党除了集合自己的真势力——国民势力，引导国民去做革命运动以外，实无别路可走；断不可徘徊依违于军阀之间而终无所就，徒然失去国民之希望与同情，致阻国民革命的机运，所以我们不得不向敬爱的国民党垂泪而道之！

署名：独秀

《向导》周报第三十一、三十二期

1923 年 7 月 11 日

北京政变与学生

（一九二三年七月十一日）

自五四运动以来，学生们的确在国民运动中做过些实际的工作，例如全国学生非基督教运动，唐山学生援助矿工反抗外力与军阀，北京学生为军阀压迫教育界举行示威运动，为军阀惨杀京汉工人举行示威运动，为反抗军阀政治的元宵运动，武昌、沙市及长沙学生反抗日本的国民示威运动，这都是明显的事实。

现在学生社会对于北京政变的态度如何？北京学生联合会之不承认已辞职的内阁摄行总统职权，并反对武人为总统及现在之国会三个决议，都十分正当。同时他们所办的周刊上说："对于所谓五头（孙、段、张、黎与政学会）的协商，我们仅认其性质为反对直隶系的共同，不是反抗军阀的共同，更不是个革命的同盟。"这几句话将各派政客的行动批评得入骨而合逻辑。只可惜他们的主张中，是消极的而缺乏积极的。

在上海学生总会的意见：否认曹为总统及僭内阁，号召国民不纳税，反对军阀政客合组行政委员会，这些主张都很对；惟其电劝国会勿举曹锟为总统，又请上海总商会知照使团与僭阁绝交、知照税务司等勿以关余盐余交僭阁，那便错了。

无耻而又曾恶打学生的国会议员，学生总会为什么还承认他有选举总统之权？乞怜中国太上政府的只有军阀官僚，他们本来是和洋大人同恶相济，为什么学生的国民运动也要请洋大人帮忙，惹得洋大人笑着说：以中国主人翁自命的骄傲学生到底也要来求教我们了！

同学们！积乱的中国，非国民自力的国民革命是不能援救的呵！

国民革命，同时有对内打倒军阀，对外反抗强邻侵略两个意思，利用军阀打倒军阀，利用外人打倒军阀，都是可耻而无益的办法。你们应该在上海召集一个全国学生会的代表大会，并努力实现商界所主张的国民会议，以造成国民革命之真实的基础力量。我们要站在这个基础力量上造成国民对于军阀的战争，万不可像各派政客们只知结合奉、段等反抗直系，造成军阀对于军阀的战争！

署名：独秀

《向导》周报第三十一、三十二期

1923 年 7 月 11 日

北京政变与军人

（一九二三年七月十一日）

把有枪的军人都当做军阀，这是一个很错误的观念。

民国十二年的历史，是大小军阀（巡阅使、督军、督理、师旅长等）的乱国史，也就是一般军人（下级军官及兵士等）困苦牺牲的历史。一般军人都是为少数军阀傀儡，供少数军阀的牺牲；巡阅使、督军、督理、师旅长们个个成了富翁，何等逍遥快乐，可怜下级军官及兵士在营里被种种军律管束，变成了活死人，平时连正当的饷都领不齐；巡阅使、督军、督理、师旅长们都拥有三妻四妾，阵亡的和未阵亡的下级军官、兵士，可怜他们的家小是如何困苦度日！

民国十二年中，伤亡的下级军官及兵士到〔底〕有多少，究竟他们为什么而战？为什么而死伤？不用说是为少数军阀私人的利益与地位而战而死伤。在这十二年少数军阀驱遣多数军人到火线上，为军阀们私人利益与地位的战争中，老百姓所受的困苦损失，真是计算不清。军人无罪，罪在军阀。

现在曹大军阀正在抢总统做，他何所恃？他所恃不过有许多军人替他打江山。可怜的军人们！请看着曹家花园的奢侈，比你们的生活如何？你们何必千辛万苦拼着可贵的生命为曹锟个人争地位。你们也是国民一分子，你们也应该设法合拢起来，赞成全国商界、工界、学界所提倡的国民会议，你们也应该要求派出代表在这国民会议发表自己的意见，主张自己的利益；但军人代表中如有受军阀指使，有左袒军阀的言行，国民会议应该取消其出席权。

署名：独秀

《向导》周报第三十一、三十二期

1923 年 7 月 11 日

北京政变与孙曹携手说

（一九二三年七月十一日）

曹锟之贼民乱国，全国皆欲起而诛之，虽平日最稳健和平不敢开罪北洋派的上海商人，现在也出来反对曹锟，曹之不容于国民，已可想见。在这反曹的怒潮汹涌全国之时，而说素以革命党自负的国民党首领孙中山肯与曹锟携手，真所谓"出人意表之外"了。国民党能做这种违反民意的事，甘为国民公敌吗？国民党若真与曹锟携手，那真是自杀了！我们始终不信有此怪事。

国民党数年来重要的口号是"北伐"，北伐伐谁，不用说是伐北洋军阀曹锟、吴佩孚等。为什么讨伐陈炯明，始终是因为他通北，阻挠北伐；为什么讨伐沈鸿英，也因为他受曹、吴的命令来攻取广东；若孙中山可与曹锟携手，那末，北伐伐谁？那末，岂不是孙中山和陈炯明、沈鸿英走到一条道路？那末，孙中山可以联曹，何以陈炯明、沈鸿英联曹便罪该万死？

孙伯兰一派主张孙曹携手，固然十分荒谬，然他们是公开的，而且说话还冠冕一点；另有一班所谓"民党"的人，在暗幕中鼓吹孙、曹携手，和曹锟嫡裔温大烟灯南北相呼应，这是什么一种勾当！这是什么一种民党！

田桐君说得好："孙、曹联合之说……温世霖在京亦极为努力。迨大兵入川，闽粤督理命令发表……从此去十分之四五；及沈鸿英作乱，被破于韶，检得曹锟之电若干种，而孙、曹联合之精神，从此又去十分之九矣；至北京政变时，孙伯兰犹劝曹氏撤退攻粤之师，而直方终不见听，联合之说已至山穷水尽矣。"

孙、曹携手说已到了山穷水尽之时，并且在反曹怒潮汹涌全国之时，而仍鼓吹孙、曹携手，我们不暇责其人格如何，我们只责其何怨何仇于民党，而必欲其名誉扫地以尽也！

所有国民党的忠实党员，都有痛辟此邪说的责任。

署名：致中

《向导》周报第三十一、三十二期

1923 年 7 月 11 日

我们要何种势力管理中国？

（一九二三年七月十八日）

将来管理中国的不外三种势力：第一，是英、美、日、法等列强势力；第二，是中山先生所分析的直、奉、皖、西南四派军阀势力；第三，是农、工、商、学生人民势力。

第一派势力，现在已经是利用军阀政府间接的管理着中国，做他们的半殖民地；自华盛顿会议英、美、日、法四国协定以来，时刻在那里寻找机会——如临城事件、北京政变等——来直接共管中国，做他们公共的殖民地，一旦他们的意见利害一致，至少也要在中国沿江沿海沿铁路的地方实现他们的计划。

第二派势力，中山先生细分为四派，其实只有一派，我们无理由把他们分家；直系军阀固然是罪恶昭著，政学会所号召的"反直系大联合"，也只是军阀政蠹的大联合。直系无论其挟宪法或武力窃取政权，或并挟二者统一中国，其蠹国乱政将更甚于今日。反直系之军阀政蠹们即能联合起来，无论其以任何形式——高等行政委员会、总裁制或元老院、最高级军官等——窃取政权管理中国，观往察来，其蠹国乱政，亦与直系是一丘之貉。这两派——直系及反直系——军阀政蠹无论哪一派管理中国，都同样是列强的经理人，不但不能改变列强间接管理中国的局面，其蠹国乱政，必且引导列强直接管理中国的局面日近一日。

第三派势力，乃是中国真正主人翁的势力，这派势力目前自然还是混乱、散漫、软弱；但这派势力若终不能集中强固起来管理中国，中国便永远没有救济的希望！

我们究竟要何种势力管理中国？不用说是希望第三派势力，因为第一第二派都是致中国死命的势力。

负有历史上国民革命使命的党派，当然要建设在第三派势力之上，对于其余二派敌方势力，不应稍存妥协或利用的想头。凡社会上有声望的团体或个人，对第一派势力发言，都须万分谨慎，一是恐怕引导国民误走错路，一是恐怕列强据为"中国人希望外国干涉中国内政"的口实。

署名：独秀

《向导》周报第三十三期

1923 年 7 月 18 日

欢迎《民治》周刊

（一九二三年八月一日）

经济落后的民族，一切小工商业家与小农其对于政治的需要与欲望，自然不发达，所以中国农民一向酣眠商人说在商言商不问政治，教商界主张教育独立不问政治。然在殖民地半殖民地，外力及军阀压迫到了民不聊生的时候，或者本地工商业发达已到须与外力冲突的程度，国民运动也会起来，此所以向来不问政治的中国人民，大都会的商人、学生近来也出来谈谈政治了。代表这种国民运动的是上海商人及北京上海的学生。浪漫的青年学生们，有时说几句激烈话，似乎比商人更激进些，实际上并不然，这是可以拿上海商联会和学生联合会的言论行动比较证明的。

上海各马路商界总联合会出版的《民治》周刊，我们已见过两期，其发表的意见，可以看出他们政治的观念上三个优点：（一）主张民治运动应由国民自干，不倚赖任何方面的军阀；（二）反对任何派别的国会议员，（三）不曾有求助外力的观念，不曾请求外国政府或公使团取消北京政府，予列强共管中国的口实，这一层商人的观念比学生的观念清楚得多。我们竭诚欢迎商人阶级起来做国民运动，我们更欢迎商联会的《民治》周刊富于国民运动的精神。最后，我们要忠告中国商人阶级：在国民运动中，勿忽视了劳动阶级是革命的急先锋，是你们有力的友军！

署名：独秀

《向导》周报第三十四期

1923 年 8 月 1 日

答李子芬
（"乡村共产主义运动"）[*]

（一九二三年八月一日）

来函所谓"空想的文哲派，他们都是直接间接的御用学者，引导国民回避革命心理主要犯"，这句话，真是现代青年的当头棒喝，真是一针见血的话。先生所主张的乡村共产主义运动，鄙见以为未免浪漫一点，这是因为共产主义运动须以工厂工人为主力军，小农的中国，自耕农居半数以上，这种小资产阶级他们私有权的观念异常坚固，如何能做共产主义的运动。共产主义的运动如何能在自耕农居多的中国乡村成功群众的运动？此时乡村里只宜于国民运动，而且国民运动是中国目前急紧所可能的工作，只有国民运动能打倒军阀，开辟我们共产运动的途径。先生以〔为〕如何？

独秀

《向导》周报第三十四期

1923 年 8 月 1 日

---

* 原文无标题，标题为编者参照生活・读书・新知三联出版社 1984 年版《陈独秀文章选编》拟定。

粤局与革命运动

（一九二三年八月二十九日）

陈炯明已元闽南后顾之忧，潮梅军队有南下之可能，若同时洛吴续援沈鸿英，国民党也会再失广州。反对者将或以此轻视国民党，即党人自身也将或以此沮丧，其实大谬不然。革命的空气若不充满了社会，若没有组织强大的革命党，革命的事业绝不会利用他人可以侥幸成功的。现在的国民党为了广州这一块土地，为种种环境所拘因，对内对外不得不降心妥协背着主义而行，日夜忙着为非革命的军队筹饷拉夫，哪有片刻空闲在社会上制造革命的空气，哪有片刻空闲来筹划党的组织，所以真的革命党人，对于广州之得失不但无所喜戚，或者还以失去广州为国民党真的革命运动之开始发展。

署名：独秀

《向导》周报第三十八期

1923 年 8 月 29 日

护路提案与美日

（一九二三年八月二十九日）

日政府素抱传统的侵略中国政策，无人不知；美国自大战以来富有余资，急想垄断中国的工商业，遂不得不改变其从前对华不干涉内政的策略，这件事实，除了美国留学生也都感觉着危险。此次美国、日本对于英国护路提案都表示反对，难道他们放弃了侵略中国的野心吗？尊重中国主权吗？不是，不是。他们明明是不愿英国再行独占中国路政机关与海关、盐务署鼎足而三罢了。本月二十六日巴黎电，据法外部确讯，美政府提议列强各添兵二万来华，分驻重要口岸，这本是中国之好友大美国侵略中国的特有方式——门户开放机会均等！

署名：独秀

《向导》周报第三十八期

1923 年 8 月 29 日

章炳麟与民国

（一九二三年九月八日）

贪儒章炳麟、刘光汉当初本只提倡排满，不知共和民国为何物，刘光汉拥袁称帝时，曾明白宣布此旨；章炳麟始终排斥中山先生。前只排满，今只排北，也和刘光汉同一见解。

民国元二年间，章炳麟贪袁氏金钱官（东三省筹边使）爵（勋二位），遂公然反对孙、黄，公然宣言中国非袁世凯统治不可。他这种罪状，实与刘光汉、孙毓筠相等，而且在他们背叛国民党之前。

此时中国是军阀与民治之争，军阀派与民治派南北均有，章炳麟主张南北对抗，于理论事实已都不相合；而且他所拥戴的黎元洪何尝不伙同北洋军阀压迫西南，他所左袒的陈炯明、赵恒惕何尝不和杨森、沈鸿英同样是曹、吴的爪牙！

即以南北对抗而论，为什么不赞助南方革命的民治派，而赞助投降北方的黎元洪（第一次投降于袁，第二次投降于曹、吴），赞助南方诸将中明白的勾结曹、吴之陈炯明、赵恒惕。这岂不是利令智昏！

社会制裁有时比国家法律还重要，像章炳麟这样贪昏叛国的小人，他自己还煞有介事的高谈国事，固然是不知羞恶，而社会上不但不加以制裁，反以民国元老相待，似此是非紊乱，确是军阀官僚们敢于肆行无忌之一大原因。

署名：独秀

《向导》周报第三十九期

1923 年 9 月 8 日

日本大灾与中国

（一九二三年九月八日）

此次日本的大灾，不但是日本的大变故，并且是全世界的大变故，日本军事上经济上损失之大，不啻在第二次世界大战中日本打了个大败仗，他的伤痕绝非十年以内所能恢复，因此日本在国际地位及他传统的对华侵略政策，都必有相当的变动。

华盛顿会议，原来是英、美、日、法四国想合起伙来侵略中国；其实法国自身本非大工业国，又集全力于中欧及东欧之霸权，在中国除云南铁路及一些奢侈品的商场外，本没有多大的奢望，现在日本又被大灾，四国中只剩了英、美两国是专门高压中国之死敌。

中国国民不但对于灾难中的日本人民应有充分之援助，而且在外交上在反对国际帝国主义的运动上，也须有个缓急轻重之别。

署名：独秀

《向导》周报第三十九期

1923 年 9 月 8 日

张作霖令驻京东省议员离京

（一九二三年九月八日）

国会本是统治阶级之附属品，统治英、美等国的是资产阶级，所以他们的最大多数国会议员，分析起来，不是代表工业资本家，便是代表商业资本家，或者是代表农业资本家。统治中国的是军阀阶级（无论中央或地方），所以最大多数的国会议员，分析起来有五派：（一）直派，（二）奉派，（三）段派，（四）陈（炯明）、唐（继尧）派，（五）徘徊各军阀间之投机派（如一部分之研究系与政学会），他们一向只仰军阀鼻息，与人民丝毫无交涉，这种状况，被近日上海各报专电"张作霖令驻京东省议员离京"十二个大字，描写得淋漓尽致。

无耻的议员们冒充人民代表还不足责，最奇怪的是一班反对军阀的人们，明知国会议员是一堆臭粪，为了苟且的拆台政策，遂不惜将臭粪当香料看待，真是认贼做子！这班议员们将来不是回京为曹锟维持旧台，便是在南方为段祺瑞搭新台，或者为陈、唐帮帮场面，始终和人民无交涉，与民党无关系，欢迎议员南下的人们，终是"赔了夫人又折兵"，真是何苦来！

所以我们觉得上海商界根本不承认现国会，他们阶级的意识却很明了。

署名：独秀

《向导》周报第三十九期

1923 年 9 月 8 日

黎元洪南来

（一九二三年九月十六日）

黎元洪居武昌起义之名，倘好自为之，本来可以弄假成真，做一个历史的人物；怎奈他一通款于萨镇冰，再通款于袁世凯，三通款于吴佩孚，他政治上的节操，早不与共和民国有什么关系。即退一步言之，倘他能始终坚持以不署名解散国会令而去职，以不署名扰乱闽粤令而去职；更好是以坚持废督裁兵等重大政治问题而去职，国人对他还能表示同情；怎奈他两次去职，都硬是被动的丢掉了饭碗，并不是什么因为政治上不妥协而去的，倘敌人不硬要赶他滚蛋，他任何样妥协都办得到，但求不丢饭碗。即再退一步言之，黎元洪此次南来，倘诚恳的痛悔前非，以个人的资格，到民间去，做颠覆一切军阀官僚的平民革命运动，国人还可以原谅他；怎奈他一到上海，和中外新闻记者谈话，开口便是什么"本人在国会未曾有正当解释任期之前，总统地位当然存在。余在京因不能自由行使职权而移津，今天津依然为暴力所包围，故不得不转而至沪"。又说"曹、吴等果能一反前行……余亦极愿与彼等合议，不愿复有反直派名词。"原来他是为做总统而南来，原来他还在和曹、吴吊膀子，这种人是何等可恶而又可怜！

　　章行严君见上海舆论不满黎元洪，发愤的说："窃以为天下群为黄陂之故而反曹。"这句话只是代表政学会诸人的心理，不但不能代表全国商民、工人、学生的心理，并不能代表军阀间反曹的心理。为黄陂之故而反曹的人，除了政治上投机的政学会诸人外，只有买空卖空的唐少川、章炳麟等几个人；章炳麟等又还是唐少川之傀儡。吴大翁做总理梦在北方弄鬼，唐少翁做总理梦在南方弄鬼，这两位新旧官僚的"大"、"少"，拥曹拥黎之行事不同，其心迹卑劣都是一样。

　　此时中国之大难，是帝国主义的英、美和中国的军阀官僚政客同时而又勾结为患，真能救济中国大难的，除了全国商民、工人、农民、学生及其他职业团体之合作，实行平民大革命，没有别的方法。章行严君所谓同事，所谓合作，是指被革命的军阀官僚政客们反曹运动之合作；我们所谓合作，是指革命的平民扫荡一切军阀官僚政客运动之合作。反曹的军阀官僚政客间，为什么由合作而不合作，为什么有所不满，为什么不能了然其所不满者何在，又为什么或即了然而不肯明言，我们实在不暇为行严君解释这种烦闷；只得把我们了然平民所以不满于一切军阀官僚政客不能与之合作的缘故，明白告诉行严君。

　　行严君！死守着前五年的头脑观察现在的事，便往往未免所见不广呵！

署名：独秀

《向导》周报第四十期

1923 年 9 月 16 日

东铁地亩问题

（一九二三年九月二十三日）

究竟俄国人是中国之好友，还是美国人是中国之好友呢？我们现在该可以明白了罢！

中东铁路所用地亩，本是旧俄用强力所占据，除迫令吉、黑两省与之订立展地合同明定的数目以外，还强占了二十余垧。加之俄旧党盘据该路，专以压迫俄新党及残害华人为事；凡沿路地皮，经华人呈领者，所索租价比俄人要多十倍，且每因勒索不遂，即以命令强迫华商拆屋，本年拆屋风潮竟有十余起之多，被害华人竟至一千四五百户之众，此所以沿站商民一体向本国官厅请愿收回此项地亩。新俄官场对于中国接收管理此项地亩，并不反对，却是美国驻华公使舒尔曼勾串俄旧党首领关达基出来反对。舒尔曼在东铁俱乐部演说，竟胆敢指责中国收回地亩是侵犯他国主权。原来帝国主义的列强之主权，在中国任何地方任何事件都可以自由行使，不许侵犯吗？当事的俄国还可以放弃，倒是事外的美国横来干涉，并且唆使哈尔滨之领事团，将中国接收东铁地亩处之文卷概行查封，这就是帝国主义的列强在中国自由行使主权而蔑视中国主权的态度，应该如此吗！

究竟俄国人（新俄）是中国之好友，还是美国人是中国之好友呢？我们现在该可以明白了罢！

署名：独秀

《向导》周报第四十一期

1923 年 9 月 23 日

曹锟贿选与中国前途

（一九二三年九月三十日）

曹锟贿选的事实渐将实现了！拥戴雌伏在直系裤下监印的黎元洪来反抗曹锟，这丑计已是失败；欢迎助曹为恶的国会议员南下来反抗曹锟，这丑计也是失败了；结合直系爪牙陈炯明、赵恒惕、唐继尧来反抗曹锟，这妙计不但现已失败，而且将来还要出丑。曹锟贿选的事实渐将实现了！

曹贼贿选若真成事实，其结果是英、美、曹、吴外交系主奴结托的北京政府，将以正式政府名义断送国权大借外债，以供其征服异己武力统一之用。其统一不成，战祸固遍及全国（曹、吴不去而妄想和平，江、浙绅商真是做梦），统一即成，反动黑暗的政局必更甚于今日，这是我们观往察来，可以断定的。

或者有人说：中国左右是军阀政治，曹锟做总统不做总统没什么分别。其实不然。曹锟若做总统，其意又是使英、美的金力曹、吴的兵力结合起来，人民所受的桎梏将格外加紧。

国民若欲打破此种桎梏而得自由，必须于曹锟贿选未实现以前，各阶级同时起来做一严重的表示；尤宜组织一个全国职业代表的国民会议，来努力驱除国贼，建设真正的人民政府，别的方法都是不中用的呵！

署名：独秀

《向导》周报第四十二期

1923 年 9 月 30 日

贿选后国民所能取的态度

（一九二三年十月十七日）

一般国民渐知干涉政治，渐知声讨军阀的罪恶，实在是好现象，虽空言也算是进步。

但是只知道军阀的罪恶，而忘了在军阀背后作恶之帝国主义的列强，实在是能察秋毫而不见舆薪了！

袁世凯若没有善后大借款，他能横行吗？安福部若不是勾结寺内内阁大借日债，他能做出如许罪恶吗？曹锟所以得志，岂不全靠外交团外交系和直系之大结合吗？临城案件之要求已公然以使团觐见为交换条件而承认了；直系诸将公然主张由外交系组阁，最要的理由是借外债；外交系不顾全国唾骂而悍然帮忙曹锟，其目的并不在做官而在经手大借款。直系政权倘真巩固，必然要假手外交系第四次断送国脉（庚子赔款是第一次，袁世凯善后大借款是第二次，安福参战借款是第三次，曹锟要做第四次了），大借美债，以供他武力统一及收买政客之用。直系固然明明知道非借得一笔巨额外债，便无法削平异己；恰好美国也正须在中国输入余资，获得利权；岂不是一个愿打一个愿挨吗？受内外二重压迫的国民，应该同时努力做：

反帝国主义的国际联合

反军阀政府的国民联合

反帝国主义的国际联合，首当扫除一切误会，以承认苏俄为具体的有效的办法，因为现在的苏俄是协助全世界被压迫的民族反抗帝国主义之中心。反军阀政府的国民联合，首当抑制一切感情，以扶助及扩大国民党为具体的有效的办法，因为国民党是在过去现在历史上反抗北洋军阀比较有力的团体。国民联合的运动中，非有一个有力的大党做大本营不可。

这两件事实在是国民目前所能取的态度，不但是所应取的态度。

署名：独秀

《向导》周报第四十三期

1923 年 10 月 17 日

研究系与中国政治

（一九二三年十月十七日）

　　一国政治的进步，全靠有一班洁白而强硬的政治家提携每个时期的反对派，反抗每个时期的统治者。中国研究系诸人未尝不富有知识，只可惜他们政治生活的态度始终与此相反，他们始终结托每个时期的统治者，压迫每个时期的反对派。他们的良心未尝赞成清室、袁世凯、段祺瑞与曹锟，而他们的政治生活，却明明是拥清、拥袁、拥段、拥曹，其结果每次都使政局益趋反动紊乱。他们的知识战胜不过崇拜胜利者的势力之一念，遂至屡次蒙了政治上的耻辱而不自觉。他们忏悔一次又一次，若不毅然决然抛弃崇拜胜利者的势力之旧观念，亦终于忏悔而已。

　　或者有人问我们研究系拥曹的证据在那里？我们的答案是：（一）请检查该系议员出席贿选的有多少人；（二）请看上海《申报》上张君劢劝人承认宪法的文章；（三）请看上海《时事新报》关于国民讨贼军的社评。

　　尤其是《时事新报》这篇社评，盛称直系两次战功八省地盘，承认马上得天下这句话并不十分错，大骂讨贼戡乱的人太不知天高地厚，他们崇拜胜利者的势力之心理，由这几句话表现得淋漓尽致。若他们终不改易此心理，却也算得中国政治进步一障碍，我们盼望研究系诸人勿看轻自己！

署名：独秀

《向导》周报第四十三期

1923 年 10 月 17 日

临城案与侨日华工被杀案

（一九二三年十月十七日）

临城案不过因为土匪掳了几十个洋人，便闹得天翻地覆，结果还要撤换地方最高行政长官，赔偿巨款，由外人管理路政，列强的借口，是非此不能保障在华外人生命之安全。现在日本的军警浪人合起伙来，杀害无辜华人至一百七十四名之多，伤者数十，在日华人生命之安全，将如何赔偿如何保障？

我们既没有陆海军派往日本，日本又没有贿选总统承认问题供我们要求条件之交换，只望媚外求官的外交当局替被难的同胞抗议更不必作此想。我们国民自己所做得到的，只有一面继续剧烈的排斥日货，一面停止救济日灾之募捐，将已捐而未送去的类项移作抚恤被难华工家属之用。

我们更有一种不可忍的痛苦，是中国媚外无耻的新闻记者们，对于临城案件如丧考妣的号叫，助长外人气焰，外人也一半因此才敢于小题大做，提出无理的要求；现在这们〔么〕多侨日同胞被杀，中国各报竟一声不响，两下比较起来，当真洋大人的生命才是人的生命，华人的生命竟猪狗不如吗？外人贱视我已可痛心，媚外无耻的中国新闻记者们，遂亦尊人贱己到此地步，更是痛心极了！

署名：独秀

《向导》周报第四十三期

1923 年 10 月 17 日

青年们应该怎样做！

（一九二三年十月二十日）

死的中国社会，自戊戌变法以来，除了少数知识阶级的青年外，都是一班只知道吃饭穿衣生儿子的行尸走肉。现在这班行尸走肉，比较戊戌变法、辛亥革命、五四运动时，更要沉睡过去，在社会上奔走呼号的，不过是少数青年学生，这班青年学生愈为一班行尸走肉所厌恶，他们的责任愈加重大呵！

行尸走肉的老废物不用说了，现代的青年们，一部分教会学生被教会教育汩没了性灵与爱国心，简直没有希望了，一般官僚的子弟，把学校和科举同样看待，也算是一些活的死人；又有一班将要醒觉的青年，却被老庄哲学或什么东方文化引到睡眠状态去了；更可怜的是一种半醒觉的男女青年，妄以个人的零碎奋斗可以解决他生活和恋爱问题之困难，此路不通，便由烦闷而自杀或堕落的亦往往有之。真正醒觉挺身出来努力于社会全般改造的只有少数青年。

偌大的中国，只有少数青年学生是醒觉的，这是何等危险！

知识阶级的学生自然是小资产阶级之产物，他的特性：一方面因为没有经济的基础，不能构成一个独立的阶级，他对于任何阶级的政治观念，都非坚固不能摇动；一方面正因为他的阶级性不坚固，往往有超越阶级的理想，比任何阶级都易于倾向革命。

德国、俄国的青年在革命运动中，都做了不少工作；中国社会更有特殊状况，幼稚的各社会阶级，都还在睡眠中，只有学生们奔走呼号，成了社会改造的惟一动力，他责任的轻重，与欧、美、日本的学生迥然不同。

中国青年学生应该怎样做，第一要明白他责任重大，而不可自弃，这是因为国民中只有学生比较是醒觉的；第二要明白他力量微弱，而不可自恃，这是因为他不及商人、工人、农民有阶级的战斗力。

青年学生们的职任是：第一努力唤醒有战斗力的各阶级；第二努力做有力的各阶级间之连锁，以结成国民的联合战线。这两点是产业幼稚文化落后的中国学生的特别责任和欧美的学生界不同的地方。

署名：实庵

《中国青年》第一期

1923 年 10 月 20 日

苏 俄 六 周

（一九二三年十月三十一日）

苏维埃俄罗斯在此开国六年中，因为政治组织与人不同，遂引起世人无穷的疑谤；这些疑谤虽然已经由事实解释了许多，而尚在疑谤中的亦复不少，今再略述事实，以解世人之疑。

疑谤中第一可笑的是说俄罗斯过激党实行公妻，妇女国有，连南高师一位鼎鼎大名的教授在徐州演说时，也公然如此闭眼乱骂，实在可笑极了。其实果然公了，还何妻之有，妇女非财产，如何能归国有，过激党中不少女党员，如何能承认其自身为财产，所以这等无稽之谈，除了毫无常识的人断不会再相信了。

其次就是说俄国革命杀人无算；其实俄国革命不说政治犯了，就在战争中杀人也不多，他们在革命中所死的人不比中国辛亥革命多，比起法国大革命来，真是天渊之隔。

再其次就说俄国仍是专制政治；其实苏俄在国家的组织上，或为省或为自治区或为联邦，一任民族之自由；在政治的组织上，各级苏维埃皆得随时撤回其所举上级苏维埃代表，全俄苏维埃得随时撤回其所举人民委员会之委员。现在世界上能这样自由民主的更有何国？

又有人说苏俄拥六十万红军，号召第三国际，是有侵略全世界的野心。现在不谈俄国党人的理想，且说事实，若说是经济的侵略吗？大家应该知道俄国一时无此可能。若说是军事的侵略吗？六十万陆军如何能侵略全世界。若说是理想的侵略吗？这应该是我们所毫不恐惧的了。加入第三国际的有五十几国党人，他们的野心是以全世界被压迫者合方〔力〕反抗全世界压迫者，不是以俄国来侵略全世界。

更有人妄想俄国一经革命，共产自由的天国便当涌出，现在还闹什么新经济政策，未免是变节欺人。其实共产自由的社会，在任何产业文化发达的国家，都不是旦夕所能促成的，何况是产业文化落后的俄罗斯。俄罗斯十月革命的主义及其成功，不过是无产阶级夺得政权，不过是走向共产党主义的路的第一步，由此第一步，运用此政权以创造无产阶级的经济力，以建筑共产社会物质的基础（因为共产自由的社会，必须是工业的富有的，不应该是农业的俭朴的，如章士钊等所想象之古代共产村落或原始共产社会），这些工作，在国际资本帝国主义环绕窥伺中的苏俄，自然非旦夕所能成。因为俄国革命不能即实现共产社会，便失望而悲观，这未免把共产社会看得不值钱，而对于俄国革命也未免太乐观了。

还有一班妄人以为中国若再革命，必蹈俄国紊乱困苦的覆辙。殊不知俄国目前只是物资不足，不能向共产主义猛进，至于一般政治上的建设，不但比中国，比欧美哪国都好。经济的恐慌是没有的；失业的困苦是没有的；政治的阴谋与暗斗是没有的；国家的财政是有严格的预算决算的；城市乡间的生活必需品是可以自给的，六年未曾借过一文外债；红军的知识和学生一般，拥戴个人争政权争地盘，他们做梦也想不到；市上虽有警察，我们不容易看见，因为他们从来不肯站在街心指挥市民，然而争斗失窃的事竟不大有。

这里有一个问题：我们革命十二年，如今越闹越糟；俄罗斯革命才六年，为什么能有这样的建设？主要的原因是有一个几十万人的过激党，负了为国家由破坏而建设的大责任同心戮力的干。所以疑谤苏俄的人，每每只是疑谤苏俄的过激党；可是感佩苏俄的人，也应该首先感佩苏俄的过激党！

这里又有一个问题：章士钊仿佛说只有工业国应该有党，农业国不应该有党；富国可以有党，穷国不可以有党。其实主张无政治的尚有无政府党，何况有政治，有政治便自然有党，无所谓应该不应该，并且必须有好党才有好政治。若云农业国穷国不应该有党，苏俄却正是农业国穷国，他何以有强大的过激党？眼前的事实还闹不清楚，何苦高谈政治误人家国！

十月三十一日于广州

署名：独秀
《民国日报》副刊《觉悟》
1923 年 11 月 7 日

《科学与人生观》序

（一九二三年十一月十三日）

亚东图书馆汇印讨论科学与人生观的文章，命我作序，我方在病中而且无事，却很欢喜的做这篇序。第一，因为文化落后的中国，到现在才讨论这个问题（文化落后的俄国前此关于这问题也有过剧烈的讨论，现在他们的社会科学进了步，稍懂得一点社会科学门径的人，都不会有这种无常识的讨论了，和我们中国的知识阶级现在也不至于讨论什么天圆地方、天动地静、电线是不是蜘蛛精这等问题一样），而却已开始讨论这个问题，进步虽说太缓，总算是有了进步；只可惜一班攻击张君劢、梁启超的人们，表面上好像是得了胜利，其实并未攻破敌人的大本营，不过打散了几个支队，有的还是表面上在那里开战，暗中却已投降了（如范寿康先天的形式说，及任叔永人生观的科学是不可能说）。就是主将丁文江大攻击张君劢唯心的见解，其实他自己也是以五十步笑百步，这是因为有一种可以攻破敌人大本营的武器，他们素来不相信，因此不肯用。"科学何以不能支配人生观"，敌人方面却举出一些似是而非的证据出来；"科学何以能支配人生观"，这方面却一个证据也没举出来。我以为不但不曾得着胜利，而且几乎是卸甲丢盔的大败战，大家的文章写得虽多，大半是"下笔千言离题万里",令人看了好像是"科学概论讲义",不容易看出他们和张君劢的争点究竟是什么,张君劢那边离开争点之枝叶更加倍之多,这乃一场辩论的最大遗憾!第二,因为适之最近对我说,"唯物史观至多只能解释大部分的问题",经过这回辩论之后,适之必能百尺竿头更进一步!因为这两个缘故,我很欢喜的做这篇序。

数学、物理学、化学等科学,和人生观有什么关系,这问题本用不着讨论。可是后来科学的观察分类说明等方法应用到活动的生物,更应用到最活动的人类社会,于是便有人把科学略分为自然科学与社会科学二类。社会科学中最主要的是经济学、社会学、历史学、心理学、哲学(这里所指是实验主义的及唯物史观的人生哲学,不是指本体论、宇宙论的玄学,即所谓形而上的哲学)。这些社会科学,不用说和那些自然科学都还在幼稚时代,然即是幼稚,已经有许多不可否认的成绩,若因为还幼稚便不要他,我们不必这样蠢。自然科学已经说明了自然界许多现象,这是我们不能否认的;社会科学已经说明了人类社会许多现象,这也是我们不能否认的。自然界及社会都有他的实际现象:科学家说得对,他原来是那样;科学家说明得不对,他仍旧是那样;玄学家无论如何胡想乱说,他仍旧是那样;他的实际现象是死板板的,不是随着你们唯物论、唯心论改变的:哥白尼以前,地球原来在那里绕日而行,孟轲以后,渐渐变成了无君的世界;科学的说明能和这死板板的实际一一符合,才是最后的成功。我们所以相信科学(无论自然科学或社会科学)也就是因为"科学家之最大目的,曰摈除人意之作用,而一切现象化之为客观的,因而可以推算,可以穷其因果之相生"(张君劢语),必如此而后可以根据实际寻求实际，而后可以说明自然界及人类社会死板板的实际，和玄学家的胡想乱说不同。

人生观和（社会）科学的关系是很显明的，为什么大家还要讨论？哈哈！就是讨论这个问题之本身，也可以证明人生观和科学的关系之深了。孔德分人类社会为三时代，我们还在宗教迷信时代。你看全国最大多数的人，还是迷信巫鬼、符咒、算命、卜卦等超物质以上的神秘；次多数像张君劢这样相信玄学的人，旧的士的阶级全体，新的士的阶级一大部分皆是，像丁在君这样相信科学的人，其数目几乎不能列入统计。现在由迷信时代进步到科学时代，自然要经过玄学先生的狂吠，这种社会的实际现象，想无人能够否认。倘不能否认，便不能不承认孔德三时代说是社会科学上一种定律。这个定律便可以说明许多时代、许多社会、许多个人的人生观之所以不同。譬如张君劢是个饱学秀才，他一日病了，他的未尝学问的家族要去求符咒仙方，张君劢立意要延医诊脉服药；他的朋友丁在君方从外国留学回来，说汉医靠不住，坚劝他去请西医，张君劢不但不相信，并说出许多西医不及汉医的证据；两人争持正烈的时候，张君劢的家族说，西医、汉医都靠不住，还是符咒仙方好。他们如此不同的见解，也便是他们如此不同的人生观，他们如此不同的人生观，都是他们所遭客观的环境造成的，绝不是天外飞来主观的意志造成的，这本是社会科学可以说明的，绝不是形而上的玄学可以说明的。

张君劢举出九项人生观，都说是主观的，起于直觉的、综合的、自由意志的，起于人格之单一性的，而不为客观的、伦理的、分析的、因果律的科学所支配。今就其九项人生观看起来：第一，大家族主义和小家族主义，纯粹是由农业经济宗法社会进化到工业经济军国社会之自然的现象。第二，男女尊卑及婚姻制度，也是由于农业宗法社会亲与夫都把子女及妻当作生产工具，当作一种财产，到了工业社会，家庭手工已不适用，有了雇工制度，也用不着拿家族当生产工具，于是女权运动自然会兴旺起来。第三，财产公有私有制度，在原始共产社会，人弱于兽，势必结群合作，原无财产私有之必要与可能（假定有人格之单一性的张先生，生在那个社会，他的主观，他的直觉，他的自由意志，忽然要把财产私有起来，怎奈他所得的果物兽肉无地存储，并没有防腐的方法，又不能变卖金钱存在银行，结果恐怕只有放弃他私有财产的人生观）；到了农业社会，有了一定的住所，有了仓库，谷物又比较的易于保存，独立生产的小农，只有土地占有的必要，没有通力合作的必要，私有财产观念，是如此发生的；到了工业社会，家庭的手工的独立生产制已不能存立，成千成万的人组织在一个通力合作的机关之内，大家无工做便无饭吃，无工具便不能做工，大家都没有生产工具，生产工具已为少数资本家私有了，非将生产工具收归公有，大家只好卖力给资本家，公有财产观念，是如此发生的。第四，守旧维新之争持，乃因为现社会有了经济的变化，而与此变化不适应的前社会之制度仍旧存在，束缚着这变化的发展，于是在经济上利害不同的阶级，自然会随着变化之激徐，或激或徐的冲突起来。第五，物质精神之异见，少数人因为有他的特殊环境，一般论起来，慢说工厂里体力工人了，就是商务印书馆月薪二三十元的编辑先生，日愁衣食不济，哪有如许闲情像张君劢、梁启超高谈什么精神文明东方文化。第六，社会主义之发生，和公有财产制是一事。第七，人性中本有为我利他两种本能，个人本能发挥的机会，乃由于所遭环境及所受历史的社会的暗示之不同而异。第八，悲观乐观见解之不同，亦由于个人所遭环境及所受历史的社会的暗示而异，试观各国自杀的统计不但自杀的原因都是环境使然，而且和年龄、性别、职业、季节等都有关系。第九，宗教思想之变迁，更是要受时代及社会势力支配的：各民族原始的宗教，依据所传神话，大都是崇拜太阳、火、高山、巨石、毒蛇、猛兽等的自然教；后来到了农业经济宗法社会，族神祖先农神等多神教遂至流行；后来商业发达，随着国家的统一运动，一神教遂至得势；后来工业发达，科学勃兴，无神非宗教之说随之而起；即在同一时代，各民族各社会产业进化之迟速不同，宗教思想亦随之而异，非洲、美洲、南洋蛮族，仍在自然宗教时代，中国、印度，乃信多神，商工业发达之欧美，多奉基督；使中国圣人之徒生于伦敦，他也要奉洋教，歌颂耶和华；使基督信徒生在中国穷乡僻壤，他也要崇拜祖宗与狐狸。以上九项种种不同的人生观都为种种不同客观的因果所支配，而社会科学可一一加以分析的论理的说明，找不出那一种是没有客观的原因，而由于个人主观的直觉的自由意志凭空发生的。

梁启超究竟比张君劢高明些，他说："君劢列举'我对非我'之九项，他以为不能用科学方法解答者，依我看来什〔十〕有八九倒是要用科学方法解答"。梁启超取了骑墙态度，一面不赞成张君劢，一面也不赞成丁在君，他自己的意见是：

    人生问题，有大部分是可以——而且必要用科学方法来解决的。却有一小部分——或者还是最重要的部分是超科学的。

他所谓大部分是指人生关涉理智方面的事项，他所谓一小部分是指关于情感方面的事项。他说："既涉到物界，自然为环境上——时间空间——种种法则所支配。"理智方面事项，固然不离物界，难道情感方面事项不涉到物界吗？感官如何受刺激，如何反应，情感如何而起，这都是极普通的心理学。关于情感超科学这种怪论，唐钺已经驳得很明白。但是唐钺驳梁启超说："我们论事实的时候，不能羼入价值问题。"而他自己论到田横事件，解释过于浅薄，并且说出"没有多大价值"的话，如此何能使梁启超心服！其实孝子割股疗亲，程婴、杵臼代人而死，田横、乃木自杀等主动，在社会科学家看起来，无所谓优不优，无所谓合理不合理，无所谓有价值无价值，无所谓不可解，无所谓神秘，不过是农业的宗法社会封建时代所应有之人生观。这种人生观乃是农业的宗法社会封建时代之道德传说及一切社会的暗示所铸而成，试问在工业的资本主义社会，有没有这样举动，有没有这样情感，有没有这样的自由意志？

范寿康也是一个骑墙论者，他主张科学是指广义的科学，他主张科学绝不能解决人生问题的全部。他说："人生观一部分是先天的，一部分是后天的。先天的形式是由主观的直觉而得，绝不是科学所能干涉。后天的内容应由科学的方法探讨而定，绝不是主观所应妄定。"他所谓先天的形式，即指良心命令人类做各人所自认为善的行为。

什么先天的形式，什么良心，什么直觉，什么自由意志，一概都是生活状况不同的各时代各民族之社会的暗示所铸而成。一个人生在印度婆罗门家，自然不愿意杀人，他若生在非洲酋长家，自然以多杀为无上荣誉；一个女子生在中国阀阅之家，自然以贞节为她的义务，她若生在意大利，会以多获面首夸示其群；西洋人见中国人赤膊对女子则骇然，中国人见西洋人用字纸揩粪则惊讶；匈奴可汗父死遂妻其母，满族初入中国不知汉人礼俗，皇太后再嫁其夫弟而不以为耻；中国人以厚葬其亲为孝，而蛮族有委亲尸于山野以被鸟兽所噬为荣幸者；欧美妇女每当稠人广众吻其所亲，而以为人妾为奇耻大辱；中国妇人每以得为贵人之妾为荣幸，而当众接吻虽娼妓亦羞为之。由此看来，世界上哪里真有什么良心，什么直觉，什么自由意志！

丁在君不但未曾说明"科学何以能支配人生观"，并且他的思想之根底，仍和张君劢走的是一条道路。我现在举出两个证据：

第一，他自号存疑的唯心论，这是沿袭了赫胥黎、斯宾塞诸人的谬误，你既承认宇宙间有不可知的部分而存疑，科学家站开，且让玄学家来解疑。此所以张君劢说："既已存疑，则研究形而上界之玄学，不应有丑诋之词。"其实我们对于未发见的物质固然可以存疑，而对于超物质而独立存在并且可以支配物质的什么心（心即是物之一种表现），什么神灵与上帝，我们已无疑可存了。说我们武断也好，说我们专制也好，若无证据给我们看，我们断然不能抛弃我们的信仰。

第二，把欧洲文化破产的责任归到科学与物质文明，固然是十分糊涂，但丁在君把这个责任归到玄学家、教育家、政治家身上，却也离开事实太远了。欧洲大战分明是英德两大工业资本发展到不得不互争世界商场之战争，但看他们战争结果所定的和约便知道，如此大的变动，哪里是玄学家、教育家、政治家能够制造得来的。如果离了物质的即经济的原因，排科学的玄学家、教育家、政治家能够造成这样空前的大战，那末，我们不得不承认张君劢所谓自由意志的人生观真有力量了。

我们相信只有客观的物质原因可以变动社会，可以解释历史，可以支配人生观，这便是"唯物的历史观"。我们现在要请问丁在君先生和胡适之先生：相信"唯物的历史观"为完全真理呢，还是相信唯物以外象张君劢等类人所主张的唯心观也能够超科学而存在？

十二〔一九二三〕，十一，十三。

署名：陈独秀
《科学与人生观》
亚东图书馆 1923 年版

陈炯明与政局

（一九二三年十一月二十七日）

曹锟贿选以来，他的第一政敌张作霖以前此单独作战为前车之鉴，此次决不肯为天下先；他的第二政敌段祺瑞在浙、沪、山东虽有实力，又怯懦没有发难的〔勇〕气；因此曹锟真正的敌人，只有肯负责冒险举兵北伐的孙中山。孙中山的军队倘进了江西、湖南，四川、奉天、山东、浙江自然会同时并起，那时曹、吴遂不得不陷于四面楚歌之中了。曹锟幸而得了一个有力的爪牙陈炯明，出死力将孙中山的军队困在广东，孙中山正要出兵北伐，陈炳明更出死力打得利害起来；若果能将孙中山赶出广东，去了曹锟真正的敌人，使曹、吴武力统一的梦得以开始实现，那时陈炯明对于曹锟真算是"圣主开基第一功"了。但同时我们要想想陈炯明这种举动，在民国史上功罪如何！

前有人以孙、陈两军在东江作持久战，实有利于曹锟，主张弃战言和，移师北伐，孙中山先生极以为然，而陈炯明的条件是中山须离开广东并向广东人谢罪。中山须离开广东，俨然是曹锟的口气；去岁广州之变，由洪兆麟军先发，今年北江之战由沈鸿英、李易标先发，东江之战由杨坤如、熊略先发，是谁应该向广东人谢罪？

　　陈炯明等口口声声说孙中山如何不好，国民党如何不好；今无论孙中山与国民党如何不满人意，而自以为好过孙中山的陈炯明，却对于全国共恶的曹锟贿选一言不发，而炮弹专对着反对曹锟的孙中山与国民党打来，试问他何以自解？

　　尽瘁革命数十年如一日的中山先生，我们现在还没有批评他的必要。国民党诚然有不满人意的地方，若有一个比他更好的党，自然是中国的幸事；但我们只看见有许多不满意于国民党的党员并且实际上已脱离了国民党，大大的反对孙中山，这班脱离国民党的优秀分子，既然看不起国民党，他们政治上的行动，照情理应该比国民党进步得多；然而在事实上，他们当中像吴景濂、刘冠三等议员究竟如何，陈炯明、赵恒惕、黄大伟等军人究竟如何，政学会一班人又如何；凡是不满于国民党而脱离的党员，大都变成反动分子，竟然找不出一个比国民党更进步的人来。这是什么缘故呢？是因为国民党并未放弃革命的口号，凡是不革命的分子自来会分裂出来。陈炯明便是这些分子中之一。

署名：独秀

《向导》周报第四十七期

1923 年 11 月 27 日

外币与主权

（一九二三年十一月二十七日）

世界上凡是有主权的国家，都不许任何外国的金银币或纸币在他国内流行。你看小小的香港，除港币外哪一国的国币能够在香港通用？

近日北京外交部以俄国拟在东三省及新疆发行纸币，致函中俄督办事务处，请向俄代表交涉，原函如下：

经启者，据奉天张总司令称，俄人近在东省发行纸币，计分一元、五元、十元三种，流通东省各地，据财厅查覆，此项纸币，系在库伦发行，俄人现拟于满洲里设立分局，以资兑换，事关币制主权，务请严重交涉，禁止在满发行等语。又据新疆杨省长三十一电称，俄人近在喀尔喝尔设官钱局，拟即发行钞票，行使市面等语准此。查俄人在满蒙新疆等处，发行纸币，意在操纵金融，用心叵测，应请向俄代表严重交涉，勒令停发，以维主权，至纫公谊。

又近日北京国务院对参议院质问美丰银行在重庆发行纸币之

覆文如下：

> 国务院为咨覆事，前准贵院咨送议员潘江等对于美商在重庆设立美丰银行，发行纸币，政府何以茫不觉察，勒令休业，提出质问书一件，请答复等因。当经函询外交部去后，兹准复称：查重庆系通商口岸，外商在该号开设银行，照约未便禁阻；至美丰银行发行钞票一事，兹据重庆关监督分呈报告到部，当以外国银行在各通商口岸发行纸币，条约原无准许之明文，只以京津沪汉等处，外国银行发行纸币，相沿已久，一时尚未能禁止，本部若据以向美使交涉，诚恐该使借以各口岸先例，未必就我范围，不如由当地官商协力设法阻止，较为妥善；如果美使来部提及此事，自当相机驳拒等语。兹由财政部据复在案，嗣后即未据，续有来文等因到院，相应咨复贵院查照，此咨参议院。

在这两个公文中，我们应有几个感想：

（一）外交部对俄函中说："俄人……发行纸币，意在操纵金融，用心叵测，应请向俄代表严重交涉，勒令停发，以维主权。"似此，我们不能不佩服外交部有爱国心，有勇气。

（二）外交部对美复文中说："外国银行发行纸币，相沿已久，一时尚未能禁止，本部若据以向美使交涉，诚恐该使借以各口岸先例，未必就我范围。"似此，什么金融，什么主权，都忘记了，原来他们的爱国心与勇气，是时有时无的呵！

（三）外交部又说："不如由当地官商协力设法阻止。"我们应该感谢外交部的教训，各地官绅从今后应该知道一切外国在中国发行纸币，都是意在操纵金融，用心叵测，应该协力设法阻止，勒令停发，以维主权。

署名：独秀

《向导》周报第四十七期

1923 年 11 月 27 日

恢复华人领港权

（一九二三年十一月二十七日）

可怜的中国人在张家口做点汽车生意，美国人竟看做眼中钉，横暴的帝国主义者竟喧宾夺主一至于此！

现在又有一件喧宾夺主的事，就是姚方文君向在怡和、太古两公司充当领港，此次应聘大来洋行，驾领大来海轮由吴淞到浦口，竟有洋人纠众干涉其行使职务，声言"华人不许领港"。因此，全国领港公会于本月二十二日在上海会所开全国各口华人领港会议，到有〔会〕代表八十余人，主席杨洪麟君报告说：

今日会议，系应津、营、汉各口领港支会之请而召集者，讨论事件殊为重要，故不得不先行说明吾国领港之历史。查吾国向无所谓中国船用外国人领港者，自前清同治七年，政府与外人订立引水暂行章程后，于是外人领港之风日起。当时之所以雇用外人者，不过因一时人才缺乏，供不应求，暂借外才，以事调剂，故引水章程上有"暂行"二字。讵知吾国当局计不及此，不知随时取缔，遂致外人势力日益扩张，华船领港几被外人侵占殆尽，丧权辱国言之痛心。今日会议之要点，即在于"恢复华人领港权"七字，应请诸君注意。

署名：独秀

《向导》周报第四十七期

1923 年 11 月 27 日

中国国民革命与社会各阶级

（一九二三年十二月一日）

一

人类经济政治大改造的革命有二种：一是宗法封建社会崩坏时，资产阶级的民主革命；一是资产阶级崩坏时，无产阶级的社会革命。此外又有一种特殊形式的革命，乃是殖民地或半殖民地的国民革命。国民革命含有对内的民主革命和对外的民族革命两个意义。

殖民地的经济权政治权都完全操在宗主国之手，全民族之各阶级都在宗主国压迫之下，全民族各阶级共同起来谋政治经济之独立，这是殖民地国民革命的特有性质。半殖民地的经济权大部分操诸外人之手，政治权形式上大部分尚操诸本国贵族军阀之手，全国资产阶级、无产阶级都在外国帝国主义者及本国贵族军阀压迫之下，有产无产两阶级共同起来，对外谋经济的独立，对内谋政治的自由，这是半殖民地国民革命的特有性质。

殖民地革命的对象是宗主国，固然无所谓民主革命；即在半殖民地，一方面因为工商业受外力之阻碍不能充分发展，资产阶级不能成功一个独立的革命势力，一方面又因为贵族军阀受外力之卵翼而存在，所以也不能形成一个纯粹的资产阶级的民主革命。

国民革命的性质虽然是资产阶级的革命，他的胜利虽然是资产阶级的胜利，然而革命运动中的形式及要求却只是一个国民革命，这种特殊形式的革命，本是殖民地半殖民地的政治及经济状况所自然演成的。

无产阶级客观的力量是随着资产阶级之发达而发达的，殖民地半殖民地的资产阶级既然不能成功一个独立的革命势力，无产阶级便是不用说了。

二

半殖民地的中国自然也没有例外。领土广大交通不便经济组织还是地方的社会组织还是家庭的文字组织还是半像形的中国，连国民革命完全成功也不是一件容易的事，我们断然不可怀丝毫速成的妄想。中国国民革命运动，可以说自甲午战败起，过去历史已将近三十年，此三十年中，第一期是戊戌前后的变法自强运动，第二期是辛亥革命运动，第三期是"五四"以来学生及工人运动。这三期运动之成绩虽然都很微末，而加入运动的各阶级都以次扩大，这是不能否认的。第四期运动是什么？我们虽未能预断，而距运动成功的时期仍然甚长，及资产阶级渐渐明确的感觉国民运动的必要并显著的加入此种运动，这两件事是可以推知的。

三

经济落后文化幼稚的中国，各阶级还都紧紧的束缚在宗法社会的旧壳内，幼维〔稚〕的资产阶级，至今没有有力的政党，便是它幼稚之征验，他还未脱离利用敌人（列强及军阀）势力发展他自己阶级势力的时期，所以他时常表现出来爱和平怕革命的心理，这也是他势力薄弱之自然结果；若依据他目前心理之表现，遂一口武断中国资产阶级永远是不革命的，那便未免短视了。

商业工业资产阶级而外，在殖民地半殖民地，每每还有一种官僚资产阶级。他的势力原来是依赖外国势力（卖国）及本国贵族军阀政府，利用国家机关（盗国）而存在而发展的，他不但是不革命的，而且是反革命的；他不但不是真正资产阶级，而且是真正资产阶级——工商阶级发展之障碍；中国的新旧交通系即属此类。直皖奉直两次战争，固然是军阀间的战争，而因此打倒了安福部及梁士诒内阁，却算是扫除中国资产阶级发展路程上的荆棘，所以那时扬子江下游新兴的工商业家对于吴佩孚颇表同情；有人说吴佩孚打倒梁内阁是军阀阶级的胜利、资产阶级的失败，这完全是梦话。

工商业幼稚的资产阶级，他的懦弱心理，自然不容易赞成革命；但产业发展到一定程度，企业规模超越了地方的而渐成为全国的，同时又遭遇军阀扰乱之阻碍或外货外资之竞争，经济的要求自然会促使他有政治革命必要的觉悟。所以资产阶级究竟革命

不革命，当视其经济的历史的发展决定之，不当以其初步积累时
懦弱心理决定其全阶级的终身运命。例如在欧洲前，全印度除了
小资产阶级的知识者外，找不出半点革命倾向；反之，与大英帝
国妥协的空气却充满了全印度的资产阶级；然而欧战后印度的工
业得了发展的机会，有了外货外资之竞争，印度的资产阶级便渐
渐有了经济政治独立运动的觉悟。中国辛亥革命时，有几个资本
家听了革命二字不伸舌摇头，有几个资本家不安心信任北洋派军
阀统治中国；然而欧战以来，扬子江下游新兴的工商业家得了一
点自由发财的机会，便马上改变从前小视自身的态度，不再说什
么"在商言商不谈政治"了，好像乡下土财主，子弟得了几层
功名，便胆大起来不怕官府了；同时因为他们的开始发展，便遇
着军阀扰乱及关税厘金外货输入原料输出等妨碍他们的发财自
由，他们更不老实起来，公然出来做修改税则废止厘金废督裁兵
理财制宪等运动，更进而组织民治委员会，反对军阀为总统，否
认代表军阀阶级的现国会，上海、长沙之商联会更进而加入群众
的国民示威运动，即此可以证明中国的资产阶级，已经由非政治
的态度，发展到和平的政治运动态度，最近更发展到革命的政治
运动倾向了。

　　他们以前非政治的态度，现在半和平半革命的态度，将来更
趋向革命的态度，都不是他们主观上的意识决定的，乃是他们客
观上的经济条件决定的。社会上每个阶级都有他阶级的利己心，
他阶级的力量长养到非革命不能除去他发展之障碍时，他必然出
于革命，愿意革命不愿意，始终没有这回事。

　　有人反对上海的民治委员会，说是希图组织商人政府，又说
这是发达资本主义有害于中国社会。唱这种高调的人，他不明白

他素所崇拜的美国正是商人政府；他不明白商人政府虽非极则，比起军阀军政府是进化的；他不明白资本主义在欧美虽功过参半，而经济文化落后的国家，却不是受了资本主义发达的害，正是受了资本主义不发达的害；他一面唱鄙薄商人政府与资本主义的高调，却一面拥护军阀，这种人全然不懂得人类社会历史的进化是怎么一回事。

在先进国纯粹的资产阶级的革命，虽以资产阶级为主力军，也不能不借助于他阶级的力量以扑当时的暴君及贵族，所以当时革命的口号往往冒称全民利益，不便公然宣告为他们阶级的利益而革命。至于殖民地半殖民地力量幼稚的资产阶级，阶级的分化本尚未鲜明，阶级的冲突亦尚未剧烈，各阶级的势力也都尚未强大，所以殖民地半殖民地的资产阶级更不能单独革命，他到了真要革命的时候，必然极力拉拢别的阶级，出来号召国民革命，以求达到他自身发展之目的。

殖民地半殖民地的各社会阶级固然一体幼稚，然而资产阶级的力量究竟比农民集中，比工人雄厚，因此国民运动若轻视了资产阶级，是一个很大的错误观念。

四

殖民地半殖民地一部分向上发展的大资产阶级固然可以趋向革命，而一部分向下崩坏的小资产阶级（手工工业家及小商人）亦可以趋向革命。小资产阶级固不及大资产阶级势力集中，然其企业因竞争而崩坏，生活不安，也足造成其浪漫的革命心理。

小资产阶级的知识阶级，他本没有经济的基础，其实不能构成一个独立的阶级，因此他对于任何阶级的政治观念，都摇动不坚固，在任何阶级的革命运动中，他都做过不少革命的功劳，也做过不少反革命的罪恶。

小资产阶级的中国，知识阶级特别发达，所谓居四民（士农工商）之首的士，有特殊的历史地位，他介在贵族与平民（农工商）间，恒依附贵族而操纵政权，所以有布衣卿相之说，其仕宦久而门阀高者，自身且成为贵族。他们在历史上操纵政权尤其自垄断教权的优越地位，比欧洲中世僧侣阶级有过之无不及。即以近事而论，在坏的方面：议员政客们都属士的阶级，没有强大的资产阶级来吸收他们，只得附属军阀作恶；在好的方面：戊戌前后的变法自强运动，辛亥革命运动，"五四"以来国民运动，几乎都是士的阶级独占之舞台。因西方文化输入之故，旧的士的阶级固然日渐退溃，而新的士的阶级却已代之而兴；现在及将来的国民运动，商人工人农民固然渐变为革命之主要的动力，而知识阶级（即士的阶级）中之革命分子，在各阶级间连锁的作用，仍然有不可轻视的地位；而且在无产阶级实行革命和他们阶级的利益当真冲突以前，他们是羞于放弃革命态度的。最近全国学生大会，不但议决了许多国民革命的议案，并且议决了几件为工人阶级利益奋斗的议案，这便是个明显的例证。正因为知识阶级没有特殊的经济基础，遂没有坚固不摇的阶级性，所以他主观上浪漫的革命思想，往往一时有超越阶级的幻象，这正是知识阶级和纯粹资产阶级所不同的地方，也就是知识阶级有时比资产阶级易于倾向革命的缘故。就是一班非革命的分子，他们提出所谓"不合作"、"农村立国"、"东方文化"、"新村"、"无政府"、"基督教救国"、"教育救国"等回避革命的口号，固然是小资产阶级欲在自己脑中改造社会的幻想，然而他们对于现社会之不安不满足，也可以说是间接促成革命的一种动力。

五

农民占中国全人口之大多数，自然是国民革命之伟大的势力，中国之国民革命若不得农民之加入，终不能成功一个大的民众革命。但是农民居处散漫势力不易集中，文化低生活欲望简单易于趋向保守，中国土地广大易于迁徙被难苟安，这三种环境是造成农民难以加入革命运动的原因。然而外货侵入破坏农业经济日益一日，兵匪扰乱，天灾流行，官绅鱼肉，这四种环境却有驱农民加入革命之可能。历年以来，各处农民小规模的抗税罢租运动是很普遍的，若一旦有了组织，便无人敢说连国民革命他们也一定不能加入。

有人见农民之疾苦而人数又如此众多，未曾看清这只是国民革命的一大动力，以为马上便可在农民间做共产的社会革命运动，这种观察实在未免太粗忽了。共产的社会革命固然要得着农民的同情与协助，然必须有强大的无产阶级为主力军，才能够实现此种革命的争斗并拥护此种革命的势力建设此种革命的事业，因为只有强大的无产阶级，才有大规模的共同生产共同生活之需要与可能，独立生产之手工业者及农民都不需此。尤其是农民私有观念极其坚固，在中国，约占农民半数之自耕农，都是中小资产阶级，不用说共产的社会革命是和他们的利益根本冲突，即无地之佃农，也只是半无产阶级，他们反对地主，不能超过转移地主之私有权为他们自己的私有权的心理以上；雇工虽属无产阶级，然人数少而不集中；所以中国农民运动，必须国民革命完全成功，然后国内产业勃兴，然后普遍的农业资本化，然后农业的无产阶级发达集中起来，然后农村间才有真的共产的社会革命之需要与可能。使目前即作此绝不能实现的幻想，则所号召者不适于多数农民之实际的要求，便无法使农民群众加入实际的运动，便使目前所急需的国民革命受最大的损失。

六

在普通形势之下，国民革命的胜利，自然是资产阶级的胜利，工人阶级和学生农民不同，有他自己阶级的特殊利害，所以工人阶级在国民革命运动中取何态度，乃是一个极重大而复杂的问题。

工人是社会上有力的阶级，在物质上他的力量自然远不及资产阶级雄厚，而在心理上因为实际生活之压迫，往往易于促进他的决战态度，即在纯粹资产阶级的民主革命中，工人阶级一旦感觉得这种革命于自身亦有利益时，往往成为急进的先锋，况在国民革命，工人阶级更是重要的分子了。

但同时我们要知道：工人阶级在国民革命中固然是重要分子，然亦只是重要分子而不是独立的革命势力。概括说起来，是因为殖民地半殖民地产业还未发达，连资产阶级都很幼稚，工人阶级在客观上更是幼稚了。详细说起来，产业幼稚的中国，工人阶级不但在数量上是很幼稚，而且在质量上也很幼稚；此时中国工人阶级的理想，略分三类：第一，大多数还沉睡在宗法社会里，家族亲属地方观念还非常之重，这是因为不但多数手工业工人仍然在独立生产者的环境，有许多目前虽是近代产业工人，而他过去未来的生活，并未能与独立生产者（小手艺小商人小农等）的环境绝缘，不感政治的需要，并不脱神权帝王之迷信，产业之发达又多未成全国化，所以工人阶级的运动，犹多是支节零碎的地方的经济运动而非国家的政治运动，工人阶级的理想，犹是宗法社会的而非国家的，这也是当然的现象。第二，只少数有了国家的觉悟，有了政治的要求，这种觉悟，这种要求，只在最进步的海员及铁路工人罢工中才表现出来，其余多数罢工都不出日常生活的经济争斗。第三，真有阶级觉悟并且感觉着有组织自己阶级政党的工人，更是少数中的极少数；这极少数纯粹无产阶级分子，固然是将来无产阶级革命的唯一种子，即在各阶级合作的国民革命运动中，也是最勇敢的先锋队，这是拿今年京汉路罢工事件可以证明的。这极少数最有觉悟的工人，在质量上虽然很好，在数量上实在太少，其余的工人更是质量上数量上都还幼稚，所以不能成功一个独立的革命势力。

因此，我们可以知道：中国最大多数的工人，还没有自己阶级的政治争斗之需要与可能，而且连一般的政治争斗之需要甚至于连自己阶级经济的争斗之需要都不曾感觉的工人（如手工业工人），也并不是少数。我们还应该知道：在产业不发达的中国，工人自己阶级的单纯经济争斗，没有重大的意义；因为大部分产业管理权，不在外人手里便在军阀政府手里，工人经济争斗之对象，不是帝国主义的外国便是军阀，所以经济争斗稍稍剧烈一点，便是一个政治争斗。我们更应该知道：这种殖民地半殖民地的政治争斗，只是一般的政治争斗，即全国各阶级共同要求政治上自由的争斗，不是工人们自己阶级的政治争斗；因为掌握政权者直接的是军阀，间接的是帝国主义的外国，不是本国的资产阶级。所以中国的工人阶级，在目前环境的需要上，在目前自身力量的可能上，都必须参加各阶级合作的国民革命。殖民地半殖民地国民革命的意义，就是对外要求民族之经济的政治的独立，对内要求一般国民在政治上的自由。这种一般国民之政治自由，如集会结社罢工等自由，正是中国工人阶级目前至急的需要。

工人阶级若〔不〕参加国民革命运动，其结果是：（一）工人阶级在此革命成功时失去了地位；（二）工人阶级在此革命的争斗过程中，失去了自己阶级战斗力发展的机会；（三）不参加实际的行动，无论工人阶级有任何急进的主张，都不过是一个主张，实际还是站着一步不动；（四）自己阶级的政治争斗目前既不可能，又不参加联合战线，结果必是脱离了政治争斗的战线，躲到经济争斗的空招牌底下去睡觉。这种脱离政治的经济争斗，必然是支节零碎的，地方的、改良的，使工人阶级萎靡下去的；而不是根本的、统一的、革命的，使工人阶级强壮起来的。

或者有人以为工人阶级加入国民革命的联合战线，便易于发生紊乱阶级和改良妥协的倾向，是一种危险的政策。其实这个想头未免有些幼稚懦弱了。工人阶级的阶级觉悟是随着产业发达阶级分化而发生而强烈起来的，不是人力的提倡可以发生，也不是人力的否认可以紊乱可以消灭的。工人阶级的战斗力，只有开门出去参加复杂的争斗可以养成，绝不是关起门来取寡妇处女式的防闲政策便可以免得危险。工人阶级只要有了独立的组织以后，只要知道一时期政治争斗的动作联合和经济争斗的主义妥协不同，勇敢的参加国民革命这种复杂的争斗，于工人阶级只有利益而绝无危险。反之，关起门来不参加目前所需要而且可能的政治争斗之联合战线，倒有上文所说的危险呵！

七

中国社会各阶级都处在国际资本帝国主义及本国军阀两层严酷的压迫之下，而各阶级合作的国民革命，是目前的需要，而且可能。

败坏困苦的中国，须有各阶级群起合作的大革命，才能够依群众的革命热忱和创造能力涌现出一个独立的统一的新国家。这个新国家只有在全国大群众革命的狂热中，全国的制度文物思想习惯都受了革命的洗礼，才能够实现，绝不是单靠军事行动可以侥幸得来的，更不是个人的暗杀可以成功的。暗杀只是封建时代义烈的行为，其结果不过报仇泄愤，绝不能依此方法可以推倒统治阶级。单靠军事行动取得政权，这是墨西哥式、葡萄牙式的军事投机，绝不是法兰西式、俄罗斯式的革命事业。

产业幼稚交通不便的中国，尚未完全达到以整理国家为一个经济单位的程度，地方的民众对于地方政府的革命，也是我们应该赞成的；因为这种地方的革命行动丰富起来，也自然要汇合成一个全国的国民革命运动。但是非革命的省宪运动，简直是见鬼；因为没有革命的大群众所拥护之宪法，无论是国家的或是地方的，都等于废纸。

同时，我们也须明白产业幼稚文化落后的中国，目前也只有这各阶级群起的国民革命是可能的。若是贪图超越可能的空想，实际上不能使革命的行动丰富起来，以应目前的需要，不但在本国的革命事业上是怠工，而且阻碍了世界革命之机运。殖民地半殖民地之国民革命，形式上虽是一国的革命，事实上是世界的革命之一部分，而且是重大的一部分。因为压制世界全人类的国际资本帝国主义，乃建设在剥削本国工人阶级及掠夺殖民地半殖民地的弱小民族上面，制他们死命的，也正是他们本国工人阶级的社会革命和殖民地半殖民地的国民革命。而在殖民地半殖民地的经济状况，又只是国民革命是可能的，所以殖民地半殖民地的社会党人，万不可轻视了国民革命的重大意义！

国民革命成功后，在普通形势之下，自然是资产阶级握得政权；但彼时若有特殊的环境，也许有新的变化，工人阶级在彼时能获得若干政权，乃视工人阶级在革命中的努力至何程度及世界的形势而决定。一九一七年俄罗斯的革命就是一个好例。俄罗斯各阶级各党派的联合革命，本以推倒皇室为共同目标，只以工人阶级在一九〇五年之革命及一九一七年二月革命中特殊努力，又以当时资本主义的列强因大战而濒于破产，自救不遑，十月革命遂至发生新的政治组织。但是这种未来的机会我们没有预计的可能，也并没有预计的必要，现在只有一心不乱的干国民革命。

陷于半殖民地而且濒于完全殖民地之悲运的中国人，不首先解除列强及军阀之重重奴辱，别的话都无从说起！

署名：独秀

《前锋》第二期

1923 年 12 月 1 日

寸　铁

（一九二三年十二月一日）

亡中国者留学生也

日本留学生曹汝霖、陆宗舆、章宗祥之亲日卖国，人所共知，不用说了；其实留美学生亲美卖国，留英学生亲英卖国，也都和曹、陆、章一样。英、美同族，因此中国留英学生或留美学生并有互亲英、美的态度。杜威先生曾叹息着对我说："中国的事只有中国人自救，'五四'以来，何以欧美留学生不出来做国民运动的指导者？"他老先生哪知道欧美同学会几乎是一个卖国机关，他将来会变成朝鲜的一进会。他们当中不仅是几个总、次长做英、美和军阀的居间人，许多各部老爷，画到打牌的余暇，还要做几篇媚外的文章登在西文杂志上给洋大人看。他们若怪我说话伤众，他们试自问良心，他们多数人（自然不是全体）一向做些什么说些什么？

皇帝与学术

辜鸿铭在北京大学教员会议席上说："如今没有皇帝，伦理学这门功课可以不讲了。"柏林大学有一位教授对中国新去的留学生说："现在凯撒都没有了，你们来到德国学什么？"原来没有皇帝便没有学术吗？这种思想固然很可笑，但我们且莫笑，我们若仍旧迷信个人有超越民众的力量，岂不是和他们一样可笑！

辜鸿铭太新了

社会上主张和平缓进的人，往往总说主张革命急进的人太新了。其实在辜鸿铭的眼中看来，连主张缓进的人都未免太新了；因为辜鸿铭主张复古向后退，连缓进都要不得。但是复辟之役，辜鸿铭在外交方面很尽力，梁敦彦保荐他做外部侍郎，张勋说："辜鸿铭太新了，不能做侍郎。"

由此看来，张勋真算旧极了，其实他也很新，因为他不但不穴居野处茹毛饮血，他并且用火柴、电灯，打电报，坐轮船、火车、汽车，废了石、矢、弓、箭不用而用洋枪、洋炮，又何尝算的真旧！

基督徒望基督徒成佛

上海基督教联合会致冯玉祥函中，有云："急流勇退，还我清白；放下屠刀，立地成佛。"屠刀成佛虽说是譬词，若直译成西文，欧美基督教徒见了岂不要大吃一惊！即此也可看出文言用典的流弊。

孔圣人又要走运了

从前戊戌政变后，反动政治与尊孔运动一时并起；袁世凯要做皇帝，同时尊孔祀天也闹的很起劲；现在南京的军民两长又接到曹锟通电募捐修理孔庙，拟各捐洋五千元。每逢中国政治反动一次，孔圣人便走运一次，可见反动势力和孔圣人本是一家眷属。

农村立国主义原来如此！

章行严奉政学会命去到杭州联络卢永祥恭维卢永祥，这本是政客们奔走权门的常态，无甚希奇；最令人肉麻的是他说："改造农国的朴质勤奋如卢君其人，居于领袖地位，可收事半功倍之效。"

议员与娼妓

有人说：一班加入贿选的猪仔议员，固然人格扫地，但其中许多人的确为生计所迫，何尝不可以"不得已"三字恕之。同时又有人说：娼妓固然无人格，但其中许多的确为生计所迫，何尝不可以"不得已"三字恕之。

是猪仔呢还是无政府党人？

一班所谓无政府党人大骂马克思派加入国民党是变节，其实马克思本身及其学说本主张和每个社会的急进派合作，有何变节之可言？可是中国最反动的军阀，现在又以贿选扬名于世界，而鼎鼎大名的无政府党景梅九即景定成，也列名在山西省二十九个猪仔之中，以无政府党而做议员，已经是主义上的变节者；现在又摇身一变而为加入贿选的猪仔，无政府党一到中国，居然花样翻新了！

署名：致中

《前锋》第二期

1923 年 12 月 1 日

答 适 之

（一九二三年十二月九日）

我对于适之先生这篇序，固然赞美其能成立一家言，但有不能同意之二点：

（一）这回的争论当然有两个问题，一个是"科学的人生观是否错误？"一个是"科学能否支配一切人生观？"后者的讨论多于前者，适之说是共同的错误，其实是适之个人的错误。何以呢？梁启超、张君劢这班人，当初也未必不曾经过极肤浅的唯物即科学的人生观，只因他们未曾敲过社会科学的门，阅世又稍稍久远，接触了许多稀奇古怪的人生观，都和科学的原理原则相隔太远，于是他们的第一观念便是"人生观超于科学以上"，"科学绝不能支配人生"。他们对科学的信仰如此破坏了，第二观念方思维到科学的人生观本身之错误与否。并且梁启超更聪明一点，他骂得科学简直是罪孽深重不自陨灭祸延人类，而同时却又说："我绝不承认科学破产，不过也不承认科学万能罢了。"所以我们现在所争的，正是科学是否万能问题，此问题解决了，科学已否破产便不成问题了。照适之的意见，只须努力具体的说明科学的人生观，不必去力争科学可否解决人生观的问题，像这样缩短战线，只立而不破的辩论法，不是纵敌，便是收兵。无论你科学的人生观有如何具体的说明，张君劢、梁启超可以回答你：适之先生！我们佩服你科学的人生观也很高明，我们本来不曾承认科学破产；但是人类社会除了你这样高明的人生观以外，另外还有许多人生观，如先生所说的做官发财的人生观，靠天吃饭的人生观，求神问卜的人生观，《安士全书》的人生观，《太上感应篇》的人生观，其余三天三夜也说不尽的人生观，却都是超科学的，却都是科学所不能支配的，他们的世界大得很哩，科学的万能在哪里？适之只重在我们自己主观的说明，而疏忽了社会一般客观的说明，只说明了科学的人生观自身之美满，未说明科学对于一切人生观之威权，不能证明科学万能，使玄学游魂尚有四出的余地；我则以为，固然在主观上须建设科学的人生观之信仰，而更须在客观上对于一切超科学的人生观加以科学的解释，毕竟证明科学之威权是万能的，方能使玄学鬼无路可走，无缝可钻。

（二）社会是人组织的，历史是社会现象之记录，"唯物的历史观"是我们的根本思想，名为历史观，其实不限于历史，并应用于人生观及社会观。适之说："独秀说的是一种历史观（我明明说"只有客观的物质原因可以变动社会，可以解释历史，可以支配人生观"，何尝专指历史？），而我们讨论的是人生观。"我依据唯物史观的理论来讨论人生观，适之便欲强为分别；倘适之依据实验主义的理论来讨论人生观，别人若说："我们讨论的是人生观，适之说的是一种实验主义的哲学"，适之服是不服？或者适之还不承认唯物史观也是一种哲学，想适之不至如此。适之好像于唯物史观的理论还不大清楚，因此发生了许多误会，兹不得不略加说明。第一，唯物史观所谓客观的物质原因，在人类社会，自然以经济（即生产方法）为骨干。第二，唯物史观所谓客观的物质原因，是指物质的本因而言，由物而发生之心的现象，当然不包括在内。世界上无论如何彻底的唯物论者，断不能不承认有心的现象即精神现象这种事实（我不知适之所想象之彻底的唯物论是怎样）；唯物史观的哲学者也并不是不重视思想、文化、宗教、道德、教育等心的现象之存在，惟只承认他们都是经济的基础上面之建筑物，而非基础之本身。这是因为唯物史观的哲学者，是主张如下表：

$$
经济\begin{cases}制度\\宗教\\思想\\政治\\道德\\文化\\教育\end{cases}
$$

之一元论，而非如下表：

$$
\begin{matrix}经济\\宗教\\思想\\政治\\道德\\文化\\教育\end{matrix}
$$

之多元论。这本是适之和我们争论之焦点。我们何以不承认多元？别的且不说，单就适之先生所举的思想及教育来讨论。中国古代大思想家莫如孔、老，他们思想的来因，老是小农社会的产物，孔是宗法封建的结晶，他们的思想即他们社会经济制度的映相，和希腊亚里斯多德拥护农奴制一样，并无多少自由创造。他们思想的效果，中国周末农业品手工业品之交易渐渐发达起来（观《史记·货殖传》所述及汉朝种种抑制商人的法令可知），当时的社会已远离了部落生活，已不是单纯的农业经济，已开始需要一个统一的国家，所以当时挂的是道家儒家招牌，卖的是法家药料，并且自秦始皇一直到宣统，都是申、韩世界。思想的价值如此。再说教育。我们有何方法在封建社会的经济组织之下，使资本社会的教育制度实现？我们又有何方法在资本社会制度之下，使人人都有受教育的机会？漫说资本社会制度之下了，就是趋向社会主义的俄罗斯，非不极力推重教育，列宁屡次很沉痛的说："在教育不普及的国家中建设共产社会是不可能的事。""要使教育极不普及的俄罗斯很快的变成一个人民极开通的国家，是一件不可能的事。"但以物质的条件之限制，无论列宁如何热诚，所谓教育普及，眼前还只是一句空话。欧美资本社会教育进步，完全是工业发达的结果，工业家不但需学术精巧的技师，并且需手艺熟练的工人，资本阶级为发财计不得不发达教育，家庭农业家庭手工业社会自不需此，所以有些中国人一面绝不注意工业，一面却盲目的提倡教育，真是痴人说梦。教育本身的地位如此。适之说："如果独秀真信仰他们的宣传事业可以打倒军阀，云云"我老实告诉适之，如果我们妄想我们的宣传他本身的力量可以打倒军阀，可以造成平民革命，可以打破国际资本主义，我们还配谈什么唯物史观！常有人说：白话文的局面是胡适之、

陈独秀一班人闹出来的。其实这是我们的不虞之誉。中国近来产
业发达人口集中，白话文完全是应这个需要而发生而存在的。适
之等若在三十年前提倡白话文，只需章行严一篇文章便驳得烟消
灰灭，此时章行严的崇论宏议有谁肯听？适之又说："他（指独
秀）若不相信思想、知识、言论、教育，也可以变动社会，解
释历史，支配人生观，那么，他尽可以袖着手坐待经济组织的变
更就完了，又何必辛辛苦苦地努力做宣传的事业，谋思想的革新
呢？"我的解答是：在社会的物质条件可能范围内，唯物史观论
者本不否认人的努力及天才之活动。我们不妄想造一条铁路通月
宫，但我们却不妨妄想造一条铁路到新疆；我们不妄想学秦皇、
汉武长生不老，但我们却不妨极力卫生以延长相当的寿命与健康
的身体。人的努力及天才之活动，本为社会进步所必需，然其效
力只在社会的物质条件可能以内。思想知识言论教育，自然都
是社会进步的重要工具，然不能说他们可以变动社会、解释历
史、支配人生观和经济立在同等地位。我们并不抹杀知识、思
想、言论、教育，但我们只把他当做经济的儿子，不像适之把
他当做经济的弟兄。我们并不否认心的现象，但我们只承认他
是物之一种表现，不承认这表现复与物有同样的作用。适之赞
成所谓秃头的历史观，除经济组织外，"似乎应该包括一切
'心的'原因——即是知识、思想、言论、教育等事。""心
的"原因，这句话如何在适之口中说出来！离开了物质一元
论，科学便濒于破产，适之颇尊崇科学，如何对心与物平等看
待！！适之果坚持物的原因外，尚有心的原因——即知识、思
想、言论、教育，也可以变动社会，也可以解释历史，也可以
支配人生观——像这样明白主张心物二元论，张君劢必然大摇

大摆的来向适之拱手道谢！！！

　　　　　　十二，十二，九

　　　　　　署名：独秀

　　　　《科学与人生观》

　　　亚东图书馆 1923 年版

赵恒惕陈炯明与联省自治派

（一九二三年十二月十二日）

　　呜呼！联省自治派！可怜他们心目中的靠山，就是赵恒惕和陈炯明。

　　赵恒惕前年杀黄、庞，今年杀农民，又学吴佩孚以武力干涉水口山工人罢工，派兵占领工人俱乐部，硬说他是无政府党总机关，瞎为无政府党吹大气，这些黑暗罪恶姑且不提。他此次勾引北兵进湖南，联省自治的先生们能说这不是事实吗？马济、沈鸿英等都奉曹、吴的命令深入湖南了，这还是省自治吗？今后赵恒惕当然不敢再向曹、吴说什么自治，而一面又不敢公然向他的部下护宪军宣布取消自治，此时正在进退维谷。我想赵恒惕必然痛恨上了联省自治先生们的当，不然他始终一意附北，何至今日进退两难！

　　陈炯明此时又何尝不进退两难，但他进退两难的内容，却完全与赵恒惕相反。陈炯明本是一个险猾的野心家，他附北也并无诚意，不过是利用北方经济的援助，打退孙中山，他再挂起自治招牌，做一个不南不北的广东王。可是天不遂人愿，他的部下却不能体贴他这样苦心，当东江初发难时，陈炯明与诸将在汕头置酒高会，洪兆麟突举杯对陈说："什么联省自治，这是北方所不愿听的，今后总司令不要唱这种高调了！"陈炯明听了面色青白，终席间不出一言。日前陈军攻克石龙，陈得意之余电报齐燮元，齐覆电称奉曹大总统令陈某劳苦功高传令嘉奖，陈回电拒奖，而曹、吴大怒。今后陈炯明附北则不得为广东王，不附北则不独北方窥破其奸不肯加以援助，即部下将士亦不用命，这是陈炯明进退两难的情形。

以陈炯明、赵恒惕如此行为如此环境，而联省自治的先生们还要拿他们做靠山，这真是"拿着干鱼放生不知死活"了。

署名：独秀

《向导》周报第四十八期

1923 年 12 月 12 日

广东农民与湖南农民

（一九二三年十二月十二日）

广东海丰农民因为天灾向地主要求减租，并不算犯了什么天大的王法，而陈炯明的军队居然将农民一万余户所组织的农会解散了，并捕去该会职员二十五人关在监牢内，至今有些还未释放，这场冤案，若是孙中山的军队早打破了海陆丰，那是不会有的了。

现在湖南衡山农民因阻禁米谷出口以平谷价，也不算犯了什么天大的王法，而大地主兼贩米出口的商人又兼军阀之赵屠户，乘谭军退后，居然调动大军，解散此万余人集合之农会，并杀伤逮捕若干人，这场冤狱，若是谭军不退出衡山，那也是不会有的了。

因此，我们应该彻底觉悟：一切工人运动、农民运动、学生运动，都不能离开政治运动，因为政治上的自由，是一切运动所必需的。例如曹、吴的势力不倒，民主政治不能确定，铁路工会和全国学生总会除广州外何处可以存在？

署名：独秀

《向导》周报第四十八期

1923 年 12 月 12 日

联省自治与新西南主义

（一九二三年十二月十九日）

中国此时，在恢复国权上，在发达产业上，都急需一个统一的国家——国民统一的国家。联邦固不妨碍统一，但现在有一班提倡联省自治的人，同时又提倡新西南主义，这明明是想拿联省自治的名义，割据西南几省，像这样消极的保守西南，而不积极的进兵北伐，不是破坏统一是什么？我们现在所急需的是国民统一的国家，是新中国主义，什么新西南主义，什么联省自治，都是割据的派头，都是国民革命之障碍。

在交通一时不易充分发达和语言一时不易统一的中国，主张适当的地方自治权，这是无人能够反对的，但中央和地方之军政、财政如反〔何〕划分权限，地方的立法权、行政权扩大至何程度，这都是中华民国成立后宪法上的问题，绝不是旧统治阶级（即前清遗留之北洋军阀）之武装还未解除中华民国还未成立时所应决定的问题。

就将来的国家组织而论（……）若现在的行省，一旦去了地方军阀之割据的状态，除了扩大实际需要的地方自治权以外，实无改变国家组织之必要。

至于此时有一班人依赖赵恒惕、陈炯明的力量来提倡联省自治与新西南主义，理论且不必谈，即在事实上亦未免过于滑稽；因为赵、陈和杨森、袁祖铭、沈鸿英处于同样的地位，一叛曹、吴便不能存在的。

但是联省自治和新西南主义这等主张，以之抵抗曹、吴的武力统一，固然未免滑稽，然在此反直运动之中，此等主张其效果不但使赵恒惕、陈炯明的借口以阻广东北伐之师，且足以乱国人群起革命之耳目，其帮助曹锟的功劳，实不在王承斌、吴景濂之下。

署名：独秀

《向导》周报第四十九期

1923 年 12 月 19 日

宪法与自治学院

（一九二三年十二月十九日）

辛亥革命时，有数军官在上海酒家聚谈战事，旁有一劝酒的苏州女郎说："不要战，脑袋要紧。"这句话当时轰传上海各报，以为可以代表江苏人的温和性质。好个性质温和的江苏人，只以"不要战脑袋要紧"之故，隋唐以来千有余年，都是很恭顺的以子女玉帛供给战胜者，自甘雌伏于被征服者之地位，而不与之抗。好个性质温和的江苏人，现在更是全中国顺民的模范。

曹锟贿选，天下多能起兵讨之，独江苏人奔走和平最力；曹锟欲挟宪法以助其统一，天下人多愤不肯承认，独有江苏人张君劢首倡以国民投票的形式承认之，独有江苏国会议员凌鸿寿等通电赞成之；"不要战脑袋要紧"的民族，他们的见解到底与众不同。

他们这样顺从曹锟，不但脑袋平安，而且有特别的宠遇，请看国立八校经费如此困难的北京政府，居然以七万九千二百元给张君劢办什么江苏自治学院，听说还在国立名义之下，不知道这种自治学院，是否教育部规定的现行学制所有？

他们在吴淞有一个猪仔公学，现在又以拥宪之功来办理自治学院，不知要毒害多少青年！自治！自治！"不要战脑袋要紧"，我们讲自治，政府自然放心。今后自治学院的东方文化声，精神生活声，反科学的人生观声，当比吴淞的猪声更为响亮，因为这些声音都是曹锟所爱听的，和"不要战脑袋要紧"的宗旨不相违背。今后这个自治学院不知道要造就几多"不要战脑袋要紧"的顺民来！呜呼宪法！呜呼自治学院！呜呼"不要战脑袋要紧"江苏人！！！

署名：致中

《向导》周报第四十九期

1923 年 12 月 19 日

关税主权与资产阶级

（一九二三年十二月二十九日）

帝国主义的列强侵犯我国主权的事，要算

干涉海关收税权

领事裁判权

军舰自由航行内河

纸币直接流通市面

强迫租借领土

这五项最利害。这五项之中，尤其是干涉海关收税权能够制中国人的死命；因为其他四项还是局部的或是一时的，不像干涉海关能够使全中国人永远不能抬头。

产业落后国，全靠采用保护政策的关税制，对于和本国竞争的工业品重抽进口税，使本国的工业品和外品有竞争之余地；对于本国工业需要的原料重抽出口税，使本国的工业得着廉价的原料减轻成本；如此本国的工业方有发展的希望。

中国海关收税权，操诸外人之手，税务司是必须用外人的，税则是必须得外人同意不能自由增减的，这种协定关税制的结果是：（一）外国货物得以最低廉的海关税及子口税畅销全国，资本薄弱的本国货物又加以厘金之盘剥，哪里还有和外货争竞的余地。（二）本国工业所需的原料（如棉花等），不但不能禁止出口，并且不能自由加抽重税阻其出口，在求过于供的原则之下，本国工业遂不得不以高价的原料加重成本。在这样压迫的协定关税制之下，中国的工业将如何发展？中国工业的资产阶级应感如何痛苦？

中国工业不发展，不但资产阶级感痛苦，一切劳动平民的力与智都不容易得着发展的机会。全国各阶级人民的力与智不亢进之日，便是军阀生命延长之日；民主政治必然建设在人民的力与智之上，人民的力与智不能取军阀而代之，必然是一军阀仆一军阀起的局面。在这一点，所以我们以为反抗帝国主义的列强比反抗军阀更为重要。

海关主权不收回，固然是全国民的痛苦，直接受痛苦的乃是工业资本家，按常情说，工业资本家对于收回海关运动，当十分热心。

他们现在怎么样？他们若起来纠正广东政府只争关余而不根本收回海关税则及用人的主权，我们倒十分赞成；他们若是眼见广东政府为关税问题和外国冲突，袖手旁观，甚或表同情于外人，我们便不懂得中国的资产阶级是一种什么特别心了。

署名：独秀

《向导》周报第五十期

1923 年 12 月 29 日

广东战争之意义

（一九二四年一月九日）

这两年来广东的战争，一般人都说是孙陈之争，这个观念是错误的。

前年陈炯明袭击中山先生，倘然是在宪法会议中，明白地拿着拥护地方权的旗帜，反抗中山先生严格的集权主张，那便可以说是孙陈集权制与分权制政见不同之战争。但事实却不如此，陈之攻孙，始终未曾发表与孙不同的政见，而且正在孙军北伐时，攻孙的口号是"请孙下野"、"赞成统一"；这明明是应援北洋军阀的统一，这明明是破坏南方革命之进行，如何能说是孙陈政见不同的战争？

去年陈炯明在东江举兵，正是为沈北军打接应；陈、林、洪各军队都受北方曹、吴、齐经济的援助；石龙得胜时，陈炯明电告齐燮元；褚慧僧君想到老隆劝陈炯明发表反曹意见，到汕头被陈拒绝前往；这些事实，便是亲陈者也不能否认。因此我们以为广东和孙军对敌的，不能说是什么粤军陈军，简直是北洋军阀派来的军队，和杨森在四川、赵恒惕在湖南是一样。因此，我们承认曹吴的兵力已打到了广东东江。因此，我们应该说此时广东的战争，不但是北江，便东江也是北洋军阀与南方革命党之战争，绝不是广东内部的什么孙陈之争。

署名：独秀

《向导》周报第五十一期

1924 年 1 月 9 日

内债与军阀

（一九二四年一月九日）

内债这个制度，我们是不反对的；但是中国的内债，大部分是供给袁、冯、徐、段等北洋军阀政府兵费与豢养政客之用，这种内债便是帮助军阀为恶的一项力量，将来如有真正的人民政府出现，应该不承认这种内债，因为人民没有替军阀还债的义务。上海商界三个团体把接济军阀的公债看做神圣不可侵犯的权利，实在是做梦。拿公债基金的理由来替曹政府反对粤政府收取关余，更是梦中之梦。北京政府向来取用关余做水利、外交等费，你们为何不出来力争说是摇动公债基金呢？

北京参议院有内债暂停抽签之提案，金融界骂议员捣乱，我们却以为北京国会倘真能提出并通过此案，还算差强人意；因为如此一来，可以妨碍奸商们以公债的形式予军阀政府一种经济的援助。

署名：独秀

《向导》周报第五十一期

1924 年 1 月 9 日

日本政友会之分裂

（一九二四年一月二十日）

日本没有革命的政党，资产阶级的两大政党——政友会及宪政党——都是元老之附属品，因此还在半军阀阶级半资产阶级政治的状态中。究以近年工商业前进不已的发展，资产阶级的德谟克拉西，终有推翻元老政制之必然的趋势；革新俱乐部之组织及此次政友会分裂，便是应此必然的趋势而发生的。政友会分裂，更比革新俱乐部的影响大得多，他的经过是值得我们注意的。

东方社十二日电：政友会已决定不援助政府。又云：政友会开最高干部会，决定对现内阁态度，大启争论，总裁力说断不可支持现内阁。

同社十七日电：政友会领袖中桥德五郎·山本达雄·床次竹二郎·元田肇，四人，已宣告脱党，并从事组织新政党。又云：政友会分离派（居全党人数之半），以脱党之四总务为中心，着手组织新党，约可得议员一百五六十名。又云：新党之主要政策，大约与上院研究会提携而取援助清浦现阁态度。又云：分离派在未组党前称改革新俱乐部，据该部之发表，政友会议员共二百七十九名，分离派已有一百五十七名。床次氏代表该派，宣称彼等脱党，是因为不赞成高桥总裁，当此太子婚期及灾区复兴事业中，反对政府。

同社二十日电：本日政友会在芝公园开大会，出席两院议员一百数十名，为反对清浦内阁之决议宣言后，高桥总裁以一平民资格（本贵族）登坛攻击清浦内阁。同日革新俱乐部亦在上野公园开大会，议决宣言联天下之同志，奋然蹶起，先击破清浦内阁，排元老之干政，然后进而一扫时代错误之特权势力，以确立宪政基础。

同社二十二日电：新政党决定于廿九日举行结党式，已举小本、中桥、床次、元田四人为创立委员，党名尚未定。

分裂后之政友会，在议院虽失去一半势力，而对于现内阁投不信任票时，以宪政党及他党一百七十人之援助尚可占，小多数。清浦内阁因之让步而辞职，或在不信任案提出以前解散议会，现在还不知道。但无论如何，即议会被解散，政党与元老派之冲突，已为日本政治之中心问题，还要日甚一日，这是可以断定的。现在的冲突已至何程度，看宪政拥护各派恳亲会之态度便可知道。东方社二十二日电：宪政拥护各派恳亲会，于本日开会，出席者一千人，三派首领都出席发言；高桥（政友）加藤（宪政）两氏略谓："须倒政府坚团结，现今宪政已陷于危地。"犬养、尾崎两氏（革新俱乐部）更谓："宜葬元老，勿使拥护宪政运动如戏剧之仅演一幕而终。"

署名：独秀

《向导》周报第五十二期

1924 年 1 月 20 日

国民党与共产主义者

（一九二四年）

国民革命之目的是什么？简单说起来，是以国民主义，对外要求民族的政治经济之独立，对内要求人民政治上的自由。实现这种革命之动力，是各阶级革命的分子之合作；因为这种革命，是全国民的需要与利益；不是哪一阶级单独的需要与利益。全世界各国的国民党，都是应此需要而发生而扩大而成功的。中国国民党当然也是同样的性质。此次中国国民党之改组，纯然由于中国国民革命之需要迫切所促成，这是毫无疑义；若说是因何人何氏所主张所鼓动，乃属皮相之论。

共产党之目的是什么？简单说起来，是以革命的手段，废除财产私有制度，改用社会主义的生产方法。实现这种革命之动力，只有无产阶级及贫农的革命分子，绝不是各阶级可以合作的，尤其不是劳资两阶级可以合作的；因为共产革命正是劳资两阶级间的争斗，而以颠覆资产阶级废除资本主义生产方法为目的的。

国民革命和共产革命之目的与动力都截然不同如此；而中国共产主义者既加入了国民党，国民党也允许他们加入，这是什么意义！这种意义，在世界的革命史上有极重大的意义。一方面是因为负有国民革命使命的国民党，知道革命的势力不可分；知道国民革命应该各阶级合作；知道列国中能表同情于殖民地的国民革命者，只有真能主张公理的共产派。他一方面是因为中国共产主义者，知道必须世界被压迫的劳苦阶级革命（共产革命）和被压迫的弱小民族革命（国民革命）联合进行，才能够推翻世界的压迫者；知道半殖民地的中国，在客观的条件上，国民革命是目前的需要，而且是目前的可能。

这种情形，不但中国这样，土耳其、印度、加哇的共产党无一不是这样；这差不多是殖民地半殖民地革命运动的通则；所以中国共产主义者加入中国国民党的意义，在有世界知识的人看起来，原来不会发生什么疑问。

此次国民党大会后，社会上有两种误会：（一）是国民党赤化了，（二）是共产派利用国民党做共产主义的运动。

国民党此次发表的政纲，对外六条，对内十六条，条条都是国民主义，没有一条否认财产私有权，没有一条否认一切外债，没有一条否认资本家的选举被选举权，连大地主的所有权都没侵犯，连唐代条田的政策都没有采取，不知道赤化的证据在哪里。若说国民党章程采用了委员制是赤化，那么，国内外采用委员制的公私团体多得很，例如最近之上海商界民治委员会，难道都赤化了吗？

至于说共产派之加入国民党，是想利用国民党来做共产运动，那真是异想天开了。上面说过，国民革命和共产革命之目的与动力都截然不同，共产派的人有何神通能够利用各阶级合作的国民党来做阶级争斗的共产运动？共产革命，这一个意义异常严肃，是要靠无产阶级（近代产业工人及农村无产贫农）中革命的分子为动力的，不是随便瞎拉些人可以混充可以乱来的。各阶级合作的国民党，当然不免而且应该包容许多大小资产阶级的分子在内；共产派有何方法能以利用这班资产阶级，来做共产运动，来革资产阶级他们自己的命？共产派如果这样头脑昏瞆，他们还懂得共产主义是什么？他们还懂得共产革命是什么！

我们希望党内党外的人，对于共产派加入国民党，有一个明了正确的认识，因此不得不重说几句：共产主义者加入国民党，乃是因为殖民地的中国国民革命在世界革命的重要，绝不是因为想赤化国民党，利用国民党来做共产运动而加入的；因为共产党的目的、使命及革命的动力，都截然和国民党不同，是断然利用不来的。

署名：陈实庵

转自《陈独秀著作选编》第三卷，

上海人民出版社 2010 年版

一九二三年列强对华之回顾

（一九二四年二月一日）

中国人民有两个仇敌：第一是英、美、法、日等帝国主义的列强，第二是北洋军阀，后者比前者真算不得什么。

此时我们中国人对于军阀已认识他是国民的仇敌了，而对于比军阀更是仇敌的列强还没有明确的观念，我国民的感觉是何等迟钝呵！

一般劳苦平民，原始的民族观念是有的，而对于列强近代式的侵略，只感觉其如此，而不洞悉其所以；至于属于知识阶级的士大夫，一部分丑物自以为不是野蛮的义和团，却变成了媚外的奴隶；一部分有良心的自然也痛心外患，但以为这乃是内政不修军阀政治召来的，现在只应专力推倒军阀政治，有了民治政府，外患便自然退减，此时不宜兼攻列强，多树敌人。

有良心的知识者这几句话，表面上似颇有理，其实十分错误。我们第一应该知道：列强不是靠军阀而存在，军阀却是靠列强而存在的，前次英国之助袁世凯，日本之助段祺瑞，此次美国之助曹锟，这都是显然的事实；欧洲中世纪的诸侯王何以肯低头于市民，因为政府财政不了，非向人民拿钱不可；现在中国的军阀政府恃有洋债可借，不必低头求教于本国的资本阶级，所以不把舆论放在眼中。因此，我们以为不打倒列强的侵略，中国军阀的势力是不会倒的，因为列强是军阀的靠山。我们第二应该知道：推倒军阀是要人民有充足的力量才行，绝不是利用一个军阀打倒一个军阀可以投机成功的，至于民治政府，更不待言必须建设在人民的力量上面；此时在列强势力支配之下的中国，他事且勿论，宰制全中国人经济命脉的协定关税制一日不废除，中国的工业一日不能自由发展，工业不发展，不但资产阶级的力量有限，即一切劳动平民的力量又何从壮大起来，以如此力量幼稚的国民，又何能推倒军阀建设民治政府？因此我们以为不打倒列强的侵略，是不能推翻军阀建设民治政府的，因为列强是抑制吾人推翻军阀建设民治政府的力量发展之唯一魔王。

依据以上的事实，吾人欲救济国家之危亡，欲获得政治上的自由，欲发展自己的经济力，反抗帝国主义的列强，都比反抗军阀更为紧要。我们须认清我们的仇敌，比军阀更甚的仇敌，便是英、美、法、日等帝国主义的列强！

英、美、法、日在华盛顿会议已商定了由各国单独侵略变为共同侵略的所谓四国协定，去年即在中国开始实行了。兹将过去一年（一九二三年）中列强对我连续不断的侵略与暴行条列左方，以告我善忘之国民：

（一）张家口克门案　美国商人克门及美国驻张家口的领事索克宾，为中国奸商保镖，由张家口驾汽车偷运现洋六万元出境，行至西沙河地方，中国守卡兵士照章要求检查，克门竟向兵士开枪拒绝检查，连放两枪，兵士还击，中克门肩部，回京死于医院。美公使向北京政府提出三条件：（一）张锡元都统向美领事谢罪；（二）张锡元以下的军官革职永不叙用；（三）恤金五万元。结果一、三条都照办，第二条办了一些军官与兵士代替了张锡元。

（二）汉口棉花工人案 一月十日汉口英商隆茂棉花工人因工人二三百为组织工会被开除，代表三人被捕，包围英租界捕房，英捕房竟召集大队武装义勇队，向工人开枪轰击，工人王成头部受重伤，受棍伤者二十余人；英人复召集海军陆战队，布满英租界各要隘，向中国街架设大炮机关枪，准备轰毁中国街市，武装汽车满街奔驰示威。英界军警不但不分皂白，随处殴打棉花工人，连中国体面商人亦多遭其毒打。结果还是：捕去棉花工人三十三人，由英领事判决三个领袖监禁四五个月，其余三十人亦监禁一两个月。

（三）金佛郎案 庚子赔款，据一九〇五年七月二日之协定，明明说："所有应还各款，按照以上所载办法，将和约关平银依照各国金钱之价核定，中国或按伦敦市面银价用银付还，或以金钱期票，或以电汇票，均听各国所愿。……"并无须付生金之规定。同日各国又曾分别选定协定文中三种付款办法之一，通知中国外交部，计法、比、英、美、荷、意六国选定按照各该国之币用电汇法付款，日斯巴尼亚国选定暂时按照伦敦银价至一九〇六年用期票付款，日本选定按照伦敦磅价用电汇票法付款；此项选择付款办法，曾经明文约定，继续有效，至赔款付清之日为止。自一九〇五年订立协定以来，如约实施，从未发生异议。乃法、比等国以纸佛郎价格低落，忽强欲中国照金佛郎价格付款，中国若应此要求，其损失约在七八千万元以上。以英、法、美、比、意、日、荷兰、日本八国共同对我示威，黎曹两政府均有承认之意，只因国会强硬反对，故未决定。

（四）旅大案　日本继续俄国权利租借旅顺、大连湾，今年期满，理应交还中国；乃日本借口前次强要中国承认而未经国会通过的二十一条件中有期满续租之要求，不允交还，虽经政府及人民迭次抗争而无效。

（五）上海乐志华案　宁波人乐志华，在上海某洋人家当西崽，主人冤他偷洋八百元，骗他到巡捕房，严刑拷打，打死三次，第三次醒后，又将他临空吊起，用纸捻插进他的鼻孔，纸捻一头点起，火烟直冲心肺，急汗与眼泪并出。西探说："你若不肯招，必定打死你，我是老上海，打死个中国人，有什么稀奇！"随后又放下来，乱打重压，压得晕过去，醒转来，又用冷水浇身，如此又死去醒来若干次。后来这种悲惨的冤案，传到宁波人耳中，宁波会馆出来替乐志华在英按察使署提起诉讼。其结果：英按察使及陪审员一面以伤证确凿不得不承认乐志华伤残系出于虹口巡捕房，一面却宣告两个被告的捕房西探即亲手拷打乐志华的加布德和鲍尔庆无罪。

（六）临城案　津浦火车行至山东临城地方，被土匪劫去华人一百余、洋人二十余，英、美、法、日、意等国公使团立即共同向北京政府严厉的责问。美国在华商会主张停止华盛顿会议所予中国一切利益，监督财政，全国水陆交通要隘派外兵驻防，停止退还庚子赔款；法使提议即时扣留关盐余，续索庚子赔款；葡使要求设立护路军由使团监督；意使主张援庚子例联军入华；英商借口此案谋占天津旧德国租界，又主张各铁道由外人办理警务；日本报纸则主张要求黎元洪亲赴临城议和；一时列强对中国态度，简直和庚子年一样。外交团正式提出之要求是：（一）每人赔偿八千五百元；（二）特别编制护路警队，管辖于外国军官之下；（三）山东督军田中玉、兖州镇守使何锋钰、津浦路局警务处处长张文通、第四次快车警察长赵德昭均免职，永不任用。其初北京政府的阁议对此通牒还有人说："田、何免职事关中国用人行政之权，特别路警关系中国主权甚巨。"随后曹锟贿选成功，想求公使团承认，公使团表示以应允临城案要求为交换条件。曹政府遂覆牒承认：（一）关系赔偿，愿照来文所开甲乙丙三项办法；（二）关系惩罚，田中玉、何锋钰均免职，张文通、赵德昭均撤差；（三）关系路警，本国政府自动改良护路计划……聘用外国专门人才以资襄助。

（七）淞沪共管案　上海领事团会议，根据华盛顿会议开放门户主义，请公使团向中国政府要求将上海公共租界白杨树浦以上至吴淞口，为中、英、美、日、法、比各国共管区域，在此区域内所有港务市政，由各国各派委员组织机关，共同管理。

（八）棉花出口案　近年棉贵纱贱，国内纺纱业纷纷停工，纱厂商为减轻原料成本维持产业计，呈请政府禁棉出洋，当由北京政府照准施行。乃外交团援据条约所保障之土货购买输出权利，向政府抗议禁止棉花出洋，政府遂取消此项禁令。

（九）查封学生总会案　上海法租界查封全国学生总会前后共三次，后两次都在去年。去年三月全国学生总会开四届评议会时，适值金佛郎案吃紧，学生会起而反对，此事正触犯了法国人，法领事遂将总会查封了。但这回查封还只是下去一块招牌，事实上机关仍存在；到了双十节，学生会散放传单，反对英人不肯退还威海卫，法捕房遂严厉的查禁学生会不许在租界内存在。

（十）成都英教士逞凶案　五月十二日成都高师附中学生巫绍柏、陈道炎与华西大学附中学生赛球散后，突有英教士白明道自华西大学奔来，凶殴巫等，巫胸部头部均受重伤，制服扯破。成都学生开会要求华西校长命白教士向巫谢罪，华西校长竟以白教士有神经病拒之。

（十一）日本水兵逞凶案　五月日本等军舰的水兵在沙市惨杀排货学生案还未了，六月一日又开到长沙，以武力阻止中国学生检查日轮搭客，枪伤市民四十余人。一个小学生偶在日本领事署傍河边游玩，忽来几个日本兵，极力殴辱，将他带到领事署，诬他割断了船上的绳，强迫他认供；赵恒惕派交涉司科长去交涉，也被日本人毒詈一顿，并强迫他在小学生的供词上签字。

（十二）大来案　宜昌王汝勤军队里有个刘副官，因为酒醉滋事冒犯了美国大来商轮，美国在长江的海军司令飞尔卜竟将刘逮捕监禁起来，要求王汝勤应允将刘立时在江岸枪毙；王不允，彼竟不肯将刘交出，挟至汉口，向萧耀南为同样的要求。同时汉口美国领事也说奉到公使训令，要求将刘副官立刻在领事面前枪毙。此要求虽未照办。刘已判罚四年以上的徒刑，美使仍未能满意。

（十三）美兵逞凶案　美国兵在天津无故枪杀滦县人张学书，在上海打死人力车夫孙汝卿，在北京打死人力车夫李廷元，都白打死了。

（十四）威海卫案　本应无条件交还的威海卫，英人勾结汉奸梁如浩，订了一个继续租借并且是永远占领式的草约，其中最丧失国权的是：（一）第一条说："兹由英国政府交还中国政府接收，应划为管理专区并由中英政府特派行政长官管理之。"（二）第二条说："英政府允将刘公岛中国前有官产房屋等，一并交还中国；因此中国允将刘公岛内照单所开之房屋等无价借与英国海军作养病休息之所以十年为期，将来期满后，经双方同意并得以按照原定条件展期续定，俟两政府同意将此项供用终止之时，所有房屋等一并归还中国。"（三）第三条说："刘公岛应由中英海军各派一人组织一会以备顾问。如中国政府将刘公岛自行开放通商及准外人居留，不作海军根据地时，除本协商意见书所规定外，关于商埠市政应归并爱德华码头之市政管理之。"第十二条说："在威海卫内，现名爱德华一区由中国维持，准万国通商居住，作为自治区域，内设一董事会。"（四）第四条说："中政府在刘公岛为英政府备款浚凿加深抛锚处所之一部分，不收价款。"第六七条说："英国海军每年准在刘公岛登岸操演打靶；英国海军军需品准自由输入存储转运。"第九条说："英国军舰得由刘公岛抛锚处所，拖靶至海外操练。"照这个草约等于不交还，英国人未免太把中国人当做小儿玩弄了。顾维钧说："如欲共管案和缓，须先对威海卫案让步以和缓英人之情感。"

（十五）纸烟捐案　英美烟公司在中国所售的纸烟，只一小部分是从英美运来的，其大部分是用中国烟叶雇中国工人在上海、汉口等处设厂制造的。制造出厂时，无需进口税，只照条约出一点子口半税，大批运到各省，各省的关卡厘金都不能向他抽税了。此项纸烟行销全中国虽无确数，照杭州总商会的电报，浙江每年消场竟逾千万，以此推算，每年消耗当在二万万元以上。八月间浙江等省政府拟设局征收地方纸烟捐，英美公使向北京政府抗议，北京政府遂电令各该省停止征收此项地方纸烟捐。

（十六）中东路地亩案　中东铁路所用地亩，本是旧俄时代用强力所占据，除迫令吉黑两省与之订立展地合同明定的数目以外，还强占了二十余垧。俄旧党盘据该路，凡沿路地皮，经华人呈领者，所索租价比俄人要多十倍，且每因勒索不遂，即以命令强迫华人拆屋，去年拆屋风潮竟有十余次之多，被害华人竟至一千四五百户，因此，沿站商民向本国官厅请愿收回此项地亩。新俄官场对于中国接收管理此项地亩，并不反对，却是美国驻华公使舒尔曼勾串俄旧党首领出来反抗，并且唆使哈尔滨之领事团，将中国官厅接收东铁地亩处之文卷概行查封。

（十七）长江联合舰队案　驻泊长江之英、美、日本各国海军军舰，曾于三月间，联合开会，讨论组织长江联合舰队特别警备方法，议决后，由驻京英、美、日、法公使向北京外交部提出意见，以外部反对未有结果。八月间大来案发生，又因川军枪杀及逮捕为吴佩孚运送军火之日本宜阳丸船员，日美两国海军司令乃重提旧议，开会议决组织日、英、美、法联合长江警备舰队，其组织方法，将最近驻泊长江之英舰十一艘、日舰十艘、美舰八艘、法舰六艘全数编入，公举警备司令官一人，统率指挥。同时美国海军部以巨舰不便深入重庆、长沙等内河，特造浅水兵轮六艘。又拟由檀香山调鱼雷艇二只、小舰二只，均加入联合长江舰队。随后又加入意大利军舰二只，由美国舰队司令官代表各国到北京，将上海各司令官之意见陈述于外交团。

（十八）美侨会议案　上海美国商会召集美国驻华各埠之商会，于十月十六日在上海美商会开联合会议，列席代表十一人共代表五区：上海大来（大来行）、来门（美孚行）、开尼帝（茂生行）、蓝尼（慎昌行）、非阿门（怡昌行）、伟黎（美国保险公会）、鲍威尔（密勒评论周报），天津福罗士，北京申门，小吕宋答尼，哈尔滨汉得生。议决案凡十四，其中重要的是：（一）不承认中国征收纸烟捐；（二）要求美政府将华会中所许撤销在中国治外法权案无期延期；（三）对于增加在华海陆军队认为必要，须立即建造浅水兵轮四艘至六艘专为警备之用；（四）深愿美国政府与各国政府协作得由外人管理路警，并对于中国国有铁路应由外人组织—技师部实行协作；（五）长江巡弋舰队司令官，在中国建功甚多，请求美政府准予联〔连〕任，俾各国组织长江联合舰队得资熟手；（六）控制中国海关税；（七）干涉中东铁路。

（十九）疏浚苏州河案　苏州河属中国内地，上海商民主张由中国人自力疏浚，而外人勾串中国官厅（上海交涉员及江苏省长）硬要归浚浦局代浚。按浚浦局乃由条约产生之疏浚黄浦机关，以五国驻京公使推出之五顾问为骨干，以五国驻沪领事及驻京公使为后盾，此为既失之主权，若苏州河再归该局代浚，则管理苏州河之主权又将随之而去了。

（二十）排斥华人领港案　本国船用外人领港，本是因为一时人才不足的特例，前清同治七年政府与外人订立引水暂行章程，正由此特例而起，故章程上有"暂行"二字。行行日久，未能改正，以致华船领港被外人占据殆尽，更进而有不许华人领港之事。十一月间，有姚方文君驾领大来海轮由吴淞到浦口，竟有洋人纠众干涉其行使职务，声言"华人不许领港"。因此全国领港公会在上海会所召集全国各口华人领港会议，到有代表八十余人，一致主张"恢复华人领港权"。

（廿一）广东海关税案　广东政府主张广东海关关余应归广东所有，不应为北京政府利用之以打广东，故令饬税务司缴出历年所应缴之关余于广东政府，并拟税务司如不照办，则撤换另行委任。驻京英公使据驻广州总领事及海关税务司之报告，遂请北京外交团调遣六国军舰二十只，进泊珠江，向广东政府加以恫吓，武装英兵且在沙面登岸，并扬言广东政府如果撤换税务司，即派海军陆战队占领海关。各国军舰如下表。

（一）英国　摩空、罗便｜浅水炮艇　太伦杜拉号、美格诺黑亚、士卡拿｜炮舰｝泊沙面前

（二）美国　白鲁培尔、卑路｜炮舰——泊白鹅潭　潘班加——炮舰　爱虚维尔——巡洋舰｝泊沙面前　二二二、二二六、三四二、三四六｜驱逐舰——泊白鹅潭

（三）法国　玛里曷斯——炮舰——泊沙面前　克拉盎勒——炮舰——泊洲头咀

（四）日本　神、杉｜驱逐舰——泊白鹅潭

（五）葡萄牙　巴特里亚——炮舰——泊沙面前　马交——炮舰——泊下芳村

（六）意大利　广东——泊芳村

最近香港英官方面，以广州市民示威运动之激昂，恐酿成排斥英货举动，主张和广东政府妥协，而北京之公使团，尤其是英美公使，则态度依然强硬。

（廿二）汉口田仲香案　汉口俄租界日商本多洋行厨役华人田仲香，于十二月二十日被该行诬窃表链，先打断田臂，又送日

本捕房，用毒刑拷打，用麻绳痛绞，次日因伤致死。日捕房通知洋务公所会审员杨培往验，杨见田伤痕遍体，多数华工往捕房质问，又被武力驱逐，日本领事且派义勇队消防队武装上街示威。于是汉口市民大动公愤，由武汉国民外交委员会召集市民大会，提出条件，要求官厅向日本总领事严重交涉。

除以上所述二十二案以外，更可怕的是商业的经济侵略，每年进口货价超过出口货价总在三万万两银子左右；赔款还债又复流出巨额现金；如此，中国安得不穷，穷极安得不乱，乱起来安得不穷上加穷？我们中国这样穷而乱又复乱而穷因果循环的困苦，都是帝国主义列强的厚赐，我们应该牢牢记住："帝国主义的列强（英、美、法、日）是我们的第一仇敌，比军阀更毒的仇敌！"

署名：陈独秀

《前锋》第三期

1924 年 2 月 1 日

寸　铁

（一九二四年二月一日）

精神生活东方文化

我们不是否认有精神生活这回事，我们是说精神生活不能离开物质生活而存在，我们是说精神生活不能代替物质生活。我们不是迷信欧洲文化以为极则，我们是说东方文化在人类文化中比欧洲文化更为幼稚。我们四万万人中，至少总有二万万人不能由正当手段得着衣食住的物质生活资料，还有何心肝来高谈什么精神生活！我们四万万人中，至少总有三万万人不认识我们这倒运的象形字，还有何脸面来高谈什么东方文化！我们若把精神生活当作神圣，把物质生活当作鄙陋，个人贫苦事小，一群贫苦事大；不但贫苦而已，而且因此辜鸿铭一班人，硬说中国人不爱清洁正是重精神轻物质的美德。我们若把东方文化当作特别优异的东西，保守着不思改进；其实人类之文化是整个的，只有时间上进化迟速，没有空间上地域异同（许多人所论列的中国、印度、欧洲文化之异同，多半是民族性之异同，不尽是文化之异同）。东方现有的农业的文化，家庭手工业的文化，宗法封建的文化，拜物教、多神教的文化以及这些文化所产生之一切思想、道德、教育、礼俗、文字不解放的文化，西方以前也曾经历过，并不是东方所特有的什么好东西，把这不进化的老古董当作特别优异的文化保守起来，岂不是自闭于幽谷！如此提倡精神生活，如此提倡东方文化，真是吴稚晖先生所谓"祸国殃民亡国灭种之谈"了！我虽不认识张君劢，大约总是一个好学深思的人；梁任公本是我们新知识的先觉者；章行严是我的廿年老友；梁漱溟为人的品格更是我所钦佩的；但是他们提倡那些祸国殃民亡国灭种的议论，要把国人囚在幽谷里，我们不得不大声疾呼的反对，看他们比曹锟、吴佩孚更为可恶，因为他们的害处大过曹、吴。梁漱溟说我是他的同志，说我和他走的是一条路，我绝对不能承认；他要拉国人向幽谷走，我要拉国人向康庄大道（不用说这康庄大道也有许多荆棘需我们努力砍伐）走，如何是一条路，又如何是同志？更有一位浑沌不过的浑沌先生，他在《东西文化到底能够融合吗》那篇论文（见民国十二年九月十八日《民国日报》副刊《觉悟》栏）里说："梁先生不知道中国化是把什么问题都解决了的"，"世界未来之文化即是中国化，而中国化成为世界文化以后，也永远不会再有变迁了。""虽然在大都市里与知识阶级里有禁不起西方化的诱惑而投降的，但在大部分的农民，仍旧勤恳地种着田，纯朴而且自然，仍旧无思无虑的过那孔老的生活，一些儿没有变动，只待西方化、印度化来到他们的中国化面前低头。"他又分析东西文化不同之点是：西方人全靠自己的力满足欲求，印度人全靠神的力满足欲求，中国人没有欲求。这位浑沌先生真算名称〔副〕其实了！他有何证据断定中国人没有欲求？由古之穴居野处茹毛饮血一直到今之饮食、衣裳、车马、客室，不是欲求是什么？他怀着西方化来到农村向中国化低头的幻想，他不看见西方化来到中国农村驱遣无数农民去而为匪为兵的事实！可怜我们东方化的农业与手工业，已被西方化打的零落不堪；因此，建筑在东方文化的农业手工业上面之政治、法律、思想、道德都随着摇动起来，这位浑沌先生还做着梦说："一些儿没有变动。"我不知道梁漱溟先生也认他是走一条路的同志吗？

国　学

曹聚仁先生说："我们的社会，毕竟建筑在东亚大陆上，社会中各个体，毕竟要受旧文化的影响，一切思想绝不能离了历史独自存直的。"他这段话我完全赞成，他以这样的精神来研究中国的古董学问，纯粹是把他看作历史的材料来研究，我不但不反对，而且认为必要，尤其是在社会学与考古学。但是用这样精神去研究他，只可称他为"国故"或"中国学"，而不可称他为"国学"；因为国故与中国学，都只表示历史材料的意思，而"国学"便含有特别一种学问的意思。学问无国界，"国学"不但不成个名词，而且有两个流弊：一是格致古微之化身，一是东方文化圣人之徒的嫌疑犯；前者还不过是在粪秽中寻找香水（如适之、行严辛辛苦苦的研究墨经与名学，所得仍为西洋逻辑所有，真是何苦），后者更是在粪秽中寻找毒药了！

夷场上的农村立国

注意农业和农村运动，在任何国家都应该重视，不但是中国。但章行严所谓农村立国，不是这两个意思，乃是拒绝近代之奢侈的生活与文化，回复古代之简陋的生活与文化。此事在历史的进化上，不但我们没有自由开倒车之可能，即使可能，其结果只是使吾族的生活与文化更退一步，更和生番野人接近一步。行严高车美食的在夷场上提倡农村立国论，绝不去农村着手丝毫运动，他自己也曾认过错；更奇怪的是他近来忽然登报发起集资十万元办《甲寅》周刊。行严君！以十万元办一周刊，在欧美大工业资本社会原不算什么，连工业后进的日本还不配，何况中国；行严君所理想的农村立国的社会，比现在中国人之生活与文化更简陋的社会，是否有此穷奢极欲之需要可能？行严君之行如此矛盾，简直是神经错乱！

圣人也得崇拜商品

古物固然应该保存，但未必定要把藏经佛像等，由陕西卧龙寺，搬到上海康有为家里，才算是保存吧？天冷了，圣人自然也须穿皮袍，但未必有向陕西官厅索取八十件皮袍的需要吧？康有为何故如此，这是很容易解释的。皮袍八十件，尤其是藏经唐佛，一到上海便是重价的商品，圣人得此，以后便可以只忧道不忧贫了。这位康圣人不但及其老也如此，他壮年在美洲在南洋也是如此。我们似不必专以此菲薄他，这不全是他的罪过；因为圣人也免不了衣食住，"忧道不忧贫"这句话，不过说着好听，其实没有这回事。我们也不是说康圣人这种行为是正当可以取法，不过以为在商品崇拜的社会里，虽圣人也未能免俗，这是毫不足奇的事。因此，我们更相信社会制度可以左右个人的意识，个人的意识不能左右社会制度。因此，我们更希望圣人之徒梁启超、张君劢等，勿再迷信化石的东方文化或宋儒道学足以救济今之世。

署名：独秀

《前锋》第三期

1924 年 2 月 1 日

列 宁 之 死

（一九二四年二月二日）

列宁死后，世界新闻杂志都纷纷评论他的为人，我现在所要说的，不是评论他，乃是讨论他的存殁和俄罗斯革命之关系。这一点，在各报评论中，或不视为重要，或语焉不详；其实这种讨论，关系思想界甚大，在这篇短文中虽不能说得很详细，我觉得有略略说一下之必要。

关于这件事的讨论，有两方面之误解：（一）是唯心派之误解；（二）是机械的唯物论之误解。

唯心派素来把历史变动之唯一原动力归到个人意志之伟大，因此将俄罗斯革命事业，无论功罪是非，都当作列宁个人的事业，因此列宁死了，他们便以为俄罗斯革命将随之寿终（即苏俄瓦解之意）。他们不明白俄罗斯革命有历史的意义，他们不明白俄罗斯革命有农工大群众及组织坚强的党之拥护；他们不明白个人的主观意志无论如何伟大，绝不能创造客观上绝对不可能的东西；他们不明白苏俄之政治、军事、经济及国际地位，已有不随列宁之死而动摇的程度。所以这派人的想象，是和事实不符的。

然同时我们也要明白：个人的意志固然不能创造客观上不可

能的东西，而在客观上可能的范围以内，却有个人意志回旋的余地，并且必须有此个人的努力及天才的创见，这客观上的可能才能够适当的实现。人们的意志是人们物质的生活关系造成的；人们的历史是人们贪欲无厌的意志造成的。这是我们所相信之历史的唯物论和机械的唯物论不同之点。列宁生前在革命中的成绩，是我们所知道的；他死后，在新俄建设及世界革命中的损失，也是我们所应该承认的。人造的历史和机械的影戏不同，我们绝不可陷于机械的唯物之误解，说列宁之生死存殁和俄罗斯革命事业绝无影响。

署名：独秀

《中国青年》第十六期

1924 年 2 月 2 日

日本之政局

（一九二四年二月二十日）

日本贵族派的内阁，居然不待不信任案提出，不答议员质问，仅以议场扰乱之故将众议院解散了，这是贵族派给政党之最后通牒。日本众议院被伊藤内阁解散三次，桂内阁解散二次，松方内阁解散二次，大隈，寺内，原内阁各解散一次，今为第十一次之解散。从来解散众议院，都不像此次仓卒不循程序；从来解散众议院，都多少基于政府与议会间政见不同之结果，独此次是单纯的由于贵族院之研究会与众议院之三政党争政的结果。众院解散后，各派诘责政府的文电，运动倒阁的集会，日有所闻，宪政党公表倒阁宣言，但是最后的胜利怎么样呢？我们以为：若是政府让步，三政党马上自启纷争，结果仍是贵族派的胜利；若政府不让步，三政党只争之于总选举，亦难免失败。因清浦内阁行事已不顾什么宪政法治的假面，任意的以政权金力干涉选举，这是意中的事。三政党虽都有资产阶级的经济及舆论之后援，而日本此时的资产阶级及其政党，都还缺乏革命性，现在他们要想向武装的贵族夺取政权，那是不可能的事。

日本的资产阶级政党，要想向武装的贵族夺取政权，只有放弃议会行动，放弃一党的利益，联合全国的劳农兵士，以六千万平民，对于九百贵族做革命的行动，才能够得着最后的胜利。若死守着议会行动，今日倒这阁，明日倒那阁，倒来倒去，贵族阶级的武装不解除，终于不容资产阶级的政党得着政权。你们若以英国议会政治借口，你们要知道：英国的议会政治，不是在议会内的议会行动得来的，而是在议会外的革命行动得来的呵！

署名：独秀

《向导》周报第五十三、五十四期

1924 年 2 月 20 日

北洋军阀三种新借款

（一九二四年二月二十日）

英美帝国主义者，素以放债的方法，一面攫取中国的利权，一面扶助军阀压革命派断绝中国改进的希望。曹锟贿选后，反直派没有何种动作，英美帝国主义者放债的方法又来开始进行了。日来直派进行的借款计有三种：（一）是北方三路借款，（二）是武昌市政借款，（三）是洛阳至汉口长途汽车借款。

北方三路：（一）天津、赤峰间，（二）烟台、潍县间，（三）京汉、津浦间即沧石线。据上海《泰晤士报》说：此三路借款，先由英商汉兰宝公司与中国方面之发起人，共同草订建筑合同，且已得交通部之许可。此项筑路计划，由汉兰宝公司借款一千万金镑，据闻伦敦之中英投资有限公司已担保付出此项借款，三路共长八百英里。据最近消息，沧石合同、烟潍合同都已经曹锟代表签字，赤峰天津线亦由华商签字，一俟中政府批准，即行交款。

武昌市政借款，是萧耀南委派英国陆军中佐麦德格，代表湖北省政府，向英商借款五千万元，建筑武昌商埠，以预计之市政收入一千二百一十万六千元（地税五百万，会铺捐一百六十万，车捐十二万，码头捐二十万，营业捐二百万，肥料捐八万，戏馆捐六千元，酒楼捐十万，杂捐十万，不动产登记税一百万，奢侈税一百万，电灯六十万，电话二十四万，公市场六万）为偿还本息之担保。此项借款去年即开始进行，阴历年底成立合同十二条，现已提交省议会。

洛阳至汉口长途汽车借款，是吴佩孚派军需课长刘子青，向汉口美商借款一千万元，为建筑洛阳、汉口间汽车道路之用，路工完竣，一切收入均归该美商保管。

中国军阀借款筑路开矿，一切所谓实业借款，都不过是个名义，事实上都用做军政费。这次北方三路借款明明是英国人救曹锟之急；军阀们做梦也想不到市政问题，所以武昌市政借款，不但市政用不着，连萧耀南恐怕也不能多所染指，大部分还得供给吴大巡阅扰乱川粤的军费；至于长途汽车借款，那更不用说了。

署名：独秀

《向导》周报第五十五期

1924 年 2 月 20 日

电报电话借款之秘密

（一九二四年二月二十日）

民国七年四月与日本汇业银行所订电报借款合同，及同年十月与日本中日实业公司所订电话借款合同，五六年以来的秘密（曹汝霖卖国的秘密），此时才发现出来。电报借款合同计十二条，第一条所载借款额是日金二千万元；第二条所载借款期是五年，期满协议续借；第八条所载本息担保品是民国政府全国有线电报之一切财产及其收入。电话借款合同计八条，第一条所载借款额是日金一千万元；第三条所载偿还期以三年为限，到期得按原定合同继续转期；第四条所载担保品是：（A）交通部所管理之各电话局及各长途电话现有及将来扩充后全部财产，（B）现在已设立之无线电台：吴淞、武昌、福州、张家口、北京六处及□收入，（C）价值日金五百万之国库证券。第五条还说由交通部于现在雇聘之日本技师及顾问中指定二人，分别助理技术会计等事。

此秘密发现后，国人当然不胜惊异，最奇怪的是卖国贼曹汝霖以还三千万日金之故，不惜断送全国国有之有线电报、无线电报及电话等极其重要的军事交通机关于外国。不但现有的断送了，并未来的都预先断送了。

在此秘密发现的同时，交通部又正进行沪、宁间长途电话工程（交通部特派员周家义及电政司营业科科长陈锡周，正在勘测路线，树立电杆），遂引起江苏省县各团体之反对。其实不止沪宁一线，洛郑间长途电话也在进行，天津、汉口又何能免。

我们应该觉悟：这种损失全国交通主权的秘密合同，全中国人都应该起来反对，绝不是江苏一省的事。

我们又应该觉悟：这件事绝不是向北政府或地方政府电报抗争所能收效，必须有实力对付方法，江苏人士可以抛弃和平运动、宪法运动的迷信了罢！

署名：独秀

《向导》周报第五十五期

1924 年 2 月 20 日

卷烟特税问题

（一九二四年二月二十日）

军阀官僚们对商民横征暴敛，商民当然应有正当的反抗。此次江浙两省举办卷烟税，他的用途固然免不了黑幕，商人反抗固然有理由；但是我们也应该注意两件事：

（一）协定关税制已制吾国工商业之死命，然洋货运入内地，华货相离之后，通过厘卡之子口税已失效力，中国官厅还有征收营业税落地税之权。此次江浙征收之卷烟特税，不但是洋货相离之商业税，而且卷烟多在中国制造，洋商从租界制造厂运入内地，不由轮船火车，不但不纳进口关税，并子口半税也即行避去，所以江浙征收此项卷烟税，外人绝无干涉之理由。北京、南京、杭州方面都有对外交涉的事实，这是明明自己承认除海关税协定外，日后国内一切税捐都须与外人协定，岂不将国家收税主权断送干净。无论外商允认百分之二点五或百分之五保护税或附加税，我们不能取消此烟税，即照官厅原案允认百分之二十，我们也断然不能开此内税协定之恶例，所争者在外人干涉内税之性质，不在他们认捐之数目。这一层希望中国商人不可助外商张目。

（二）此次江苏征收卷烟税，乃经商联会建议省议会议决，专充省教育经费；若有方法保证不移作军政费，奢侈品若卷烟税，虽值百抽二十，也不算多，担负的人将来还是消费者，于烟商并无损失，况且是专用在教育事业上，这一层希望卷烟商也要注意。

署名：独秀

《向导》周报第五十五期

1924 年 2 月 20 日

寸 铁

（一九二四年二月二十日）

岑春煊派员投北

岑春煊派温宗尧于二月廿六日到南京见齐燮元，接洽粤桂军事，二十七日转车赴京洛接洽。当黎元洪被逐之时，政学系大部分是助黎反直的，现在他们的首领（岑春煊）却明白地投附直系了。有一位直系的议员说："现在及近的将来，中国政治上只有两种理想与势力：一是北洋派，一是国民党，凡想做政治运动的人不加入国民党，即应归附北洋派，绝没有第三者活动之余地。有些反直派而不肯加入国民党，又有些反对国民党的人而不肯归附北洋派，这班人绝没有贯彻其主张之希望。"这几句话说得真是痛快，岑春煊、温宗尧这班人，老老实实投附北洋派，也比以前混在南方护法团体里痛快得多。要中国政治进步，第一步便须北洋派和国民党分成显明的两条战线，把混在中间的游移分子淘汰去或使之态度详明，才有办法。在这个意义上，我们对于政学会首领岑春煊投北，绝没有反对之必要。更进一步对于一切明白投附北洋的人都不必反对，所应反对是：既不附北洋派又不附国民党一班不南不北态度暧昧的人们，如章炳麟、褚辅丞等。

圣道一门的王芝祥夫妇

王士珍、王芝祥等呈府院，请依宪尊经，以正世道；王芝祥妻则呈请崇祀孟母；好个圣道一门的王芝祥夫妇！可是孟母果入孔庙，不怕男女混杂吗？政府果然尊经，王芝祥南北奔走所提倡的同善社，岂不是孔圣人所不语的神怪吗？

外　币　祸

东三省官厅拒绝俄国在中国使用纸币，这件事在国民经济原则上，我们是赞成的。但同时我们要注意日本国在南满发出金票二万万元的事实，同时更要注意英、法、美各国在津、京、沪、汉、粤所发出的无数纸币，即以汇丰一行而论，除前此发行原额二千万元以外，今年又增加一千万元。

拒绝外币是应该的，单单拒绝俄币却是说不通。若说中国人曾受过俄国卢布的损失，那末，大战前北省人迷信俄国卢布，何尝不比南省人现在相信汇丰、汇理票更甚。

兵吗还是匪？

陕西省城内外昼夜抢案迭出，临潼县离省城仅五十里，该县知事亲带巡缉队捕匪，路遇劫掠旅客者追击至县城；不料驻临之镇嵩军马瑞娃部即向县署声明，谓所击非匪，乃是彼营出巡哨，即将巡缉队八人带到营部拷打，欲尽数枪毙，又向县署索洋五千元；县知事乘夜潜逃到省，结果反是知事撤任，巡缉队八人中枪决一人，余判徒刑，刘镇华督军明知其冤，而倚马为心腹，不得不如此。好个糊涂的临潼县知事，督军就是土匪头，你还剿什么匪！

呜呼宪法运动！

张君劢辈鼓吹由国民投票的形式承认宪法，汤漪、林长民辈鼓吹修改宪法，他们都设在迷信纸上的宪法有治平中国的力量。他们不懂若是没有一种自身确能遵守宪法的力量来拥护宪法，使宪法得以施行，那全部宪法便等于一张废纸。

易卜圆光与北洋势力

张绍曾和吴佩孚大谈其易卜及圆光术，张又主张吴齐奉实行合作，以曹为中心，以巩固北洋势力。这两段话好像无甚关系，其实有密切的关系，因为北洋军阀的势力和反科学的思想本是一家眷属。但不知他们这种反科学的主观的人生观，也为梁启超张君劢辈所赞赏否？

列　宁　碑

列宁的伟大，我们本不能否认任何人有崇拜他的权利。但我们要知道列宁的伟大，乃在扶助劳苦平民，反抗一切帝国主义及军阀财阀；中国许多恭维帝国主义者或军阀财阀的人，以前极端毁谤过激派，现在也都伸出头来赴列宁追悼会，并且附和着要为列宁建纪念碑，这班人懂得列宁的伟大在哪里？他们难道忘记了列宁是过激派吗？

署名：独秀

《向导》周报第五十五期

1924 年 2 月 20 日

商界反对外人干涉中国内政第二声

（一九二四年二月二十七日）

去年外人干涉吾国禁止棉花出口，上海商界起来反对，帝国主义的代表者（使团）终以不平等条约压得他们忍气吞声下去。现在英美两商会，对于外人商标注册，又要求修改商标法，并且要求列国共管，实是欺人太甚；上海总商会对于外人这样无理的要求，极端愤慨，致电北京商标局如下：

北京商标局鉴，报载上海英美两国总商会，为修改中国商标法一事，于上年十一月间，开联席会议，胪列应将现行商标法，予以修正者有十余条之多，而其议决案末节，又谓，总之本会以为中国商标局行政方面，不宜单由中国主持，一切须有列强共同管理。又本年一月三十一日英商会在沪开联合会，其电致北京外交团有云：苟中国商标法条件，与马凯条约第七条之精神不一致之时，吾人誓不承认等语。核其要旨，不外两端，一则欲干预商标之立法事宜也，查吾国与各国所订条约，虽多失败，然只有关税须由协定之文，而无法律亦须协定之说，征诸中央商约第七条，所谓牌号注册局者，章程应如何规定，约内并无一语道及；而美约第九条，更有由中国官员查察后，经美国官员缴纳公道规费，并遵守所定公平章程，即由中国官员出示禁止冒用等语。就以上两项约文而论，足征此项商标法，我国有制定之自由，并不受如何之束缚，即谓此项法文，关系中外互市利益甚大，亦只能于事前容纳外人一部之建议，而据历来经过情形论之，此项法案，自前清迄今，已修改至六七次之多，外使建议，亦已迭有容纳，对于外商利益，实已兼筹并顾，委曲周至。嗣于去年五月间，此项商标法令文，经合法国会之议决，通行颁布，则外商欲保全其约定之权利，自有一体遵守义务，而乃多方挑剔，强令修改，是非特曲解订定之约文，即且蹂躏我国之主权。且以中外互市利益言之，商标法之影响于华商利益者，自较外人经商在华者为巨，若事事欲得洋商之意，将置华商之利益于何地，以该两商会此次所拟修改条文而论，第四条之继续使用在五年以上，忽议改为十年以上，是此说一经采用，现时援照第四条之使用年限而核准注册者，讵非悉归无效，此华商所万难承认者一也。二则欲以商标行政，由列国共同管理也，查英约所谓由南北洋大臣派归海关管理，系因商部尚未设立，故关于商事行政，暂交由关人员管理，而特以南北洋大臣总揽其成，犹之邮政未设专司时，归总税务司赫德兼办，交通未设专部时，铁路事宜，初归海军衙门，继归外务部兼办也，盖海关虽雇用洋员，而严格言之，仍系中国国家之机关，吾国因官制之变迁，而定其管理权之谁属，纯系国内行政，绝不受约文之束缚。若谓海关二字一经列入约文，即无变更之自由，则约文所载，尚有南北洋通商大臣字样，此缺废置已久，何以未闻有所异议。无怪日人之论此事者，谓由海关而移归商部，不过一地方官权限之变更，绝不能谓为违反条约矣。然此犹得曰误解约文也，至于该两商会所谓商标行政，须由列强共同管理，是非特望文生义，抑直无中生有，充其意，凡事一经涉及外人，即须由外人共同管理，则除此中外互市，日益密切之际，无一事不可谓与外人有关，即无一事不可由列邦共同管理，国家所余之主权有几，此尤全国人民所万难承认者也。总之，外人条约上之权利，自应尊重，然约定之义务，仅以国家赶紧设立注册局所为限；我国既于上年五月份颁布法令，筹设专局，一再劝告外商实行注册，则约定之义务已尽，其余约外干涉，万难让步忍受，应请转呈，将外商要求各节，严加驳斥，以重主权。上海总商会叩。

这是中国商界反对外人干涉内政之第二声。我们更有进而忠告于总商会的是：此电文中所谓"外人条约上之权利自应尊重"之观念，你们应该抛弃了。自通商以来，外人胁迫我或蒙蔽我立下了许多侵害我国主权的条约，尤其是制我工商业死命的协定关税制，所谓外人条约上之权利，就是中国主权上之损失。这些条约不废除，外人动辄援引他来干涉我国内政，我们中国人便永无抬头之日。若主张须永远尊重外人条约上之权利，即等于主张中国人须永远听受外人之挟持；所以我们希望总商会由反对外人干涉中国内政，进一步而主张废除各种侵略中国主权的条约！

署名：独秀

《向导》周报第五十六期

1924 年 2 月 27 日

意 械 事 件

（一九二四年二月二十七日）

中国军阀之乱，大部分是由于帝国主义之借款及军械的援助，这是很明显的事实。英国供给直系三项借款，意大利供给直系大批军械，正是眼前的事！

意械价值：据东交民巷方面消息，确数为四百八十七万余，已付过二百万元；据上海《大陆报》说，价值五百五十万元。军械数目：据京津《泰晤士报》，有来复枪三万支，子弹四千万发，及大炮弹、炮车、炮架、野战炮等。其已由天津运往北京的：据上海《申报》说，大炮十二尊，炮车炮弹五百五十箱，步枪二千一百廿箱（每箱廿四支），子弹一万一千八百廿五箱（每箱一千四百粒），野战炮十五尊，机关枪六架，炸弹七十箱，水壶干粮袋二百箱。据《大陆报》说，所有运送检验之事，均由意水兵与曹锟、吴佩孚之委员会同为之，共用货车七十辆，始运送完毕。

直系军阀何以有此巨款买此大宗军械，则恃有英国三项借款或以将来勾结英美所得之卷烟附加税担保借款，都是意中之事。直系既有钱又有械，越发要大显其作战杀人的手段了。如此，我们应该彻底认识：帝国主义的列强，援助中国军阀杀害中国人民，是何等明显的事实！

署名：独秀

《向导》周报第五十六期

1924 年 2 月 27 日

国民党之模范的改造

（一九二四年二月二十七日）

国民党浙江省党部筹备处，兹发出党员登记通告如下："凡在此次第一次全国代表大会以前加入本党的为旧党员，旧党员须经过登记，方得为本党党员。从前国民党时代，各地罗致党员，单求其多，不问关于主义了解与否，所以明白分子，都发生'只要花一块钱，不问什么人都是党员。'这种叹声，分子的复杂，单就这种叹息声里已经十分认的清楚了。如今可不能这样！（一）须了解赞成接受本党第一次全国代表大会议决的宣言；（二）须绝对服从党律；（三）须知登记后，在物质上到自身底生命，在精神上到个人底自由，不复由个体自由支配。具此三者底觉悟，才是本党同志；因为本党做的是革命事业，其利益全在民众，党员自身，无论革命成功以前及成功以后，不但没有比一般民众的享多余的利益，并且个人为党为国，只有牺牲，没有权利的。明白我们的民族我们的国家，在国际帝国主义和军阀压迫下面以自力要求解放的旧党员，请按手续来登记！"

在这一个短短的通告里，充分表现出他们服从和牺牲的精神；必须具有这两种精神才能算是一个革命党员，必须多数党员具有这两种精神才能算是一个革命的党。

我们希望浙江的党员都能这样切实做去，我们希望各省的党部都能照浙江同样的办法；如此中国国民党才有真的新生命，才不至使全国大会所通过的一切决议案仅仅是白纸黑字的决议案。

署名：独秀

《向导》周报第五十六期

1924 年 2 月 27 日

告合作社同志们

（一九二四年二月二十七日）

合作社是阶级争斗中一种工具，不是一种免除阶级争斗的工具，这个定义，合作社运动幼稚的我们此时未必相信，然而将来总得相信。近见南京东大附中合作社的宣言，觉得他们或者没有拿合作社运动来免除阶级争斗的妄想与取巧的心理。因此，敢将去年六月第三国际扩大执行委员会所议决的合作社问题译奉这班同志们：

合作社问题

一、法西斯蒂主义与合作社

1. 法西斯蒂主义底直接目的，就是有系统地破坏工人组织，铲除工人运动底一切靠山。在法西斯蒂派发达之地，尤其是他们得到政权之地，他们最粗暴手段就是用未〔来〕攻击合作社的。

2. 为这原故，法西斯蒂主义应为我们视为直接恐骇合作社底一种危险；不单在合作社底发展上，而尤在他的生存条件上。所以合作社中共产党员应该作一种强有力运动，使合作社加入反抗法西斯蒂主义底斗争之场。

3. 在法西斯蒂主义方式之下底资本主义进攻底发展明白地指出那一般自命为"纯粹"合作社员以为在资产阶级社会中合作组织底发展有达到工人阶级解放目的底可能，是一种危险的幻想。合作社一变为资产阶级底眼中钉时，他们不客气地马上把"和平"派社员抱有无限希望底机关捣得粉碎。"国内"战争迫到合作社门前，使他不能再守中立了。相信合作社运动不受阶级斗争底影响，这种幻想是带有危险性的。所有无产阶级运动底失败，直接地便反映到合作社来。在法西斯蒂主义制度底下，换言之，即在压迫工人阶级使之处于卑劣不堪地位底资产阶级武装专政底下，合作社以前所能活动地域已经干枯，再无生产之可能了。

4. 仅仅在苏维埃俄罗斯境内，合作社才能照着工作组织计划去发展；在社会主义建设底下，他才能有安全的生存和作用。在资产阶级专政和无产阶级专政两种国家里面，合作社运动发展上之异点很值得我们注意的。

5. 反抗法西斯蒂主义斗争底经验可以证明那些有多数无产阶级群众为根基底合作组织方能抵抗法西斯蒂派。那些独立的和分散的小组织，在抵抗资产阶级进攻底自卫斗争里头表现出来不仅是经济的低下，而又是政治的无能。

6. 联合战线和工农政府两个口号恰好适合于合作运动底需要。为什么要联合战线？因为合作社所得利益所处危险与整个工人阶级同。为什么要工农政府？因为只有劳动群众夺得政权才能避免合作社底破产和给他以充分发展之可能。

7. 劳动群众从法西斯蒂运动初期起，便应立定脚跟制止法西斯蒂派势力增长并不使他们夺得政权。要达到这个目的，合作社应作反抗法西斯蒂主义底宣传，以经济力帮助宣传底发展，并令各社员参加组织无产阶级战线以保卫工人团体及压迫反革命倾向。

8. 反抗法西斯蒂派斗争底经验又告诉我们，改良派首领所宣传的无抵抗方法是不能用的。法西斯蒂派得到政权以后，迫害合作社手段只有加增再无减少希望。因此之故，反抗法西斯蒂派底斗争更加要用全力去干，无论如何务必做到救护合作社安全而后止。共产党人应该在合作社中继续工作，纵然合作社为法西斯蒂派所得，也不应将工作中止。一个强烈运动应该举行以阻止劳动者，因合作社为法西斯蒂派所得或为其所捣乱而遽行退出。

二、关于工会与合作社底共同行动

因为一方面国际资本底进攻，他方面革命精神底增长，追到安姆斯坦工团国际和合作社国际底首领们也走来赞同联合战线战略了。他们还是恐怖革命，他们打算组织一个首领底联合战线来代替我们的劳动者底联合战线。二月间合作社国际联合与安姆斯坦工团国际在不律塞尔所订的条约便是属于此类。

这一点，我们很值得提起来说：合作社国际联合已经放弃了以前政治中立底原则。他不得不承认现在无产阶级势力联合问题为合作社底生死关头问题。如果工人合作社不愿意投身资本家经济崩裂底漩涡中，如果他也不愿意当商业与财政资本底奴隶，他应该参加工人阶级斗争底政治和经济组织。

安姆斯坦国际与合作社国际在不律塞尔订条约并不是工人阶级反抗资本进攻底武器。理由就是这两个国际底同盟不允许有几百万革命工人底赤工国际加入他们的同盟里头。实际上说，这个同盟不过是拥护资产阶级利益而阻止工人组织斗争底团体罢了。他们并未曾真正做到各国工会组织与合作社组织相互间坚实的联络。

那么，共产党底合作社员底任务自然把这个同盟真相向都会与农村底合作社群众宣布出来，并组织合作社劳动者与工会劳动者底联合战线来抵制这个同盟。在赤工联旗帜底下革命团体，绝对应参加在这战线里头。工会组织与合作社组织，应开一个国际的代表会议。他的行动大纲应具体地规定如下：反对法西斯蒂主义底理论和组织，反对掠夺劳动者，反对减少工资和延长工作时间，反对武装和资本主义国家底挑拨战争，反对工资与工人组织底课税，反对压迫革命党底特殊法律，废止凡尔赛条约，要求赦免在狱的革命党人，从事无产阶级武装，宣传工农政府原理。合作社特别应密切地联络城市工业无产阶级和乡村底劳动者。

合作社应该参加所有革命无产阶级底行动。我们必须要求工会和合作社底首领出来与佛兰克福会议中因反对战争危险与法西斯蒂主义而产生的国际行动委员会合作。如果首领们不答许我们的要求，那么我们即刻向合作社和工会群众进行联合无产阶级战线，拥护本阶级利益而反抗反叛的首领们。

在明年合作社国际会议中，我们不免要做一番运动攻击那联合于反动派底中立论者，并要求有多数共产党代表参加会议之中。

三、关于组织问题

共产党合作社员国际势力底组织是必要的。因此，各国共产党所组织的合作社运动机关应开始把合作社底革命群众集中起来，并组织战斗团体同赤色工联、共产党取一致行动，预备必要时底斗争，以拥护合作社革命底利益。

各国合作组织和工会、党之间又应有密切关系和共同行动。

国家合作委员会负有组织机关以指导共产党员在合作社行动底责任。这个组织工作是经共产党合作社员第一次国际会议所规定的，且得党执行委员会同意，能在第三国际中设合作部。组织规模（国家的）大略如下：

（A）在执行委员会之旁组织一个合作部。这个合作部由下列机关组成：合作委员会（会员为负责的共产党战士）、合作社、党工会部代表、妇女书记部、青年团及赤色救济会。这个委员会定期开会，以执行委员会委员为主席并须报告合作社问题于执行委员会之责。这个委员会讨论和报告一切关于共产党员在合作社行动问题。

（B）在党底执行委员会：旁又组织一个合作书记部。合作部在可能范围内应出版共产党合作社机关报。此报应供给文章和消息于共产党出版物，联合工会作政治经济行动，与第三国际合作部、共产党议员团、工厂委员会诸团体发生关系等等。合作部底决议经执行委员会通过后，由书记部实行之。书记部又自普通工作：通讯、编辑等等。

各行省各地方共产党合作社员底行动都依同样方法组织。党底地方执行委员会指定一个共产党合作社员在真协社中指挥共产党小团体底行动。他方一切合作社中负责的共产党员又组织合作部以党地方委员会委员为主席指挥这一地方共产党员底合作社行动。

在合作社中和在工会行动中，共产党员若与其他革命分子联合时，在这联合内，必须再组织共产党底小团体。这个小团体底任务是以共产党为中心去造成革命环境。第三国际合作部负有审查和规定在合作社中共产党与其余革命分子共通行动底方法，在共产党合作社员第二次国际会议中报告。

署名：独秀

《向导》周报第五十六期

1924 年 2 月 27 日

土耳其放逐教主

（一九二四年二月二十七日）

三月二日君士坦丁电：本日国民党讨论重要议案：（一）废教主，（二）废宗教部，（三）废宗教学校。第一案规定取消教主职位，于十日内永远驱逐教主及其眷属于土耳其境外，没收其宫室，以大多数通过，提交国会。

三日电：国会已通过废教主议案，安戈拉政府命君士坦丁总督于十日内执行。

四日电：国会开会时，基玛尔将军演说极言政教分立、教育统一、澄清司法之必要，除少数宗教党及保守党外，皆欢呼不置。废教主案全部通过；基玛尔将军建议教主眷属妇女免加放逐，亦经众否决。四日晨君士坦丁总督率同警察赴教主宫，向教主宣读废位文，即令离境，教主旋率眷属起身往瑞士。

我们要知道土耳其政府这种伟大的举动，乃自复国以来，经国民党长期间的宣传运动，此时才能够实现出来；废逐教主的理由，不但是教育问题，而且是政治问题，因为教主及其爪牙素来是勾结帝国主义的英国想推翻安戈拉革命政府，所以废教运动颇得一般爱国群众之同情。

以前尝有人说，东方有两个老大病夫，一是土耳其，一是中国。土耳其年来的伟大举动——一是毅然决然联络苏俄恢复国土并否认列强之治外法权，一是此次毅然决然驱逐教主——已经证明他不是老大病夫了；而我们中国还俯伏在列强军阀及礼教的势力之下，今后能否改变老大病夫的现状，改造后的中国国民党至少要负一半责任。

署名：独秀

《向导》周报第五十六期

1924 年 2 月 27 日

寸　铁

（一九二四年三月十九日）

统　一

土匪式的军阀各霸一方之中国，在政治上在经济上都需要统一，所以我们并不反对统一，无论是和平统一或是武力统一，我们都不反对；因为统一并不是反对和平，统一也不是绝对不需武力。

但我们必须明白：统一是手段不是目的，我们的目的是排斥外国的侵略及国内的军阀以救同胞于水火，拿统一来做达此目的之一个手段，自然非常之好；若是拿统一来达他们什么军阀统一什么北洋正统的目的，结果不但不能救同胞于水火，而且兵祸连结，使同胞更不堪其苦，这种统一，我们如何能赞成！

慎重与上当

北京政府对于帝国主义的英、法、美、日之外交，一向是有求必应，从来不知道慎重，从来也不怕上当。此次中俄谈判的大纲俄国确已放弃了租界，放弃了领事裁判权，放弃了庚子赔款，这是中国外交上从来未有的胜利；而上海《字林西报》说："中国让步较多，将大为苏俄之利。"我们试问《字林西报》的英国人，我们也想对英国让步较多大为英国之利，但不知贵大英帝国能够放弃租界及领事裁判权与庚子赔款吗？王买办等阁员对于俄约签字主张慎重，以免上当；他们对于金佛郎案、临城案、威海卫案，都绝对不慎重，不怕上当，对于能够收回租界领事裁判权及赔款的协约，都主张慎重，以免上当，实出人情之外。我恐怕他们越慎重，越要上英、美、法、日等公使的当；因为英、美、法、日等帝国主义者，眼见中俄会议成功，俄国将实行放弃租界、领事裁判权及庚子赔款，他们心中万分难受，怎能不设法从中造谣离间破坏！

恐吓我们的唯一法宝

近来帝国主义者对我恐吓的唯一法宝，便是华府会议许我的利益。不答应他们的临城案的要求，他们也要取消华府成议；不答应他们金佛郎的要求，他们也要取消华府成议；不答应他们干涉中东路的要求，他们也要取消华府成议。就算华府会议是有厚赐于中国，动辄便要拿回去，这种小儿间赠饼的笑话，都是一些堂堂大帝国的代表！如何好意思说出口？况且所谓华府厚赐，不过取消一笔裁判权及关税会议二事：关于前一项，俄罗斯将要先他们实行；关于后一项，议来议去，无论增加若干，还得是和他们协定，本来是应该行使主权自由增加的关税，现在由他们协商增加些须，他们便看做深恩厚赐，动辄以取消成议的要挟，此话怎讲？

无枪者连拍马也不灵！

吴佩孚想夺得山东省政权，一班无耻的省议员，以为到洛阳去数次推倒现在的熊省长，必然是最美满的投机事业，那知被吴大军阀申斥道"我对鲁政，自有主张，你们不必来捣乱。"

署名：独秀

《向导》周报第五十七期

1924 年 3 月 19 日

中国工人运动之转机

（一九二四年三月二十六日）

前年一年中，中国工人运动各处都风起云涌起来，自唐山矿工京汉路工罢工相继失败，各处的工人运动便随着一落千丈，去年一年中，简直没有工人运动可言。在客观的条件上，中国既然有了许多工人，这种压迫的沉寂的状况理应不能长久如此，今年或者是工人运动转机的时期了。最近有几件事已现出转机的征兆：（一）胶济路罢工的胜利；（二）好几条重要的铁路工会（非公开的）已集议组织了一个全国铁路总工会的雏形；（三）上海华界电车工人已设工会筹备处，并开始向公司要求各项条件最要的是承认工会；（四）上海祥经厂失火烧死一百多女工，山东坊子煤矿出水淹死工人七十五名，这两件大惨事，都可以激起工人阶级的觉悟及一般社会的同情。

我们希望全国工友们及帮助工人运动的知识阶级勿轻轻放过这个转机的时期！

署名：独秀

《向导》周报第五十八期

1924 年 3 月 26 日

中俄会议之成败

（一九二四年三月二十六日）

列强对待中国的外交，向来只有两种形式：（一）是列强间自己协定处置关于中国的问题，然后通知中国照办；（一）是直接威吓中国承诺他的要求。独有此次中俄交涉，俄国以平等的原则对待中国，与中国直接交涉，并没有漠视中国的主权先向他国协商关于中国的问题，而且王加谈判间颇表现平等至让的精神，"归还中东路"、"蒙古撤兵"、"取消租界及领判权"、"退还庚子赔款"，像这种中国外交上空前的美满，就是以前对苏俄十分怀疑的人，也都大致表示满意。

照最近的消息，中俄交涉将结成的美果，恐怕要变成空花。此政府所持的口实，都是一片鬼话，实在的暗礁：（一）是法、日、美的阻挠，（二）是直系军阀利用中俄会议不成，一以防奉天，一以倒孙阁，顾维钧是前者的代表，陆锦是后者的代表，所以在阁议席上顾、陆二人挑剔王加协议的大纲最力。

我们以为中俄会议不成，也好也不好。好的方面是：蒙古人民免的马上就要受中国军阀的统治及中国兵的奸淫焚掠；在中国兵未去以前，他们可以多得时间充分准备抗斗自卫的武力。不好的方面是：此次交涉破裂，俄国不得不转而与日本、法、美等国有所接洽，中东路问题及蒙古问题，若由他们协商有所决定，那时中国国家的资格怎么样？那时顾维钧、陆锦又将如何慎重免得上当？

署名：独秀

《向导》周报第五十八期

1924 年 3 月 26 日

寸　铁

（一九二四年三月二十六日）

利用国民党

共产革命是劳资两阶级间的争斗，国民革命是各阶级合作对于外族及军阀的争斗；可以只有国民党能利用共产党，而共产党绝不能利用国民党。

造　谣　中　伤

两党相争，用实力用理论都是可以的，最下流是用造谣中伤的手段。无政府党不赞成共产党，尽可在理论上反对；陈炯明等不满意于国民党，尽可在理论上并在实力上反对；然而他们却都不肯抛弃造谣中伤的武器。大凡一个怯懦的个人或民族，对于敌人每每缺乏公开争斗的勇气，他们最得意的手段，是藏在暗中造谣中伤。

武力统一的榜样

从前黎元洪不能令汤芗铭到湖北任省长，还可以说黎元洪不是直系的领袖；现在曹锟、吴佩孚确是直系的领袖，而且在他们直系的一统江山之下，曹拟添派江西省长，吴拟添派湖北省长，只因蔡、萧两督军反对不能实行，这就是直系武力统一的榜样！

娼　优

西洋人重视优伶，因为他们优伶的艺术实在有重视的价值；中国人若是盲目的模仿欧风，把中国现在的优伶也抬举起来，那便是天大的笑话！论他们的人格：从前北京的优伶多半兼营业像姑，鼎鼎大名的王凤卿朱素云都是这个出身，梅兰芳到现在还不干净；湖南唱旦角的生活，向来都必须如此这般；至于南北各省淫伶所作欺骗奸拐的罪恶，谁也不能否认；社会上娼优并称，其实优伶比娼妓更下流。论他们的艺术，请看上海新编的所谓新戏，如《诸葛亮招亲》、《阎瑞生》、《狸猫换太子》、《朱洪武出世》等，其鄙陋不通，真要笑死人。这班东西被那捧角的斗才名士无耻绅商捧的忘其所以，忘其为娼优的身份，对于社会上舆论之制裁，不但不自省愧，还居然拿什么伶界联合会的名义来抗辩，这尚成何世界！

署名：独秀

《向导》周报第五十八期

1924 年 3 月 26 日

工界最近之惨剧

（一九二四年三月二十六日）

最近中国工界发生三大惨剧：第一是上海祥经丝厂烧死一百多女工；第二是山东坊子煤矿淹死工人七十五个；第三是唐山煤矿压死工人五十三个。

第一件事，工人的家属还正在抗议，一般社会也还有相当的同情援助；第二、第三件事，工人及社会两方面都还没有什么表示，这是什么缘故？

坊子煤矿是日本经营的，其所定抚恤章程，凡是因公致死的，每人应给恤金五百千文（合银三百元以上）；唐山大部分资本及管理权是在英国人手里，那班洋工程师们虐待及薄待中国工人的事，是一向著名的。以前唐山工人因公致死，只抚恤数十元，听说现在还只有百余元，一条人命只与普通的骡马相等！

有一位唐山工业学校校长（资本主义的学者）曾说："社会主义者所说别的话，我们不必理他，唯有他们攻击资本家苛待工人这一层，却成一个问题。即以我所知道的唐山为例，隧道中预防坍落的工程十分重要，而洋工程师以所费远过数百工人恤金之数，不肯设置，彼等如此玩视人命，我们实在看不过去。"洋工程师们计算如此精巧，所以唐山煤矿隧道中，历年以来，屡次发生变故，这次（三月廿五日）的惨剧，也是因为隧道顶层突然坍落，活埋工人五十七人，伤者无数。

全国工人们！全国有同情心的人们！对于工界这三大惨剧不但须注意现在的抚恤，更须注意将来的预防！

署名：独秀

《向导》周报第五十九期

1924 年 3 月 26 日

评中俄协定

（一九二四年三月二十六日）

关于此次中俄协定各方面之意见：在北京政府方面，一部分人想用以掀起政潮，一部分人向来是看东交民巷空气来决定外交方针的，他们不满意于王、加所定草案，吹毛求疵，本不足责；在议员方面，一部分曹家嫡系，对协定草案竟有丧权辱国的恶评，这种话匣子的作用，又何足论；在外人方面，帝国主义的列强，眼见他们不愿意的中俄直接谈判与恢复国交行将实现，并且协定中，俄国已放弃了他们所不愿放弃的许多权利，他们在中国的机关报怎得不忌妒毁谤！所不可解的是中国代表舆论的新闻记者们，也每每有不明是非的论调，最奇怪的是上海《新闻报》，竟谓俄代表态度无异于日本逼认廿一条件，这实在错误极了。第一，我们须知道日本廿一条要求，是日本逼我承认，至今不容许我取消；此次中俄协定，是承认或取消都随中政府之便。第二，我们须知道日本廿一条之要求，其内容，一方面是日本绝大的利益，一方面是中国无穷之患；此次中俄协定，的确是双方的利益，《字林西报》还说是中国片面的利益，因为所给予中国东西甚多，俄国并未拿去一件。

协定之内容，果于中国方面有利益或是损害，不可凭空瞎说，看国务院王正廷通电可知。据国务院号电及王正廷之梗电所说，中俄协定中，废弃妨碍中国主权及利益之旧约，承中国在外蒙之主权，抛弃租界租地及庚子赔款，取消治外法权及领事裁判权，关税规定平等，都已有成议，谁也知道这些都于中国有莫大的利益。

事实摆在我们的面前，我们并未吃醉酒，不可以随便乱说。大家若要乱说，我就问问大家，请你们试问英、美、法、日、意等帝国主义者，去要求他们同俄国一样，放弃租界租地及庚子赔款，取消治外法权及领事裁判权，废弃妨碍中国主权及利益的旧约，关税平等，看他们肯是不肯？

中国的对外交涉，历来备受损失与侮辱，大家都隐忍着莫可如何；独于此次中俄协定，得了无穷的利益，全国朝野丝毫不感觉苏俄扶助被压民族的苦心，反而借不成问题之细故（如曹党所争三点，俄国既已承认中国在蒙古之主权，则废约撤兵均不成问题，移交教堂财产，本不成问题），横来挑剔疑谤，大放厥词；人家强暴，我们便跪在他的脚下，人家好说话，我们便欺上他的头去，我们当真如日本嘉纳治五郎所讥讽是"只服强权不服公理"的民族吗？

我们对于中俄协定，也有一点不满意，就是苏俄承认中国在外蒙之主权，轻轻将外蒙独立的国民政府否认了。或者苏俄也有一种苦心，以为蒙古独立的力量还不充分，与其放任了为帝国主义的列强所取，不如归之中国，中国侵略的力量究竟不及列强。虽然如此，中俄协定若真照草案决定了，中国固然得了许多利益，而中国人中不欲以日本待朝鲜、法国待安南的心理待蒙古者，终不能不为蒙古民族十分危惧。我们不愿为他人奴属，也不愿奴属他人，换句话说，就是我们既然不欲他人拿帝国主义来压迫我，我们便不应该拿帝国主义去压迫人，这就是我们的民族主义之定义。

署名：独秀

《向导》周报第五十九期

1924 年 3 月 26 日

寸　铁

（一九二四年三月二十六日）

国故党与复辟党

曹慕管先生曾函讽北大教授们做事勿虎头蛇尾（大意如此），他在《民治周刊》时代，也还表示一点革命倾向；但现在可被杨贤江先生"竖起反叛之旗，大喊一声革命"一句话吓得向后倒退。文学革命运动中，颇现出复辟的倾向；文学的复辟如果实现，政治的复辟也会跟着来；因此，我以为杨贤江先生所用复辟二字，硬是预言不是譬词。而且我以为反文学革命的国故党和反政治革命的复辟党，本是一家眷属，绝无所谓"与性不合"的话。我绝对不承认杨贤江先生所用复辟二字是譬词，这是陈望道先生解释错了。望道先生你太过客气了！

老马与小犬

杨贤江先生用"复辟"二字批评曹慕管，曹先生勃然大怒，而他致杨贤江的信，却也自比"老马"。俗传有人对客称其子为"小犬"，其子遂推论其父为"老犬"，这虽然是个笑话，在形式逻辑上也容许有这样的推论。可见譬词这一个方法，在文字上在语言上，都容易发生极大的误会。

署名：独秀

《向导》周报第五十九期

1924 年 3 月 26 日

湖南废省宪运动

（一九二四年四月二日）

以前赵恒惕做省宪运动时，引得一般迷信联省自治的先生们兴高采烈；现在赵恒惕仰承洛阳王意旨，暗地里做废省宪运动，不知道迷信联治的先生们感想如何？除章炳麟电湖南省议会外，不知道联治社一班人还有何动作？

湖南省议会为何敢违抗赵恒惕的意旨，反对废止或修改省宪？不用说有多数军官在他们的背后。湖南省宪不是今天才有的，叶德辉为何现在才明目张胆的反对省宪？不用说有赵恒惕、葛应龙在他的背后。

赵恒惕若明白的主张废省宪，马上便要失去湖南军界大部分势力；若明白的主张护省宪，马上便要受北军的压迫；他在进退两难之际，便异想天开，一面召集军事会议来疏通军人，一面制造废省宪的舆论来压迫军人，好达他借口军民人等公意来废省宪的目的。他所想制造的舆论，分新旧两派：旧的即叶德辉等；新的乃是一些做社会运动的青年，所以列宁追悼会赵恒惕也出来赞成。旧的方面他已经达到目的，新的方面恐怕不易利用罢。

赵恒惕何以想到利用青年？他以为青年们向来反对联省自治，此时他却用得着了。他不知道青年们的政治理想是国民革命，对于军阀的联省自治固然反对，对于军阀的统一也同样的不赞成；所以绝不会在赵恒惕仰承洛阳王意旨的情况之下反对省宪。恐怕赵恒惕枉费心机！

署名：独秀

《向导》周报第六十期

1924 年 4 月 2 日

寸　铁

（一九二四年四月二日）

呜　呼　改　大！

在主观上，我们固然希望中国有许多大学出现；在客观上（人才与经费），中国此时却没有多办大学的可能，即已有的大学已简陋得不成话说。在此情况之下，偏偏南北各省学生都热心起来做什么改大运动，许多高等师范及专门学校，内中还有几处极简陋连中学程度还不及的专门学校，都纷纷起来要求学校改办大学。

青年们！你们这样重名忘实的运动，说你们要求"改办"大学，不如说你们要求"改称"大学！

青年们！你们这样重名忘实的运动，与其要求学校许可，不如要求漆匠店改做一块校匾便得！

青年们！你们的目的是在学问，大学不大学有何关系？你们倘不注意物质的设备（实验室、图书馆等）及师生两方面之学力诸条件，一味盲目的希望"改称"大学，你们这种虚荣心，怎不令爱你们的人们痛心疾首！

署名：独秀

《向导》周报第六十期

1924 年 4 月 2 日

评中俄协定草案

（一九二四年四月十二日）

中俄交涉自有了协定草案，其内容之利害得失已明白的摆在我们的眼前，在理已不容我们凭空说话了。《字林西报》说，此协定是中国片面的利益，俄国只得着空洞的承认；俄国白党，不以苏俄以权利付还中国为然，且因此在京、津、沪、汉、哈大肆活动；独中国人中颇有以此次协定为不利于中国者，其是非得失，绝非抽象的争论所可解决，仍唯有就协定草案十五条之内容一一讨论之。

草案第一条是说：协定签字后恢复国交。第二条是说：协定签字后开正式会议。第三条是说：正式会议于签字后一月内成立，六个月内商定。第四条是说：在正式会议中，将中国与旧俄所订一切条约作废，别以平等公平之原则与一九一九年、一九二〇年俄政府宣言精神为本，缔结条约协定。其实我国对俄交涉协定，只此一条已足，大本既定，别的都是枝叶问题，都可据此原则而解决；若能得自此条之协定于英、美、法、日等列强，则中国便为完全独立国家已无外侮之可言了。现在的实际情形怎样？第五条是说：俄认外蒙为中国领土及尊重在该领土内中国之主权，俟撤兵条件（期限及彼此安全办法）商定，俄兵尽数撤退？

彼既承认外蒙为中国之领土及中国在外蒙之主权又承认撤兵，则中俄间多年悬案之蒙古问题实已根本解决了；即吾人多方疑俄，以彼所于吾国之利益（如取消领事裁判权等）为毫无价值，独于蒙古问题彼未明言取消俄蒙新约，实为后患堪虞；我以为苏俄果如此其狡，在外交的步骤与策略上，我更当签订此协定，看其将来除战争外有何法否认此协定，而不承认蒙古为中国之领土，而不承认中国蒙古之主权，而不尽数撤兵。今此机已失，北政府破坏协定，即在此点其误国之罪已不浅了。第六条是说：两政府相互不做反对秩序宣传。第七条是说：于正式会议测定国界。第八条是说：将平等的原则议定航行问题。第九条是说：归还中东路主权，并由中国赎回该路。第十条是说：俄国抛弃在中国一切租界租地贸易圈及兵营等特权。第十一条是说：俄国抛弃庚子赔款以充中国教育费。第十二条是说：俄国取消治外法权及领事裁判权。第十三条是说：将以平等相互主义协定两国关税税则。第十四条是说：赔偿问题在正式会议解决。第十五条说：协定自签字日起有效。自十条至十五条，完全是苏俄所于中国之利益，我们若想向列强取得此等利益，不知道要用多少气力，现在都可向俄国取得了，并且正可援俄例向列强要求，可惜此协定被北政府轻轻地破坏了。列强不但不肯抛弃租界，而且正在设法扩大租界；不但不肯抛弃兵营，而且正在极力增加驻华舰队；不但不肯抛弃赔款，而且须付生金金币；不但不肯取消治外法权及领判权，而且正在努力扩张此等权；不但不肯和我订立平等的关税税则，而且对于他们恩许的二五加税会议还是故意留难；列强所给我们的这些痛苦，拿来比较比较此次中俄协定，其是非得失，十分明白了。

我的朋友章行严说："此次中俄协定，即中国兵打倒莫斯科所得也不过如此。"

署名：实庵

《民国日报》

1924 年 4 月 12 日

上海租界三大问题

（一九二四年四月十六日）

上海租界近来发生三大问题：（一）是公使团要求推广上海租界，以为交还会审公堂的条件；（二）是工部局在本届纳税西人会提议取缔印刷品之附律；（三）是工部局在纳税西人会提议增加码头捐。

会审公堂初只为华洋间相互诉讼而设，按洋泾浜条约，权限范围，本有明白的规定，自辛亥革命时，领事团借口民国政府尚未得各国承认，攘为己有，遂至完全华人诉讼，也须听领事裁判，视租界为他们的属地，违背约章，侵犯主权又在普通所谓领事裁判权以上；上海领事团所享此种非分之权，本应据约取消，因何理由须以推广租界为交换条件？而且公共租界永不推放，也载在条约；他们向中国索取庚子赔款，不许中国自由增加关税，不许中国禁止棉花出口，都是口口声声责备我们须遵守条约，何以他们对于上海会审公堂之权限及推放公共租界，便不说遵守条约呢？可见帝国主义者责弱小民族遵守条约，也和军阀政府责人民遵守约法及其他法律一样，凡是与他们有利的，他们便抬出来压人，与他们不利的，他们便悍然不顾了。

租界不是英美的属地，住租界内之华人仍应受中国法律之支配，也载在中国与各国所订的条约；所以一八九九年推放租界时，上海道曾以告示一纸附于致葡总领事兼领袖领事之公函中，晓谕公众，该告示中明说："所有租界内关系华人之一切章程，如未经当地中国官厅认可，不得发生效力。"（此公函曾载一八九九年工部局报告册第二六二页）工部局自己也知道，外人来中国通商，没有代中国政府及国会来制定法律之权；所以他们将要提出的印刷附律，拟附在洋泾浜章程三十五条，名曰第三十五条甲。我们以为不但三十五条原文，乃取缔马车疾驰，与印刷毫无关联；而且此项洋泾浜章程，从来未经中国政府批准过，根本上不成为法律，今所谓印刷"附"律，试问"附"在何种法律上面？因此，我们可以说：此次印刷附律，即使通过于纳税西人会，并竟得上海领团、北京使团之核准，也只对于西人营印刷业者有效，中国人没有服从之义务；因为上海租界还未割让给外国做他们的属地，他们绝对没有自定法律来责中国人服从的权利。工部局对中国印刷业四团体代表说："如华人对于工部局行政有不满者，尽可移居租界外。"四代表应回道："上海是中国的领地，中国人当然有居住的权利；如外人对于中国人反对印刷附律之举动不满意，尽可移居中国外，不来中国经商。"

码头捐原定照货价抽捐千分之一，现在要改为照关税抽百分之三（照关税现制，当货价千分之一点五）。当此工商业不振之时，照旧额加捐一半，以后还须随着关税增加，固然是商民负担太重；根本问题还是：在中国领土之内，在中国主权之下，外人可任意收捐并加捐，而中国官厅收点纸烟捐，他们反出头抗议，这是何等喧宾夺主的世界！

上海市民对此三问题的反对运动，甚为热烈，加入运动的有二十五个商业团体，我们的同胞已渐渐的醒觉了！

　　我们忠告上海市民的是："此次三问题，都还是枝叶问题；根本问题是要取消租界，取消领事裁判权，无论英、法、日、俄、美、德等何国人，要想在中国经商，必须以服从中国法律，遵守中国税则，不侵犯中国国家司法与收税的主权为条件。"

署名：独秀

《向导》周报第六十一期

1924 年 4 月 16 日

寸　铁

（一九二四年四月十六日）

三位一体的国故、孔教、帝制

国故大家叶德辉，他曾著翼教丛编，他曾奉汤芗铭的命令为袁世凯包办湖南筹安会，他现在又奉葛应龙、马济的命令为吴佩孚鼓吹统一。四月十一日《申报》上长沙通信说："自洛代表葛应龙抵湘后，陆续发现诋诽省宪之文字，湘绅叶德辉论省宪一电，尤敢公然谩骂……如前此之列名者，全为'孔道学校'之教职员，此次所谓绅界，又多为'前清状元'、'复辟派'、'王湘绮门徒'与叶沆瀣一气者。"国故、孔教、帝制，本来是三位一体，叶德辉、康有为都是这三位一体之代表。土耳其人欲巩固共和，不得不废逐教主；波斯首相宣称：共和政体与回教相抵触，不许国民谈改建共和问题，否则严惩。土耳其人、波斯人都懂得旧思想、旧宗教和旧政体有不可分离的关系，独有我们糊涂的中国人，一面不赞成复辟，一面又要保存孔教，这种矛盾的思想，不但要见笑于土耳其、波斯人，并且要见笑于康有为、叶德辉！

部落主义与世界主义

人类社会之政治观念及组织是由部落的而国家的而世界的，印度及中国民族之非政治非国家的观念，是由不进化的部落主义，不是由更进化的世界主义。部落主义和世界主义虽然都反对国家主义，而其立脚点却大不相同；还在部落时代的中国人印度人，还没组织近代国家的能力，至于国际的组织大家更是未曾梦见，若见他们反对国家主义，便说他们是世界主义，实是天大的笑话。

部落生活的印度人中国人，世界知识简直等于零；他在国内国外关于国际的运动，也简直等于零；若说他们是世界主义者，未免太滑稽了！

谁叫他们不要皇帝！

有人问我："中国人对于肯以权利归还中国的苏俄，十分疑谤；而对于反对苏俄以权利归还中国的俄白党，反极力供给援助；这是什么心理？"我说："千不是万不是，都是苏俄自己的不是，谁叫他们不要皇帝！"

署名：独秀
《向导》周报第六十一期
1924 年 4 月 16 日

太戈尔与东方文化

（一九二四年四月十八日）

太戈尔一到中国，开口便说："余此次来华……大旨在提倡东洋思想亚细亚固有文化之复活……亚洲一部分青年，有抹煞亚洲古来之文明，而追随于泰西文化之思想，努力吸收之者，是实大误。……泰西文化单趋于物质，而于心灵一方缺陷殊多，此观于西洋文化在欧战而破产一事，已甚明显；彼辈自夸为文化渊薮，而日以相杀反目为事……导人类于此残破之局面，而非赋与人类平和永远之光明者，反之东洋文明则最为健全。"（见四月十四日《申报》太戈尔与中国新闻社记者谈话）

在这一段谈话中，中国新闻社记者倘无误记，我们可以认识太戈尔不是张之洞、梁启超一流中西文化调和论者，乃是一个极端排斥西方文化，极端崇拜东方文化的人。我们并不迷信西方已有的资产阶级文化已达到人类文化之顶点，所以现在不必为西方文化辩护，也不必比较的讨论相杀残破的西方文化和生焚寡妇（如印度）、殉节阉宦（如中国）的东方文化孰为健全；现在所要讨论的是：太戈尔所要提倡复活的东洋思想、亚洲文化，其具体的内容究竟是些什么；这些思想文化复活后，社会上将发生什么影响，进步或退步。

（一）尊君抑民，尊男抑女，人人都承认这是东洋固有的思想文化，并且现在还流行着支配社会，尤其是在中国，有无数军阀官僚和圣人之徒做他的拥护者，他并没有死，用不着太戈尔来提倡令他复活。若再加以提倡，只有把皇帝再抬出来，把放足的女子再勒令裹起来，不但禁止男女同学，并须禁止男女同桌吃饭，禁止男女同乘一辆火车或电车。

（二）知足常乐，能忍自安，这也是东洋独特的思想。在太戈尔的意中，以为正因东洋有这种高妙的思想，所以胜过西洋不知足而竞争，不能忍而不安的社会。殊不知东方民族正因富于退让不争知足能忍的和平思想——奴隶的和平思想，所以印度、马来人还过的是一手拭粪一手啖饭的生活，中国人生活在兵匪交迫中，而知足常乐；所以全亚洲民族久受英、美、荷、法之压制而能忍自安。

（三）轻物质而重心灵，太戈尔也以为是东洋文化的特色。其实中国此时物质文明的程度简直等于零，反之努力提倡心灵思想文化的人，头等名角如唐焕章、江神童，二等名角如梁漱溟、张君劢，其余若同善社社员，灵学会会员已普遍全国；太戈尔若再要加紧提倡，只有废去很少的轮船铁路，大家仍旧乘坐独木舟与一轮车；只有废去几处小规模的机器印刷所，改用木板或竹简。

太戈尔所要提倡复活的东方特有之文化，倘只是抽象的空论，而不能在此外具体的指出几样确为现社会进步所需要，请不必多放莠言乱我思想界！太戈尔！谢谢你罢，中国老少人妖已经多的不得了呵!

署名：实庵

《中国青年》第二十七期

1924 年 4 月 18 日